戰國策

（文白双栏对照）

刘 向／集录

周柳燕／注译

中南大学出版社

www.csupress.com.cn

· 长沙 ·

图书在版编目（ＣＩＰ）数据

战国策：文白双栏对照／周柳燕注译. --长沙：
中南大学出版社，2018.12
ISBN 978－7－5487－2718－7

Ⅰ.①战… Ⅱ.②周… Ⅲ.①中国历史－战国时代－
史籍 ②《战国策》－译文 ③《战国策》－注释
Ⅳ.①K231.04

中国版本图书馆 CIP 数据核字（2017）第 033108 号

战国策：文白双栏对照
ZHANGUOCE：WEN BAI SHUANGLAN DUIZHAO

周柳燕　注释

□**责任编辑**　汪采知
□**责任印制**　易建国
□**出版发行**　中南大学出版社
　　　　　　　社址：长沙市麓山南路　　　　邮编：410083
　　　　　　　发行科电话：0731－88876770　　传真：0731－88710482
□**印　　装**　长沙雅鑫印务有限公司

□**开　　本**　710×1000　1/16　□**印张** 32.5　□**字数** 436 千字
□**版　　次**　2018 年 12 月第 1 版　□2018 年 12 月第 1 次印刷
□**书　　号**　ISBN 978－7－5487－2718－7
□**定　　价**　49.80 元

前　言

　　《战国策》，或曰《国策》，或曰《短长》，或曰《国事》《事语》《长书》《修书》等，杂记东、西周及秦、齐、楚、赵、魏、韩、燕、宋、卫、中山诸国之事。其时代上接春秋，下至秦并六国，约二百四十年（前460—前220）。其作者不可考，有人以为出自汉代蒯通，大概是秦汉间人杂采各国史料编纂而成，为多人著述的汇集。西汉末年经刘向辑录、考订、整理，按国别分排，定名为《战国策》，相沿至今。

　　《战国策》共十二策，三十三篇，五百零七章，记载战国至楚汉时期有关国家纷争、军政决策、诸侯对决等重大历史事件，如赵、魏、韩三家分晋，齐围魏救赵，秦败楚取汉中，燕、秦、楚、三晋合谋伐齐，楚败于秦失鄢、郢，秦、赵争上党战于长平等，以及谋臣、策士审时度势、运筹帷幄、诡奇虚诞的谋议、游说之辞，如苏秦合纵、张仪连横、范雎相秦、鲁连解纷、陈轸退楚、邹忌谏齐等。其中的昏聩淫靡之态、钩心斗角之事、攻守和战之计，反映了特定历史时代政治丑恶、权贵钻营、阴谋暗算的现实风貌，以及人才辈出、逞才斗智、扭转乾坤的时代特点，表现了当时纵横家的思想观点、现实态度和人格理想，凸显出一种超道德的尚智主义与功利主义的创作倾向。《战国策》虽非皆为信史，尚有失实、讹误之处，甚至虚构了一些无中生有的故事，却以大量的史实，为后世提供了极为珍贵的参考资料，司马迁的《史记》征引、借鉴《战国策》之文就有一百四十余处，故昔人有"太史迁熟读《国策》，方有一部《史记》"（《古文奇谈·略记》）的说法。《战国策》自班固《汉书·艺文志》起，就归入史书一类，时至今日，它仍然是研究战国史不可或缺的典籍之一。

　　在现在的文学史著作中，《战国策》几乎无一例外地与《左传》《国语》等一起列入历史散文或史传文学的佳作中。就文学价值而言，《战国策》不仅是先秦散文的巅峰，也是中国古代文学中最杰出的作品之一。它的人物描写摆脱了《左传》那种因宿命观而造成的性格魅力被削弱的弊端，塑造了一系列鲜明的人物形象，尤其是智慧超群、人格独立、意志坚强的策士英雄形象，如同水墨写意，形虽不肖，神却极似；它的文格一改《尚书》《左传》那种雍容揄扬的贵族风度，以及纤徐曲折、委婉陈词的"行人"作风，纵横捭阖，铺张扬厉，似狂奔而来的掀天海潮，气吞江湖，又似扬鞭策骥的朔方健儿，风疾电逝；它的笔势挟藏风霜、神鬼幻变而又一气贯通，别具一格；它的手法丰富多样，或引类譬喻，或铺陈排比，或讽刺夸饰，赋予了作品传奇色彩；它的语言骈俪绚烂，雄隽华赡，恣肆夸张，极具特色。《战国策》被历代文家奉为圭臬，明代才子金圣叹赞其为"俊绝、宕绝、峭绝、快绝之文"，对中国文学产生了非常深远的影响。

《战国策》所记史事，如蔺相如完璧归赵、荆轲刺秦王、触龙说赵太后、聂政刺韩相、吕不韦巧立太子、郑袖陷害魏美人等，早已成为家喻户晓的故事；书中的譬喻寓言，如画蛇添足、南辕北辙、狐假虎威、惊弓之鸟、鹬蚌相争、狡兔三窟、螳臂挡车、三人成虎等，早已成为妇孺皆知的成语；书中的精辟语句，如百发百中、道不拾遗、安步当车、不翼而飞、转祸为福、同甘共苦、民不聊生、布衣之交等，或直接引用，或经过改造，亦成为人们沿用至今的成语。

本书从《战国策》中精选一百零九章，译为白话，采用双栏文白对照的形式排版，便于读者阅读。原文采用上海古籍出版社1978年出版的《战国策》为底本，又据湖南省社会科学院藏清尊经书院刻本及万有文库本作了一些必要的订正。译文参考了海内外的几种译本，未一一注明，在此一并致谢。由于水平有限，书中当有不少疏漏处，尚希读者予以指正。

周柳燕
2016年8月

目 录

《战国策》叙

[西汉] 刘向

护左都水使者、光禄大夫臣向言：

所校中《战国策》书，中书余卷，错乱相糅莒；又有国别者八篇，少不足。臣向因国别者，略以时次之，分别不以序者以相补，除复重，得三十三篇。本字多误脱为半字，以"赵"为"肖"，以"齐"为"立"，如此类者多。中书本号，或曰《国策》，或曰《国事》，或曰《短长》，或曰《事语》，或曰《长书》，或曰《修书》。臣向以为，战国时游士辅所用之国，为之策谋，宜为《战国策》。其书继春秋以后，讫楚、汉之起，二百四十五年间之事，皆定，以杀青，

护左都水使者、光禄大夫臣刘向奏报：

本人所校勘的宫中书库收藏的《战国策》这部书，卷帙浩繁，错误不少，而且杂乱无章。另有一些标有国别的共八国，短缺而不完整。我根据有国别的那些篇章，大略按照时间的顺序加以编排；对那些杂乱无章的篇章，就分别用来补充有"国别"而能按照时间顺序编排的篇章，并删掉重复的部分，总共编定为三十三卷。本来篇章上的文字有很多错误或脱掉为半字的，如"赵"字错写为"肖"字、"齐"字错写为"立"字，这样的例子很多。宫中书库所藏本的书名，有的叫《国策》，有的叫《国事》，有的叫《短长》，有的叫《事语》，有的叫《长书》，有的叫《修书》。我认为，这些都是记录战国时代游说之士辅佐那些任用他们的国君，为国君出谋划策的书，应该称为《战国策》。书中所记载的事上继春秋时代以后，下至楚、汉兴起为止，共有二百四十五年之间的事情。

书可缮写。

叙曰：周室自文、武始兴，崇道德，隆礼义，设辟雍、泮宫、庠序之教，陈礼乐、弦歌移风之化，叙人伦，正夫妇，天下莫不晓然。论孝悌之义、淳笃之行。故仁义之道满乎天下，卒致之刑错四十余年。远方慕义，莫不宾服。《雅》《颂》歌咏，以思其德。下及康、昭之后，虽有衰德，其纲纪尚明。

及春秋时，已四五百载矣，然其余业遗烈，流而未灭。五伯之起，尊事周室。五伯之后，时君虽无德，人臣辅其君者，若郑之子产，晋之叔向，齐之晏婴，挟君辅政，以并立于中国，犹以义相支持，歌诗以相感，聘觐以相交，期会以相一，盟誓以相救。天子之命，犹有所行，

现编辑完毕，已成定稿，可供抄写誉正。

兹作叙如下：周朝自周文王、周武王开始兴起，便崇尚道德，尊重礼义，设立了天子的学校、诸侯的学校和一般学校，设置了礼乐、弦歌等移风易俗的教学内容，规定父严、母慈、兄友、弟恭、子孝的内容，以及夫妻的正常关系，天下便全都明白孝顺父母、尊敬兄长的道理，以及使自己的行为淳厚笃实的道理。所以，仁义的风尚流行于天下，以致有四十余年刑罚废弃而不用。远方诸侯仰慕周朝重视仁义，没有不来投奔归服的。在《诗经》的《雅》《颂》诗篇中，就反映了对周朝善政的思念。后来，一直到周康王、周昭王时期，虽然政治稍有逊色，但是其大政方针依然光照四方。

到了春秋时代，已经过了四五百年了，然而其功业影响到后世，并没有随着时间的流逝而泯灭。齐桓、晋文、秦穆、楚庄、宋襄五霸兴起，尊奉天子。五霸以后，当时的国君虽然无德，而辅佐国君的大臣，像郑国相国子产、晋国相国叔向、齐国相国晏婴，帮助君王执政，并立于中原地区，仍然依靠大义相互支持，通过歌、诗互相表达各自的心意，通过相互拜访保持其正常的关系，通过定期会晤统一各国的意见，通过会盟结约互相救助。周天子的命令还能在诸侯

会享之国，犹有所耻。小国得有所依，百姓得有所息。故孔子曰："能以礼让为国乎，何有？"周之流化，岂不大哉！

及春秋之后，众贤辅国者既没，而礼义衰矣。孔子虽论《诗》《书》，定《礼》《乐》，王道粲然分明，以匹夫无势，化之者七十二人而已，皆天下之俊也。时君莫尚之，是以王道遂用不兴。故曰："非威不立，非势不行。"

仲尼既没之后，田氏取齐，六卿分晋，道德大废，上下失序。至秦孝公，捐礼让而贵战争，弃仁义而用诈谲，苟以取强而已矣。夫篡盗之人，列为侯王；诈谲之国，兴兵为强。是以传相放效，后生师之，遂相吞灭，并大兼小，暴师经岁，流血满野；父子不相亲，兄弟不相安，夫妇离散，莫保其命，

中施行，参与盟约和宴会的诸侯还知道该做和不该做的事。小国可以有所依靠，老百姓可以休养生息。所以，孔子说："能够用礼让来治理国家，还有什么困难呢？"周的传统教化，难道不伟大吗！

到了春秋以后，许多贤能的辅国大臣均已去世，而尊礼行义的传统也就淡薄了。孔子虽然论述《诗》《书》的大义，规定《礼》《乐》的准则，仁义治国的正道十分鲜明，他以一个无权无势的普通人的身份，教育成才的学生达七十二人之多，都是天下的俊杰英才。然而，当时的国君并不崇尚这些，因此，仁义治国的正道未能兴起。所以说："没有权威就不能立业，没有势力就无法推行。"

孔子去世之后，田氏灭掉姜齐，赵、魏、韩、范、中行、智六卿瓜分了晋国的政权，仁义道德遭到废弃，上下便失去了正常的秩序。到秦孝公时代，又抛弃礼让而致力战争，抛弃仁义而依靠欺诈，只是追求强霸而已。篡国盗国的人被列为王侯，欺骗诡诈的国家兴起成为列强。这样辗转仿效，后来者也以此为榜样，于是互相吞灭，大国兼并小国，军队整年在外作战，血流遍野；父子不能亲密接近，兄弟不能平安相处，夫妻分离，性命也不能保全，道德已经沦丧殆尽。

滑然道德绝矣。

晚世益甚，万乘之国七，千乘之国五。敌侔争权，盖为战国。贪饕无耻，竞进无厌；国异政教，各自制断；上无天子，下无方伯；力功争强，胜者为右；兵革不休，诈伪并起。当此之时，虽有道德，不得施设。有谋之强，负阻而恃固，连与交质，重约结誓，以守其国。故孟子、孙卿儒术之士弃捐于世，而游说权谋之徒见贵于俗。是以苏秦、张仪、公孙衍、陈轸、代、厉之属，生以横短长之说，左右倾侧。苏秦为从，张仪为横。横则秦帝，从则楚王。所在国重，所去国轻。然当此之时，秦国最雄，诸侯方弱，苏秦结从之时，六国为一，以傧背秦。秦人恐惧，不敢窥兵于关东，天下不交兵者，二十有九年。然秦

晚期更为严重，拥有万乘的大国七个，拥有千乘的国家五个。势均力敌的国家互争权力，这就是所谓的"战国"。贪得无厌而不知羞耻，竞相争进却没有满足；各国的政治教化不同，都由各国自行决断；上面没有天子之尊，下面没有诸侯之长；凭借武力建功争权，战胜者居于上位；连年争战不休，欺骗虚伪并起。在这时，虽然有道德，也不能施展。有谋略的强国，依仗险阻的地形来固守，联合盟国互相交换人质，重视同盟缔结誓约，以此保全国家。所以孟子、荀子这些儒家之士被世人所抛弃，而善于游说的权谋之徒却被世俗所重视。因此，苏秦、张仪、公孙衍、陈轸、苏代、苏厉这帮人，就产生了合纵、连横的策略，长短、权变的言论，各持左右，偏袒一方。苏秦主张合纵，张仪主张连横。实行连横策略，秦国就称帝；实行合纵策略，楚国就称王。他们在哪个国家，哪个国家就被人看重；他们离开哪个国家，哪个国家就被人看轻。但是在当时，秦国最强，诸侯正弱，苏秦提出合纵策略后，六国联合统一，抗击强秦。秦国人恐惧，不敢向六国出兵，因而天下二十九年没有战争。但是，由于秦国所处的地理位置优越，所以权变策谋之士都争先向秦

国势便形利，权谋之士咸先驰之。苏秦初欲横，秦弗用，故东合从。及苏秦死后，张仪连横，诸侯听之，西向事秦。是故始皇因四塞之固，据崤、函之阻，跨陇、蜀之饶，乘六世之烈，以蚕食六国，兼诸侯，并有天下。杖于谋诈之弊，缪于信笃之诚；无道德之教、仁义之化，以缀天下之心；任刑罚以为治，信小术以为道；遂燔烧诗书，坑杀儒士；上小尧、舜，下邈三王。二世愈甚，惠不下施，情不上达；君臣相疑，骨肉相疏；化道浅薄，纲纪坏败；民不见义，而悬于不宁。抚天下十四岁，天下大溃，诈伪之弊也。其比王德，岂不远哉？孔子曰："道之以政，齐之以刑，民免而无耻；道之以德，齐之以礼，有耻且格。"夫使天下

国涌去。苏秦最初想用连横策略，秦国不愿采用，所以他东去六国组织合纵联盟。等到苏秦死后，张仪又搞连横阵线，诸侯都听从张仪的游说，向西讨好秦国。因此，秦始皇依仗四方坚固的要塞，凭借崤、函的险关，据有陇、蜀富饶的物产，听取众人的策略，依赖先祖六个国君的功业，因而蚕食六国，兼并诸侯，吞并了天下。他依仗阴谋诡计，违背信实真诚；不用道德的教育、仁义的感化来笼络天下人的心；用刑罚来治理，用权谋来指导；于是焚烧诗书，坑杀儒生；往上小看尧、舜，往下邈视三王。到秦二世更为严重，恩惠不给予百姓，意见不能够上达；君臣之间互相猜疑，骨肉之间相互疏远；教化道德浅薄，国家法纪毁坏；百姓不见大义，处境不得安宁。秦拥有天下只十四年，国家便溃败了，这都是巧诈虚伪的弊端导致的。这与王道德政相比，难道不是差得太远了吗？孔子说："用政策法令来诱导，用刑罚来约束，百姓只是勉强克制自己暂时不犯罪过，却没有廉耻之心；如果用道德来诱导，用礼法来约束，百姓有了廉耻之心，就能纠正错误。"让天下的人有羞耻之心，这样教化就可以成功。如果用巧诈虚伪的手段和苟且偷生的态度讨好别人以求安身，在上位的人这样做，又

有所耻，故化可致也。苟以诈伪偷活取容，自上为之，何以率下？秦之败也，不亦宜乎！

战国之时，君德浅薄，为之谋策者，不得不因势而为资，据时而为故。其谋，扶急持倾。为一切之权，虽不可以临国教，化兵革，救急之势也。皆高才秀士，度时君之所能行，出奇策异智，转危为安，运亡为存，亦可喜，皆可观。

护左都水使者、光禄大夫臣向所校《战国策》书录。

怎么成为百姓的表率呢？秦国的灭亡，难道是不应该的吗！

战国时代，国君道德修养浅薄，为国君出谋划策的人，不得不根据形势而变化策略，根据不同的时机而改变办法。他们的谋略都是为了扶助困急的国家，维持倾倒的国家。作为一时的权宜之计，这虽然不可以用来作为治国的教育手段，但可以改变擅用武力的旧习，用来救急，这是势所必然的。本书记录的都是那些才气很高的优秀之士，考虑当时国君能否实行之后而献出的奇妙策略、特异智谋，它能使国家转危为安，变亡为存，这些都是令人高兴的，也是难能可贵的。

护左都水使者、光禄大夫臣刘向所校《战国策》亲笔记录。

第一篇 东周策

第一章 秦兴师临周而求九鼎

秦兴师临周而求九鼎，周君患之，以告颜率（lǜ）。颜率曰："大王勿忧，臣请东借救于齐。"颜率至齐，谓齐王曰："夫秦之为无道也，欲兴兵临周而求九鼎，周之君臣，内自画计，与秦，不若归之大国。夫存危国，美名也；得九鼎，厚宝也。愿大王图之。"齐王大悦，发师五万人，使陈臣思将以救周，而秦兵罢。

齐将求九鼎，周君又患之。颜率曰："大王勿忧，臣请东解之。"颜率至齐，谓齐王曰："周赖大国之义，得君臣父

秦国出兵进逼东周国，向东周王索取九鼎。东周王对此很担忧，就把事情告诉朝臣颜率。颜率说："大王不要忧虑，臣请求东去齐国借兵求救。"颜率到齐国，对齐王说："秦王无道，想兴兵进逼东周国，威胁我们君王交出九鼎，东周国的君臣在宫廷上想尽各种对策，结果一致认为，与其把九鼎送给暴秦，实在不如送给贵国。挽救面临危亡的国家，是一种美名；得到的九鼎，是极厚重的宝物。但愿大王能努力争取。"齐王一听非常高兴，立刻派遣五万大军，任命陈臣思为统帅，前往救助东周国，秦兵因此撤退了。

齐王将向东周王索要九鼎，东周王又为此担忧。颜率说："大王不必担心，请允许臣东去齐国解决这件事。"颜率来到齐国，对齐王说："这回东周国仰赖贵国的义举，我君臣父子才得以平安无

子相保也，愿献九鼎，不识大国何途之从而致之齐？"齐王曰："寡人将寄径于梁。"颜率曰："不可，夫梁之君臣欲得九鼎，谋之晖台之下，少海之上，其日久矣。鼎入梁，必不出。"齐王曰："寡人将寄径于楚。"对曰："不可，楚之君臣欲得九鼎，谋之于叶庭之中，其日久矣。若入楚，鼎必不出。"王曰："寡人终何途之从而致之齐？"颜率曰："弊邑固窃为大王患之。夫鼎者，非效醯壶酱瓿耳，可怀挟提挈以至齐者；非效鸟集乌飞、兔兴马逝，漓然止于齐者。昔周之伐殷，得九鼎，凡一鼎而九万人挽之，九九八十一万人，士卒师徒，器械被具，所以备者称此。今大王纵有其人，何途之从而出？臣窃为大王私忧之。"齐王曰："子之数来者，

事，因此心甘情愿将九鼎献给大王，却不知贵国要经由哪条路把九鼎运到齐国？"齐王说："寡人准备借道梁国。"颜率说："不可以借道梁国，因为梁国君臣很早就想得到九鼎，他们在晖台、少海一带谋划这件事情很久了。所以九鼎一旦进入梁国，必然很难再出来。"齐王又说："那么寡人就借道楚国。"颜率回答说："这也行不通，因为楚国君臣为了得到九鼎，很早就在叶庭进行谋划。如果九鼎进入楚国，也绝对不会再运出来。"于是齐王说："那么寡人究竟要从哪里把九鼎运到齐国呢？"颜率说："我东周国的君臣也在私下为大王这件事忧虑。这么大的鼎，并非像醋瓶子或酱坛子一类的东西，可以提着耳朵、装在怀中拿到齐国；也不像鸟集、乌飞、兔跳、马跑那样，可以很快地直接进入齐国。当初周武王讨伐殷纣王，获得九鼎，为了搬运一鼎而动用九万人，九鼎就是九九共八十一万人，需要的士兵、工匠难以计数，还要准备相应的搬运工具和被服粮饷等物资。如今大王即使有这种人力和物力，从哪条路把九鼎运到齐国呢？所以臣一直在私下为大王担忧。"齐王说："贤卿屡次来我齐国，说来说去还是不想把九鼎给寡人。"颜率赶紧解释道："臣不敢欺骗贵国，只要大王能赶

犹无与耳。"颜率曰:"不敢欺大国,疾定所从出,弊邑迁鼎以待命。"齐王乃止。

快决定从哪条路搬运,我东周国的君臣便可迁移九鼎听候命令。"齐王索要九鼎的事于是作罢。

第二章 秦攻宜阳

秦攻宜阳，周君谓赵累曰："子以为何如？"对曰："宜阳必拔也。"君曰："宜阳城方八里，材士十万，粟支数年，公仲之军二十万，景翠以楚之众，临山而救之，秦必无功。"对曰："甘茂，羁旅也，攻宜阳而有功，则周公旦也；无功，则削迹于秦。秦王不听群臣父兄之议而攻宜阳，宜阳不拔，秦王耻之。臣故曰拔。"君曰："子为寡人谋，且奈何？"对曰："君谓景翠曰：'公爵为执圭，官为柱国，战而胜，则无加焉矣；不胜，则死。不如背秦援宜阳。公进兵，秦恐公之乘其弊也，必以宝事公，公仲慕公之为己乘秦也，亦必尽其宝。'"

秦国进攻韩国的宜阳，东周王对大臣赵累说："您以为结果会怎样？"赵累回答说："宜阳一定会被秦兵攻陷。"东周王说："宜阳城方圆八里，执甲之士大约有十万，粮食也能支用几年，韩相公仲的军队有二十万人，又有楚将景翠率楚军凭借山势发兵救援，所以我认为秦兵一定不会有什么收获。"赵累回答说："秦将甘茂在秦国是寄客身份，如果攻打宜阳有功，他将成为像周公旦那样的贤相；如果无功，将不能留在秦国。秦王不听群臣和父兄的意见，执意攻打宜阳，假如宜阳不能攻陷，秦王一定以此为耻。所以，我认为秦兵一定能攻陷宜阳。"东周王说："你替我策划一下，看看应该怎么办。"赵累回答说："君王可以对景翠说：'您的爵位是楚国最高爵位的执圭，您的官位是楚国最高职位的柱国，打了胜仗，没什么可以增加的；打了败仗，一定会招来杀身之祸。所以贤卿不如背离秦国去援救宜阳（景翠与秦国有私下交往）。只要贤卿进军宜阳，秦兵怕贤卿乘虚而入，一定会用财宝贿

赂贤卿。同时韩相公仲为感激贤卿乘秦
国之虚为自己解围，也一定会用以财宝
酬谢贤卿。'"

秦拔宜阳，景翠果
进兵。秦惧，遽效煮枣，
韩氏果亦效重宝。景翠
得城于秦，受宝于韩，
而德东周。

秦兵攻陷宜阳后，景翠果然发兵。
秦兵大为恐惧，赶紧把煮枣城献给景翠，
韩国果然也拿出珍贵的宝物酬谢景翠。
景翠不仅得到了秦国的煮枣城，还得到
了韩国的财宝，并且东周国还感激他的
恩德。

第五章 东周欲为稻

东周欲为稻，西周不下水，东周患之。苏子谓东周君曰："臣请使西周下水可乎？"乃往见西周之君曰："君之谋过矣！今不下水，所以富东周也。今其民皆种麦，无他种矣。君若欲害之，不若一为下水，以病其所种。下水，东周必复种稻；种稻而复夺之。若是，则东周之民可令一仰西周，而受命于君矣。"西周君曰："善。"遂下水，苏子亦得两国之金也。

东周国准备种稻子，可是西周国不肯放水，东周国为此而忧虑。这时苏秦对东周王说："请派臣出使西周国，臣可让西周国为东周国放水种稻，君王愿不愿意派臣去呢？"于是苏秦前往西周国，对西周王说："君王的计划错了！现在您不放水，等于是让东周国富足起来。因为西周国不放水，东周国的人就不能种稻而都改种麦，此外没有别的可种。如果君王真想破坏他们，实在不如马上放水，把东周国所种的麦都毁掉。放水，东周国必然再改种稻；种稻以后，再断掉他们的水。如果能做到这些，那么东周国的人势必完全仰赖西周国，那一切就都听从君王的命令了。"西周王说："的确是好策略。"于是下令放水，而苏秦也从两国获得了酬金。

第十二章 温人之周

温人之周，周不纳。客即对曰："主人也。"问其巷而不知也，吏因囚之。君使人问之曰："子非周人，而自谓非客，何也？"对曰："臣少而诵诗，诗曰：'普天之下，莫非王土；率土之滨，莫非王臣。'今周君天下，则我天子之臣，而又为客哉？故曰主人。"君乃使吏出之。

有一个魏国温城人去东周国，东周国的人不让他入境，并且问他道："你是客人吗？"他毫不迟疑地回答道："我是主人。"可是问他的住处，他却毫无所知，于是官吏就把他拘禁起来。这时东周王派人来问："你既然不是东周国的人，又不承认自己是客人，这是为什么呢？"那人回答："臣自幼就熟读《诗经》，其中有一段诗说：'全天下的土地，都是天子的领地；住在这块土地上的人民，都是天子的臣民。'如今东周王统治天下，那么我就是天子的臣民，又怎么能说我是客人呢？所以我才说自己是'主人'。"东周王便下令把这个人释放了。

第二十二章 赵取周之祭地

赵取周之祭地，周君患之，告于郑朝。郑朝曰："君勿患也，臣请以三十金复取之。"周君予之，郑朝献之赵太卜，因告以祭地事。及王病，使卜之。太卜谴之曰："周之祭地为祟。"赵乃还之。

赵国夺取了东周国的祭祀地，东周王因此而忧虑，就跟自己的臣子郑朝讨论。郑朝说："君王不必为这件事忧心，臣只要三十金就可以收复这块土地。"于是东周王就给了郑朝三十金，郑朝把这笔钱献给赵国的太卜，又把赵国占领本国祭地的事告诉他。等到赵王生了病，让太卜来占卜。太卜责备赵王说："这是东周国的那块祭地在作祟。"于是，赵王赶紧把这块祭祀地还给东周国。

第二十六章 昌他亡西周

昌他（tuó）亡西周，之东周，尽输西周之情于东周。东周大喜，西周大怒。冯且曰："臣能杀之。"君予金三十斤。冯且使人操金与书，间遗昌他书曰："告昌他，事可成，勉成之；不可成，亟亡来亡来。事久且泄，自令身死。"因使人告东周之候曰："今夕有奸人当入者矣。"候得而献东周，东周立杀昌他。

西周国的大臣昌他从西周国逃亡到东周国，把西周国的国情都泄漏给了东周国。东周王非常高兴，西周王大为恼怒。这时西周国的策士冯且说："臣能够杀死昌他。"君王给他黄金三十斤。冯且就派人拿着黄金和书信去雇用间谍，间谍把信送交昌他，信上写道："告诉你昌他，如果事情有成功的希望，就努力去完成；如果没有成功的希望，就赶快回来。因为时间一久，就容易泄漏出去，到那时岂不是白白送命吗？"冯且又派人告诉东周国侦察敌情的斥候说："今天晚上有奸细要入境。"结果东周国的斥候果然逮捕到那个"奸细"，把他押到东周王面前，东周王立刻把昌他杀了。

第二篇 西周策

第一章 薛公以齐为韩魏攻楚

薛公以齐为韩、魏攻楚，又与韩、魏攻秦，而藉兵乞食于西周。韩庆为西周谓薛公曰："君以齐为韩、魏攻楚，九年而取宛、叶以北以强韩、魏，今又攻秦以益之。韩、魏南无楚忧，西无秦患，则地广而益重，齐必轻矣。夫本末更盛，虚实有时，窃为君危之。君不如令弊邑阴合于秦而君无攻，又无藉兵乞食。君临函谷而无攻，令弊邑以君之情谓秦王曰：'薛公必破秦以张韩、魏，所以进兵者，欲王令楚割东国以与齐也。'秦王出楚王以为和，君

孟尝君薛公田文利用齐军联合韩、魏两国去攻打楚国，又联合韩、魏两国之军攻打秦国，而且向西周国借兵借粮。西周国大臣韩庆为西周国去对薛公说："贤公率领齐军为韩、魏两国去攻打楚国，九年时间攻下宛、叶以北的地方，使韩、魏两国变得强大。如今贤公又率军攻秦，就更加使韩、魏两国力量加强了。他们南面没有楚国的骚扰，西面又没有秦国的威胁，并且土地扩大，越发富强，到那时齐国必然受到人家的轻视。事物的本末是轮流兴盛的，而其盈亏消长也有时间性，所以我私下为贤公感到不安。贤公不如叫我们在暗中跟秦国结盟，根本不必向秦进兵，更不要借兵借粮。贤公守住函谷关而不进攻，再叫西周国把贤公的情况告诉秦王说：'薛公之所以要派兵击破秦国，使韩、魏两国强大，是想让秦王要楚国割让东国给齐

令弊邑以此惠秦，秦得无破，而以楚之东国自免也，必欲之。楚王出，必德齐，齐得东国而益强，而薛世世无患。秦不大弱，而处之三晋之西，三晋必重齐。"薛公曰："善。"因令韩庆入秦，而使三国无攻秦，而使不藉兵乞食于西周。

国。'秦王必定放出楚怀王来议和，然后贤公再叫西周国为此而施惠于秦国，秦国为了不被攻破，必然会让楚国交出其东国土地，自免其祸，那必定是心甘情愿的。楚怀王获释后，必然感激齐国的恩德，齐国得到东国土地之后会更加富强，同时薛地也就世世代代没有祸患了。秦国并不太衰弱，并且位于三晋以西，所以三晋必然更重视齐国。"薛公回答说："阁下的意见很好。"于是派韩庆出使秦国，让齐、韩、魏三国不要攻打秦国，也不向西周国借兵借粮了。

第三章 秦令樗里疾以车百乘入周

秦令樗（chū）里疾以车百乘入周，周君迎之以卒，甚敬。楚王怒，让周，以其重秦客。游腾谓楚王曰："昔智伯欲伐厹（qiú）由，遗之大钟，载以广车，因随入以兵，厹由卒亡，无备故也。桓公伐蔡也，号言伐楚，其实袭蔡。今秦者，虎狼之国也，兼有吞周之意；使樗里疾以车百乘入周，周君惧焉，以蔡厹由戒之，故使长兵在前，强弩在后，名曰卫疾，而实囚之也。周君岂能无爱国哉？恐一日之亡国，而忧大王。"楚王乃悦。

秦国派丞相樗里疾率领一百辆四匹马拉的战车去西周国，西周国的君王派一百名士兵迎接，迎接的仪式庄严隆重。楚王知道后大为愤怒，责难西周国的君王不该这样重视秦国使者。西周国的大臣游腾对楚王说："以前晋国的智伯要讨伐厹由时，先赠送给厹由一口大钟。厹由为了用大车运这口大钟，就特别修了一条宽广的道路，于是智伯乘机从这条道路进兵，厹由终于因此而灭亡，主要是没有防备的缘故。齐桓公攻打蔡国时，表面上声称去攻打楚国，实际上却是去讨伐蔡国。如今秦是一个有如虎狼一般凶猛而贪婪的国家，又有吞灭西周国的野心，派樗里疾率领一百辆战车到西周国，西周国的君王非常害怕，就拿蔡国和厹由的事情作为警戒，所以派手持长柄武器的士兵走在前面，而让手持强弓的士兵走在后面，名义上是保卫樗里疾，实际上是围住他。西周国的君王难道不爱他的国家吗？唯恐一旦被灭亡，对您不利，这是为大王担忧啊。"楚王这才高兴起来。

第四章 雍氏之役

雍氏之役，韩征甲与粟于周。周君患之，告苏代。苏代曰："何患焉？代能为君令韩不征甲与粟于周，又能为君得高都。"周君大悦曰："子苟能，寡人请以国听。"苏代遂往见韩相国公中曰："公不闻楚计乎？昭应谓楚王曰：'韩氏罢于兵，仓廪空，无以守城，吾收之以饥，不过一月必拔之。'今围雍氏五月不能拔，是楚病也。楚王始不信昭应之计矣，今公乃征甲及粟于周，此告楚病也。昭应闻此，必劝楚王益兵守雍氏，雍氏必拔。"公中曰："善。然吾使者已行矣。"代曰："公何不以高都与周。"公中怒曰："吾无征甲与

楚国攻打韩国雍氏，韩国向西周国求兵求粮。西周国的君王为此忧虑，就跟苏代商量这件事。苏代说："君王何必为这件事烦恼呢？臣不但可以使韩国不向西周国求兵求粮，而且可以为君王得到韩国的高都。"西周国的君王听了这话，非常高兴地说："您如果能做到，那么以后寡人的国家都将听从您的调管。"苏代于是前往韩国拜见相国公仲侈，说："难道您没有听说楚国的计策吗？楚将昭应曾对楚王说：'韩国疲于兵祸，因而粮库空虚，没有力量守住城邑，我要乘韩国的饥荒，率兵夺取韩国的雍氏，不到一个月肯定可以攻下。'如今楚国包围雍氏已经五个月了，却攻不下，这暴露了他们处境之困窘。楚王开始不相信昭应的计策，现在您竟然向西周国征兵征粮，这明明是告诉楚国：韩国已经精疲力竭了。如果昭应知道了，一定会劝楚王增兵包围雍氏，雍氏必然会被攻陷。"公仲侈说："很好。可是我派的使者已经出发了。"苏代说："您为什么不把高都送给西周国呢？"公仲侈很生气

粟于周，亦已多矣。何为与高都？"代曰："与之高都，则周必折而入于韩，秦闻之必大怒，而焚周之节，不通其使，是公以弊高都得完周也，何不与也？"公中曰："善。"不征甲与粟于周而与高都，楚卒不拔雍氏而去。

地说："我停止向西周国征兵征粮，这已经很对得起西周国了，为什么还要送高都给他们呢？"苏代说："假如您能把高都送给西周国，那么西周国会转过头来跟韩国修好。秦王知道后，必然大为震怒，就会焚毁西周国的符节，并且断绝使臣的来往。换句话说，阁下只要用一个破烂的高都，就可以换得一个完整的西周国，阁下为什么不愿意呢？"公仲侈说："好吧。"于是公仲侈决定不向西周国征兵征粮，并把高都送给了西周国。楚军也终于没能攻下雍氏，只好离去了。

第六章 苏厉谓周君

苏厉谓周君曰："败韩、魏，杀犀武，攻赵，取蔺（lìn）、离石、祁者，皆白起。是攻用兵，又有天命也。今攻梁，梁必破，破则周危，君不若止之。谓白起曰：'楚有养由基者，善射；去柳叶者百步而射之，百发百中。左右皆曰善。有一人过曰，善射，可教射也矣。养由基曰，人皆善，子乃曰可教射，子何不代我射之也。客曰，我不能教子支左屈右。夫射柳叶者，百发百中，而不已善息，少焉气力倦，弓拨矢钩，一发不中，前功尽矣。今公破韩、魏，杀犀武，而北攻赵，取蔺、离石、祁者，公也。公之功甚多。今公又以秦兵出塞，

说客苏厉对西周王说："打败韩、魏两国，杀死韩将犀武，攻陷赵国的蔺、离石、祁等地的，都是秦将白起。他不但善于用兵，而且有天意之助。如今他又率军攻梁国，梁国也必然一败涂地。假如梁战败，那西周国就危险了。所以君王不如劝阻他们，派使者去见白起，对他说：'楚国有一个名叫养由基的人，善于射箭；百步之内射柳叶，百发百中。因此，人们都极力赞美他。有一个人从他身旁经过时说，既然如此善于射箭，就可以训练他人箭术了。养由基说，人人都说我射箭好，你却偏要说可以训练箭术，那么你为什么不代替我射箭呢？这人说，我不能教你出左手、屈右手的那种射法。但是即使你射柳叶能百发百中，而不会适时休息，过一段时间你气力衰退，弓拉不开，箭锋也就弯了，将要一箭也射不中，那就等于前功尽弃了。现在击破韩、魏两国，杀死犀武，往北攻下赵国的蔺、离石、祁等城的都是将军，可见将军的战功丰伟。如今将军又率秦兵东出伊阙边塞，大军经过东、西

过两周，践韩而以攻梁，一攻而不得，前功尽灭，公不若称病不出也。'"

周两国，踏进韩国来攻打梁国，万一一战而失利，将军岂不是前功尽弃，所以还不如称病，不去攻打魏都大梁。'"

第九章 司寇布为周最谓周君

司寇布为周最谓周君曰："君使人告齐王以周最不肯为太子也，臣为君不取也。函冶氏为齐太公买良剑，公不知善，归其剑而责之金。越人请买之千金，折而不卖。将死，而属其子曰：'必无独知。'今君之使最为太子，独知之契也，天下未有信之者也。臣恐齐王之为君实立果而让之于最，以嫁之齐也。君为多巧，最为多诈，君何不买信贷哉？奉养无有爱于最也，使天下见之。"

司寇布为周最对西周王说："您派人把周最不肯做太子的事告诉齐王，臣认为不该这样做。以前函冶氏为齐太公买了一把宝剑，太公没有看出宝剑的精良质地，结果让他退掉宝剑而索回价款。后来越人想用一千金买这把剑，函冶氏又认为不够原价而不卖。他临死时，叮嘱他儿子说：'任何贵重的东西，绝对不能只让自己知道。'如今君王想立周最为太子，只有他自己知道这个约定，天下没有人相信这件事。臣深怕齐王要说君王实在想立公子果为太子，只是用这种办法虚让周最，以此欺蒙齐国。如果有人认为君王在搬弄计谋，而周最又善于权诈之术，君王为何不让人们看到事情是真实可信的呢？奉养父王没有谁比周最更真诚的了，这样就可以使天下都能看到周最是应当被立为太子的。"

第十一章 犀武败于伊阙

犀武败于伊阙，周君之魏求救，魏王以上党之急辞之。周君反，见梁囿而乐之也。綦母恢谓周君曰："温囿不下此，而又近。臣能为君取之。"反见魏王，王曰："周君怨寡人乎？"对曰："不怨，且谁怨王？臣为王有患也。周君，谋主也。而设以国为王捍秦，而王无之捍也。臣见其必以国事秦也，秦悉塞外之兵，与周之众，以攻南阳，而两上党绝矣。"魏王曰："然则奈何？"綦母恢曰："周君形不小利，事秦而好小利。今王许戍三万人与温囿，周君得以为辞于父兄百姓，而利温囿以为乐，必不合于秦。臣尝闻温囿之

秦将白起在伊阙击溃魏将犀武，转而攻打西周国。周赧王赶紧派人向魏国求救，魏王以上党情况紧急为由而加以拒绝。在返国的路上，周赧王看见魏国的梁囿，很是喜欢。大臣綦母恢对西周王说："魏国的温囿绝不比梁囿差，离西周国又很近。臣能为君王得到它。"綦母恢说完回头去见魏王，魏王说："赧王是否怨恨寡人呢？"綦母恢回答说："赧王不怨恨大王，还怨恨谁呢？臣很为大王担忧。赧王毕竟是诸侯的首领，他用全国之力为大王抵御秦国，而大王却没有什么抗敌的表示。臣眼见赧王要把国权交给强秦，如果秦国发动所有塞外之兵，再联合西周国的军民合力攻打南阳，到那时韩、魏两国的上党就会失陷。"魏王说："那如何是好呢？"綦母恢说："赧王表面上不好小利，而侍奉秦国正是他贪图小利的表现。现在大王派三万兵马去防守，再送去温邑之囿，赧王得到温囿，对父老百姓就有话可说了，他们会以占有温囿为幸事，必定不会和秦国联合了。臣曾听说温囿收益每年是八十金，

利，岁八十金，周君得温囿，其以事王者，岁百二十金，是上党每患而赢四十金。"魏王因使孟卯致温囿于周君而许之戍也。

赧王得到温囿后，每年侍奉大王的却是一百二十金，这样不但使上党没有祸患发生，而且每年又多了四十金的额外收入。"魏王于是派魏将孟卯把温邑之囿送给周赧王，并且答应派兵来镇守边境。

第十三章 秦欲攻周

秦欲攻周，周最谓秦王曰："为王之国计者，不攻周。攻周，实不足以利国，而声畏天下。天下以声畏秦，必东合于齐。兵弊于周，而合天下于齐，则秦孤而不王矣。是天下欲罢秦，故劝王攻周。秦与天下惧罢，则令不横行于周矣。"

秦国打算进攻西周国，周最对秦王说："就大王国家的利害而言，最好是不要攻打西周国。因为如果攻打西周国，对秦国实在没有好处，反而会得个恶名，必定被诸侯唾弃。到那时，诸侯必然都到东边和齐国联合。如果秦国为了攻伐西周国而陷于疲惫，等于是使天下诸侯都跟齐结合起来，到那时，秦国就会孤立而不能称霸诸侯。可见天下诸侯要使秦军精疲力尽，才怂恿君王攻伐西周国的。如果秦国和天下诸侯都消耗尽了，那么任何人的号令都不能通行于西周国了。"

第三篇 秦策一

第一章 卫鞅亡魏入秦

卫鞅亡魏入秦，孝公以为相，封之于商，号曰商君。商君治秦，法令至行，公平无私，罚不讳强大，赏不私亲近，法及太子，黥劓其傅。期年之后，道不拾遗，民不妄取，兵革大强，诸侯畏惧。然刻深寡恩，特以强服之耳。

孝公行之八年，疾且不起，欲傅商君，辞不受。孝公已死，惠王代后，莅政有顷，商君告归。

人说惠王曰："大臣太重者国危，左右太亲者身危。今秦妇人婴儿皆言商君之法，莫言

卫鞅从魏国逃到秦国，秦孝公任命他为丞相，把商地分封给他，号称"商君"。商君治理秦国，实行严刑峻法，大公而无私，刑罚不畏权贵，赏赐不因亲近而徇私情，法令实施至太子，曾把太子的师傅处以黥劓之刑。新法实行一年以后，秦国路不拾遗，人民都不敢贪非分之财，而且兵强马壮，天下诸侯都很畏惧秦国。可惜商君之法过于刻薄寡恩，只是以暴力压服民众而已。

孝公行商君之法八年之后，一病不起，临死前想让商君做太子师傅，商君却辞退而不接受。孝公死后，惠王继位，掌政后不久，商君就告老还乡了。

有人对惠王说："如果大臣威权太重，国家就会发生危险；如果左右侍臣太亲，国王就要危险。现在秦国不论男女老幼，都只称道商君之法，而不称道

大王之法，是商君反为主，大王更为臣也。且夫商君，固大王仇雠也，愿大王图之。"商君归还，惠王车裂之，而秦人不怜。

大王之法。这样，商君反为主人，大王反倒变成了臣子。何况商君本来就是大王的仇人，但愿大王能想办法对付他。"当商君从魏国回到秦国时，惠王就下令处以他五马分尸的重刑，而秦国人都不同情他。

第二章 苏秦始将连横

苏秦始将连横说秦惠王曰："大王之国，西有巴、蜀、汉中之利，北有胡貉、代马之用，南有巫山、黔中之限，东有肴、函之固。田肥美，民殷富，战车万乘，奋击百万，沃野千里，蓄积饶多，地势形便，此所谓天府，天下之雄国也。以大王之贤，士民之众，车骑之用，兵法之教，可以并诸侯，吞天下，称帝而治。愿大王少留意，臣请奏其效。"

秦王曰："寡人闻之，毛羽不丰满者不可以高飞，文章不成者不可以诛罚，道德不厚者不可以使民，政教不顺者不可以烦大臣。今先生俨然不远千里面庭教之，愿以异日。"

苏秦起初以连横政策游说秦惠王道："大王所统治的秦国，西边有巴蜀、汉中的地利，北边有胡貉、代马的物产，南边有巫山、黔中的险阻，东边有肴山、函谷关的要塞。而且土地肥沃，人民富庶，战车有一万辆，精兵有一百万，肥沃的田地有一千里，积蓄的粮草不计其数，地理形势更是有利于秦国，这真是所谓'天府之国'，天地间的一大雄邦。凭大王的贤明，百姓的众多，兵车马队的使用，兵法的熟练，大王足可以兼并诸侯，吞灭天下，称帝治理天下。但愿大王能稍加注意，允许臣来帮助大王来完成这项使命。"

秦惠王说："寡人常听人说，羽毛不够丰满的鸟儿不可以高飞，法令不完备的国家不可以出兵征战，道德不崇高的君主不可以统治万民，政教不清明的君主不可以号令大臣。如今先生不远千里来到我秦国登庭指教，希望将来再说军国大计吧。"

苏秦曰："臣固疑大王之不能用也。昔者神农伐补遂，黄帝伐涿鹿而禽蚩尤，尧伐骧兜，舜伐三苗，禹伐共工，汤伐有夏，文王伐崇，武王伐纣，齐桓任战而伯天下。由此观之，恶有不战者乎？古者使车毂击驰，言语相结，天下为一；约从连横，兵革不藏；文士并饬(shì)，诸侯乱惑；万端俱起，不可胜理；科条既备，民多伪态；书策稠浊，百姓不足；上下相愁，民无所聊；明言章理，兵甲愈起；辩言伟服，战攻不息；繁称文辞，天下不治；舌弊耳聋，不见成功；行义约信，天下不亲。于是，乃废文任武，厚养死士，缀甲厉兵，效胜于战场。夫徒处而致利，安坐而广地，虽古五帝、三王、五伯，明主贤君，常欲坐而致之，其势不能，

苏秦说："我本来就怀疑大王不肯听取我的意见。以前神农氏攻打补遂，黄帝讨伐涿鹿而擒获蚩尤，唐尧放逐骧兜，虞舜攻打三苗，夏禹讨伐共工，商汤消灭夏桀，周文王攻打崇侯，周武王讨伐商纣，齐桓公也用战争而雄霸天下。由此看来，称霸天下哪有不经过战争就能达到目的的？古代使者都坐着兵车奔驰，各国互相缔结口头盟约，谋求天下统一；虽然讲究合纵连横，却是战争不息；说客采用巧辩和权诈之术，致使诸侯慌乱疑惑；一切纠纷都从此发生，简直复杂到无法处理的地步；等到章程和法律都完备了，人们又常常做出虚伪的行为；文书、籍策杂乱繁琐，百姓生活贫困不足；君臣上下愁眉不展，百姓无所仰赖；法令规章越多，战争发生的也就越多；能言善辩、穿着儒服的人越多，战争就越发无法停止；凡事不顾根本而专门讲求文辞末节，天下就越发无法太平；说客的舌头说焦了，听者的耳朵听聋了，却不见什么成效；做事即使讲义气、守信用，也没办法使天下和平安乐。于是，就废除文治而使用武力，多养敢死之士，制作各种甲胄，磨光各种刀枪，然后到战场上去争胜负。什么也不做却想使国家富强，安居不动却要使国土扩大，即使是古代五帝、三王、五霸和明主

故以战续之。宽则两军相攻，迫则杖戟相橦，然后可建大功。是故兵胜于外，义强于内；威立于上，民服于下。今欲并天下，凌万乘，诎敌国，制海内，子元元，臣诸侯，非兵不可！今之嗣主，忽于至道，皆惛于教，乱于治，迷于言，惑于语，沈于辩，溺于辞。以此论之，王固不能行也。"

说秦王书十上而说不行。黑貂之袭弊，黄金百斤尽，资用乏绝，去秦而归。赢滕履蹻，负书担橐，形容枯搞，面目犁黑，状有归色。归至家，妻不下纴，嫂不为炊，父母不与言。苏秦喟叹曰："妻不以我为夫，嫂不以我为叔，父母不以我为子，是皆秦之罪也。"乃夜发书，陈箧数十，得太公阴符之谋，伏而诵之，简练

贤君，若是经常想不用刀兵而获得这些，也无法达到目的。所以，最后只好用战争来解决。距离远的就用强兵互相攻伐，距离近的就短兵相杀，这样才能建立伟大功业。因此军队得胜于外，正义治强于内；威权建立于上，人民自然服从于下。现在想要吞并天下，侵犯天子夺取王位，折服敌国统治天下，保护百姓号令诸侯，非用武力不可！可是如今继嗣君主，却都忽略了用兵的重要性，而且都不懂得教化人民，也不修明政治，常常被一些诡辩之士的言论所迷惑，沉溺在巧言诡辩之中。照这样的情形，大王一定不会采纳我的建议。"

苏秦游说秦王的奏章一连上了十次之多，但他的建议始终没被秦王采纳。他的黑貂皮袄破了，一百斤黄金也用完了，连旅费都没有了，只好离开秦国回到洛阳。他腿上打着裹脚，脚上穿着草鞋，背着一些破书，挑着自己的行囊，神情憔悴，面孔又黄又黑，很显失意。他回家以后，妻子织布不理他，嫂子也不肯给他做饭，连父母都不跟他说话。他深深地叹了口气说："妻子不把我当丈夫，嫂子不把我当小叔，父母不把我当儿子，这都是我苏秦的罪过。"于是，他当晚就从几十个书箱里找出一部姜太公著的《阴符》，趴在桌上发奋钻研，

以为揣摩。读书欲睡，引锥自刺其股，血流至足。曰："安有说人主不能出其金玉锦绣，取卿相之尊者乎？"期年揣摩成，曰："此真可以说当世之君矣！"

于是乃摩燕乌集阙，见说赵王于华屋之下，抵掌而谈。赵王大悦，封为武安君。受相印，革车百乘，锦绣千纯，白璧百双，黄金万溢，以随其后，约从散横，以抑强秦。

故苏秦相于赵而关不通。当此之时，天下之大，万民之众，王侯之威，谋臣之权，皆欲决苏秦之策。不费斗粮，未烦一兵，未战一士，未绝一弦，未折一矢，诸侯相亲，贤于兄弟。夫贤人在而天下服，一人用而天下从，故曰：式于政，不式于勇；式于廊庙之内，不式于四

选择其中重要的加以熟读，一边读一边揣摩时事。读到疲倦而要打瞌睡时，他就用锥子刺自己的大腿，鲜血一直流到脚上。他自言自语地说："哪有游说人主而不能让他们掏出金玉锦绣，得到卿相尊位的呢？"过了一年，研究成功，他又自言自语地说："现在我真的可以去游说各国君王了！"

于是苏秦就步入名为燕乌集的宫门，在华屋之下游说赵肃侯，对赵王滔滔不绝地说出合纵的外交政策。赵王听了非常高兴，封他为武安君，并授以相印，还有兵车一百辆、锦绣一千束，白璧一百双、金币二十万两，车队尾随在他的身后，到各国去约定合纵，拆散连横，以此压制强秦。

所以苏秦在赵国作宰相时，秦国不敢出兵函谷关。在这个时候，广大的天下、众多的百姓、威武的诸侯、掌权的谋臣，都要被苏秦的策略所决定。没费一斗军粮，没发一个兵卒，没派一员大将，没用坏一把弓，没损失一支箭，就使天下诸侯和睦相处，甚至比亲兄弟还要亲近。可见贤明人士当权主政，天下都会服从于他。所以说：应该运用政治号令天下，而不必用武力征服；要在朝廷上慎谋策划，而不必到边疆上去作战。当苏秦大权在握、红极一时的时候，金币

境之外。当秦之隆，黄金万溢为用，转毂连骑，炫煌于道，山东之国，从风而服，使赵大重。且夫苏秦特穷巷掘门、桑户桊枢之士耳。伏轼撙衔，横历天下，廷说诸侯之王，杜左右之口，天下莫之能伉。

将说楚王，路过洛阳。父母闻之，清宫除道，张乐设饮，郊迎三十里；妻侧目而视，倾耳而听；嫂蛇行匍伏，四拜自跪而谢。苏秦曰："嫂，何前倨而后卑也？"嫂曰："以季子之位尊而多金。"苏秦曰："嗟乎！贫穷则父母不子，富贵则亲戚畏惧。人生世上，势位富贵，盖可忽乎哉！"

二十万两供他使用，他所指挥的战车和骑兵连接不断，所到之处都显得威风八面，崤山以东的各诸侯王国，莫不望风听从他的号令，因而使赵国的地位格外受到尊重。说起苏秦，他只不过是一个住在陋巷、掘墙做门、砍桑做窗、用弯曲的木头作门框一类的穷人罢了。可他一旦坐上豪华的四马战车，骑着高头大马游历天下，到各国朝廷访问，使各诸侯王的亲信都不敢开口，天下就无人敢跟他对抗。

苏秦要去游说楚威王，路过洛阳。父母得知此事后，赶紧整理房间，清扫道路，雇用乐队，准备酒席，还到距城三十里远的地方去迎接；妻子斜着眼睛来看他的威仪，侧着耳朵来听他说话；嫂子更跪在地上不敢站起来，像蛇一样在地下爬，对苏秦一再叩头请罪。苏秦问："嫂子，你以前为什么对我那样傲慢不逊，而现在又这样卑下呢？"他嫂子说："这是你现在社会地位尊显，而且钱多的缘故。"苏秦说："唉！一个人如果穷困落魄，连父母都不把他当儿子，然而一旦富贵之后，所有亲戚都感到畏惧。一个人活在世上，权势和富贵又怎么能不顾呢！"

第五章 张仪说秦王

张仪说秦王曰："臣闻之，弗知而言为不智，知而不言为不忠。为人臣不忠当死，言不审亦当死。虽然，臣愿悉言所闻，大王裁其罪。臣闻，天下阴燕阳魏，连荆固齐，收余韩成从，将西面以与秦为难。臣窃笑之。世有三亡，而天下得之，其此之谓乎！臣闻之曰：'以乱攻治者亡，以邪攻正者亡，以逆攻顺者亡。'今天下之府库不盈，囷仓空虚，悉其士民，张军数千百万，白刃在前，斧质在后，而皆去走，不能死，罪其百姓不能死也，其上不能杀也。言赏则不与，言罚则不行，赏罚不行，故民不死也。

张仪游说秦王道："我常听人说，不知道事情的原委就开口发言，那是不聪明；知道可以为国家谋福利而不开口策划，那是不忠贞。作为一个臣子，对君王不忠诚就该死，说话不谨慎也该死。虽然如此，我仍然愿意把所有见闻都说出来给大王听，请大王裁决、定罪。据我所知，四海之内，从北面的燕国到南面的魏国，都在连结荆楚、笼络齐国，收罗残余的韩国势力，结成合纵的联合阵线，他们准备团结六国的兵力，往西南来和秦国对抗。这使我私下里不禁为之失笑。世上有三种亡国的情况，而天下人终会收拾残局，可能说的就是今天的世道！我听人说：'用暴乱之国去攻打仁义之国必遭败亡，以邪恶之国去攻打正义之国必遭败亡，以叛逆之国去攻打太平之国必遭败亡。'如今天下诸侯储藏财货的仓库都不充实，囤积米粮的仓库也很空虚，他们征召所有人民，发动数以千百万计的军队，虽然是白刀子在前，大斧头在后，却都退却逃跑，不能和敌人拼死一战。其实并不是他们的人民不肯死战，而是由于统治者拿不出好办法进行教育。只说奖赏而不实现，只说处罚而不执行，所以人民才不肯为国死战。

"现在秦国发号施令，赏罚分明，不论有功无功，都按照实际情形奖惩。一般人离开父母怀抱之后，就从来没有见过敌人，所以一听说作战就跺脚、露胸，决心死战，迎着敌人的刀枪，赴汤蹈火，决心为国家死在战场上，全都如此。一个人决心要去战死和决心要逃生是不同的，但秦人仍然愿意去战死，就是国家重视英勇善战精神的缘故。一人可以战胜十人，十人可以战胜百人，百人可以战胜千人，千人可以战胜万人，有一万人就可以战胜全天下。如今秦国的地势，截长补短方圆有几千里，雄壮的军队有几百万，而且秦国的号令赏罚和地势的利害，天下诸侯都望尘莫及。用这种优越的条件来和天下诸侯争雄，全天下也不够秦国吞并的。由此可知，只要秦国作战，都是无战不胜；只要秦国攻打，都是无所不取；只要秦国抵挡，都是无所不破。可以开拓几千里土地，这将是很伟大的功业。然而如今军队疲惫，人民穷困，积蓄用绝，田园荒废，仓库空虚，四邻诸侯不肯臣服，霸王事业不能树立，这并没有其他原因，主要

"今秦出号令而行赏罚，有攻无攻相事也。出其父母怀衽之中，生未尝见寇也，闻战顿足徒裼，犯白刃，蹈煨炭，断死于前者比是也。夫断死与断生也不同，而民为之者是贵奋也。一可以胜十，十可以胜百，百可以胜千，千可以胜万，万可以胜天下矣。今秦地形，断长续短，方数千里，名师数百万，秦之号令赏罚，地形利害，天下莫如也。以此与天下，天下不足兼而有也。是知秦战未尝不胜，攻未尝不取，所当未尝不破也。开地数千里，此甚大功也。然而甲兵顿，士民病，蓄积索，田畴荒，囷仓虚，四邻诸侯不服，伯王之名不成，此无异故，

谋臣皆不尽其忠也。

"臣敢言往昔。昔者齐南破荆，中破宋，西服秦，北破燕，中使韩、魏之君，地广而兵强，战胜攻取，诏令天下，济清河浊，足以为限，长城钜坊，足以为塞。齐，五战之国也，一战不胜而无齐。故由此观之，夫战者万乘之存亡也。且臣闻之曰：'削株掘根，无与祸邻，祸乃不存。'秦与荆人战，大破荆，袭郢，取洞庭、五都、江南。荆王亡奔走，东伏于陈。当是之时，随荆以兵，则荆可举。举荆，则其民足贪也，地足利也。东以弱齐、燕，中陵三晋。然则是一举而伯王之名可成也，四邻诸侯可朝也。而谋臣不为，引军而退，与荆人和。今荆人收亡国，聚散民，立社主，置宗庙，令帅天下西面以与秦为难，

是谋臣都不能尽忠的缘故。

"我愿用历史为证加以说明：从前齐国在南方击破荆楚，中部攻破了宋国，往西征服了秦国，往北打败了燕国，其间又指挥韩、魏两国的君主，土地广大，兵强马壮，战事胜利，攻城略地，号令天下诸侯，清清的济水与混浊的黄河都是它的天然屏障，巨大的长城足可以作它的防守要塞。齐国是一连战胜五次的强国，可是只战败一次就没有齐国了。所以由此可见，用兵作战可以决定万乘大国的生死存亡。我还听说：'斩草要除根，不与祸为邻，祸才不会存。'从前秦国跟楚国作战，秦兵大败楚军，夺取了楚国首都郢城，又占领了洞庭湖、五都、江南等地。楚王向东逃亡，藏在陈地。在那个时候，只要把握时机攻打楚国，就可以占领楚国的全部土地。只要占领楚国，那里的人民足够使用，那里的地产足可以满足需要。东面可以对抗齐、燕两国，中间可以凌驾三晋之上。可见一举就能完成霸王之业，使天下诸侯都来朝称臣。然而谋臣不但不肯这样做，反而撤兵和楚人讲和。现在楚人收复了所有失土，重新集合逃散的人民，再度设立起社稷之主，成立宗庙之司，使他们得以率领天下诸侯向西跟秦国对抗，这样，秦国当然就第一次失去建立霸业

此固已无伯王之道一矣。

"天下有比志而军华下，大王以诈破之，兵至梁郭，围梁数旬，则梁可拔。拔梁，则魏可举。举魏，则荆、赵之志绝。荆、赵之志绝，则赵危。赵危而荆孤。东以弱齐、燕，中陵三晋，然则是一举而伯王之名可成也，四领诸侯可朝也。而谋臣不为，引军而退。与魏氏和，令魏氏收亡国，聚散民，立社主，置宗庙，此固已无伯王之道二矣。前者穰侯之治秦也，用一国之兵，而欲以成两国之功。是故兵终身暴灵于外，士民潞病于内，伯王之名不成，此固已无伯王之道三矣。

"赵氏，中央之国也，杂民之所居也。其民轻而难用，号令不治，赏罚不信，地形不便，上非能尽其民力。彼固亡国之形也，而不忧民

的机会了。

"后来诸侯同心同德，联合驻军于华阳城下，幸亏大王用诈术击溃了他们，一直进兵到魏都大梁外，只要继续围困几十天，就可以占领大梁城。占领了大梁城，就可以攻下魏国；攻下魏国，楚、赵的联盟就拆散了；楚、赵联盟拆散，赵国就会处于危难境地；赵国陷入危难境地，楚国便孤立无援。这样东面可以削弱齐、燕两国，中间可以驾驭三晋，也可以一举建立霸王功业，使天下四方的诸侯都来朝贺。然而谋臣不但不肯这样做，反而引兵自退。与魏国讲和，使魏国得以收复所有失土，重新聚集逃散的人民，设立社稷之主，成立宗庙之司，这样，秦国当然就第二次失去建立霸王之业的机会了。前不久穰侯为相，治理秦国，他用一国的军队，却想建立两国才能完成的功业。所以军队虽然终年在外风吹日晒雨淋，人民在国内疲劳不堪，但是霸王的功业却始终不能建立，这就证明秦国第三次丧失了建立霸业的机会。

"赵国在诸侯中位居中央，人民五方杂居，轻浮而不好治理，以致国家号令没有条理，赏罚也无法讲信用，而地形又不利于防守，居上位的人又不能使人民的力量全部发挥出来。这已是一种

氓，悉其士民，军于长平之下，以争韩之上党，大王以诈破之，拔武安。当是时，赵氏上下不相亲也，贵贱不相信，然则是邯郸不守，拔邯郸，完河间，引军而去，西攻修武，逾羊肠，降代、上党。代三十六县，上党十七县，不用一领甲，不苦一民，皆秦之有也。代、上党不战而已为秦矣，东阳河外不战而已反为齐矣，中呼池以北不战而已为燕矣。然则是举赵则韩必亡，韩亡则荆、魏不能独立。荆、魏不能独立，则是一举而坏韩，蠹魏，挟荆，以东弱齐、燕，决白马之口，以流魏氏。一举而三晋亡，从者败。大王拱手以须，天下徧随而伏，伯王之名可成也。而谋臣不为，引军而退，与赵氏为和。以大王之明，秦兵之强，伯王之业，地尊不可得，乃取

亡国的形势，再加上不体恤民间疾苦，几乎把全国老百姓都征发到长平战场，去跟秦国争夺韩国的上党。大王用诈术击破了他们，既而攻下武安。那时赵国君臣彼此不合作，官民之间也互不信赖，这样邯郸就无法固守，秦军攻下邯郸，在河间修整军队，再率领军队往西攻打修武，经过羊肠险塞，降服代和上党。代有三十六县，上党有十七县，不用一副盔甲，不费一个兵卒，就都为秦国所有。代和上党不经过战争，就成为秦国土地；东阳和河外等地没有经过战争，已将反归齐国；中呼池以北之地也没有经过战争，而将属于燕国。如果这样，攻下赵国之后，韩国就必然灭亡；韩国灭亡后，楚、魏两国就不能独立；楚、魏两国既然不能独立，就可一举而攻破韩国；韩国既破，就伤害到魏国，再挟持楚国往东，去削弱齐、燕两国，挖开白马津的河口来淹魏国。如此一举就可以灭亡三晋，而六国的合纵也势将瓦解，大王只要拱手在那里等着，天下诸侯就会一个跟着一个地来投降，霸王的名号就建立起来了。可惜谋臣不但不这样做，反而自动退兵，跟赵国讲和。凭借大王的贤明和秦兵的强盛，竟然建立不起霸王的基业，而且被形将灭亡的诸国欺凌，这都是谋臣的愚昧笨拙所致。再说赵国

欺于亡国，是谋臣之拙也。且夫赵当亡不亡，秦当伯不伯，天下固量秦之谋臣一矣。乃复悉卒以攻邯郸，不能拔也，弃甲兵怒，战慄而却，天下固量秦力二矣。军乃引退，并于李下，大王又并军而致与战，非能厚胜之也，又交罢却，天下固量秦力三矣。内者量吾谋臣，外者极吾兵力。由是观之，臣以天下之从，岂其难矣。内者吾甲兵顿，士民病，蓄积索，田畴荒，囷仓虚；外者天下比志甚固。愿大王有以虑之也。

"且臣闻之，战战慄慄，日慎一日。苟慎其道，天下可有也。何以知其然也？昔者纣为天子，帅天下将甲百万，左饮于淇谷，右饮于洹水，淇水竭而洹水不流，以与周武为难。武王将素甲三千领，战一日，破纣之国，禽其

应该灭亡而不能被消灭，秦国应该称霸而不能威震天下，天下人已经看透了秦国谋臣的本领，此其一。秦国又曾发全国之兵，去攻打赵国的邯郸，不但没有攻下，反而被敌人打得丢盔卸甲，将士们又气又怕地败下阵来，天下人已经看透了秦国将士的力量，此其二。军队退下来以后，都聚集在李邑下，大王又重新整编，努力督促将士们作战，可是并没能取得大胜，就纷纷罢兵撤退，天下人都看透了秦国军队的战斗力，此其三。在内看透了秦国的谋臣，在外看透了秦国的将士。由此观之，臣认为天下的合纵力量，难道不是更难对付了吗？秦国内部，军队疲劳不堪，人民极端困顿，而且积蓄用尽、田园荒芜、仓库空虚；秦国之外，诸侯合纵，团结一致，甚为坚固。但愿大王能多加考虑。

"我又听人说：（要）战战兢兢，日慎一日。假如谨慎得法，就可以占有全天下。怎么知道是这样呢？古代殷纣王做天子，率领天下百万大军，左边的军队还在淇谷饮马，右边军队已到洹水喝水，竟把淇水和洹水都喝干了，殷纣王是用这么雄伟的大军跟周武王作战。可是周武王只率领三千名穿着简单盔甲的战士，仅仅经过一天战争，就打败了纣王之军，俘虏了纣王本人，拥有了殷的

身，据其地，而有其民，天下莫不伤。智伯率三国之众，以攻赵襄主于晋阳，决水灌之，三年，城且拔矣。襄主错龟，数策占兆，以视利害，何国可降，而使张孟谈。于是潜行而出，反智伯之约，得两国之众，以攻智伯之国，禽其身，以成襄子之功。今秦地断长续短，方数千里，名师数百万，秦国号令赏罚，地形利害，天下莫如也。以此与天下，天下可兼而有也。

"臣昧死望见大王，言所以举破天下之从，举赵亡韩，臣荆、魏，亲齐、燕，以成伯王之名，朝四邻诸侯之道。大王试听其说，一举而天下之从不破，赵不举，韩不亡，荆、魏不臣，齐、燕不亲，伯王之名不成，

全部土地，俘获了殷的全部臣民，天下竟没有一个人同情纣王。以前智伯率领智氏、韩氏、魏氏三家的兵众，前往晋阳去攻打赵襄子，智伯掘出晋水河堤采取水攻，经过三年之久的攻打，晋阳城快被攻下了。这时，赵襄子用乌龟进行占卜，看看自己国家命运的吉凶，预测哪一国会败降。赵襄子又使用反间计，派赵国大臣张孟谈悄悄出城，破坏韩、魏两家与智伯的盟约，争取到韩、魏两家民众的合作，然后合力来攻打智伯，结果大败智伯之军，俘虏了智伯本人，而张孟谈则成为赵襄子的一大功臣。如今秦国的国土截长补短，方圆几千里，英勇善战的军队更有几百万，秦国发布的号令严明，有赏有罚，再加上地形的优势，天下诸侯没有哪个比得上。凭这种种优越条件跟天下诸侯争胜，整个天下就可以被秦国征服。

"我冒着死罪，希望见到大王，谈论各种行动方案，破坏天下的合纵计划，消灭赵、韩两国，迫使楚、魏两国称臣，联合齐、燕两国加盟，以建立霸王之业，让天下诸侯都来朝贡。请大王姑且采用我的策略，假如不能一举而瓦解天下的合纵，攻不下赵国，灭不了韩国，楚、魏两国不称臣，齐、燕两国不加盟，霸王之业不能建立，天下诸侯不来朝贡，

四邻诸侯不朝，大王斩
臣以徇于国，以主为谋
不忠者。"

那就请大王砍下我的头，在全国各地轮
流示众，以惩戒那些为君主谋划而不尽
忠的人。"

第七章 司马错与张仪争论于秦惠王前

司马错与张仪争论于秦惠王前。司马错欲伐蜀，张仪曰："不如伐韩。"王曰："请闻其说。"

对曰："亲魏善楚，下兵三川，塞轘辕、缑氏之口，当屯留之道，魏绝南阳，楚临南郑，秦攻新城、宜阳，以临二周之郊，诛周主之罪，侵楚、魏之地。周自知不救，九鼎宝器必出。据九鼎，按图籍，挟天子以令天下，天下莫敢不听，此王业也。今夫蜀，西辟之国，而戎狄之长也，弊兵劳众不足以成名，得其地不足以为利。臣闻：'争名者于朝，争利者于市。'今三川、周室，天下之市朝也，而王不争焉，顾争于戎

司马错和张仪在秦惠王面前争论战事。司马错主张秦国应该先去攻打蜀国，张仪却反对说："不如先去攻打韩国。"秦惠王说："我愿听听你的意见。"

张仪回答说："我们先跟楚、魏两国结盟，然后再出兵到三川，堵住轘辕和缑氏山的通道，挡住屯留的孤道，这样魏国和南阳就断绝了交通，楚军逼近南郑，秦兵再攻打新城、宜阳，我们便兵临东、西两周的城外，惩罚二周君王的罪过，进入楚、魏两国。周王知道自己的危急，一定会交出传国之宝九鼎。我们据有九鼎，再按照地图户籍，假借周天子的名义号令诸侯，天下没有谁敢不听我们命令，这才是霸王之业。至于蜀国，那是一个在西方边远之地、由野蛮人做酋长的国家，我们即使劳民伤财地发兵前往攻打，也不足以因此而建立霸业，哪怕占有它的土地，也谈不上得到什么利益。臣常听人说：'争名的人要在朝廷，争利的人要在市场。'现在三川、周室，就是天下的市场，可是大王却不

狄，去王业远矣。"

司马错曰："不然。臣闻之，欲富国者，务广其地；欲强兵者，务富其民；欲王者，务博其德。三资者备，而王随之矣。今王之地小民贫，故臣愿从事于易。夫蜀，西辟之国也，而戎狄之长也，而有桀、纣之乱。以秦攻之，譬如使豺狼逐群羊也。取其地，足以广国也；得其财，足以富民；缮兵不伤众，而彼已服矣。故拔一国，而天下不以为暴；利尽西海，诸侯不以为贪。是我一举而名实两附，而又有禁暴正乱之名。今攻韩劫天子，劫天子，恶名也，而未必利也，又有不义之名，而攻天下之所不欲，危！臣请谒其故：周，天下之宗室也；齐，韩、周之与国也。周自知失九鼎，韩自知亡三川，

去争，反而去争夺戎、狄，这离霸王之业太远了。"

司马错说："事情并不像张仪所说的那样。据我所知，要想使国家富强，务必先扩张领土；要想兵强马壮，必须先使人民富足；要想得到天下，一定先广施仁德。这三件事都做到以后，霸业才会随之而来。如今大王地盘小而百姓穷，所以臣渴望大王先从容易的地方着手。蜀国是一个偏僻小国，是戎狄之邦的首领，并且朝政像夏桀、商纣一般紊乱。如果尽秦国之力去攻打蜀国，就好像派豺狼去驱逐羊群一样简单。秦国得到蜀国的土地，可以扩大自己的版图；得到蜀国的财物，可以富足自己的百姓；虽是用兵，却不伤害一般百姓，蜀国就已自动屈服了。所以秦国虽然灭亡了一个蜀国，但诸侯不会认为是暴虐；即使秦国抢走蜀国的所有珍宝，诸侯也不会认为秦国贪婪。这样，我们只要做伐蜀这一件事，就有名义上和实际上的收益，还可以得到除暴安良的美名。假如现在我们去攻打韩国，就等于是劫持了周天子，劫持周天子是会招至恶名的，而且也不见得能获得什么利益，反而落得一个不义的坏名。而攻打天下人不愿攻打的国家，实在是一件危险的事。我请求讲明这个道理：周天子是天下诸侯国国

则必将二国并力合谋，以因于齐、赵，而求解乎楚、魏。以鼎与楚，以地与魏，王不能禁。此臣所谓'危'，不如伐蜀之完也。"惠王曰："善！寡人听子。"

卒起兵伐蜀，十月取之，遂定蜀。蜀主更号为侯，而使陈庄相蜀。蜀既属秦，秦益强富厚，轻诸侯。

君的宗室，齐国是韩、周两国的友邦。如果周国知道自己要失掉九鼎，韩国清楚自己要失去三川，那么两国必然精诚合作，共同对付秦国，还会联络齐、赵两国，并向楚、魏两国求救。周天子把九鼎献给楚国，把土地割让给魏国，这些都是大王所不能制止的。这就是臣所说的讨伐韩国的危险所在，实在不如先讨伐蜀国这一计策万全。"秦惠王说："好的！寡人听你的。"

于是秦国出兵攻打蜀国，经过十个月的征讨，终于占领了蜀地。把蜀主的名号改为侯，并且派秦臣陈庄去做蜀的相国。蜀地既已划归秦国，秦国就越发强盛富足，也更加轻视天下诸侯。

第八章 张仪之残樗里疾

张仪之残樗里疾也，重而使之楚。因令楚王为之请相于秦。张子谓秦王曰："重樗里疾而使之者，将以为国交也。今身在楚，楚王因为请相于秦。臣闻其言曰：'王欲穷仪于秦乎？臣请助王。'楚王以为然，故为请相也。今王诚听之，彼必以国事楚王。"秦王大怒，樗里疾出走。

张仪企图暗害樗里疾，就假意尊重他，派他出使楚国。可是，张仪在暗地里让楚怀王替樗里疾向秦王请求任命他为相国。张仪对秦王说："我尊重樗里疾，并派他出使楚国，这完全是为了达到两国建交的目的。如今他身在楚国，楚王竟替他向大王请求任命他为相国，一定有什么阴谋。我听说他对楚王说：'大王想在秦国困住张仪吗？我可以为大王效力。'楚王认为樗里疾的话很对，所以才为他向大王请求相位。现在大王如果答应楚王的请求，他必然用秦国的利益去侍奉楚王。"秦王勃然大怒，樗里疾只好从楚国逃跑了。

第九章 张仪欲以汉中与楚

张仪欲以汉中与楚，请秦王曰："有汉中，蠹。种树不处者，人必害之；家有不宜之财，则伤本。今汉中南边为楚利，此国累也。"甘茂谓王曰："地大者，固多忧乎！天下有变，王割汉中以和楚，楚必畔天下而与王。王今以汉中与楚，即天下有变，王何以市楚也？"

张仪想把汉中让给楚国，就奏请秦王说："享有汉中，这是秦国的祸害。就像把一棵棵树种在不适当的地方，人们必然会在无意中去损害它；又恰如家中有不义之钱财，家里人反倒会受到这种钱财的伤害。现在汉中的南边是楚国的利益所在，因此这成为我国的累赘。"甘茂对秦王说："国土广大，国家就必然有许多困扰！一旦天下变乱，大王可以把汉中割让给楚国作为和谈条件，到那时，楚国必然会从诸侯中分裂出来而与秦国结盟。假如大王现在无缘无故地把汉中让给楚国，以后天下万一发生意外变乱，真不知大王拿什么作为条件与楚国缔结盟约了。"

第十一章 田莘之为陈轸说秦惠王

田莘之为陈轸说秦惠王曰："臣恐王之如郭君。夫晋献公欲伐郭，而惮舟之侨存，荀息曰：'《周书》有言，美女破舌。'乃遗之女乐，以乱其政。舟之侨谏而不听，遂去。因而伐郭，遂破之。又欲伐虞，而惮宫之奇存。荀息曰：'《周书》有言，美男破老。'乃遗之美男，教之恶宫之奇。宫之奇以谏而不听，遂亡。因而伐虞，遂取之。今秦自以为王，能害王之国者，楚也。楚智横君之善用兵，用兵与陈轸之智，故骄张仪以五国。来，必恶是二人。愿王勿听也。"张仪果来辞，因言轸也，王怒而不听。

田莘为陈轸向秦惠王说："我很担心大王重蹈虢公覆辙。以前晋献公想攻打虢国，却害怕虢国的舟之侨。这时晋臣荀息说：《周书》有名言，美女能使谏臣之言不为君王所信。'于是献公赠送歌妓给虢公，目的是扰乱他们的国政。果然，舟之侨虽然苦谏，可是虢公根本不听，舟之侨就辞官隐退了。这时，晋献公发兵攻打虢国，终于一举而消灭了虢国。晋国又想征伐虞国，可是害怕虞国的宫之奇。荀息又说：《周书》有名言，美男子可以破坏老臣的政策。'于是献公赠送美男子给虞君，让他们乘机说宫之奇的坏话。后来宫之奇果然由于苦谏不听，愤而逃亡了。这时，晋献公发兵攻打虞国，结果一战成功。如今秦国自称为王，而能阻碍秦国为王的是楚国。楚王知道横门君善用兵，也知道陈轸是一位足智多谋之士，因此楚王骄纵张仪，让他联合韩、魏、赵、燕、齐五国。如果张仪来，一定会排挤横门君和陈轸二人，到那时，希望大王千万不要听。"张仪果然来秦国搬弄是非，说陈轸的坏话，秦王很生气，没有听他的话。

第十二章 张仪又恶陈轸于秦王

张仪又恶陈轸于秦王，曰："轸驰楚、秦之间，今楚不加善秦而善轸，然则是轸自为而不为国也。且轸欲去秦而之楚，王何不听乎？"

王谓陈轸曰："吾闻子欲去秦而之楚，信乎？"陈轸曰："然。"王曰："仪之言果信也。"曰："非独仪知之也，行道之人皆知之。曰：'孝己爱其亲，天下欲以为子；子胥忠乎其君，天下欲以为臣。卖仆妾售乎闾巷者，良仆妾也；出妇嫁乡曲者，良妇也。'吾不忠于君，楚亦何以轸为忠乎？忠且见弃，吾不之楚，何适乎？"秦王曰："善。"乃必之也。

张仪又在秦王面前诽谤陈轸，说："陈轸奔走于楚、秦之间，可如今楚国并没有对秦国友好，反而和陈轸显得很亲密。如此看来，陈轸一切都是为了自己，而不是为秦国。同时陈轸企图背叛秦国而投奔楚国，大王为什么不能明察此事呢？"

于是秦王问陈轸："我听人说你准备背叛秦国而投奔楚国，有这回事吗？"陈轸回答说："有这回事。"秦王说："那么张仪所说的话就是真的了。"陈轸说："何止张仪知道这件事，就连路人都知道这件事啊。常言道：'由于孝己孝顺他的父母，所以天下的父母都希望孝己做自己的儿子；由于伍子胥忠于他的君主，所以天下的君主都希望伍子胥做自己的大臣。卖仆妾时如果能卖到本乡，那就证明是一位好仆妾；被休掉的妻子如果能改嫁到本乡，那就证明她是一位好妻子。'假如臣不忠君爱国，那么楚王又怎么会要我做他的大臣呢？一片忠心尚且要被放逐了，我不去楚国又去哪里呢？"秦惠王说："贤卿言之有理。"于是就把陈轸挽留下来。

第十三章 陈轸去楚之秦

陈轸去楚之秦。张仪谓秦王曰："陈轸为王臣，常以国情输楚。仪不能与从事，愿王逐之。即复之楚，愿王杀之。"王曰："轸安敢之楚也。"

王召陈轸告之曰："吾能听子言，子欲何之？请为子车约。"对曰："臣愿之楚。"王曰："仪以子为之楚，吾又自知子之楚。子非楚，且安之也！"轸曰："臣出，必故之楚，以顺王与仪之策，而明臣之楚与不也。楚人有两妻者，人诱其长者，长者詈之；诱其少者，少者许之。居无几何，有两妻者死。客谓诱者曰：'汝取长者乎？少者乎？'曰：'取长者。'客曰：'长

陈轸离开楚国来到秦国，张仪对秦惠王说："陈轸身为大王的臣子，竟然经常把秦国的国情透露给楚国。我不愿跟这样的人同朝共事，希望大王能把他赶出朝廷。如果他要想重回楚国，希望大王杀掉他。"秦惠王说："陈轸怎么敢去楚国呢？"

秦惠王召见陈轸并询问他说："寡人愿意尊重贤卿的意见，你想到哪里去？只要贤卿说出要到哪里，寡人就为你准备车马。"陈轸回答说："我愿意去楚国。"秦惠王说："张仪认为你一定会去楚国，而寡人也知道你将去楚国。何况如果你不去楚国，又将在哪里安身啊！"陈轸说："我离开秦国以后，必然故意要去楚国，以顺从大王和张仪的策略，而且可以表明我到楚国去不是要帮助他们。楚国有一个人娶了两个妻子，有人去勾引他年老的妻子，年老的妻子就骂起来；那人去勾引他年轻的妻子时，她就欣然接受了。没过多久，这个拥有两个妻子的男人死了。有个客人问勾引者说：'在这两个寡妇之中，你是娶那个年老的，

者詈汝，少者和汝，汝何为取长者？'曰：'居彼人之所，则欲其许我也。今为我妻，则欲其为我詈人也。'今楚王明主也，而昭阳贤相也。轸为人臣，而常以国输楚王，王必不留臣，昭阳将不与臣从事矣。以此明臣之楚与不。"

轸出，张仪入，问王曰："陈轸果安之？"王曰："夫轸，天下之辩士也，孰视寡人曰：'轸必之楚。'寡人遂无奈何也。寡人因问曰：'子必之楚也，则仪之言果信矣！'轸曰：'非独仪之言也，行道之人皆知之。昔者子胥忠其君，天下皆欲以为臣；孝己爱其亲，天下皆欲以为子。故卖仆妾不出里巷而取者，良仆妾也；出妇嫁于乡里者，善妇

还是娶那个年轻的？'勾引者回答说：'我娶年老的。'客人问：'年老的曾经骂过你，而年轻的却顺从了你，你为什么反倒娶年老的呢？'勾引者说：'当她们做别人的妻子时，我希望她们能接受我的勾引；现在要做我的妻子，我就喜欢当初不接受我勾引而骂我的那个。'现在楚王是位贤明的君主，而宰相昭阳也是一位贤明的大臣。我陈轸身为大王的臣子，如果经常把国事泄漏给楚王，那么楚王必定不收留我，而昭阳也不愿意跟臣同朝共事。这样做可以表明我到楚国去不是要帮助他们。"

陈轸出去以后，张仪走到惠王面前，问大王说："陈轸到底要去哪里？"秦惠王说："陈轸是天下的雄辩家，他仔细观察了一下寡人说：'我一定会去楚国的。'寡人也对他无可奈何。寡人因而问他说：'你既然一定去楚国，那张仪的话就可信了！'陈轸说：'不但张仪知道此事，甚至连路人都知道。从前伍子胥对他的君主非常忠贞，天下君主都愿意让他做自己的臣子；孝己孝敬他的双亲，天下人都想让他做自己的儿子。所以当一个人卖仆妾时，如果附近邻居肯买的话，那就证明她是一个好仆妾；被休了的妻子，如果改嫁到本乡，便证明她是一位好妻子。臣如果不忠于大王，那楚

也。臣不忠于王，楚何
以轸为？忠尚见弃，轸
不之楚，而何之乎？'"
王以为然，遂善待之。

王又要臣做什么？臣如此忠君爱国，仍
然被大王遗弃，那臣不去楚国又将去哪
里呢？'"秦惠王认为陈轸的话非常有
道理，就特别优待他而把他挽留下来。

第四篇 秦策二

第一章 齐助楚攻秦

齐助楚攻秦，取曲沃。其后，秦欲伐齐，齐、楚之交善，惠王患之，谓张仪曰："吾欲伐齐，齐、楚方欢，子为寡人虑之，奈何？"张仪曰："王其为臣约车并币，臣请试之。"

张仪南见楚王曰："弊邑之王所说甚者，无大大王；唯仪之所甚愿为臣者，亦无大大王。弊邑之王所甚憎者，亦无先齐王；唯仪之甚憎者，亦无大齐王。今齐王之罪，其于弊邑之王甚厚，弊邑欲伐之，而大国与之欢，是以弊邑之王不得事令，而仪不

齐国帮楚国进攻秦国，攻下了曲沃。后来，秦国想攻打齐国报仇，可是由于齐、楚两国的交往很友善，秦惠王为此甚为忧虑，就对张仪说："寡人想要发兵攻齐国，无奈齐、楚两国关系正密切，请贤卿为寡人考虑一下，这件事怎么办才好？"张仪说："请大王为臣准备车马和金钱，让臣南去游说楚王试试看。"

于是张仪就南去楚国见楚怀王，说："敝国国王最敬重的人莫过于大王您了，我做臣子，也莫过于希望给大王您做臣子。敝国国王最痛恨的君主莫过于齐王了，而臣张仪最不愿臣事的君主也莫过于齐王。现在齐王的罪恶，对秦王来说是最严重的，因此秦国才准备发兵征讨齐国，无奈贵国跟齐国缔结了军事攻守同盟，以致使秦王无法好好侍奉大王，也不能使臣张仪做大王的忠臣。如果大王能关起国门跟齐国断绝邦交，就请让

得为臣也。大王苟能闭关绝齐，臣请使秦王献商於之地，方六百里。若此，齐必弱，齐弱则必为王役矣。则是北弱齐，西德于秦，而私商於之地以为利也，则此一计而三利俱至。"

楚王大说，宣言之于朝廷，曰："不谷得商於之田，方六百里。"群臣闻见者毕贺，陈轸后见，独不贺。楚王曰："不谷不烦一兵，不伤一人，而得商於之地六百里，寡人自以为智矣！诸士大夫皆贺，子独不贺，何也？"陈轸对曰："臣见商於之地不可得，而患必至也，故不敢妄贺。"王曰："何也？"对曰："夫秦所以重王者，以王有齐也。今地未可得而齐先绝，是楚孤也，秦又何重孤国？且先出地绝齐，秦计必弗为也。先绝齐后责地，且必受欺于张仪。

臣劝秦王献上方圆六百里的商於土地。如此一来，齐国就丧失了后援，而必然走向衰弱；齐国走向衰弱以后，就必然听从大王的号令。大王如果能这样做，楚国不但在北面削弱了齐国的势力，而且在西面对秦国施有恩惠，同时更获得了商於六百里土地的好处，这真是一举三得的上策。"

楚怀王一听，非常高兴，就赶紧在朝中宣布说："寡人已经从秦国得到商於六百里的肥沃土地了。"群臣听了，都向楚怀王道贺，客卿陈轸最后晋见，唯独他根本不向楚怀王道贺。楚怀王就很诧异地问："寡人不发一卒，没有伤亡一名将士，就得到商於六百里土地，寡人认为这是一次外交上的极大胜利！朝中文武百官都向寡人道贺，只有贤卿一个人不道贺，这是为什么？"陈轸回答说："因为我认为，大王不但得不到商於六百里土地，反而会为此招来祸患，所以臣才不敢随便向大王道贺。"楚怀王问："这是什么道理呢？"陈轸回答说："秦王所以重视大王的原因，是因为大王有齐国这样一个强大盟邦。如今秦国还没把地割给大王，大王就跟先齐国断绝邦交，如此就会使楚国陷于孤立状态，秦国又怎会重视一个孤立无援的国家呢？如果先让秦国割让土地，楚国再

受欺于张仪，王必悔之。是西生秦患，北绝齐交，则两国兵必至矣。"楚王不听，曰："吾事善矣！子其弭口无言，以待吾事。"楚王使人绝齐，使者未来，又重绝之。

张仪反，秦使人使齐，齐、秦之交阴合。楚因使一将军受地于秦。张仪至，称病不朝。楚王曰："张子以寡人不绝齐乎？"乃使勇士往詈齐王。张仪知楚绝齐也，乃出见使者曰："从某至某，广从六里。"使者曰："臣闻六百里，不闻六里。"仪曰："仪固以小人，安得六百里？"使者反报楚王，楚王大怒，欲兴师伐秦。陈轸曰："臣可以言乎？"

跟齐国断绝邦交，秦国必然不肯这样做。要是楚国先跟齐国断绝邦交，然后再向秦国要求割让土地，那么必然遭到张仪的欺骗而得不到土地。受了张仪的欺骗，大王必然懊悔万分。结果是楚国西面惹出秦国的祸患，北面切断了齐国的后援，这样秦、齐两国的军队都将进攻楚国。"楚怀王不听从，说："我的事已经办妥当了！你闭口，不要再多说什么了，你就等待寡人的成功吧。"于是楚怀王就派使者前往齐国，宣布跟齐国断绝邦交，还没等第一个绝交使者回来，楚怀王又急着第二次派人去与齐国绝交。

张仪回到秦国后，秦王就赶紧派使者前往齐国游说，齐、秦两国的盟约暗暗缔结成功。当楚国派一名将军去秦国接收土地时，张仪为了躲避楚国的索土使臣，竟然装病不上朝。楚怀王说："张仪以为寡人不愿诚心跟齐国断交吗？"于是派了一名勇士前去齐国骂齐王。张仪在证实楚、齐两国确实断交以后，才勉强出来接见楚国的索土使臣，说："敝国赠送给贵国的土地，是从这里到那里，方圆总共是六里。"楚国使者很惊讶地说："臣只听说是六百里，却没听说是六里。"张仪巧辩说："我张仪在秦国只不过是一个微不足道的小官，怎么能说有六百里呢？"楚国使节回国报告楚怀王

王曰："可矣。"轸曰："伐秦非计也，王不如因而赂之一名都，与之伐齐，是我亡于秦而取偿于齐也。楚国不尚全事。王今已绝齐，而责欺于秦，是吾合齐、秦之交也，国必大伤。"

楚王不听，遂举兵伐秦。秦与齐合，韩氏从之，楚兵大败于杜陵。故楚之土壤士民非削弱，仅以救亡者，计失于陈轸，过听于张仪。

以后，楚怀王大为震怒，准备发兵去攻打秦国。这时陈轸说："现在我可以说话了吗？"楚怀王说："可以。"于是陈轸说："楚国发兵去打秦国，绝对不是一个好办法。大王实在不如趁此机会，送给秦国一个大都市，目的是跟秦国连兵讨伐齐国，如此或许可以把损失在秦国手中的，再从齐国找补回来，这就等于楚国没有损失了。大王既然已经跟齐国绝交，现在又去责备秦国的失信，这等于自己在加强齐、秦两国的邦交，这样的话，楚国必受大害。"

可惜楚怀王仍然没有采纳陈轸的忠谏，而是发兵去攻打秦国。秦、齐两国组成联合阵线，韩国也加入了他们的军事同盟，结果楚军在杜陵被打得惨败。可见，楚国的土地并非不大，楚国的人民也并非比其他诸侯国软弱，但是之所以会弄到几乎要亡国的惨境，就是因为楚怀王没采纳陈轸的忠实良言，而听信了张仪诡诈游说的缘故。

第二章 楚绝齐齐举兵伐楚

楚绝齐，齐举兵伐楚。陈轸谓楚王曰："王不如以地东解于齐，西讲于秦。"

楚王使陈轸之秦，秦王谓轸曰："子，秦人也，寡人与子故也，寡人不佞，不能亲国事也，故子弃寡人事楚王。今齐、楚相伐，或谓救之便，或谓救之不便，子独不可以忠为子主计，以其余为寡人乎？"陈轸曰："王独不闻吴人之游楚者乎？楚王甚爱之，病，故使人问之，曰：'诚病乎？意亦思乎？'左右曰：'臣不知其思与不思，诚思则将吴吟。'今轸将为王'吴吟'。王不闻夫管与之说乎？有两虎争人而斗者，管庄子将刺之，管

楚国与齐国绝交后，齐国发兵攻打楚国。陈轸对楚怀王说："大王实在不如把土地送给东方的齐国求得谅解，然后再跟西方的秦国建立邦交。"

于是楚怀王就派陈轸出使秦国，秦惠王对陈轸说："贤卿本来就是秦国人，而且是寡人的老臣，可惜由于寡人不能识才，对于处理国家大事又欠周详，以致使贤卿离开寡人去侍奉楚王。如今齐、楚两国互相攻伐，有的人认为救援有利，有的人认为救援不利。贤卿为何不在为楚王效忠之余，也为寡人出一点主意呢？"陈轸说："大王难道没听说过吴国人到楚国去做官的故事吗？楚王很喜欢这位客卿，某天这位客卿生了病，楚王就派人去问候，说：'是真生病了吗？还是思念吴国呢？'左右侍臣回答说：'我不知道他是不是思念吴国，假如真是思乡病的话，那他就要唱吴歌了。'现在我就准备为大王唱'吴歌'。不知大王有没有听说管与的故事？这个故事是说有两只老虎，因为争吃人肉而搏斗起来，管庄子准备去刺杀这两只虎，可是管

与止之曰："虎者，戾虫；人者，甘饵也。今两虎诤人而斗，小者必死，大者必伤。子待伤虎而刺之，则是一举而兼两虎也。无刺一虎之劳，而有刺两虎之名。'齐、楚今战，战必败。败，王起兵救之，有救齐之利，而无伐楚之害。计听知复逆者，唯王可也。计者，事之本也；听者，存亡之机。计失而听过，能有国者寡也。故曰：'计有一二者难悖也，听无失本末者难惑。'"

制止说：'老虎是贪狠的大虫，人肉是他的最香甜可口的食物。现在两只老虎为争吃人肉而打斗，小虎必然因斗败而死，大虎也必然因苦斗而伤，你就等着去刺杀那只受伤的大虎吧，这是一举而杀两虎的妙计。不用费杀死一只老虎的辛劳，实际上却能兼得刺杀两只老虎的英名。'如今齐、楚两国既然正在苦战，战则双方必有伤亡。对战败的一方，大王发兵救援，既能获得救齐国的好处，又没有讨伐楚国的危险与害处。是否听从我的计谋，预知事情的反复逆顺，那就全看大王自己定夺了。计谋是做事的根本所在，听从良计是国家存亡的关键。计谋错了，或听从错计，而能保住国家的君王很少。所以说：'计谋要再三反复思虑，才不会有错误；听从必须本末兼顾，才不会有迷惑。'"

第五章 医扁鹊见秦武王

医扁鹊见秦武王，武王示之病，扁鹊请除。左右曰："君之病，在耳之前，目之下，除之未必已也，将使耳不聪，目不明。"君以告扁鹊。扁鹊怒而投其石："君与知之者谋之，而与不知者败之，使此知秦国之政也，则君一举而亡国矣。"

名医扁鹊去见秦武王，秦武王把病情告诉了扁鹊。扁鹊建议武王割除病灶。然而左右侍臣却反对说："君王的病，是在耳朵前面、眼睛下面，割除也未必能好，说不定反倒弄得耳听不清，眼看不明。"秦武王把近臣的话告诉扁鹊。扁鹊听了以后非常生气，把治病用的砭石一丢说："君王既跟懂医术的人商量治疗，又听信不懂医术的人破坏治疗，由此可以了解到秦国的内政，这样的话，您早晚有一天会使秦国灭亡。"

第六章 秦武王谓甘茂

秦武王谓甘茂曰："寡人欲车通三川，以窥周室，而寡人死不朽乎？"甘茂对曰："请之魏，约伐韩。"王令向寿辅行。

甘茂至魏，谓向寿："子归告王曰：'魏听臣矣，然愿王勿攻也。'事成，尽以为子功。"向寿归以告王，王迎甘茂于息壤。

甘茂至，王问其故。对曰："宜阳，大县也，上党、南阳积之久矣，名为县，其实郡也。今王倍数险，行千里而攻之，难矣。臣闻张仪西并巴、蜀之地，北取西河之外，南取上庸，天下不以为多张仪而贤先

秦武王对甘茂说："我想坐着战车通过三川，目的在于窥探周室的虚实。假如能达到这个目的，寡人算得上死而不朽了吧？"甘茂回答说："请派我前往魏国游说，以便跟魏国缔结军事同盟联合讨伐韩国。"于是秦武王派甘茂为特使前往魏国，并且派向寿为副使同行。

甘茂来到魏国，对向寿说："请你回国报告君王说：'魏国已经欣然采纳了甘茂的建议，请君王先不要攻打韩国。'假如你办成此事，一切功劳都算是你的。"向寿回到秦国后把甘茂的话告诉了秦武王，武王便到秦邑息壤迎接甘茂。

甘茂到了息壤，武王问他其中的原因，甘茂回奏说："宜阳是韩国的一个大县，上党、南阳的财货聚集在那里很久了，它名义上是县，其实是个大郡。现在大王要经过很多险阻，还要走上几千里路去攻打此地，那实在太难了。据臣所知，张仪往西吞并了巴、蜀两国，往北占领了西河以外的地，往南攻占了上庸，但是天下人并不赞美张仪的能耐，而一致称颂先王的贤明。魏文侯派乐羊

王。魏文侯令乐羊将，攻中山，三年而拔之，乐羊反而语功，文侯示之谤书一篋，乐羊再拜稽首曰：'此非臣之功，主君之力也。'今臣羁旅之臣也，樗里疾、公孙衍二人者，挟韩而议，王必听之，是王欺魏，而臣受公仲侈之怨也。昔者曾子处费，费人有与曾子同名族者而杀人，人告曾子母曰：'曾参杀人。'曾子之母曰：'吾子不杀人。'织自若，有顷焉，人又曰：'曾参杀人。'其母尚织自若也。顷之，一人又告之曰：'曾参杀人。'其母惧，投杼逾墙而走。夫以曾参之贤，与母之信也，而三人疑之，则慈母不能信也。今臣之贤不及曾子，而王之信臣又未若曾子之母也，疑臣者不适三人，臣恐王为臣之投杼也。"王曰："寡人不听也，请与子

为将攻打中山，费时三年之久才攻下来。乐羊返回魏国，称道自己的战功，魏文侯却拿出一箱子毁谤他的信给他看，乐羊看了之后赶紧跪在地下磕头说：'这并非是臣的战功，实在是君王的神力啊。'我现在只不过是一个客居秦国的臣子，樗里疾和公孙衍这两个人，仰仗韩国的势力而提出条件，那大王势必要接受，这就等于大王欺骗了魏国，而使臣结怨于公仲侈。古时曾子在费时，有一个跟曾子同名同姓的费人犯了杀人罪，有人就跑去告诉曾子的母亲说：'曾参杀人了！'曾母反驳说：'我的儿子才不会杀人呢！'说完仍然照常织自己的布。不料过一会儿，又有人跑来说：'曾参杀人了！'曾母听了仍然照常织自己的布。可是过了一会儿，又有人跑来说：'曾参杀人了！'此语一出，曾母惊恐万状，扔掉梭子，翻墙逃跑了。可见就像曾参那样的圣贤，以及曾母对儿子那样的信任，在一连听到三次'曾参杀人'之后，都不得不相信儿子杀了人。现在我的贤明远不如曾子，而大王信赖臣又远不如曾母信任儿子，怀疑我的人可能不止三个，我恐怕大王要为我投杼而逃啊。"武王说："寡人绝对不听信任何谗言，寡人愿和贤卿发誓为盟。"于是武王就和甘茂在息壤发誓为盟。

盟。”于是与之盟于息壤。

果攻宜阳，五月而
不能拔也。樗里疾、公
孙衍二人在，争之王，
王将听之，召甘茂而告
之。甘茂对曰："息壤
在彼。"王曰："有之。"
因悉起兵，复使甘茂攻
之，遂拔宜阳。

后来甘茂攻打宜阳，五个月还不能
攻下。于是樗里疾和公孙衍二人就在武
王面前大进甘茂的谗言，武王几乎就要
听信了，因而特别召回甘茂进行警告。
甘茂对武王说："息壤就在那里！"武王
也说："是啊！"这时武王才又坚定信心，
动用全部兵力，继续让甘茂指挥作战，
最后终于攻下了宜阳。

第十一章 秦王谓甘茂

秦王谓甘茂曰："楚客来使者多健，与寡人争辞，寡人数穷焉，为之奈何？"甘茂对曰："王勿患也！其健者来使者，则王勿听其事；其需弱者来使，则王必听之。然则需弱者用，而健者不用矣！王因而制之。"

秦王对甘茂说："楚国派来的使者多半都是能言善辩之士，和寡人议论起来，往往使寡人陷入词穷计拙的窘境，贤卿认为要怎样对付他们呢？"甘茂回奏说："大王不必担忧此事！以后凡是楚国派雄辩之士来秦国，大王可一律不听他们陈述其事；反之，如果派一些唯唯诺诺的使者来，那大王就听他们陈述其事。如此就等于是木讷的受到重视，而雄辩的受到轻视，大王自然可以对付他们。"

第十二章 甘茂亡秦且之齐

甘茂亡秦，且之齐，出关遇苏子，曰："君闻夫江上之处女乎？"苏子曰："不闻。"曰："夫江上之处女，有家贫而无烛者，处女相与语，欲去之。家贫无烛者将去矣，谓处女曰：'妾以无烛，故常先至，扫室布席，何爱余明之照四壁者？幸以赐妾，何妨于处女？妾自以有益于处女，何为去我？'处女相语以为然而留之。今臣不肖，弃逐于秦而出关，愿为足下扫室布席，幸无我逐也。"苏子曰："善。请重公于齐。"

甘茂从秦国逃往齐国，当他走出函谷关时，遇见苏代。他对苏代说："请问先生知不知道江上摆船女子的故事？"苏代回答说："没听说过。"甘茂说："所谓'江上女'就是一群长江之畔的女子，有个家里穷到点不起蜡烛的少女也跟女子们生活在一起，大家就一起商量，要把她赶走。这个出身贫贱的少女准备离去了，对她们说：'就因为我家里穷到没蜡烛，所以我才经常先到，给你们扫扫房间，为你们铺席子、叠被褥，你们为什么要吝惜那照在四壁上的一点点蜡烛的余光，而一起决定要把我赶出去呢？如果赐一点蜡烛的余光给我，我住在这里对各位有什么妨碍呢？我不但没妨碍大家，反而对大家有很多帮助，你们为什么要把我赶出去呢？'女子们经过一番商议，都觉得这个贫家少女说得很有道理，就把她留了下来。如今我实在很无能，所以才遭受秦国的遗弃而出关，我情愿为先生扫房间、铺席子，希望先生不要赶我走。"苏代说："好的！请允许我让齐国来重用您吧。"

乃西说秦王曰："甘茂，贤人，非恒士也。其居秦累世重矣，自殽塞、谿谷，地形险易尽知之。彼若以齐约韩、魏，反以谋秦，是非秦之利也。"秦王曰："然则奈何？"苏代曰："不如重其贽，厚其禄以迎之。彼来则置之槐谷，终身勿出，天下何从图秦。"秦王曰："善。"与之上卿，以相迎之齐。

甘茂辞不往，苏代伪谓齐王曰："甘茂，贤人也。今秦与之上卿，以相印迎之，茂德王之赐，故不往，愿为王臣。今王何以礼之？王若不留，必不德王。彼以甘茂之贤，得擅用强秦之众，则难图也！"齐王曰："善。"赐之上卿，命而处之。

于是苏代就西去秦国见秦王说："甘茂是一位贤才，绝对不是一个平庸之辈。所以秦国的历代先王都重用他。对于殽塞、谿谷等处，所有的战略地形他都了如指掌。假如他促使齐国去联合韩、魏两国，反过来再率兵攻打秦国，那就对秦国很不利了。"秦王说："那可如何是好？"苏代说："最好是用贵重的礼物和优厚的俸禄，派人请甘茂回来。把他安顿在槐谷，一辈子不让他出来，诸侯又怎能图谋秦国呢？"秦王说："好。"于是就赐给甘茂上卿的官爵，派专使到齐国去迎接他。

甘茂婉言谢绝了昭王的重聘，不去秦国。苏代就趁机对齐王说："甘茂是一位贤能的将才。现在秦王赐给他上卿的官职，拿了相印去迎接他，他感激大王您的赏识，所以不愿意离开齐国回秦国去，甘愿做大王的一名臣子。不知大王准备用怎样的礼遇来对待他？大王如果不重用他，那他必然不再感激大王的恩德。但是大王必须明了一点，甘茂才干超人，再加上他最善于指挥秦兵作战，万一他真的被秦国请回去，那齐国以后就难于抵抗强秦了！"齐王说："好。"于是授甘茂上卿的官爵，特别加以优待，让他留在齐国。

第十五章 陉山之事

陉山之事，赵且与秦伐齐。齐惧，令田章以阳武合于赵，而以顺子为质。赵王喜，乃案兵告于秦曰："齐以阳武赐弊邑而纳顺子，欲以解伐。敢告下吏。"

秦王使公子他之赵，谓赵王曰："齐与大国救魏而倍约，不可信恃，大国不义，以告弊邑，而赐之二社之地，以奉祭祀。今又案兵，且欲合齐而受其地，非使臣之所知也。请益甲四万，大国裁之。"

苏代为齐献书穰侯曰："臣闻往来之者言曰：'秦且益赵甲四万人以伐齐。'臣窃必之弊邑之王曰：'秦王明而熟于计，穰侯智而习

陉山战役中，赵国企图与秦国一起讨伐齐国。齐王很害怕，就派田章割阳武给赵国求和，并且派齐公子顺子到赵国为人质。赵王非常高兴，立刻停止发兵，并且派专使对秦国说："齐国已经把阳武献给我国，并派顺子来我国做人质，希望我们不要进攻它，因此我国想停止攻打齐国，特别通知贵国官吏。"

秦王便派公子他前往赵国，公子他对赵王说："齐国以前和贵国连兵救魏国，但是齐国背弃了盟约，可见齐国不足以信赖。那时贵国认为齐国不讲信义，就派使者把此事通知给敝国，敝国赏赐了春秋二社的祭祀土地。然而如今贵国又按兵不动，并企图与齐国结盟而接受齐国之地，这就是敝国所不能理解的了。现在敝国愿增兵四万，敬请贵国裁决。"

这时苏代为齐国写信给秦相穰侯魏冉说："我听来往秦国的人士说：'秦国将为赵国增兵四万以攻打齐国。'我一定会对齐王说：'秦王明察秋毫而长于计谋，穰侯聪明而干练，必然不会为赵国增兵四万以攻打齐国。'何以见得呢？

于事，必不益赵甲四万人以伐齐。'是何也？夫三晋相结，秦之深雠也。三晋百背秦，百欺秦，不为不信，不为无行。今破齐以肥赵，赵，秦之深雠，不利于秦。一也。秦之谋者必曰：'破齐弊晋，而后制晋、楚之胜。'夫齐，罢国也，以天下击之，譬犹以千钧之弩溃痈也。秦王安能制晋、楚哉！二也。秦少出兵，则晋、楚不信；多出兵，则晋、楚制于秦。齐恐，则必不走于秦且走晋、楚。三也。齐割地以实晋、楚，则晋、楚安。齐举兵而为之顿剑，则秦反受兵。四也。是晋、楚以秦破齐，以齐破秦，何晋、楚之智而齐、秦之愚！五也。秦得安邑，善齐以安之，亦必无患矣。秦有安邑，则韩、魏必无上党哉。夫取三晋之肠胃与出兵而惧其不反也，孰利？

之前三晋互相结合，是秦国最痛恨的事。三晋背弃秦国一百次，欺凌秦国一百次，既不算不守信义，也不算非理之行。如今攻破齐国来强化赵国，而赵国是秦国的仇敌，可见此事对秦国很不利，此其一。秦国的谋臣必然说：'摧毁齐国而使晋国疲弊，然后再对晋、楚两国发兵取胜。'因为齐国是一个衰弱之国，率领天下诸侯之军攻打齐国，就如同用千钧的强弓攻打腐朽之物一样。那秦王又怎能制服晋、楚两国呢？此其二。假如秦国仅出少许兵力，就不会取信于晋、楚两国；假如秦国多出兵，那晋、楚两国就将被秦国所控制。齐国在惊恐之下，必然不会向秦国表示屈服，而是会向晋、楚两国求和。此其三。齐国割地给晋、楚两国，那么晋、楚两国就会平安无事。假如齐国发兵攻打晋、楚两国，可能会奋战到使剑变得很钝为止，那时秦国反而会遭受攻击，此其四。这样，就等于晋、楚两国用秦国摧毁齐国，然后再用齐国摧毁秦国，可见晋、楚两国多么聪明，而齐、秦两国多么愚昧！此其五。秦国如果夺得魏国的安邑，就和齐国保持友好关系，大家也就相安无事，而没有什么忧患可言了。秦国据有安邑，那韩、魏两国的上党就必不可保。攻取三晋的腹心之地和出兵而又担心不能凯旋，两

故臣窃必之弊邑之王曰：
'秦王明而熟于计，穰
侯智而习于事，必不益
赵甲四万人以伐齐矣。'"

者究竟哪一种有利呢？所以臣才在私下
对敝国的国王说：'秦王明察秋毫而长于
计谋，穰侯聪明而干练，必然不会为赵
国增加四万兵力来进攻齐国。'"

第十六章 秦宣太后爱魏丑夫

秦宣太后爱魏丑夫。太后病将死，出令曰："为我葬，必以魏子为殉。"魏子患之。庸芮为魏子说太后曰："以死者为有知乎？"太后曰："无知也。"曰："若太后之神灵，明知死者之无知矣，何为空以生所爱，葬于无知之死人哉！若死者有知，先王积怒之日久矣，太后救过不赡，何暇乃私魏丑夫乎？"太后曰："善。"乃止。

秦宣太后与臣子魏丑夫有私情。太后病危将死，下令说："你们在为我办丧事时，必须让魏丑夫给我殉葬。"魏丑夫非常忧虑，朝臣庸芮为魏丑夫向宣太后求情说："太后以为人死了以后，还能知道人间的事吗？"宣太后说："不会有知觉了。"庸芮说："像太后这样贤惠的人，明知人死后不再知道人间的事，那为什么要把自己生前所宠爱的人，殉葬在已经毫无知觉的死人旁边呢？假如说人死了还能知道人间的事，那先王早就积聚怒气很长时间了，太后补救过失恐怕还来不及，又哪里还有私下去宠爱魏丑夫的时间呢？"宣太后说："好！"于是取消了要魏丑夫殉葬的旨意。

第五篇 秦策三

第二章 秦客卿造谓穰侯

秦客卿造谓穰侯曰："秦封君以陶，藉君天下数年矣。攻齐之事成，陶为万乘，长小国，率以朝天子，天下必听，五伯之事也；攻齐不成，陶为邻恤，而莫之据也。故攻齐之于陶也，存亡之机也。

"君欲成之，何不使人谓燕相国曰：'圣人不能为时，时至而弗失，舜虽贤，不遇尧也，不得为天子；汤、武虽贤，不当桀、纣不王。故以舜、汤、武之贤，不遭时不得帝王。今攻齐，此君之大时也已。因天

秦国客卿造对秦相国穰侯魏冉说："秦王已经把陶封给您，您借此统一天下已经好几年了。如果攻打齐国的战事成功，那么陶就可以成为万乘之国，您就会成为小国之长，可以率领各小国去朝见周天子，如此，连天下诸侯都要听从于您，这就是建立五霸的基业；如果齐国攻不下，陶就会遭受邻国的灾祸而无所依赖了。所以攻打齐国的事，就陶来说是生死存亡的关键。

"您如果想得到成功，可以派人去对燕国宰相说：'即使圣人也不能创造机会，所以机会一旦来临就不要失掉。舜虽然是贤人，但是如果遇不到尧，他就当不上天子；商汤和周武王虽然也都很贤明，但是如果遇不到夏桀王和殷纣王，也都没办法开创新王朝。由此观之，虽然具有像大舜、商汤、周武王那样的贤才，假如不遇到时机也无法成为帝王。

下之力，伐雠国之齐，报惠王之耻，成昭王之功，除万世之害，此燕之长利，而君之大名也。《书》云，树德莫如滋，除害莫如尽。吴不亡越，越故亡吴；齐不亡燕，燕故亡齐。齐亡于燕，吴亡于越，此除疾不尽也。以非此时也，成君之功，除君之害，秦卒有他事而从齐，齐、赵合，其雠君必深矣。挟君之雠以诛于燕，后虽悔之，不可得也已。君悉燕兵而疾攻之，天下之从君也，若报父子之仇。诚能亡齐，封君于河南，为万乘，达途于中国，南与陶为邻，世世无患。愿君之专志于攻齐，而无他虑也。'"

您现在能发兵攻打齐国，就是建立霸业的大好时机。仰赖天下诸侯的力量，去讨伐仇敌之国，替惠王雪耻，建立昭王的功业，以铲除万世的灾害，这对燕国来说是永恒之利，也是您建成大业的良好时机。《尚书》上说：培植德性越大越好，铲除灾祸越彻底越好。就因为吴国当初没有消灭越国，所以后来越国就掉过头来消灭了吴国；就因为齐国没有消灭燕国，到后来燕国险些消灭了齐国。齐国之所以险些被燕国消灭，吴国之所以被越国消灭，都是由于除害未尽的缘故。如果不趁这个大好良机，完成您的不朽功业，铲除您的祸害，万一秦国突然间有别的事发生，而与齐国联合，齐国又联合赵国，那您的敌对势力就更加强大了。以这样的仇敌来讨伐燕国，即使后悔也来不及了。阁下如果率领燕国全国之兵，以闪电战术去攻打齐国，那么天下诸侯听从您，就如同去报父子之仇一般。如果真能消灭齐国，封您在河南建立一个万乘之国，道路和中原诸侯相通，而南边和陶国为邻，世世代代都不会有祸患。但愿您专心攻齐，千万不要有其他顾虑。'"

第八章 范子因王稽入秦

范子因王稽入秦，献书昭王曰："臣闻明主莅正，有功者不得不赏，有能者不得不官；劳大者其禄厚，功多者其爵尊，能治众者其官大。故不能者不敢当其职焉，能者亦不得蔽隐。使以臣之言为可，则行而益利其道；若将弗行，则久留臣无为也。语曰：'人主赏所爱而罚所恶。明主则不然，赏必加于有功，刑必断于有罪。'今臣之胸不足以当椹质，要不足以待斧钺，岂敢以疑事尝试于王乎？虽以臣为贱而轻辱臣，独不重任臣者后无反复于王前耶！

"臣闻周有砥厄，

魏人范雎通过王稽到了秦国，上了一篇奏章给秦昭王说："我听说贤明的君主当朝秉政，对有功劳的臣子一定要奖赏，对有才干的臣子一定要重用；对功劳大的臣子给以优厚的俸禄，对功劳多的臣子给以尊贵的爵位，对能治理人民的官吏要拔举他们担任重要的官职。所以对不能治理人民的官吏，就不应给他们重要官职，而对于有才能的官吏，不可以埋没他们。假如大王认为我所说的话有道理，就可以按我所说的去实行；如果不准备实行，那我久留在秦国也没有用。常言道：'昏庸的君主奖赏他所喜欢的人，而惩罚他所讨厌的人。贤明的君主都不是这样，而是奖赏必然给有功劳的，刑罚必然给有罪的。'现在我的胸脯挡不住钢刀，而腰部也抵挡不住斧头，我怎么敢用模棱两可的政治主张来困扰大王呢？大王虽然认为我出身卑贱而看不起我，难道还不重视推荐我的人吗？他以后不会在大王面前又有反复吧？

"我听说周室有块美玉名叫砥厄，

宋有结绿，梁有悬黎，楚有和璞。此四宝者，工之所失也，而为天下名器。然则圣王之所弃者，独不足以厚国家乎？

"臣闻善厚家者，取之于国；善厚国者，取之于诸侯。天下有明主，则诸侯不得擅厚矣。是何故也？为其凋荣也。良医知病人之死生，圣主明于成败之事，利则行之，害则舍之，疑则少尝之，虽尧、舜、禹、汤复生，弗能改已！语之至者，臣不敢载之于书；其浅者又不足听也。意者，臣愚而不阖于王心耶！已其言臣者，将贱而不足听耶！非若是也，则臣之志，愿少赐游观之间，望见足下而入之。"

书上，秦王说之，因谢王稽说，使人持车召之。

宋国有块美玉名叫结绿，梁国有块美玉名叫悬黎，楚国有块美玉名叫和氏璧。对于这四种天下奇宝，最初石工都不能鉴别，可是它们仍然成为天下有名的宝器。如此说来，圣王所遗弃的人，难道对国家就没有用途吗？

"我听说善于治家的人，都是从国家那里得到人才；善于治国的人，都是向诸侯招揽人才。假如天下有贤明的天子，诸侯就不能随便厚待自己了。这是什么道理呢？那就像花草树木的循环荣枯一般。一个好的医生能预知病人的生死，一个贤明的君主能预见事情的成败，有好处的就去实行，有祸害的就先舍弃，有疑惑的就稍加尝试，即使唐尧、虞舜、夏禹、商汤复活，这些道理也是不能改变的！语言中的至理名言，我不敢把它写在信上，而粗浅的话又不足供大王一听。我以为，或者因为臣愚昧无知，大王才不把臣的话放在心上。或许是推荐臣的人出身卑贱，大王就认为他们的话不足采信吧！如果不是这些原因，那就请大王稍微给臣一点游览观赏的时间，恩准臣来拜见陛下。"

昭襄王看了奏章非常高兴，并向王稽表示谢意，然后派车去请范雎入见。

第九章 范雎至秦

范雎至秦，王庭迎，谓范雎曰："寡人宜以身受令久矣。今者义渠之事急，寡人日自请太后。今义渠之事已，寡人乃得以身受命。躬窃闵然不敏，敬执宾主之礼。"范雎辞让。

是日见范雎，见者无不变色易容者。秦王屏左右，宫中虚无人，秦王跪而请曰："先生何以幸教寡人？"范雎曰："唯唯。"有间，秦王复请，范雎曰："唯唯。"若是者三。

秦王跽曰："先生不幸教寡人乎？"

范雎谢曰："非敢然也。臣闻始时吕尚之遇文王也，身为渔父而钓于渭阳之滨耳。若是者，交疏也。已一说而

范雎到了秦国，秦王亲自到大厅迎接，并对他说："寡人很早就该当面向先生请教了。只因为义渠之战的情况紧急，寡人每天都要晋见太后密商大计。现在义渠之战总算结束了，寡人才有时间当面向先生请教。寡人自知昏昏然不聪明，愿以宾主之礼相见。"范雎也客气了一番。

那天凡是看到范雎被接见的大臣，没有一个不感到惊讶的。秦王斥退了左右侍臣，整个宫殿内没有别的人，然后跪在地上对范雎说："不知道先生有什么好策略来指教寡人？"范雎回答说："是的，是的。"过了一会儿，秦王又一再向范雎请教，范雎还是连连说："是的，是的。"就这样一连问答三次。

后来秦王长跪不起说："难道先生不愿意指教寡人吗？"

范雎赶紧拜谢说："我并不敢这样啊。据我所知，古时姜太公刚遇见周文王时，只不过是一个在渭水北岸钓鱼的渔夫而已。这样看来，两人的关系是那样的疏远。可是当文王听完他的一席话

立为太师，载与俱归者，其言深也。故文王果收功于吕尚，卒擅天下而身立为帝王。即使文王疏吕望而弗与深言，是周无天子之德，而文、武无与成其王也。今臣，羁旅之臣也，交疏于王，而所愿陈者，皆匡君之事，处人骨肉之间，愿以陈臣之陋忠，而未知王心也，所以王三问而不对者是也。臣非有所畏而不敢言也，知今日言之于前，而明日伏诛于后，然臣弗敢畏也。大王信行臣之言，死不足以为臣患，亡不足以为臣忧，漆身而为厉，被发而为狂，不足以为臣耻。五帝之圣而死，三王之仁而死，五伯之贤而死，乌获之力而死，奔、育之勇焉而死。死者，人之所必不免也。处必然之势，可以少有补于秦，此臣之所大愿也，臣何患乎？伍子胥橐载

之后，立刻拜他为太师，用车载他一起回朝，那是因为姜太公的话深入到文王心里了。后来文王果然靠姜太公建立基业，统一天下而成为帝王。假如当年文王疏远了姜太公，而不和他详谈天下大事，那么周朝也就不会建立天子的圣德，那文王、武王自然也就不能成为开国始祖。现在我只不过是一个客居在秦国的平民，和大王素昧平生，可是我之所以愿意陈说主张，都是为了匡正君国的大事。我处在别人骨肉之间，可是我仍然胆敢略尽愚忠，却不知大王的心意如何。所以大王三次问我，我都不敢回答，道理就在于此。我并不是有所畏惧而不敢说，因为我非常明白一个道理，那就是我今天在大王面前说了某种话，明天就有惨遭诛杀的危险，然而这并不是说我怕死。只要大王真能按我说的去做，我即使身死，也不会认为是祸患；即使流亡，也不会以此为忧虑。漆身生癞，披头散发装疯子，我都不认为是可耻的事。五帝那样的圣明之君也要死，三王那样的仁爱之君也要死，五霸那样的贤能之人也要死，乌获那样的力士也要死，孟奔、夏育那样的勇士也要死，可见死是人所不能避免的。死既然是一种必然的现象，在死之前对秦国略有帮助，是我的最大愿望，我对于死又有什么恐惧

而出昭关，夜行而昼伏，
至于溇水，无以饵其口，
坐行蒲服，乞食于吴市，
卒兴吴国，阖庐为霸。
使臣得进谋如伍子胥，
加之以幽囚，终身不复
见，是臣说之行也，臣
何忧乎？箕（jī）子、
接舆，漆身而为厉，被
发而为狂，无益于殷、楚。
使臣得同行于箕子、接
舆，漆身可以补所贤之
主，是臣之大荣也，臣
又何耻乎？臣之所恐者，
独恐臣死之后，天下见
臣尽忠而身蹶也，是以
杜口裹足，莫肯即秦耳。
足下上畏太后之严，下
惑奸臣之态；居深宫之
中，不离保傅之手；终
身暗惑，无与照奸；大
者宗庙灭覆，小者身以
孤危。此臣之所恐耳！
若夫穷辱之事，死亡之
患，臣弗敢畏也。臣死
而秦治，贤于生也。"

秦王跽曰："先生
是何言也！夫秦国僻远，

呢？以前伍子胥被装在布袋里才逃出昭
关，夜晚出来赶路，白天就躲藏起来，
当他走到溇水时饿得要死，竟双膝跪地，
双手爬行，在吴国大街上讨饭，可是后
来他却辅佐吴王复兴吴国，使吴王阖庐
建立号令诸侯的霸业。假如我能像伍子
胥那样献策给大王，即使把我囚禁起来，
终身不让我和大王见面，只要我的策略
已经被秦国采纳，我也没什么忧虑的。
古时的箕子、接舆，他们漆身如癫，披
发装疯，可惜对殷商和楚国并没有帮助。
即使让我和箕子、接舆一样漆身装疯，
如果能对君王有所帮助，那也是我的最
大光荣，我又为什么会感到羞耻呢？我
所恐惧的，就是在我死之后，天下人一
看我竟由于尽忠而身死，从此都闭住嘴、
停住脚，不肯到秦国来。大王上面害怕
太后的威严，下面又受到奸佞小人的迷
惑；每天都住在深宫中，早晚不离太保
太傅的手；终身昏愚迷惑，不了解奸邪
的所在；严重时足以使宗庙倾覆，轻微
时也有使自身陷于孤立的危险。这才是
我最恐惧的事啊！至于穷困和耻辱，以
及死亡等忧患，我都在所不惧。如果我
死了而秦国能够强盛，那比我活着还有
意义。"

秦王直身跪在地上说："先生为什么
这样说呢？秦国偏僻遥远，我又是个没

寡人愚不肖，先生乃幸至此，此天以寡人恩先生，而存先王之庙也。寡人得受命于先生，此天所以幸先王而不弃其孤也。先生奈何而言若此！事无大小，上及太后，下至大臣，愿先生悉以教寡人，无疑寡人也。"范雎再拜，秦王亦再拜。

范雎曰："大王之国，北有甘泉、谷口，南带泾、渭，右陇、蜀，左关、阪；战车千乘，奋击百万。以秦卒之勇，车骑之多，以当诸侯，譬若驰韩卢而逐蹇兔也，霸王之业可致。今反闭而不敢窥兵于山东者，是穰侯为国谋不忠，而大王之计有所失也。"

王曰："愿闻所失计。"

雎曰："大王越韩、魏而攻强齐，非计也。少出师，则不足以伤齐；多之则害于秦。臣意王

有才能的愚人，先生有幸来到敝国，这真是上天把寡人托付给先生，使先王的宗庙不致中断。寡人能够接受先生的明教，这就证明上天保佑先王，所以才不忍心抛弃他的后人。先生又何必这样说呢？今后事情不论大小，上到太后，下至大臣，都希望先生一一给我指教，不要对寡人存有任何疑心。"范雎听了这话之后，就再度向秦昭王答礼致意，而昭王也再度跪拜还礼。

范雎说："大王的国家，北边有甘泉和谷口，南边有泾水和渭水，西边有陇地和蜀地，东边有函谷关和陇坂；拥有千辆战车，百万勇士。凭勇敢的秦人和众多的车骑来攻打天下诸侯，就像驱使猎犬追捕跛脚的兔子一样，霸王的基业可以马上达成。如今秦国反而紧闭函谷关，不敢出兵攻打崤山以东的诸侯，就是因为相国穰侯魏冉谋国不忠，而且大王的政略也有失误之处。"

秦昭王说："请告诉我，我的大计失误在哪里？"

范雎说："大王越过韩、魏两国去攻打强齐的策略，就是一大失策。少量出兵，就没有办法击败齐国；大量出兵，又会伤害到秦国。所以我推测，大王的

之计欲少出师，而悉韩、魏之兵则不义矣。今见与国之不可亲，越人之国而攻，可乎？疏于计矣！昔者，齐人伐楚，战胜，破军杀将，再辟千里，肤寸之地无得者，岂齐不欲地哉？形弗能有也。诸侯见齐之罢露，君臣之不亲，举兵而伐之，主辱军破，为天下笑。所以然者，以其伐楚而肥韩、魏也。此所谓藉贼兵而赍盗食者也。王不如远交而近攻，得寸则王之寸，得尺亦王之尺也。今舍此而远攻，不亦缪乎？且昔者，中山之地，方五百里，赵独擅之，功成、名立、利附，则天下莫能害。今韩、魏，中国之处，而天下之枢也。王若欲霸，必亲中国而以为天下枢，以威楚、赵。赵疆则楚附，楚疆则赵附。楚、赵附则齐必惧，惧必卑辞重币以事秦，齐

计划是只出少许兵，多用韩、魏两国之军，这是不合适的事。现在既然发现盟邦不可相信，又越过别国去进攻敌国，能行吗？这样做可以说是大大地失算了！以前齐人攻打楚国，结果一战而胜，大败楚军，杀死楚将，扩充领土达一千里，然而到头来却一寸土地都没有得到，难道是齐人不愿要领土吗？这是因为形势决定他们不可能长期占领。诸侯一看齐国已经陷于疲弊，而且君臣之间矛盾百出，于是发兵大举攻打齐国，齐王受到侮辱，军队全面崩溃，招致天下人的耻笑。齐国之所以会造成这种凄惨的局面，是由于千里迢迢去攻打楚国，而使邻近的韩、魏两国坐收渔翁之利，这就是所谓'借刀给贼，送粮给盗'的愚行。所以当今之计，大王实在不如实行'远交近攻'的策略，能够得到别国一寸、一尺的土地，就变成大王自己一寸、一尺的土地。可是如今秦国却舍弃邻近的国家不谋取，反而劳师动众去远征，岂不是大错特错吗？再说过去中山国地方五百里，而赵国独自占为己有，结果赵人功业成就了，声名树立了，财利也获得了，天下诸侯都无法出面阻挡。今天的韩、魏两国都位于中原，是天下的枢纽之区。假如大王想创立霸业，就必须先靠近韩、魏两国，并且把它作为夺得

附而韩、魏可虚也。"

王曰："寡人欲亲魏，魏多变之国也，寡人不能亲。请问亲魏奈何？"范雎曰："卑辞重币以事之。不可，削地而赂之。不可，举兵而伐之。"于是举兵而攻邢丘，邢丘拔而魏请附。

曰："秦、韩之地形，相错如绣。秦之有韩，若木之有蠹，人之病心腹。天下有变，为秦害者莫大于韩。王不如收韩。"王曰："寡人欲收韩，不听，为之奈何？"

范雎曰："举兵而攻荥阳，则成皋之路不通；北斩太行之道，则

天下的跳板，以它们为枢纽，去威震楚国和赵国。现在的形势是赵国强大，楚国就得归服我们；楚国强大，赵国也得依附我们。楚、赵两国归服我们，齐国就会害怕；齐国一害怕，就必然以卑下的言辞、厚重的财礼来侍奉秦国。齐国向秦国表示屈服以后，那韩、魏两国就自然可以轻取而得了。"

秦王说："我是想让魏国来亲附，但魏国是一个多变之国，以致寡人无法使它亲附。请问先生，我们怎样才能使魏国亲附呢？"范雎说："先用很谦虚的言辞和贵重的礼物去对待。如果还不行，就割让土地去贿赂。如果再不行，就发兵攻打它。"于是秦国发兵攻打邢丘，结果一战而攻下邢丘，魏国向秦国屈膝求和。

范雎又说："秦、韩两国的地形，恰好像锦绣丝线一般交错。秦国有韩国在身旁，就像木头里有蛀虫、人的病进入心腹一样。天下如果发生变乱，对秦国危害最大的，莫过于韩国了。所以，大王不如先收服韩国。"秦王说："寡人是想先收服韩国，可是韩国却不肯听命于秦国，寡人又怎么办呢？"

范雎说："秦兵攻打荥阳，那么成皋之路就不能通行了；然后再往北切断太行之路，那么上党的援兵就不能南下；

上党之兵不下；一举而攻荥阳，则其国断而为三。魏、韩见必亡，焉得不听？韩听而霸事可成也。"王曰："善。"

范雎曰："臣居山东，闻齐之内有田单，不闻其王。闻秦之有太后、穰侯、泾阳、华阳，不闻其有王。夫擅国之谓王，能专利害之谓王，制杀生之威之谓王。今太后擅行不顾，穰侯出使不报，泾阳、华阳击断无讳，四贵备而国不危者，未之有也。为此四者，下乃所谓无王已。然则权焉得不倾，而令焉得从王出乎？臣闻：'善为国者，内固其威，而外重其权。'穰侯使者操王之重，决裂诸侯，剖符于天下，征敌伐国，莫敢不听。战胜攻取，则利归于陶；国弊，御于诸侯；战败，则怨结于百姓，而祸归社稷。《诗》曰：'木实繁者

一举而攻下荥阳，韩国就要被截成三段。韩、魏两国一看已经面临必亡的命运，岂有不听从秦国号令之理？韩国既然听从秦国的号令，那秦国的霸业就算告成了。"秦王说："好的！"

范雎说："我在魏国时，只听说齐国有田单，而不曾听说有齐王；过去我只听说秦国有太后、穰侯、泾阳君、华阳君，而不曾听说有秦王。统治国家的才叫王，能权衡利弊的才叫王，有掌握生杀大权威严的才叫王。可是现在秦国太后横行无忌，而穰侯派使臣出国不奏报大王，尤其是泾阳君、华阳君竟毫无顾忌地私设公堂，这四个显贵在朝中专权弄势，国家哪有不发生危险之理？这四个显贵形成一种'无王无法'的局面，这样，国家的大权又怎么会不旁落，命令又怎能由国王自己来发呢？我曾听说：'一个善于治理国家的人，对内要巩固自己的威权，对外要增加自己的势力。'穰侯的使者操纵王权，并且分裂诸侯的领地，任意封赏天下，随意征伐敌国，朝野上下都不敢不服从。如果打了胜仗，得到胜利果实，财物就带回自己的封地陶邑，国家自然破败下来，秦国就要被诸侯制服；如果打了败仗，百姓就要怨恨大王，大祸也要落在国家身上。《诗经》上说：'树木果实繁多就会压断树枝，压断树枝就

披其枝，披其技者伤其心。大其都者危其国，尊其臣者卑其主。'淖齿管齐之权，缩闵王之筋，县之庙梁，宿昔而死。李兑用赵，减食主父，百日而饿死。今秦，太后、穰侯用事，高陵、泾阳佐之，卒无秦王，此亦淖齿、李兑之类已。臣今见王独立于庙朝矣，且臣将恐后世之有秦国者，非王之子孙也。

秦王惧，于是乃废太后，逐穰侯，出高陵，走泾阳于关外。

昭王谓范雎曰："昔者，齐公得管仲，时以为仲父。今吾得子，亦以为父。"

会伤害树心。扩大封土的臣子会危害国家，过于尊崇臣子会凌虐君主。'楚相淖齿掌握齐国大权以后，就抽了齐闵王的筋，挂在宗庙的梁柱上，以致使闵王在一夜之间而惨死。赵国重用李兑以后，李兑竟缩减武灵王赵雍的饮食，使得他在百日之间而饿死。如今秦国的太后和穰侯在朝中专权弄势，而高陵君、泾阳君又为他们推波助澜，以致天下诸侯都不知道秦王的名字，可见他们都是淖齿、李兑一类的人。我今天还看见大王在朝中很孤立，我恐怕后世的秦国国王，很可能不是大王的子孙了。"

秦王听了大惊，于是夺了太后的权，罢黜了穰侯魏冉，把高陵君、泾阳君放逐到关外。

秦昭王对范雎说："以前齐桓公获得贤相管仲，当时尊称他为'仲父'。如今寡人也侥幸得到贤卿，所以寡人也想称贤卿为叔父。"

第十章 应侯谓昭王

应侯谓昭王曰："亦闻恒思有神丛与？恒思有悍少年，请与丛博，曰：'吾胜丛，丛籍我神三日；不胜丛，丛困我。'乃左手为丛投，右手自为投，胜丛，丛籍其神。三日，丛往求之，遂弗归。五日而丛枯，七日而丛亡。今国者，王之丛；势者，王之神。籍人以此，得无危乎？臣未尝闻指大于臂，臂大于股，若有此，则病必甚矣。百人舆瓢而趋，不如一人持而走疾。百人诚舆瓢，瓢必裂。今秦国，华阳用之，穰侯用之，太后用之，王亦用之。不称瓢为器，则已；已称瓢为器，国必裂矣。臣闻之也：'木实繁者枝必披，枝之披者伤其心。

应侯对秦昭王说："大王也听过恒思地方有一个神丛吗？恒思有一个凶顽的少年，竟要求与丛祠玩掷骰子的游戏。他说：'假如我胜利了，就请你让你的神灵附在我身体三日；假如我战败了，你可以让我遭殃。'于是这个少年就用左手为丛祠投骰子，用右手为自己投骰子。结果少年获胜，于是丛祠神灵就凭依在他身上三天。三天以后，丛祠去向少年要回神灵时，少年竟毁约而不归还。五天以后，丛祠所佑护的这片树林就枯萎了，七天以后这片树林全部死亡。如今的秦国就是大王的丛林，而权势就是大王的神灵。可是大王竟把神灵借给他人，能不处境危险吗？臣从来没听说手指大于胳膊，或胳膊粗于大腿的，假如世间有这种事的话，那一定是病得很严重了。一百个人抬着一个瓢走，还不如一个人拿着瓢跑来得快。而且一百个人抬一个瓢，必然会把瓢弄破裂。今天的秦国，华阳君掌权，相国穰侯魏冉掌权，太后掌权，而大王也掌权。如果秦国不是像瓢那样的器具也就罢了，假如说秦国就

都大者危其国，臣强者危其主。'且令邑中自斗食以上，至尉、内史及王左右，有非相国之人者乎？国无事，则已；国有事，臣必闻见王独立于庭也。臣窃为王恐，恐万世之后有国者，非王子孙也。

"臣闻古之善为政也，其威内扶，其辅外布，四治政不乱不逆，使者直道而行，不敢为非。今太后使者分裂诸侯，而符布天下，操大国之势，征强兵，伐诸侯。战胜攻取，利尽归于陶；国之币帛，竭入太后之家；竟内之利，分移华阳。古之所谓'危主灭国之道'必从此起。三贵竭国以自安，然则令何得从王出，权何得毋分，是我王果处三分之一也。"

如同瓢那样的器具，那它一定会四分五裂。我又听说：'果树结果太多，树枝就必然会被压坏，树枝压坏了，就会伤到树心。臣子封土太多，就会伤害到国家，而臣子太强，也会危害到君主。'如今在秦国，从陪食俸禄的小吏，到国尉、内吏以及大王身边的侍臣，有不是相国的人吗？国家无事也就罢了，国家一旦有事，臣认为大王必然孤立于朝廷之上。因此我在私下很为大王担忧，唯恐万世之后秦国的国王，很可能不是大王的子孙了。

"我更听说：古代善于统治国家的人，在内把持赏罚的威权，大臣在外就会尽心报效国君，使政治不会紊乱，使者必然按政策办事，谁也不敢为非作歹。如今太后的使节分派到各地诸侯，而兵符更是满布天下，掌握了秦国的军政大权，并且任意调兵遣将讨伐诸侯。如果战胜而有所获，穰侯就把一切利益拿到自己的封土陶里，国家的财货又都流入太后的娘家，而国内的利益更全被华阳君等人瓜分。古人所说的'危主灭国之道'一定是从这里开始的。三个权贵人物，竭力刮取国财以求得自身的安乐，既然这样，那还有什么法令能由大王来颁发呢？王权又如何不被分散呢？这样下去，大王确实处在三贵包围的地位，只能分到权力的四分之一了。"

第十三章 天下之士合从相聚于赵

天下之士，合从相聚于赵，而欲攻秦。秦相应侯曰："王勿忧也，请令废之。秦于天下之士非有怨也，相聚而攻秦者，以己欲富贵耳。王见大王之狗，卧者卧，起者起，行者行，止者止，毋相与斗者；投之一骨，轻起相牙者，何则？有争意也。"于是唐雎载音乐，予之五十金，居武安，高会相与饮，谓："邯郸人谁来取者？"于是其谋者固未可得予也，其可得与者，与之昆弟矣。

"公与秦计功者，不问金之所之，金尽者功多矣。今令人复载

天下的策士都聚集在赵国讨论合纵盟约，目的是联合六国抗拒强秦。这时秦相应侯范雎对秦王说："大王不必忧心，臣可以使他们的合纵之盟土崩瓦解。秦国素日对天下的策士没有丝毫怨仇，他们之所以要聚会谋划攻打秦国，是因为自己想借此升官发财而已。请大王看看大王的狗，睡着的都好好睡着，站着的都好好站着，走着的都好好走着，停着的都好好停着，彼此之间都没有任何争斗。可是只要在他们之间丢下一块骨头，所有的狗都会立刻跑过来，龇牙咧嘴露出一副凶残相，这是什么道理呢？因为所有的狗都起了争夺的意念。"于是范雎就派秦臣唐雎用车载着美女乐队，并且给他五千金，让他在赵国的武安大摆宴席，并且对外宣称："邯郸人谁愿意来拿黄金呢？"结果首谋攻秦的人不来拿取赠金，但是那些已经得到黄金的人，却都跟秦国像兄弟一样亲密。

应侯又告诉唐雎说："您此番为秦国在外交方面建功，可以不必管黄金究竟给了哪些人，只要你把黄金都送人就

五十金随公。"唐雎行，
行至武安，散不能三千
金，天下之士，大相与
斗矣。

算功德圆满了。现在再派人送五千金给
您。"于是唐雎又用车拉着大量的黄金
出发，再度前往武安去收买天下策士，
结果还没分散完三千金，参加合纵之约
的天下谋士就互相争夺起来了。

第十四章 谓应侯曰君禽马服乎

谓应侯曰："君禽马服乎？"曰："然。""又即围邯郸乎？"曰："然。""赵亡，秦王王矣，武安君为三公。武安君所以为秦战胜攻取者七十余城，南亡鄢郢、汉中，禽马服之军，不亡一甲，虽周吕望之功，亦不过此矣。赵亡，秦王王，武安君为三公，君能为之下乎？虽欲无为之下，固不得之矣。秦尝攻韩邢，困于上党，上党之民皆返为赵。天下之民，不乐为秦民之日固久矣。今攻赵，北地入燕，东地入齐，南地入楚、魏，则秦所得不一几何。故不如因而割之，因以为武安功。"

有人对应侯范雎说："武安君白起擒住马服君赵括了吗？"应侯回答说："是的。"这人又问："现在又准备接着包围赵都邯郸吗？"范雎回答说："对。"于是这个人又说："赵国如果灭亡，秦王就将成为天下共主，而武安君也将位列三公。武安君为秦国死战而夺取了七十多城，在南方占领楚都鄢、郢和汉中，在北方不费一兵一卒就俘虏了马服君赵括之军，即使是周公、召公、姜太公的功劳，也不过如此。假如赵国灭亡了，秦王当了天下共主，武安君将成为三公，那阁下是否甘心居白起之下呢？据臣的猜测，到那时，阁下想不居下位，恐怕也办不到。秦国以前曾攻打韩国的邢丘，而在上党被敌所困，上党百姓都归心于赵国，可见天下百姓不愿做秦国的顺民为时已久了。现在假如秦军攻打赵国，赵国北部将为燕国所有，东部为齐国吞并，南部被楚、魏两国占领，那秦国能得到的可能很少了。所以您不如趁这个战胜的机会，让赵国割地求和，而不要让武安君有立功的机会。

第十七章 蔡泽见逐于赵

蔡泽见逐于赵，而入韩、魏，遇夺釜鬲于涂。闻应侯任郑安平、王稽皆负重罪，应侯内惭，乃西入秦。将见昭王，使人宣言以感怒应侯曰："燕客蔡泽，天下骏雄弘辩之士也。彼一见秦王，秦王必相之而夺君位。"应侯闻之，使人召蔡泽。蔡泽入，则揖应侯。应侯固不快，及见之，又倨。应侯因让之曰："子常宣言代我相秦，岂有此乎？"对曰："然。"应侯曰："请闻其说。"蔡泽曰："吁！何君见之晚也。夫四时之序，成功者去。夫人生手足坚强，耳目聪明圣知，岂非士之所愿与？"应侯曰："然。"蔡泽曰："质仁秉义，

蔡泽被赵国驱逐，于是他亡命到韩国、魏国，途中他的锅灶被人抢去了。这时听说秦相应侯范雎推荐郑安平、王稽，可是后来两人都犯了重罪，以致使范雎感到很惭愧，因此蔡泽才西去秦国。当他要晋见秦昭王时，就故意事先派人发出豪语，激怒范雎说："燕国大纵横家蔡泽，是天下雄辩之士。只要他一见秦王，秦王必然任命他为相国，而夺取当今相国范雎的职位。"范雎听说这话以后，就派人找来蔡泽。蔡泽一进入范雎的官邸，只是对范雎拱了拱手，使范雎很不高兴。等到两人坐下交谈后，蔡泽又态度倨傲。于是范雎就质问说："你曾对人扬言，要取代我的秦国相国职位，有没有这回事呢？"蔡泽回答说："有。"范雎说："那我倒愿意听听是什么道理？"蔡泽说："唉！阁下的反应为什么这样迟钝呢？即使是四季的转移，也是本着'功成身退'的自然法则。而一个人活在世界上，手脚都很健康，耳朵也很灵敏，眼睛也很明亮，而内心像圣人那样贤智，这是一个人殷切期望的

行道施德于天下，天下怀乐敬爱，愿以为君王，岂不辩智之期与？"应侯曰："然。"蔡泽复曰："富贵显荣，成理万物，万物各得其所；生命寿长，终其年而不夭伤；天下继其统，守其业，传之无穷，名实纯粹，泽流千世，称之而毋绝，与天下终。岂非道之符，而圣人所谓吉祥善事与？"应侯曰："然。"泽曰："若秦之商君，楚之吴起，越之大夫种，其卒亦可愿矣。"应侯知蔡泽之欲困己以说，复曰："何为不可？夫公孙鞅事孝公，极身毋二，尽公不还私，信赏罚以致治，竭智能，示情素，蒙怨咎，欺旧交，虏魏公子卬，卒为秦禽将，破敌军，攘地千里。吴起事悼王，使私不害公，谗不蔽忠，言不取苟合，行不取苟容，行义不顾毁誉，必有伯主

吧？"范雎说："是的。"蔡泽说："以仁为礼，以义为则，施恩德于天下，天下人都会由于感恩而崇拜他，并且都希望拥护他为君王，这不都是雄辩家殷切期望的吗？"范雎说："是的。"蔡泽又说："既富且贵，善治万事，万物都各得其所；寿命长久，尽享天年，每人都不致夭折；天下人民都能继承他们的传统，维护他们的业绩，传给无穷的后代，名、实兼而有之，恩泽流传万年，受人永远赞美，和天地同其始终。这难道不是合乎规律，而且是圣人所说的吉祥善事吗？"范雎说："是的。"蔡泽说："例如秦国的商鞅、楚国的吴起、越国的文种，他们最后都完成自己的愿望了。"范雎知道蔡泽是为了要使自己陷于窘境，于是就这一点回答说："为什么不可以呢？商鞅臣事秦孝公，终身尽忠，绝无二心，公而忘私，赏罚分明，秦国得以大治，竭尽智能，表露赤心，却招致秦国人的怨恨和责难，他为秦国而欺骗老朋友，俘虏魏公子卬，最终为秦国擒获魏将，大破魏军，扩充疆土达一千里之多。吴起臣事楚悼王，绝对不以私损公，更不用谗言来隐蔽忠节，议论不随声附和，办事不苟且保身，每当遇到应行的大事，就不顾毁誉，一心想使君王成就霸业，国家富强，而且不畏惧一切灾祸和邪恶势力。大夫文种

强国，不辞祸凶。大夫种事越王，主离困辱，悉忠而不解，主虽亡绝，尽能而不离，多功而不矜，贵富不骄怠。若此三子者，义之至，忠之节也。故君子杀身以成名，义之所在，身虽死，无憾悔，何为不可哉？"

蔡泽曰："主圣臣贤，天下之福也；君明臣忠，国之福也；父慈子孝，夫信妇贞，家之福也。故比干忠，不能存殷；子胥知，不能存吴；申生孝，而晋惑乱。是有忠臣孝子，国家灭乱，何也？无明君贤父以听之。故天下以其君父为戮辱，怜其臣子。夫待死而后可以立忠成名，是微子不足仁，孔子不足圣，管仲不足大也。"

于是应侯称善。

蔡泽得少间，因曰："商君、吴起、大夫种，其为人臣，尽忠致功，则可愿矣。闳夭事

臣事越王勾践，当君主陷于困辱惨境时，他忠心爱主而不懈怠，即使君主遭受困辱，仍然竭诚尽智，没有背弃国家，而且不夸耀自己的功劳，即使富贵也不骄傲。像以上这三位忠臣，可以说是义行的极致和忠贞的典范。所以君子总是牺牲性命来完成名节，只要是大义所在，即使牺牲生命也无所懊悔，为什么不可以呢？"蔡泽说："君主圣明，臣子贤能，这是天下人民之福；君主英明，臣子忠贞，这是国家之福；父亲慈爱，儿子孝顺，丈夫讲信义，妻子有贞节，这是家庭之福。然而比干忠君爱国，却不能维护殷朝的存在；伍子胥虽然贤能，却不能使吴国保存不灭；太子申生虽然孝顺，而晋国仍然不能避免内乱。虽然有忠臣孝子，国家仍旧不免灭亡骚乱，这是什么道理呢？主要是没有明君、贤父来采纳意见的缘故。所以天下因为君父不仁不义而蒙羞，臣子也因此而难免受其害。假如一定等到死才能尽忠成名，恐怕就连微子也不足成为仁人，孔子也不足成为圣人，管仲也不足以成为伟人。"因此，范雎以为蔡泽的话很对。

蔡泽稍待一会儿，接着说："商鞅、吴起、文种，他们做人臣能够尽忠立功，这都是出于他们的心愿。闳夭臣事周文王，周公辅佐周成王，难道不也是尽忠

文王，周公辅成王也，岂不亦忠乎？以君臣论之，商君、吴起、大夫种，其可愿孰与闳夭、周公哉？”应侯曰：“商君、吴起、大夫种不若也。”蔡泽曰：“然则君之主，慈仁任忠，不欺旧故，孰与秦孝公、楚悼王、越王乎？”应侯曰：“未知何如也。”蔡泽曰：“主固亲忠臣，不过秦孝、越王、楚悼。君之为主，正乱、批患、折难，广地殖谷，富国、足家、强主，威盖海内，功章万里之外，不过商君、吴起、大夫种。而君之禄位贵盛，私家之富过于三子，而身不退，窃为君危之。语曰：‘日中则移，月满则亏。’物盛则衰，天之常数也；进退、盈缩、变化，圣人之常道也。昔者，齐桓公九合诸侯，一匡天下，至葵丘之会，有骄矜之色，畔者九国。吴

吗？然而就君臣而论，商鞅、吴起、文种等人，他们的心愿又怎能和闳夭、周公相比呢？”范雎说：“商鞅、吴起、文种等人，当然不如闳夭、周公。”蔡泽说：“然而阁下的主君与秦孝公、楚悼王、越王勾践相比，究竟谁仁慈而又信任忠臣和不欺凌故旧呢？”范雎说：“不知道。”蔡泽说：“阁下的君主并不像秦孝公、越王勾践、楚悼王那样亲信忠臣。而阁下臣事君主，在于平定内乱、消除祸患、排除困难、扩充疆土、发展农业、振兴国家、富足家庭、强化君主等方面，威权压倒全国，功业扬名万里之外，并没有超过商鞅、吴起、文种三位名臣。但是阁下的地位和俸禄，以及家中的财富都已经超过他们三人，然而阁下还是不隐退，我深为阁下担忧。古谚说得好：‘太阳升到正午时就开始落，月亮圆到满盈时就开始亏。’万物都是盛极而衰，这是自然常规。不论是进还是退，不论是伸还是缩，都随着时间变化，这是圣人所认定的常理。古时齐桓公九次会合诸侯，矫正天下弊风而使其焕然一新，到葵丘之会，桓公就显出了骄纵之色，因此才有九个国家背叛他。吴王夫差自认为天下无敌，因此就轻视诸侯，欺凌齐、晋两国，到后来人亡、国破。夏育、太史启等人，一声叱咤能使三军震撼，然而他们却死在普

王夫差无适于天下，轻诸侯，凌齐、晋，遂以杀身亡国。夏育、太史启叱呼骇三军，然而身死于庸夫。此皆乘至盛不及道理也。夫商君为孝公平权衡、正度量、调轻重，决裂阡陌，教民耕战，是以兵动而地广，兵休而国富，故秦无敌于天下，立威诸侯。功已成，遂以车裂。楚地持戟百万，白起率数万之师，以与楚战，一战举鄢、郢，再战烧夷陵，南并蜀、汉，又越韩、魏攻强赵，北坑马服，诛屠四十余万之众，流血成川，沸声若雷，使秦业帝。自是之后，赵、楚慑服，不敢攻秦者，白起之势也。身所服者，七十余城。功已成矣，赐死于杜邮。吴起为楚悼罢无能，废无用，损不急之官，塞私门之请，壹楚国之俗，南攻杨越，北并陈、蔡，

通人手里。这都是仗恃威权而不深思事物道理的缘故。商鞅为秦孝公制定度量衡、改革货币、废除井田、重划土地，教百姓努力耕种和作战，因此大军一出发就拓展疆土，军队凯旋而使国家富强，所以秦兵无敌于天下，在诸侯之间建立了威权。可是成功之后，商鞅竟惨遭五马分尸之刑。楚国拥有持戟雄兵百万，然而秦将白起仅仅率领几万秦兵与楚军作战，一战而攻陷楚都鄢、郢，再战而焚烧夷陵，往南吞并蜀、汉，又越过韩、魏两国攻打强赵，在北方屠杀了马服君及四十多万赵卒，血流成河，凄惨哀嚎之声如雷鸣一般震撼天地，这样才建立起秦国的王霸之业。从此以后，赵、楚两国衰弱下去，再也不敢抗拒秦兵，这都是仰仗白起的武功。白起攻下的城邑有七十多座，他虽然为秦国建立了丰伟战功，却在杜邮被秦王赐死。吴起为楚悼王改革弊政，罢退无能的朝臣，裁撤无用的机构，废除多余的官吏，杜绝私门的请托，改良楚国的风俗，往南攻打杨越，往北攻打陈、蔡，摧毁连横政策，解散合纵之约，使游说之士没有开口的余地。这可以算得上是成功了，可怜最后他本人却死于楚人的乱箭之中，然后再把他分尸泄愤。越国大夫文种为越王勾践开疆拓土，发展农业，率领四方军

破横散从，使驰说之士无所开其口。功已成矣，卒支解。大夫种为越王垦草创邑，辟地殖谷。率四方士，上下之力，以禽劲吴，成霸功，勾践终棓而杀之。此四子者，成功而不去，祸至于此。此所谓信而不能诎，往而不能反者也。范蠡知之，超然避世，长为陶朱。君独不观博者乎？或欲分大投，或欲分功，此皆君之所明知也。今君相秦，计不下席，谋不出廊庙，坐制诸侯，利施三川，以实宜阳，决羊肠之险，塞太行之口，又斩范、中行之途，栈道千里于蜀、汉，使天下皆畏秦。秦之欲得矣，君之功极矣。此亦秦之分功之时也！如是不退，则商君、白公、吴起、大夫种是也。君何不以此时归相印，让贤者授之，必有伯夷之廉；长为应侯，世世

队和全国上下的人民击败吴国，生擒吴王夫差，完成了越国的霸王功业，可是到头来勾践却把他杀死了。这四位贤臣，都是由于功成而不退，才为自己招来杀身之祸。这就是所谓'伸而不能屈，往而不能返'。只有范蠡深知明哲保身之理，以超然的姿态功成身退，远离人间的是非之门，驾轻舟渡海遁世，隐姓埋名经商，而成为巨富陶朱公。难道阁下没看过赌博的人吗？有时想孤注一掷，有时想步步取胜，这都是阁下所最清楚的。如今阁下当了秦国相国，为了谋划国家大事而终日忙碌，为了制定策略而不走出朝廷，坐在朝中控制诸侯，威仪施行于三川，借以充实宜阳，打开羊肠之险，封闭太行要塞，同时又切断三晋的道路，修栈道千里通往蜀汉之地，使天下诸侯都畏惧秦国。秦国的欲望都满足了，阁下的功勋也达到巅峰。这仍然算是秦国的全盛时代。假如这样还不急流勇退，那阁下就将要步商鞅、白起、文种等人的后尘。阁下为什么不在此时交出相国的印绶，把秦国相国的职位让给贤能之士呢？阁下会被赞美为伯夷那样清廉，永远可以把应侯的爵位传给子孙，世代称王，而且能享有像仙人王子乔和赤松子那样的高寿。假如用这些和最后身遭惨祸相比，阁下认为究竟哪一种好

称孤，而有乔、松之寿。孰与以祸终哉！此则君何居焉？"应侯曰："善。"乃延入坐为上客。

后数日，入朝，言于秦昭王曰："客新有从山东来者蔡泽，其人辩士。臣之见人甚众，莫有及者，臣不如也。"秦昭王召见，与语，大说之，拜为客卿。

应侯因谢病，请归相印。昭王强起应侯，应侯遂称笃，因免相。昭王新说蔡泽计画，遂拜为秦相，东收周室。

蔡泽相秦王数月，人或恶之，惧诛，乃谢病归相印，号为刚成君。秦十余年，事昭王、孝文王、庄襄王，卒事始皇帝，为秦使于燕，三年而燕使，太子丹入质于秦。

呢？假如确实是这样的话，那么阁下要采行哪一种方式呢？"范雎说："您说得好。"说完这话以后，就把蔡泽延入内室待为上宾。

几天后，范雎入朝对秦昭王说："在臣的宾客中，有一位是刚从山东来的，他的名字叫蔡泽，此人能言善辩。臣所见过的人很多，但是没有一个能够赶得上这位辩士，臣实在还不如他。"于是秦昭王就召见蔡泽，经过一番密谈之后，昭王对他很满意，就拜为客卿。

这时范雎就称病不上朝，并且请昭王允许辞去相国职位。昭王一再挽留他，他说他的病很严重，昭王最终接受了他的辞呈。昭王于是采纳蔡泽的策略，任命他为秦国相国，往东吞并了东周国。

蔡泽出任秦国相国几个月，就有人开始诽谤他，他由于恐惧因此身遭不测，也赶紧装病辞去相国职位，秦昭王封他为"刚成君"。以后蔡泽又在秦国居住了十多年，历事昭王、孝文王、庄襄王，最后任职于秦始皇朝。他也曾为秦国出使燕国，三年之后使燕太子丹到秦国做人质。

第六篇 秦策四

第四章 秦昭王谓左右

秦昭王谓左右曰："今日韩、魏，孰与始强？"对曰："弗如也。"王曰："今之如耳、魏齐，孰与孟尝、芒卯之贤？"对曰："弗如也。"王曰："以孟尝、芒卯之贤，帅强韩、魏之兵以伐秦，犹无奈寡人何也！今以无能之如耳、魏齐，帅弱韩、魏以攻秦，其无奈寡人何，亦明矣！"左右皆曰："甚然。"

中期推琴对曰："王之料天下过矣。昔者六晋之时，智氏最强，灭破范、中行，帅韩、魏以围赵襄子于晋阳。决晋水以灌晋阳，城不沈

秦昭王对左右近臣说："今天韩、魏两国的国力比当初强吗？"左右侍臣回答："不如当初强盛。"秦昭王说："今天的韩臣如耳、魏臣魏齐和当年孟尝君田文、芒卯的才能相比如何？"君臣回答说："不如他们。"于是秦昭王说："凭孟尝君和芒卯的才干，率领强大的韩、魏联军攻打秦国，仍然没能把我怎么样！现在仅凭无能的如耳、魏齐，率领脆弱的韩、魏联军来攻打秦国，更不能把我怎么样，这也是很明显的！"群臣都回答说："君王的话很对。"

这时中期推开琴回答说："君王对诸侯的事情的评估错了。古时六晋时代，以智氏最强大，灭亡了范、中行氏，率领韩、魏联军，把赵襄子围困在晋阳。他决晋水来淹晋阳，仅仅差六尺就把全城淹没了。当智伯坐战车出去巡视水势

者三板耳。智伯出行水，韩康子御，魏桓子骖乘。智伯曰：'始，吾不知水之可亡人之国也，乃今知之。汾水利以灌安邑，绛水利以灌平阳。'魏恒子肘韩康子，康子履魏恒子，蹴其踵。肘足接于车上，而智氏分矣。身死国亡，为天下笑。今秦之强，不能过智伯；韩、魏虽弱，尚贤在晋阳之下也。此乃方其用肘足时也，愿王之勿易也。"

时，韩康子给他拉马，魏桓子陪他坐车。这时智伯说：'当初我不知道水可以灭亡人家的国家，现在我才知道。汾水便于淹魏都安邑，而绛水便于淹韩都平阳。'于是，魏桓子就拉韩康子的胳膊，韩康子则踩魏桓子，踢踢他的脚跟。他们就在车上手脚碰撞之间决定了倾覆智伯的策略。智伯身死国亡，被天下人所耻笑。现在秦国的强盛还没有超过智伯时，韩、魏两国虽然衰弱，仍然胜过赵襄子被围困在晋阳时。所以现在就是韩、魏两国碰手撞足的时候，但愿君王不要大意。"

第八章 秦王欲见顿弱

秦王欲见顿弱，顿弱曰："臣之义不参拜，王能使臣无拜，即可矣。不，即不见也。"秦王许之。于是顿子曰："天下有其实而无其名者，有无其实而有其名者，有无其名又无其实者。王知之乎？"王曰："弗知。"顿子曰："有其实而无其名者，商人是也。无把铫推耨之劳而有积粟之实，此有其实而无其名者也。无其实而有其名者，农夫是也。解冻而耕，暴背而耨，无积粟之实；此无其实而有其名者也。无其名又无其实者，王乃是也。已立为万乘，无孝之名；以千里养，无孝之实。"秦王悖然而怒。

顿弱曰："山东战

秦王要接见顿弱，顿弱让人转告说："我认为君臣大义是臣子见帝王时不拜，假如大王不强迫臣拜，那臣就可以晋见大王。否则，臣将拒绝晋见。"秦王接受了这个条件。于是顿弱见秦王说："天下有一种有实而无名的人，也有一种无实而有名的人，更有一种既无名也无实的人，大王您知道吗？"秦王说："我不知道。"顿弱说："有实而无名的人是商人，他们虽然不用拿着工具锄田耕作，却拥有大量的粮食，这就叫'有实而无名'。无实而有名的人是农夫，他们冒着春寒辛苦开耕，顶着夏日辛苦耘田，却没有积存满仓的米粮，这就叫'无实而有名'。既无实又无名的人是君王，虽然已经被立为万乘之尊，却无孝名；虽然拥有千里领土可供奉养，却无孝行。"秦王听了这话，大发雷霆。

顿弱又说："崤山以东有六个诸侯

国有六，威不掩于山东，而掩于母，臣窃为大王不取也。"秦王曰："山东之建国可兼与？"顿子曰："韩，天下之咽喉；魏，天下之胸腹。王资臣万金而游，听之韩、魏，入其社稷之臣于秦，即韩、魏从。韩、魏从，而天下可图也。"秦王曰："寡人之国贫，恐不能给也。"顿子曰："天下未尝无事也，非从即横也。横成，则秦帝；从成，即楚王。秦帝，即以天下恭养；楚王，即王虽有万金，弗得私也。"秦王曰："善。"乃资万金，使东游韩、魏，入其将相。北游于燕、赵，而杀李牧。齐王入朝，四国必从，顿子之说也。

国，秦王的威力不能压制山东各国，却加之于母后。因此我在私下认为，大王最好不要这么做。"秦王说："山东的六国可以吞并吗？"顿弱说："韩国是天下的要冲，魏是天下的胸腹。大王如果给我万金去游说韩、魏两国，就能够命令他们的柱石之臣归顺秦国，这样就等于征服了韩、魏两国。韩、魏两国一旦被征服，统一天下的大业就可以实现了。"秦王说："我的国家很穷，恐怕拿不出万金。"顿弱说："天下并非太平无事，只要发生战争，不是缔结合纵之约，就是采用连横之策。连横之策一旦成立，秦国就会成为帝王之国；合纵之约一旦缔结，楚国就会完成王霸之业。秦国成为帝王以后，就会富有天下；楚建立霸业以后，大王即使拥有万金也不能私自享用。"秦王说："好。"于是以万金给顿弱，派他东去游说韩、魏等国，诱惑他们的将相归顺秦国。顿弱往北到燕、赵两国游说，用反间之计杀死赵将李牧。等到齐王建入秦以后，燕、赵、韩、魏四国就都归顺了秦国，这全都是顿弱游说所起的作用。

第十章 或为六国说秦王

或为六国说秦王曰："土广不足以为安，人众不足以为强。若土广者安，人众者强，则桀、纣之后将存。昔者，赵氏亦尝强矣。曰赵强何若？举左案齐，举右案魏，厌案万乘之国，二国，千乘之宋也。筑刚平，卫无东野，刍牧薪采莫敢窥东门。当是时，卫危于累卵，天下之士相从谋曰：'吾将还其委质，而朝于邯郸之君乎！'于是天下有称伐邯郸者，莫不令朝行。魏伐邯郸，因退为逢泽之遇，乘夏车，称夏王，朝为天子，天下皆从。齐太公闻之，举兵伐魏，壤地两分，国家大危。梁王身抱质执璧，请为陈侯臣，天下乃释梁。郢威王闻之，

有人为六国游说秦王："土地虽然广大，却不足以维持安宁；人口虽然众多，却不足以维持强盛。假如土地广大而社会安宁，人口众多而国家强盛，那么桀、纣的后代将延续到今天。以前赵国也曾经强大过，要问赵国是怎样强大的？那就是向左边压制齐国，向右边压制魏国；压制齐、魏两个万乘之国，犹如制服宋国这个千乘小国一样。赵国夺取了刚平，使卫国丧失了东野，割草、放牧、砍柴的都不敢走出东门。这时候，卫国的命运比累卵还要危险，天下的游说之士纷纷谋划说：'我们将要屈膝改事敌人，而向赵都邯郸的君主朝贡！'因此凡是天下有主张攻打邯郸的，没有不立刻采纳实行的。魏国终于攻陷了邯郸，收兵回国后在逢泽与诸侯会盟，魏王坐上夏车而自称为王，一朝之间成为天子，天下诸侯都服从他。然而齐太公听了之后，就兴兵讨伐魏国，把魏国的土地划分为二，以致使魏面临灭亡的命运。魏惠王亲自拿着礼品，献上玉璧，请求当陈侯的臣子，于是天下诸侯都原谅了魏国。然而

寝不寐，食不饱，帅天下百姓，以与申缚遇于泗水之上，而大败申缚。赵人闻之至枝桑，燕人闻之至之格道。格道不通，平际绝。齐战败不胜，谋则不得，使陈毛释剑撇，委南听罪，西说赵，北说燕，内喻其百姓，而天下乃齐释。于是夫积薄而为厚，聚少而为多，以同言郢威王于侧纣之间。臣岂以郢威王为政衰谋乱以至于此哉？郢为强，临天下诸侯，故天下乐伐之也。"

楚威王听到齐国压服了魏国以后，竟然寝食不安，最后终于率领天下人民，与齐将申缚在泗水之畔相遇，结果大破申缚之军。赵人听说楚、齐两国开战以后，进兵到枝桑；燕人听说楚、齐两国开战以后，进兵到格道。格道不能通行，楚、燕两国相约断绝与齐国的交往。齐国战而不胜，谋划也不成，只好派陈毛告诉军队丢掉佩剑，撤除夜间的警戒，并到楚国去屈膝请罪，往西游说赵国，往北游说燕国，在国内安抚人民，这样天下诸侯才原谅齐国。齐国于是积薄渐厚，积少成多，楚威王渐渐得势，天下诸侯都在暗中聚会议论楚威王。我难道认为楚威王是由于政治败坏、政策紊乱才弄到这个地步吗？楚国本来强大，但是因为轻视天下诸侯，所以天下诸侯都愿意讨伐楚国。"

第七篇 秦策五

第五章 濮阳人吕不韦贾于邯郸

濮阳人吕不韦贾（gǔ）于邯郸，见秦质子异人，归而谓父曰："耕田之利几倍？"曰："十倍。""珠玉之赢几倍？"曰："百倍。""立国家之主赢几倍？"曰："无数。"曰："今力田疾作，不得暖衣余食；今建国立君，泽可以遗世。愿往事之。"

秦之异人质于赵，处于𡡉城。故往说之曰："子傒有承国之业，又有母在中。今子无母于中，外托于不可知之国，一日倍约，自为粪土。今子听吾计事，求归，

濮阳人吕不韦去赵国首都邯郸经商，看到秦国人质孝文王的庶子异人，回去以后就对父亲说："耕田的利润有几倍？"他父亲回答说："十倍。""经营珠玉的利润有几倍？"他父亲回答说："一百倍。"吕不韦又问："拥立国家的君主可以赢利多少倍呢？"他父亲回答说："无法数计。"于是吕不韦就说："现在我们每年辛苦劳作，仍然不能获得温饱；现在假如能建立国家，拥立一个君主，就可以把财产传给子孙。我现在决心去侍奉异人。"

秦国的王子异人在赵国当人质，他住在赵国的𡡉城。于是吕不韦特地去见异人，说："你的异母兄子傒有继承秦国王位的资格，在朝中有母亲的势力为后盾。而现在你朝中没有母亲的援助，外面又身在敌国当人质，一旦秦、赵两国违背盟约，发生战争，那你的性命将如

可以有秦国。吾为子使秦，必来请子。”

乃说秦王后弟阳泉君曰：“君之罪至死，君知之乎？君之门下无不居高尊位，太子门下无贵者。君之府藏珍珠宝玉，君之骏马盈外厩，美女充后庭。王之春秋高，一日山陵崩，太子用事，君危于累卵，而不寿于朝生。说有可以一切而使君富贵千万岁，其宁于太山四维，必无危亡之患矣。”阳泉君避席，请闻其说。不韦曰：“王年高矣，王后无子，子傒有承国之业，士仓又辅之。王一日山陵崩，子傒立，士仓用事，王后之门，必生蓬蒿。子异人贤材也，弃在于赵，无母于内，引领西望，而愿一得归。王后诚请而立之，是子异人无国而有国，王后无子而有

粪土一般难以保全。现在你如果听我的话，设法回到你的祖国去，你就可以继承王位。我替你到秦国去活动，秦国必然派人来请你回去。”

于是吕不韦去了秦国，对秦孝文王王后华阳夫人的弟弟阳泉君说：“阁下罪当该死，你知道吗？阁下的食客都身居高位，可是太子门下反而没有显贵。阁下府中珍藏有大量珍宝，骏马拴满马房，后宫佳丽如云。当今秦王的年纪已经很大了，一旦不幸崩逝，子傒即位以后，阁下的命运就比累卵还要危险，生命就像朝生暮谢的小植物那样短。现在我有一个计划，阁下可以相机去实行，不但能使阁下富贵，而且能使阁下享尽天年，且稳如泰山，绝对没有任何危险和忧虑。”阳泉君赶紧站起让座，并请吕不韦详细解说。吕不韦继续说：“秦王年事已高，王后又没有儿子，只有子傒有资格继承王位，由秦臣士仓辅佐。君王一旦崩逝，子傒即位为秦王，由士仓掌理大权，到那时王后的门前必然会冷落到要长满蓬蒿野草了。王子异人是一位很有才干的人，可惜被遗弃在赵国当人质，朝中又没有母亲的爱护，他经常伸长脖子向西望，很想能回国一次。假如王后能请君王立异人为太子，就等于是使异人由无国变成有国，使王后由无子变成

子也。"阳泉君曰："然。"入说王后，王后乃请赵而归之。

赵未之遣，不韦说赵曰："子异人，秦之宠子也，无母于中，王后欲取而子之。使秦而欲屠赵，不顾一子而留计，是抱空质也。若使子异人归而得立，赵厚送遣之，是不敢倍德畔施，是自为德讲。秦王老矣，一日晏驾，虽有子异人，不足以结秦。"赵乃遣之。

异人至，不韦使楚服而见。王后悦其状，高其知，曰："吾楚人也。"而自子之，乃变其名曰楚。王使子诵，子曰："少弃捐在外，尝无师傅所教学，不习于诵。"王罢之，乃留止。间曰："陛下尝轫车于赵矣，赵之豪桀，得知名者不少。今大王反国，皆西面而

有子了。"阳泉君说："是的。"于是赶紧劝说王后，不久王后要求赵国将异人送回秦国。

还没等送异人回秦国，吕不韦又去对赵王说："秦王子异人是秦王所宠爱的儿子，在朝中没有母亲的爱护，因此王后想要把他收为儿子。假如秦国想要灭亡赵国，也不会由于顾虑到一个王子在赵国，就延迟灭亡赵国的计划，所以赵国只是拥有一个空的抵押品而已。假如异人回国能继承王位，而赵国又很有礼貌地送他回国，他必然不敢忘怀赵国的恩惠，即位以后就会和赵国结为盟邦。现在秦王已经老了，一旦驾崩，那时赵国虽然有王子异人为人质，也无法和秦国结为盟邦。"赵国于是把异人送回秦国。

异人回到秦国之后，吕不韦让他穿着楚国的服装去见王后。王后看到异人的样子很高兴，一再夸奖他的聪明，说："我也是楚国人。"于是立刻收异人为子，并替他改名为"子楚"。孝文王想叫子楚当场背诵一段经书，子楚回答说："儿臣从小就被送到外国当人质，并没有老师教我读书，所以不会背诵经书。"孝文王就不让子楚背诵经书，并把他留在宫中。过了一会儿，子楚对孝文王说："君王以前曾在赵国停车，因此赵国豪

望。大王无一公之使以存之，臣恐其皆有怨心。使边境早闭晚开。”王以为然，奇其计。王后劝立之。王乃召相，令之曰："寡人子莫若楚。"立以为太子。

子楚立，以不韦为相，号曰文信侯，食蓝田十二县。王后为华阳太后，诸侯皆致秦邑。

杰都知道君王的大名。现在君王回国了，他们都向西方遥望君王。假如君王不派一个使者去问候他们。我唯恐他们都要存有怨恨之心。不如让边关早闭晚开。”孝文王以为子楚这话说得有道理，夸他善于奇谋。这时王后劝孝文王立子楚为太子。于是孝文王召见相国说："我的王子都不如子楚。"下令立子楚为太子。

子楚继承秦国王位以后，任命吕不韦为相国，封他为"文信侯"，以蓝田十二县的收入为俸禄。同时封王后为华阳太后，天下诸侯都到秦国为太后进献养地。

第六章 文信侯欲攻赵以广河间

文信侯欲攻赵以广河间，使刚成君蔡泽事三年，而燕太子质于秦。文信侯因请张唐相燕，欲与燕共伐赵，以广河间之地。张唐辞曰："燕者必径于赵，赵人得唐者，受百里之地。"文信侯去而不快。少庶子甘罗曰："君侯何不快甚也？"文信侯曰："吾令刚成君蔡泽事燕三年，而燕太子已入质矣。今吾自请张卿相燕，而不肯行。"甘罗曰："臣行之。"文信侯叱去曰："我自行之而不肯，汝安能行之也？"甘罗曰："夫项橐生七岁而为孔子师，今臣生十二岁于兹矣！君其试臣，奚以遽言叱也？"

甘罗见张唐曰："卿

文信侯吕不韦想派兵攻打赵国，以便扩充河间之地，于是派刚成君蔡泽出使燕国，经过三年，使燕太子丹在秦国做人质。吕不韦又要求张唐出任燕国宰相，以便与燕国共同攻打赵国，扩充河间的土地。张唐辞谢说："往燕国去必须经过赵国，而赵国正悬赏一百里土地来捉拿我。"文信侯离开张唐后很不高兴。这时少庶子甘罗对吕不韦说："君侯为什么不高兴呢？"吕不韦说："我派刚成君蔡泽出使燕国，仅仅三年就让燕太子丹入秦为人质。现在我主动为张唐活动，请他到燕国去做相国，不料他竟不愿意去。"甘罗说："我可以设法让张唐去。"吕不韦申斥说："我让他去他都不肯，你又有什么办法让他去？"甘罗说："春秋时代的鲁人项橐，年仅七岁就成为孔子的老师，我现在已经十二岁了！君侯可以派我去试试看，为何如此不相信我而呵斥我呢？"

甘罗见到张唐，对他说："阁下的功

之功，孰与武安君？"
唐曰："武安君战胜攻取，不知其数；攻城堕邑，不知其数。臣之功不如武安君也。"甘罗曰："卿明知功之不如武安君欤？"曰："知之。""应侯之用秦也，孰与文信侯专？"曰："应侯不如文信侯专。"曰："卿明知为不如文信侯专欤？"曰："知之。"甘罗曰："应侯欲伐赵，武安君难之，去咸阳七里，绞而杀之。今文信侯自请卿相燕，而卿不肯行，臣不知卿所死之处矣！"唐曰："请因孺子而行！"令库具车，厩具马，府具币，行有日矣。甘罗谓文信侯曰："借臣车五乘，请为张唐先报赵。"

见赵王，赵王郊迎。谓赵王曰："闻燕太子丹之入秦与？"曰："闻之。""闻张唐之相燕与？"曰："闻之。""燕

劳和武安君白起相比如何？"张唐回答说："武安君攻城略地，不计其数，占领敌人的土地也不计其数。我的功劳当然比不上武安君。"甘罗说："阁下确实知道功劳不如武安君吗？"张唐说："确实知道。"甘罗说："秦国重用应侯范雎，比重用文信侯如何？"张唐说："应侯不如文信侯受重用。"甘罗说："你确实知道应侯不如文信侯权威大吗？"张唐说："确实知道。"甘罗说："当年应侯想要攻打赵国，武安君白起阻挡他，结果武安君就被应侯杀害，在距首都咸阳七里的杜邮把他绞死了。现在文信侯亲自请你去出任燕国相国，而你居然不肯去，我真不知道你要死在何处了！"张唐说："那么就请你替我向文信侯说我愿意去燕国吧！"于是吕不韦就下令准备车马银钱。在张唐出发几天以后，甘罗对吕不韦说："请借给我五辆兵车，让我替张唐通知赵国。"

于是甘罗去见了赵王。赵王到首都邯郸的郊外去迎接他。甘罗对赵王说："大王有没有听说燕太子丹到秦国做人质的事？"赵王说："听到了。"甘罗又问："大王有没有听说张唐到燕国当相国的

太子入秦者，燕不欺秦也。张唐相燕者，秦不欺燕也。秦、燕不相欺，则伐赵，危矣。燕、秦所以不相欺者，无异故，欲攻赵而广河间也。今王赍臣五城以广河间，请归燕太子，与强赵攻弱燕。"赵王立割五城以广河间，归燕太子。赵攻燕，得上谷三十六县，与秦什一。

事呢？"赵王说："听说了。"甘罗说："燕太丹到秦国做人质，意味着燕国不敢欺骗秦国。张唐出任燕国相国，是表明秦国不敢欺骗燕国。秦、燕两国既然不相互欺骗，就会联合起来攻打赵国，到那时赵国就危险了。燕、秦两国之所以不互相欺诈，其实也没有什么特殊的原因，只是为了联兵攻打赵国，目的是扩充河间的土地。现在大王如果能割五座城市给我，借以扩大河间的领土，那我就可以请秦王把燕太子丹送回燕国，同时让秦国帮助强大的赵国去攻打衰弱的燕国。"于是赵王立刻割了五个城邑给甘罗，以便扩充秦国在河间的领土，秦王送回了燕太子丹。赵国发兵攻打燕国，占领了燕国上谷三十六县，把其中十分之一的土地转送给秦国。

第七章 文信侯出走

文信侯出走，与司空马之赵，赵以为守相。秦下甲而攻赵。

司马空说赵王曰："文信侯相秦，臣事之，为尚书，习秦事。今大王使守小官，习赵事。请为大王设秦、赵之战，而亲观其孰胜。赵孰与秦大？"曰："不如。""民孰与之众？"曰："不如。""金钱粟孰与之富？"曰："弗如。""国孰与之治？"曰："不如。""相孰与之贤？"曰："不如。""将孰与之武？"曰："不如。""律令孰与之明？"曰："不如。"司空马曰："然则大王之国，百举而无及秦者，大王之国亡。"赵王曰："卿不远赵，而悉教以国事，愿于因

文信侯吕不韦出走以后，和司空马一起到赵国去，赵王让他做代理相国。这时，秦发兵准备攻打赵国。

司空马对赵王说："文信侯在秦国担任宰相的时候，是臣侍奉他，做过尚书，所以精通秦国的情况。现在大王任命臣为一名小官，也还了解赵国的情况。臣愿意为秦、赵之战来谋划一番，观察一下秦、赵两国哪一方会获胜。请问赵国与秦国哪一国强大？"赵王回答说："赵国当然没有秦国强大。"司空马又问："两国民众哪一国多呢？"赵王回答说："赵国当然不如秦国多。""财货和食粮哪一国富有呢？"赵王回答说："赵国当然不如秦国富有。""两国哪一国政治清平、社会安定呢？"赵王回答说："赵国当然不如秦国清平、安定。""两国的宰相哪一国的能干呢？"赵王回答说："赵国当然不如秦国。""两国的大将哪一国的勇敢呢？"赵王回答说："赵国当然不如秦国。""两国的法律哪一国严明呢？"赵王回答说："赵国当然不如秦国。"于是司空马说："由此观之，大王的赵国什

计。"司空马曰："大王裂赵之半以赂秦,秦不接刃而得赵之半,秦必悦。内恶赵之守,外恐诸侯之救,秦必受之。秦受地而却兵,赵守半国以自存。秦衔赂以自强,山东必恐;亡赵自危,诸侯必惧。惧而相救,则从事可成。臣请大王约从。从事成,则是大王名亡赵之半,实得山东以敌秦,秦不足亡。"赵王曰:"前日秦下甲攻赵,赵赂以河间十二县,地削兵弱,卒不免秦患。今又割赵之半以强秦,力不能自存,因以亡矣。愿卿之更计。"司空马曰:"臣少为秦刀笔,以官长而守小官,未尝为兵首,请为大王悉赵兵以遇。"赵王不能将。司空马曰:"臣效愚计,大王不用,是臣无以事大王,愿自请。"

么事都不如秦国,那赵国就将灭亡了。"赵王说:"您路途遥远来到这里,希望把治国的办法全部教给我,我愿意接受您的计谋。"司空马说:"假如赵国能割一半土地来贿赂秦国,秦国等于不费一兵一卒而得到赵国的一半,秦王必然非常高兴。秦国在内害怕赵国的防御,在外恐惧诸侯的救援,所以秦王必然赶紧接受赵国的献地。只要接受土地,秦国就会撤兵,赵国就能够守住半壁江山来自保。秦国仰仗赵国的贿赂而自以为强大,山东诸侯必然恐惧;赵国丢失土地就会十分危险,其他诸侯也一定很恐惧。恐惧就会互相救援,如此合纵之盟势将成立。臣愿意为大王促成合纵盟约。如果合纵之盟成立,那么大王虽然表面上丧失了一半江山,实际上却得到了山东诸侯的支持来抵抗秦军,到那时秦国就不足畏惧了。"赵王说:"前些日子秦国发兵攻打赵国,赵国已经把河间十二县割让给秦国了。土地损失了,军队也衰弱了,到头来仍然没有躲过秦国的祸患。如今假如再让赵国割一半的土地来增强秦国,那赵国势将不能自保,到那时国家自然会灭亡。希望贤卿为寡人另谋他计。"司空马说:"臣年轻时代做过秦国的尚书,以官长的身份任命下官,从来没有担任过指挥军队作战的将军,但是

司空马去赵，渡平原。平原津令郭遗劳而问："秦兵下赵，上客从赵来，赵事何如？"司空马言其为赵王计而弗用，赵必亡。平原令曰："以上客料之，赵何时亡？"司空马曰："赵将武安君，期年而亡；若杀武安君，不过半年。赵王之臣有韩仓者，以曲合于赵王，其交甚亲，其为人疾贤妒功臣。今国危亡，王必用其言，武安君必死。"

韩仓果恶之，王使人代。武安君至，使韩仓数之曰："将军战胜，王觞将军。将军为寿于前而捍匕首，当死。"

臣愿意为大王率领赵国全军迎击敌人。"然而赵王并没有任命司空马为将军。马空马说："臣虽然愿意贡献愚计，可惜大王不肯采用臣献的计策，所以臣也无法为大王效命，还是请大王准许臣退隐还乡吧。"

于是司空马离开了赵国，经过平原津。这时平原津县令郭遗去慰问他，说："秦军袭击赵都邯郸，听说贵客从赵国来，不知道赵国的情况如何？"司空马就把自己为赵王献计而没被采纳的事说了一遍，并且预料赵国将灭亡。平原守令说："以贵客的推断，赵国要在什么时候才会灭亡？"司空马说："假如赵王任命名将武安君李牧为将军，赵国大概可以维持一年的垂危命运；假如武安君被杀，那顶多还能苦撑半年。在赵王的朝臣中，有个名叫韩仓的人，平时极力阿谀赵王，跟赵王的感情很密切，但是他为人嫉贤如仇，尤其忌恨功臣。如今赵国处于危亡关头，赵王必然听他的话，所以武安君必然被杀，赵国的灭亡就在半年以内。"

韩仓果然排斥李牧，在赵王面前大进谗言，于是赵王派人接替李牧的职务。当李牧被调回朝廷以后，赵王竟让韩仓审问李牧的罪过，说："以前当将军打了胜仗，君王为将军举杯祝贺时，将

武安君曰:"缠病钩,身大臂短,不能及地,起居不敬,恐惧死罪于前,故使工人为木材以接手。上若不信,缠请以出示。"出之袖中,以示韩仓,状如振捆,缠之以布。"愿公入明之。"韩仓曰:"受命于王,赐将军死,不赦。臣不敢言。"武安君北面再拜赐死,缩剑将自诛,乃曰:"人臣不得自杀宫中。"过司空马门,趣甚疾,出棫门也。右举剑将近自诛,臂短不能及,衔剑征之于柱以自刺。武安君死五月,赵亡。

平原令见诸公,必为言之曰:"磋嗞乎,司空马!"又以为司空马逐于秦,非不知也;去赵,非不肖也。赵去司空马而国亡。国亡者,非无贤人,不能用也。

军竟然以匕首自卫,所以将军罪该处死。"李牧说:"臣只是由于胳膊残废了,而身材又高大,跪拜时双手不能够碰到地,这对君王是一种大不敬。臣唯恐为此而触犯死罪,所以叫木匠做了一个假臂。假如君王不肯相信,臣可以拿出给君王看。"于是李牧就从衣袖中取出义肢,交给韩仓看。韩仓才知道是一段假臂,外面还缠着布。李牧因此说:"务必请明公在君王面前为臣好好解释一番。"韩仓却说:"我是奉君王的命令,特地来赐将军一死的,解释也不会获得赦免,而且我也不敢去解释。"李牧一听这话,就朝北方再拜,表示接受赵王所赐的死罪,准备拔剑自杀,这时他又对韩仓说:"为人臣的不可在宫中自杀。"于是李牧穿过司马门,步伐很快,当他走出棘门时,用右手举剑自杀,可是由于胳膊太短而无法杀成,就用嘴含着剑,把剑柄抵在柱子上自刺身亡。李牧死后五个月,赵国就灭亡了。

平原守令每遇到有身份的高官时,必然都要说下面这句话:"啊,司空马真是有远见!"他又以为,司空马被秦国放逐,并非出于愚鲁;他离开赵国,也并非因为他不好。赵国走了一个司空马,而使国家灭亡。赵国之所以会亡国,并非因为没有贤才,而是因为赵王不能尽才而用的缘故。

第八章 四国为一，将以攻秦

四国为一，将以攻秦。秦王召群臣宾客六十人而问焉，曰："四国为一，将以图秦，寡人屈于内，而百姓靡于外，为之奈何？"群臣莫对。姚贾对曰："贾愿出使四国，必绝其谋，而安其兵。"乃资车百乘，金千斤，衣以其衣，冠带以其剑。姚贾辞行，绝其谋，止其兵，与之为交以报秦。秦王大悦，贾封千户，以为上卿。

韩非知之，曰："贾以珍珠重宝，南使荆、吴，北使燕、代之间三年，四国之交未必合也，而珍珠重宝尽于内。是贾以王之权，国之宝，外

燕、赵、吴、楚四国联军将要攻打秦国。秦王政召集群臣和六十位宾客讨论这件事，说："燕、赵、吴、楚四国组成联合阵线，企图攻打秦国。寡人在国内有很多难题，将士在国外又节节败退，寡人该如何办才好？"群臣听了这番话，都不知道如何回答。这时姚贾回答说："臣愿为大王出使四国，一定可以消除他们的念头，不让他们出兵攻秦。"于是秦王拨给姚贾战车一百辆，黄金一千斤，让他穿戴上秦王自己的衣冠，挂上秦王自己的佩剑。姚贾向秦王辞行，遍访四国，不但瓦解了四国攻秦的谋略，阻止了四国攻秦的军队，而且分别跟四国缔结盟约，使之成为秦国的友邦。秦王非常高兴，封给他一千户城邑，任命他为上卿。

韩非知道这件事以后，说："姚贾拿着珍珠重宝，出使南方，在吴、楚一带活动，出使北方，在燕、代之间的游说，总共花费了三年之久的时间，然而四国的盟约却未必可靠，我国府库中的珍宝却被用尽。由此看来，姚贾在利用王权

自交于诸侯，愿王察之。且梁监门子，尝盗于梁，臣于赵而逐。取世监门子，梁之大盗，赵之逐臣，与同知社稷之计，非所以厉群臣也。"

王召姚贾而问曰："吾闻子以寡人财交于诸侯，有诸？"对曰："有。"王曰："有何面目复见寡人？"对曰："曾参孝其亲，天下愿以为子；子胥忠于君，天下愿以为臣；贞女工巧，天下愿以为妃。今贾忠王而王不知也。贾不归四国，尚焉之？使贾不忠于君，四国之王尚焉用贾之身？桀听谗而诛其良将，纣闻谗而杀其忠臣，至身死国亡。今王听谗，则无忠臣矣。"

王曰："子监门子，

和国宝，在国外私自结交诸侯，希望大王明察。况且姚贾是魏都大梁一个守门兵的儿子，曾经在魏国做过强盗，后来在赵国做官不力而被放逐。大王重用这样一个在魏国当过强盗、被赵国驱逐的看门卒的儿子，让他担任外交使臣，跟他谋商国家大事，绝对不是鼓励群臣的上策。"

于是秦王召见姚贾，问道："寡人听说贤卿用寡人的珍宝私交诸侯，到底有没有这回事呢？"姚贾回答说："有的啊！"秦王政又问："你既然做出这种事，那你还有什么脸见寡人？"姚贾回答说："曾参孝顺父母，因而全天下的父母都愿意曾参这样的人做自己的儿子；伍子胥忠于君主，因而全天下的君主都愿意伍子胥这样的人做自己的臣子；贞女手巧，因而全天下的丈夫都愿意贞女这样的人做自己的妻子。现在臣虽然忠于大王，可是大王并不了解。假如我不让四国归服秦王，还能让他们归服谁呢？假如臣不忠于大王，那四国的君主又怎么会重用臣呢？以前夏桀王听信谗言而杀死良将关龙逄，殷纣王听信谗言而杀死忠臣比干，到最后桀、纣都惨遭身死国亡的命运。假如大王现在也听信谗言，那大王就不会有忠臣效力了。"

秦王政说："你只不过是魏都大梁看

梁之大盗，赵之逐臣。"
姚贾曰："太公望，齐
之逐夫，朝歌之废屠，
子良之逐臣，棘津之雠
不庸，文王用之而王。
管仲，其鄙人之贾人也，
南阳之弊幽，鲁之免囚，
桓公用之而伯。百里奚，
虞之乞人，传卖以五羊
之皮，穆公相之而朝西
戎。文公用中山盗，而
胜于城濮。此四士者，
皆有诟丑，大诽天下，
明主用之，知其可与立
功。使若卞随、务光、
申屠狄，人主岂得其用
哉！故明主不取其汙，
不听其非，察其为己用。
故可以存社稷者，虽有
外诽者不听；虽有高世
之名，无咫尺之功者不
赏。是以群臣莫敢以虚
愿望于上。"

门卒的儿子，而且在魏国当过强盗，同时又是被赵国驱逐出境的罪臣。"姚贾回答说："姜太公就是一个被老妻赶出家门的齐国人，他在朝歌那个地方以卖肉为生，由于肉臭而卖不掉，并且是被子良驱逐出境的无用之臣，后来在棘津想做零工都没人要，可是周文王重用他以后，到武王时代缔造了周朝的基业，使武王成为号令全国的天子。管仲只不过是鄙人地方的一个俗商，在南阳穷途潦倒，同时在鲁国犯过被处死刑的重罪，但是齐桓公重用他以后，竟使齐国称霸诸侯。还有百里奚，他当初只不过是虞国的乞丐，一个只用五张羊的毛皮就能赎买的人，可是秦穆公任他为宰相以后，竟使秦国富强而称霸西戎。晋文公仰仗中山的盗贼，在魏邑城濮大败楚成王之军。这四位贤臣，出身都很卑贱，而且都身负罪名，受到天下的人轻视，可是明君重用他们，知道他们能为国家建立不朽的业绩。假如臣模仿卞随、务光、申屠狄等处士，那么人君又怎么能得到臣效命的机会啊！由此看来，明君并不计较臣子出身卑贱，也不计较他们以前的罪过，只是明察他们的才能，并重用他们，为自己效力。所以能够开创国家千年不朽基业的人，即使遇到外来的谗言也不听，即使某人的名声响遍天下，没

有功劳也不奖赏他。这样，群臣就不敢
对大王有不合理的奢望了。"

秦王曰："然。"
乃可复使姚贾而诛韩非。

秦王说："你的这番话很有道理。"
于是再度重用姚贾，而把进谗言的韩非
处死。

第八篇 齐策一

第三章 靖郭君将城薛

靖郭君将城薛，客多以谏。靖郭君谓谒者，无为客通。齐人有请者曰："臣请三言而已矣！益一言，臣请烹。"靖郭君因见之。客趋而进曰："海大鱼。"因反走。君曰："客有于此。"客曰："鄙臣不敢以死为戏。"君曰："亡，更言之。"对曰："君不闻大鱼乎？网不能止，钩不能牵，荡而失水，则蝼蚁得意焉。今夫齐，亦君之水也，君长有齐阴，奚以薛为？夫齐，虽隆薛之城到于天，犹之无益也。"君曰："善。"乃辍城薛。

靖郭君田婴将要兴建薛邑的城墙，很多宾客都谏阻他。田婴告诉那些人，凡为此事要求见他的，一概不许通报。齐国有一个求见的人对传达人说："臣拜见靖郭君时只说三个字而已！假如多说一个字，臣甘愿接受烹杀之刑。"于是田婴就接见了这个客人。客人快步走到田婴面前说："海大鱼。"说完转身就往回走。田婴赶紧制止说："请客人不要走，看样子你还有话要说。"客人回答说："小臣绝对不敢拿自己生命为儿戏。"田婴说："我不会处你死刑，请你尽管放心说吧。"客人回答说："难道阁下没听说过大鱼吗？渔网不能够抓它，鱼钩不能够钓它，可是一旦自己不小心离开了深水而搁浅在海滩上，连蛄蝼蚂蚁都敢欺负它。如今的齐国就是阁下的大海，只要阁下能永远保有齐国，那还要薛邑干什么呢？反之，假如阁下失去齐国的庇护，

即使阁下把薛邑的城墙修得高耸云霄，
对阁下的安全也毫无作用。"田婴说："对
啊。"于是田婴停止在薛地兴建城墙。

第五章 靖郭君善齐貌辨

靖郭君善齐貌辨。齐貌辨之为人也多疵，门人弗说。士尉以证靖郭君，靖郭君不听，士尉辞而去。孟尝君又窃以谏，靖郭君大怒曰："刬而类，破吾家。苟可慊齐貌辨者，吾无辞为之。"于是舍之上舍，令长子御，旦暮进食。

数年，威王薨，宣王立。靖郭君之交，大不善于宣王，辞而之薛，与齐貌辨俱留。无几何，齐貌辨辞而行，请见宣王。靖郭君曰："王之不说婴甚，公往必得死焉。"齐貌辨曰："固不求生也，请必行。"靖郭君不能止。

齐貌辨行至齐，宣王闻之，藏怒以待之。

靖郭君田婴对齐貌辨很好。可是齐貌辨为人常常不拘小节，因此门客们都讨厌他。有个叫士尉的人曾为此去劝说靖郭君，靖郭君没有接受，士尉便拂袖而去。这时孟尝君田文也在暗中劝谏田婴驱逐齐貌辨，不料田婴却大发脾气，说："即使将来有人铲除我们这个家族，捣毁我们这片家业，只要能对齐貌辨有好处，我也在所不惜！"于是田婴给齐貌辨上等的客舍住，并且派长子去赶车，朝夕侍候不懈。

几年以后，齐威王驾崩，由田婴的异母兄宣王即位。田婴跟宣王合不来，就离开首都到自己的封土薛地，齐貌辨也跟他一同到了薛城。没多久，齐貌辨决定辞别田婴，回国都去晋见宣王。田婴说："君王很讨厌我田婴，你此去岂不是找死！"齐貌辨说："臣根本就不想活了，所以臣一定要去。"田婴也无法阻止。

齐貌辨到了齐国首都临淄，宣王知道他来了，满心怒气地等着他。齐貌辨

齐貌辨见宣王，王曰："子，靖郭君之所听爱夫！"齐貌辨曰："爱则有之，听则无有。王之方为太子之时，辨谓靖郭君曰：'太子相不仁，过颐豕视，若是者信反。不若废太子，更立卫姬婴儿郊师。'靖郭君泣而曰：'不可，吾不忍也。'若听辨而为之，必无今日之患也。此为一。至于薛，昭阳请以数倍之地易薛，辨又曰：'必听之。'靖郭君曰：'受薛于先王，虽恶于后王，吾独谓先王何乎！且先王之庙在薛，吾岂可以先王之庙与楚乎！'又不肯听辨。此为二。"宣王大息，动于颜色，曰："靖郭君之于寡人一至此乎！寡人少，殊不知此。客肯为寡人来靖郭君乎？"齐貌辨对曰："敬诺。"

靖郭君衣威王之衣，冠舞其剑，宣王自迎靖

拜见宣王时，宣王问他："你是靖郭君手下的宠臣，靖郭君是不是一切都听你的呢？"齐貌辨回答说："臣是靖郭君的宠臣并不错，要说什么都听臣的那倒未必。例如当君王还是太子时，臣曾对靖郭君说：'太子长着一副不仁的相貌，他的下巴太大，看起来好像一只猪，这种人当国王，施政必然违背正道。所以不如把太子废掉，改立卫姬之子郊师为太子。'可是靖郭君竟然哭着对臣说：'不可以这样做，因为我不忍心这样做。'如果靖郭君一切都听臣的话，那么他也不会遭受今天这样的迫害了，此其一。当靖郭君到了薛邑，楚相昭阳要用几倍的土地来换薛邑，那时臣又建议靖郭君说：'贤公接受这个条件一定有好处。'不料靖郭君却反驳臣说：'薛邑是先王封给我的，现在我虽然得罪了后王，但怎么对得起先王呢？况且先王的灵庙就在薛邑，我又怎好把先王的灵庙给楚国呢？'结果又没有听臣的建议，此其二。"齐宣王听了这些话之后，极受感动，叹了口气，很认真地说："靖郭君对寡人竟如此宽厚！只因寡人年龄小，一向没注意到这些。贤卿可否为寡人把靖郭君请来呢？"齐貌辨回答说："好的。"

于是靖郭君穿戴上齐威王时的衣冠，再佩戴当年威王赐给他的剑回到齐

郭君于郊，望之而泣。靖郭君至，因请相之。靖郭君辞，不得已而受。七日，谢病强辞。靖郭君辞不得，三日而听。

当是时，靖郭君可谓能自知人矣！能自知人，故人非之不为沮。此齐貌辨之所以外生乐患趣难者也。

都临淄，宣王亲自到郊外迎接他，兄弟俩抱头痛哭。靖郭君进宫以后，宣王就请他出任宰相。靖郭君坚持不受任，最后在不得已的情形下才接受相印。可是仅仅过了七天，靖郭君就称病请辞，但是宣王不接受他的辞呈，每三天就向他请教一次。

到这时候，才明白靖郭君最能了解别人了！因为自己能了解别人，所以即使有人非议这个有才能的人，也不会受他人言论的左右。这也就是齐貌辨愿意为他舍身赴难的原因所在。

第八章 成侯邹忌为齐相

成侯邹忌为齐相，田忌为将，不相说。公孙闬（hàn）谓邹忌曰："公何不为王谋伐魏？胜，则是君之谋也，君可以有功；战不胜，田忌不进，战而不死，曲挠而诛。"邹忌以为然，乃说王而使田忌伐魏。

田忌三战三胜，邹忌以告公孙闬，公孙闬乃使人操十金而往卜于市，曰："我田忌之人也，吾三战而三胜，声威天下，欲为大事，亦吉否？"卜者出，因令人捕为人卜者，亦验其辞于王前。田忌遂走。

成侯邹忌担任齐国相国时，田忌是将军，两人合不来。公孙闬对邹忌说："贤公为什么不为君王计划攻打魏国呢？假如能一战而胜，那贤公就有谋划之功；假如一战而败，那可以说是因为田忌不肯效死奋战，君王就能用'按兵不动'的罪名把他处死。"邹忌认为公孙闬的话很对，于是就建议齐威王派田忌讨伐魏国。

结果田忌三战三胜，邹忌把此事告诉公孙闬，公孙闬就派人拿了二百两金币到城里去问卜，说："我是田忌将军手下人，田将军已经三战三胜，声势显赫，现在想做一件立国大事，不知是否也能顺利完成。"来占卜的人刚走到外面，公孙闬就派人逮捕了他，占卜的人也在大王面前供认不讳。田忌知道这件事后，不得不逃亡他国。

第十二章 邹忌修八尺有余

邹忌修八尺有余，身体昳丽。朝服衣冠窥镜，谓其妻曰："我孰与城北徐公美？"其妻曰："君美甚，徐公何能及公也！"城北徐公，齐国之美丽者也。忌不自信，而复问其妾曰："吾孰与徐公美？"妾曰："徐公何能及君也！"旦日，客从外来，与坐谈，问之客曰："吾与徐公孰美？"客曰："徐公不若君之美也！"

明日，徐公来。孰视之，自以为不如；窥镜而自视，又弗如远甚。暮，寝而思之曰："吾妻之美我者，私我也；妾之美我者，畏我也；客之美我者，欲有求于我也。"

于是入朝见威王曰：

齐相邹忌身高八尺有余，是一位相貌奇伟英俊的美男子。有一天早晨，他穿戴好上朝的衣冠，一边照镜子一边对夫人说："你说我跟城北徐公相比，哪个长得英俊？"夫人回答说："当然是你长得英俊，徐公怎么能和你比！"邹忌说的城北的徐公，是齐国有名的美男子。邹忌不太相信妻子的话，于是又去问自己的妾："我跟徐公谁长得英俊？"妾回答说："徐公无法与您相比！"第二天早晨，有客来访，邹忌跟客人谈话时，又问客人说："我和徐公谁长得英俊？"客人回答说："徐公当然不如阁下英俊！"

第二天，徐公来到邹忌家。邹忌仔细看看徐公，认为自己并不如徐公英俊；再对着镜子仔细看看自己，还是觉得远不如徐公英俊。到了晚上，他躺在床上想，并且自言自语道："我妻子夸赞我英俊，是出于爱我；我的妾夸赞我英俊，是因为惧怕我；客人夸赞我英俊，是因为有求于我。"

于是邹忌在上朝时对齐威王说："臣

"臣诚知不如徐公美，臣之妻私臣，臣之妾畏臣，臣之客欲有求于臣，皆以美于徐公。今齐地方千里，百二十城，宫妇左右，莫不私王；朝廷之臣，莫不畏王；四境之内，莫不有求于王。由此观之，王之蔽甚矣！"王曰："善。"乃下令："群臣吏民，能面刺寡人之过者，受上赏；上书谏寡人者，受中赏；能谤议于市朝，闻寡人之耳者，受下赏。"

令初下，群臣进谏，门庭若市。数月之后，时时而间进。期年之后，虽欲言，无可进者。燕、赵、韩、魏闻之，皆朝于齐。此所谓战胜于朝廷。

确实知道自己远不如徐公英俊，但是臣的妻子爱臣，臣的妾怕臣，臣的客人有所求于臣，于是他们就都夸赞臣比徐公英俊。如今齐国地方千里，是有一百二十个城邑的大国，宫妃嫔娥，没有一个不爱君王；朝廷群臣呢，没有一个不畏惧君王；四方疆界内的百姓，没有一个不对大王有所求。由此可见，君王被人蒙蔽得一定很厉害！"齐威王说："贤卿的话很有道理。"于是齐威王立刻颁布诏令："从今以后，凡是齐国臣民，能够当面指出寡人过错的，可接受'上赏'；凡是上书直谏寡人过错的，可接受'中赏'；凡是能在街头巷尾批评寡人过错的，可接受'下赏'。"

这道诏令刚一公布，群臣就争相谏诤，王宫门庭若市。几个月以后，还经常有人向朝廷进言。满一年以后，想要进言的人已无言可进，因为所有的意见都已献给朝廷。燕、赵、韩、魏等国听到这个消息，都纷纷派使臣到齐国来朝贡。这就是所谓"在朝廷内战胜敌国"。

第十三章 秦假道韩，魏以攻齐

秦假道韩、魏以攻齐，齐威王使章子将而应之。与秦交合而舍，使者数相往来，章子为变其徽章，以杂秦军。候者言章子以齐入秦，威王不应。顷之间，候者复言章子以齐兵降秦，威王不应。而此者三。有司请曰："言章子之败者，异人而同辞。王何不发将而击之？"王曰："此不叛寡人明矣，曷为击之！"

顷间，言齐兵大胜，秦军大败，于是秦王拜西藩之臣而谢于齐。左右曰："何以知之？"曰："章子之母启得罪其父，其父杀之而埋马栈之下。吾使者章子将也，勉之曰：'夫子之强，全兵而还，必更葬将军之母。'

秦军要借道韩、魏两国去攻打齐国，齐威王派章子为将应战。章子与秦军对阵，军使来往频繁，章子把军旗换成秦军的样子，然后派部分将士混入秦军。这时齐国的探兵回报齐王，说章子率齐军投降秦国，齐威王听了之后没什么反应。不一会儿，一个探兵又来报告，说章子已经率齐军投降秦国了，可是齐威王仍然没有什么反应。如此经过几次报告。一个朝臣请求威王，说："都说章子打了败仗，报告的人虽然不同，可是内容却相同，君王为何不遣将发兵攻打呢？"齐威王回答说："章子绝对不会背叛寡人，为什么要派兵去攻打他呢？"

就在这个期间传来捷报，说齐军大获全胜，秦兵大败溃退，于是秦惠王只好自称西藩之臣，而派特使向齐国谢罪请和。齐威王的左右侍臣说："大王怎么知道章子绝对不会投降秦国呢？"齐威王说："因为章子的母亲启得罪了他父亲，就被他父亲杀死而埋在马栈下面。寡人任命章子为将军时，曾勉励他说：'先生的能力很强，过几天率领全部

对曰：'臣非不能更葬先母也。臣之母启得罪臣之父。臣之父未教而死。夫不得父之教而更葬母，是欺死父也。故不敢。'夫为人子而不欺死父，岂为人臣欺生君哉？"

军队回来时，一定要改葬将军的母亲。'当时章子回答说：'臣并非不能改葬先母，只因臣的先母得罪了臣的先父，而臣的先父不允许臣改葬。假如臣得不到父亲的允许而改葬母亲，那便等于背弃了亡父的在天之灵。所以，臣才不敢为亡母改葬。'由此可见，作为人子，章子竟不敢欺瞒他死去的父亲，难道作为人臣，他会欺瞒活着的君主吗？"

第十六章 苏秦为赵合从说齐宣王

苏秦为赵合从，说齐宣王曰："齐南有太山，东有琅邪，西有清河，北有渤海，此所谓四塞之国也。齐地方二千里，带甲数十万，粟如丘山。齐车之良，五家之兵，疾如锥矢，战如雷电，解如风雨，即有军役，未尝倍太山、绝清河、涉渤海也。临淄之中七万户，臣窃度之，下户三男子，三七二十一万，不待发于远县，而临淄之卒固以二十一万矣。临淄甚富而实，其民无不吹竽、鼓瑟、击筑、弹琴、斗鸡、走犬、六博、蹴踘者；临淄之途，车毂击，人肩摩，连衽成帷，举袂成幕，挥汗成雨；家敦而富，志高而扬。夫以

苏秦为了赵国合纵的事去游说齐宣王，他说："齐国南有泰山，东有琅邪山，西有清河，北有渤海，这就是所谓四面都有要塞的金城汤池之国。齐国土地方圆二千里，将士有几十万，军粮堆积如山。齐国的战车精良，又有五国军队的支援，集结时会像飞箭一般快速，作战时会像闪电一般凶猛，解散时像风停雨止一样迅捷，即使发生对外战争，齐军也从来没有越过泰山、渡过清河、跨过渤海。首都临淄有七万户人家，臣私下估计，平均每户有三名壮丁，三七就是二十一万人，根本不必征调远方的兵力，光是临淄一城就可以组成二十一万大军。临淄人民富庶、殷实，生活讲究，平常人都会吹竽、鼓瑟、击筑、弹琴、斗鸡、赛狗、赌博、踢球；临淄的街道上车水马龙，车轴相接，人肩膀和肩膀相擦，把衣襟连起来可以做成帷帐，把衣袖举起来可以做成慢幕，擦一把汗可以形成一场雨；临淄家家户户的生活都非常富裕，每个人的志气都极为高昂。凭大王的贤明和齐国的富强，天下诸侯都不敢

大王之贤与齐之强，天下不能当。今乃西面事秦，窃为大王羞之。

"且夫韩、魏之所以畏秦者，以与秦接界也。兵出而相当，不至十日，而战胜存亡之机决矣。韩、魏战而胜秦，则兵半折，四境不守；战而不胜，以亡随其后。是故韩、魏之所以重与秦战而轻为之臣也。

"今秦攻齐则不然，倍韩、魏之地，至闱阳晋之道，径亢父之险，车不得方轨，马不得并行，百人守险，千人不能过也。秦虽欲深入，则狼顾，恐韩、魏之议其后也。是故恫疑虚猲，高跃而不敢进，则秦不能害齐，亦已明矣。夫不深料秦之不奈我何也，而欲西面事秦，是群臣之计过也。今无臣事秦之名，而有强国之实，臣固愿大王之少留计。"

跟齐国对抗。不料如今齐国竟然往西去做秦国的附庸，臣在私下实在为大王感到羞愧。

"况且韩、魏两国之所以畏惧秦国，是因为跟秦国搭界的缘故。秦国出兵攻打韩、魏两国，不到十天就可以决定胜败存亡的命运。即便韩、魏两国能够战胜秦国，韩、魏两国的军队也必然要损失大半，四面的边境就无法防守；假如韩、魏两国一战而败，那接踵而来的就是灭亡。所以韩、魏两国才不敢轻易向秦国挑战，只好忍气吞声当秦国的附庸国。

"现在秦国如果攻打齐国，情形就有所不同，因为在秦国的背后有韩、魏两国扯秦国的后腿，同时秦军必须经过卫地阳晋的要道和亢父的险阻，在那里车马都不能并行，只要有一百个人守住天险，即使一千人也无法通过。秦国虽然想发兵深入，却又必须顾及后方，唯恐韩、魏两国扯秦军的后腿。所以秦兵只是虚张声势威胁韩、魏两国，实际上却犹疑不定，不敢进攻，可见秦国不能攻伐齐国是很明显的。大王不仔细估量秦国并不敢对齐国如何，反倒想要往西给秦国当附庸国，这是群臣在计谋上的错误。现在齐国并无臣事秦国的名分，反而具有强国的实力，臣希望大王多加考虑。"

齐王曰："寡人不敏，今主君以赵王之教诏之，敬奉社稷以从。"

齐宣王回答说："寡人不太聪明，如今贤卿既然用赵王的话来指教寡人，寡人愿以齐国全国听从您的指挥。"

第十七章 张仪为秦连横齐王

张仪为秦连横齐王曰："天下强国无过齐者，大臣父兄殷众富乐，无过齐者。然而为大王计者，皆为一时说而不顾万世之利。从人说大王者，必谓齐西有强赵，南有韩、魏，负海之国也，地广人众，兵强士勇，虽有百秦，将无奈我何！大王览其说，而不察其至实。

"夫从人朋党比周，莫不以从为可。臣闻之，齐与鲁三战而鲁三胜，国已危，亡随其后，虽有胜名而有亡之实，是何故也？齐大而鲁小。今赵之与秦也，犹齐之于鲁也。秦、赵战于河漳之上，再战而再胜秦；战于番吾之下，再战而

张仪为秦国的连横政策而去游说齐宣王，说："天下的强国没有超过齐国的，朝野上下的大臣及家族都富足安乐，在这一点上，也没有哪个国家能比得上齐国。可惜为大王谋划的人，都是为一时的安定而空谈理论，并不能为万世长治久安的政策作打算。那些主张合纵的人，必然向大王说齐国西面有强大的赵国，南面有韩、魏两国，东面濒临大海，土地广阔，人民众多，兵强马壮，士兵勇敢，即使有一百个秦国，也对齐国无可奈何！大王只接受了他们的游说，却没有考虑到这些话是否实在。

"主张合纵的人都互相结党，认为合纵政策很好。据臣所知：齐国和鲁国交战三次，每次都是鲁国胜利，可是鲁国却因为获胜而衰微，最后竟因此而亡国。虽然有胜利的虚名，实际上却陷于危亡的命运，这是什么道理呢？因为齐国大而鲁国小。现在赵国和秦国相比，就如同齐国和鲁国一样。秦、赵两国战于漳水之上，赵国两次交战，两次打败秦军；他们在赵邑番吾山下作战，又是

再胜秦。四战之后，赵亡卒数十万，邯郸仅存。虽有胜秦之名，而国破矣！是何故也？秦强而赵弱也。今秦、楚嫁子取妇，为昆弟之国；韩献宜阳，魏效河外，赵入朝黾池，割河间以事秦。大王不事秦，秦驱韩、魏攻齐之南地，悉赵涉河关，指博关，临淄、即墨非王之有也。国一日被攻，虽欲事秦，不可得也。是故愿大王熟计之。"

齐王曰："齐僻陋隐居，托于东海之上，未尝闻社稷之长利。今大客幸而教之，请奉社稷以事秦。"献鱼盐之地三百于秦也。

两次都打败了秦军。但四次战争以后，赵国损失几十万大军，仅仅剩下一个首都邯郸。赵国虽然有战胜秦国的虚名，却因此而衰弱，这是什么缘故呢？还是秦国强大而赵国弱小啊。如今秦、楚两国互通婚姻，结为兄弟之邦；韩国献宜阳给秦国，魏国献河外给秦国，而赵国更到秦邑渑池向秦王朝贡，并且割让河间地方给秦国，纷纷成为秦国的附庸国。如果大王不臣事秦国，秦国就会驱使韩、魏两国攻打齐国的南部，还将征调全部赵国之兵渡过河关，长驱直入，向博关进攻，这样临淄、即墨就不是大王所有的了。如果齐国忽然有一天被攻破，那时即使想臣事秦国，也来不及了。因此希望大王慎重考虑。"

齐宣王说："齐国地方偏僻鄙陋，而且东临大海，还没考虑过社稷的长远计划。所幸现在有贵客前来指教，寡人愿意以国家社稷侍奉秦国。"于是齐国献给秦国出产鱼盐的土地三百里。

第九篇 齐策二

第三章 犀首以梁为齐战于承匡

犀首以梁为齐战于承匡而不胜。张仪谓梁王不用臣言以危国。梁王因相仪，仪以秦、梁之齐合横亲。犀首欲败，谓卫君曰："衍非有怨于仪也，值所以为国者不同耳。君必解衍。"卫君为告仪，仪许诺，因与之参坐于卫君之前。犀首跪行，为仪千秋之祝。明日张子行，犀首送之至于齐疆。齐王闻之，怒于仪，曰："衍也吾仇，而仪与之俱，是必与衍鬻吾国矣。"遂不听。

犀首率领魏军跟齐军在承匡开战，然而未能取胜。张仪对梁王说，如果不采纳他的进言，国家将会遭遇危险。于是梁王任命张仪为相国，张仪以秦、魏两国的名义到齐国组织连横之约。犀首想破坏这件事，就对卫君说："臣并非跟张仪有私怨，只是治国方法各不相同而已。请君王务必为臣等进行调解。"卫君就把犀首的话转告张仪，张仪欣然表示愿意和犀首和解，于是跟犀首坐在卫君面前。可是犀首却跪在地上，向张仪称"千岁"祝贺。第二天，当张仪要走时，犀首一直送他到齐国边境。齐王听说后，对张仪大发雷霆，说："犀首是寡人的仇敌，如今你却和他狼狈为奸，两人一定会合谋出卖齐国。"从此以后就不再听信张仪的话了。

第四章 昭阳为楚伐魏

昭阳为楚伐魏，覆军杀将得八城，移兵而攻齐。陈轸为齐王使，见昭阳，再拜贺战胜，起而问："楚之法，覆军杀将，其官爵何也？"昭阳曰："官为上柱国，爵为上执珪（guī）。"陈轸曰："异贵于此者何也？"曰："唯令尹耳。"陈轸曰："令尹贵矣！王非置两令尹也，臣窃为公譬可也。楚有祠者，赐其舍人卮酒。舍人相谓曰：'数人饮之不足，一人饮之有余。请画地为蛇，先成者饮酒。'一人蛇先成，引酒且饮之，乃左手持卮，右手画蛇，曰：'吾能为之足。'未成，一人之蛇成，夺其卮曰：'蛇固无足，子安能为之足。'遂饮

昭阳率楚军攻打魏国，歼灭了敌军，杀死了敌将，攻下了魏国八座城邑，转兵去攻打齐国。陈轸作为齐王的使臣，前去拜见昭阳。陈轸再拜之后祝贺昭阳的战事胜利，又起立问昭阳："按照楚国法律，消灭敌军又杀死敌将，应该获得什么官爵的封赏？"昭阳回答说："赏赐上柱国的官职，封给上执珪的爵位。"陈轸说："除此之外，还有什么其他官爵比这更尊贵的吗？"昭阳回答说："那只有令尹了。"于是陈轸说："令尹的确是最尊贵的官位！但楚王却不可能有两个令尹，臣愿意为将军作一个比喻：楚国有个人祭完祖先后，想请他的门客喝一杯酒。门客们互相商议道：'这些酒给我们这几个喝不够，一个人喝又太多了。那就让我们在地下画一条蛇，谁先画成谁先喝。'有一个人先把蛇画好了，于是拿起酒就要喝，他左手端着酒杯，用右手继续画着，说：'我能给蛇画上脚。'还没等这个人把脚画成，另一个人也画好了一条蛇，并且从方才那个人手中夺过酒杯说：'蛇本来就没有脚，你怎么能

其酒。为蛇足者，终亡其酒。今君相楚而攻魏，破军杀将得八城，不弱兵，欲攻齐，齐畏公甚，公以是为名居足矣，官之上非可重也。战无不胜而不知止者，身且死，爵且后归，犹为蛇足也。"昭阳以为然，解军而去。

给它画脚呢？'于是这个人就喝下了这杯酒。画蛇添足的人最终失去了他的酒。现在将军辅佐楚国攻打魏国，消灭敌军，杀死敌将，占领了魏国的八个城邑，将士们不甚疲惫，将军想继续攻打齐国，齐国固然非常害怕将军，然而将军凭借这些足以扬名了，官位上已经不再有什么可加封的了。战无不胜却不懂得适可而止的人，将招来杀身之祸，该得的官爵死后才得到，那道理就像'画蛇添足'一般。"昭阳认为陈轸的话很有道理，于是撤军而去。

第七章 秦攻赵长平

秦攻赵长平，齐、楚救之。秦计曰："齐、楚救赵，亲，则将退兵；不亲，则且遂攻之。"

赵无以食，请粟于齐，而齐不听。苏秦谓齐王曰："不如听之以却秦兵，不听则秦兵不却，是秦之计中，而齐、燕之计过矣。且赵之于燕、齐，隐蔽也，齿之有唇也，唇亡则齿寒。今日亡赵，则明日及齐、楚矣。且夫救赵之务，宜若奉漏瓮，沃焦釜。夫救赵，高义也；却秦兵，显名也。义救亡赵，威却强秦兵，不务为此，而务爱粟，则为国计者过矣。"

秦兵攻打赵国的长平，齐、楚两国共同出兵救赵国。秦王推断说："现在齐、楚两国救援赵国，如果这两国和赵国精诚合作，我们就退兵；否则，我们就乘势攻下长平。"

赵军粮草不够，向齐国求援，但齐国不肯借。苏秦对齐王说："大王不如答应赵王的请求，以便由赵国击退秦兵；假如不肯借粮给赵王，那秦兵就不会被击退，这正好中了秦国的计谋，而齐、燕两国也失策了。况且赵国是燕、齐两国的屏障，彼此的关系如同牙齿和嘴唇一般，嘴唇如果丧失了，那牙齿就会感到寒冷。今天如果让秦国灭掉赵国，那明天就会轮到齐、燕两国灭亡了。况且救援赵国的事，如同用漏桶来救烧焦的锅一样紧急。何况救援赵国又是大义之举，而击退秦兵又足可名震诸侯，不把兵用到这方面，却偏爱惜少许米粮，这就是决策者的错误啊。"

第十篇 齐策三

第一章 楚王死

楚王死，太子在齐质。苏秦谓薛公曰：“君何不留楚太子，以市其下东国。”薛公曰：“不可。我留太子，郢中立王，然则是我抱空质而行不义于天下也。”苏秦曰：“不然。郢中立王，君因谓其新王曰：‘与我下东国，吾为王杀太子。不然，吾将与三国共立之。’然则下东国必可得也。”

苏秦之事，可以请行；可以令楚王亟入下东国；可以益割于楚；可以忠太子而使楚益入地；可以为楚王走太子；

楚怀王死的时候，楚太子正好在齐国当人质。苏秦对齐丞相薛公孟尝君田文说：“您为何不把楚太子扣留住，要求楚国割让东国之地呢？”孟尝君说：“我不能这样做。因为假如我扣留了楚太子，那鄢、郢就会另立他人为王，到那时我只不过是空有无用的人质，却留给天下不义之名。”苏秦说：“我的看法跟阁下不同。因为假如鄢、郢另立他人为王，阁下可对新主说：‘只要楚国能把下东国割让给齐国，那我就为大王杀死前太子。否则，我将联合秦、韩、魏三国拥立太子为楚王。’这样，齐国必然能得到楚国的下东国。”

关于苏秦的这项计策，可以自请前往楚国；可以催促楚王，赶紧割让下东国给齐国；可以再让楚国多割一些土地给齐国；可以忠于太子，使楚国再增加割让给齐国的土地；可以为楚王驱逐太

可以忠太子使之驱去；可以恶苏秦于薛公；可以为苏秦请封于楚；可以使说薛公以善苏子；可以使苏子自解于薛公。

苏秦谓薛公曰："臣闻谋泄者事无功，计不决者名不成。今君留太子者，以市下东国也。非驱得下东国者，则楚之计变，变则是君抱空质而负名于天下也。"薛公曰："善。为之奈何？"对曰："臣请为君之楚，使驱入下东国之地。楚得成，则君无败矣。"薛公曰："善。"因遣之。

谓楚王曰："齐欲奉太子而立之。臣观薛公之留太子者，以市下东国也。今王不驱入下东国，则太子且倍王之割而使齐奉己。"楚王曰："谨受命。"因献下东国。故曰可以使楚驱入地也。

谓薛公曰："楚之

子；可以忠于太子，让他离开齐国；可以劝孟尝君嫌恶苏秦；可以为苏秦向楚国请封；可以向孟尝君游说善待苏秦；可以让苏秦以自己的计谋和成效，解除孟尝君的嫌恶。

苏秦对孟尝君说："臣听说：计谋一旦泄露，事情就没有效果；遇事犹豫不决，名声就不会获得。现在阁下扣留楚太子，只是为了交换下东国。如果不赶紧得到下东国，那么楚国的政策就可能会有所变化。楚国的政策一旦有所变化，那阁下就真的是空抱人质而身负不义之名于天下了。"孟尝君说："是啊，那该怎么办才好呢？"苏秦回答说："臣愿意为贤公到楚国去交涉，使楚国赶快把下东国割让给齐国。假如楚国肯割让下东国，那么贤公就算成功了。"孟尝君说："好的。"于是派苏秦到楚国去。

苏秦到楚国对顷襄王说："齐国想拥立太子为王。据臣观察，孟尝君之所以扣留楚太子，完全是为了获得下东国。现在大王如果不赶紧把下东国割让给齐国，那么太子就会用比大王割给齐国更多的土地，去贿赂齐国，拥立自己为楚王。"顷襄王说："寡人愿意遵命照办。"于是把下东国割让给齐国。因此苏秦才说"可以使楚赶紧割让土地"。

苏秦又对孟尝君说："看楚国的样

势可多割也。"薛公曰：
"奈何？""请告太子
其故，使太子谒之君，
以忠太子，使楚王闻之，
可以益入地。"故曰可
以益割于楚。

　　谓太子曰："齐奉
太子而立之，楚王请割
地以留太子，齐少其地。
太子何不倍楚之割地而
资齐，齐必奉太子。"
太子曰："善。"倍楚
之割而延齐。楚王闻之
恐，益割地而献之，尚
恐事不成。故曰可以使
楚益入地也。

　　谓楚王曰："齐之
所以敢多割地者，挟太
子也。今已得地而求不
止者，以太子权王也。
故臣能去太子。太子去，
齐无辞，必不倍于王也。
王因驰强齐而为交，齐
辞，必听王。然则是王
去仇而得齐交也。"楚
王大悦，曰："请以国因。"
故曰可以为楚王使太子

子，还可以多割让一些土地。"孟尝君说：
"要怎样交涉呢？""由臣把内情告诉太
子，让太子来见贤公，以贤公忠于太子
为条件，让太子割更多的土地给齐国，
然后把这话传给楚王听，那楚王必然割
更多的土地给齐国。"所以说"可让楚
国割更多土地"。

　　苏秦对楚太子说："齐国准备拥立太
子为楚王，可是楚王割地贿赂齐国，目
的是让齐国扣留太子。然而对齐国而言，
楚王所割的土地太少。假如太子能加倍
割楚地给齐国，那齐国必然会拥立太子
为楚王。"楚太子说："好的。"于是加倍
割楚地给齐国，目的是极力拉拢齐国。
顷襄王听到这个消息后很恐惧，就割更
多的土地给齐国，还怕事情办不成。因
此才说"可以使楚王割更多的土地"。

　　苏秦又对顷襄王说："齐国之所以敢
要求楚国多割土地，主要是挟持楚太子
的缘故。如今齐国虽然已得到土地，但
是勒索仍然没有停止，那是因为齐国利
用楚太子威胁大王的缘故。臣原本可以
使太子离开齐国。假如太子离开齐国，
齐国就没有了勒索工具，必然不敢再加
倍向大王要土地。这时大王就乘机去跟
齐国建立友好关系，齐国必然接受大王
的要求。假如大王能这样，那就等于消
除了一个仇敌，换来一个盟邦齐国。"

亟去也。

谓太子曰："夫龅楚者王也，以空名市者太子也，齐未必信太子之言也，而楚功见矣。楚交成，太子必危矣。太子其图之。"太子曰："谨受命。"乃约车而暮去。故曰可以使太子急去也。

苏秦使人请薛公曰："夫劝留太子者苏秦也。苏秦非诚以为君也，且以便楚也。苏秦恐君之知之，故多割楚以灭迹也。今劝太子者又苏秦也，而君弗知，臣窃为君疑之。"薛公大怒于苏秦。故曰可使人恶苏秦于薛公也。

又使人谓楚王曰："夫使薛公留太子者苏秦也，奉王而代立楚太子者又苏秦也，割地固约者又苏秦也，忠王而

顷襄王听了这话很高兴，说："寡人愿率领全国臣民跟齐国修好，一切还请贤卿多多协助！"因此才说"可以为楚王使太子离开齐国"。

苏秦又对楚太子说："统治主宰楚国的是楚王，空具虚名的是太子，所以齐国未必相信太子的话，而楚王的话都能实现。假如齐、楚两国邦交成立，那太子就会陷入危险。希望太子赶紧图谋对策。"太子说："一切都愿意遵命照办。"于是苏秦准备车马，想立刻使楚太子离开齐国。因此才说"可以立刻使太子离开齐国"。

这时苏秦又派人对孟尝君说："劝您扣留太子的是苏秦。但他并不真是为您着想，也是为了楚国的利益。苏秦唯恐贤公识破，所以才多割楚地来掩灭罪恶的痕迹。现在劝太子离开齐国的也是苏秦，而这些您都不知道，臣心里都为您怀疑苏秦了。"孟尝君果然很生苏秦的气。所以说"可以使人劝薛公嫌恶苏秦"。

苏秦又派人对楚王说："让薛公扣留太子的是苏秦，奉王而代立楚太子的也是苏秦，割地加强盟约的又是苏秦，忠于大王而驱逐太子的还是苏秦。如今之所以有人对薛公说苏秦的坏话，就是因

走太子者又苏秦也。今人恶苏秦于薛公，以其为齐薄而为楚厚也。愿王之知之。"楚王曰："谨受命。"因封苏秦为武贞君。故曰可以为苏秦请封于楚也。

又使景鲤请薛公曰："君之所以重于天下者，以能得天下之士而有齐权也。今苏秦天下之辩士也，世与少有。君因不善苏秦，则是围塞天下士而不利说途也。夫不善君者且奉苏秦，而于君之事殆矣。今苏秦善于楚王，而君不蚤亲，则是身与楚为仇也。故君不如因而亲之，贵而重之，是君有楚也。"薛公因善苏秦。故曰可以为苏秦说薛公以善苏秦。

为苏秦对齐国刻薄，而对楚国厚道。但愿大王能多多留心这件事。"顷襄王说："寡人愿意遵照办理。"于是封苏秦为武贞君。因此才说"可为苏秦向楚国请封"。

接着，苏秦又派楚相景鲤对孟尝君说："贤公之所以能受天下人重视，是由于贤公拥有人才而又掌握齐国政权的缘故。如今苏秦是天下能说会道之人，世间少有这样的人才。如果贤公疏远苏秦，就等于堵塞了网罗天下人才的路，再也难以听到纵横家的言论了。万一贤公的政敌重用苏秦，到那时就会使贤公陷于危险境地。现在苏秦很得楚王信赖，如果贤公不及早结交苏秦，就等于要跟楚国结仇。所以贤公实在不如结交苏秦，重用他，给他以极高的职位，这样就等于和楚国结为盟邦了。"于是孟尝君和苏秦言归于好。因此才说"可以让薛公重用苏秦"。

第三章 孟尝君将入秦

孟尝君将入秦，止者千数而弗听。苏秦欲止之，孟尝曰："人事者，吾已尽知之矣；吾所未闻者，独鬼事耳。"苏秦曰："臣之来也，固不敢言人事也，固且以鬼事见君。"

孟尝君见之。谓孟尝君曰："今者臣来，过于淄上，有土偶人与桃梗相与语。桃梗谓土偶人曰：'子，西岸之土也，挺子以为人，至岁八月，降雨下，淄水至，则汝残矣。'土偶曰：'不然。吾西岸之土也，土则复西岸耳。今子，东国之桃梗也，刻削子以为人，降雨下，淄水至，流子而去，则子漂漂者将何如耳。'今秦四塞之国，譬若虎口，而君

孟尝君田文准备前往秦国，劝他不去的人成百上千，可是他都一概不听。苏秦也想劝阻他，孟尝君说："人间的事我全都已经懂了，我所没有听说过的，只有鬼神的事而已。"苏秦说："臣这次来见贤公，确实不敢谈人间的事，而是专门为讨论鬼的事求您接见。"

孟尝君接见了苏秦。苏秦对孟尝君说："这次臣来齐国途中，经过淄水时，看见一个泥偶和一个木偶在那儿谈话。木偶对泥偶说：'你是西岸的土做的，用土把你捏成一个人，到今年八月雨季时，淄水一上涨，您可就被冲坏了。'泥偶说：'你的话不对。我是西岸的土不错，但我冲坏后还是西岸的土。你是用东岸桃木所雕刻的木偶，就因为你是用木头雕刻的人，雨季一到，淄水一来，水就会把你冲走，到那时你将不知道漂泊到何处。'现在秦国是一个四面都有要塞的强国，恰如一个能生吃活人的虎口。贤公一旦进入虎口，臣就不知道贤公要从哪条路

入之，则臣不知君所出矣。"孟尝君乃止。

逃生了。"因此孟尝君就打消了西去秦国的念头。

第四章 孟尝君在薛

孟尝君在薛，荆人攻之。淳于髡（kūn）为齐使于荆，还反过薛。而孟尝令人体貌而亲郊迎之。谓淳于髡曰："荆人攻薛，夫子弗忧，文无以复侍矣。"淳于髡曰："敬闻命。"

至于齐，毕报。王曰："何见于荆？"对曰："荆甚固，而薛亦不量其力。"王曰："何谓也？"对曰："薛不量其力，而为先王立清庙。荆固而攻之，清庙必危。故曰薛不量力，而荆亦甚固。"齐王和其颜色曰："嘻！先君之庙在焉！"疾兴兵救之。

颠蹶之请，望拜之谒，虽得则薄矣。善说者，陈其势，言其方，人之急也，若自在隘窘之中，

孟尝君田文在他的封地薛时，楚国派兵来攻打薛邑。这时淳于髡为齐国出使楚国，回来经过薛地。孟尝君先派人以礼相迎，然后自己亲自去郊外迎接。他对淳于髡说："楚国人攻打薛邑，如果先生漠不关心，那我就不再尊重先生了。"淳于髡说："一切遵命。"

淳于髡回到齐国，把经过情形报告给了齐闵王。闵王问："贤卿在楚国有什么见闻？"淳于髡回答说："楚国人顽固不讲理，而薛邑也不自量力。"闵王问："此话怎讲？"淳于髡回答说："薛邑不自量力，为先王建立灵庙。楚国人不讲理，要发兵攻打薛邑，看来宗庙必然要陷于危险了。所以臣才说'薛邑不自量力，而楚人也太蛮横'。"闵王很和蔼地说："嘻！先王的灵庙是在薛邑啊！"于是赶紧派兵去救薛邑。

就算是孟尝君奔走劳碌地去求援，跪拜着诉苦，即使得到同情，也不会得到多少支持。而善于言谈的人，能够陈述形势，说明方略，对方听了以后，才

岂用强力哉!

会感到别人处境危急，这才能像解救自己的灾难困厄那样认真，所以事情哪是能用强力强求达成的呢!

第七章 孟尝君舍人有与君之夫人相爱者

孟尝君舍人有与君之夫人相爱者。或以问孟尝君曰："为君舍人而内与夫人相爱，亦甚不义矣，君其杀之。"君曰："睹貌而相悦者，人之情也，其错之勿言也。"

居期年，君召爱夫人者而谓之曰："子与文游久矣，大官未可得，小官公又弗欲。卫君与文布衣交，请具车马皮币，愿君以此从卫君游。"于卫甚重。

齐、卫之交恶，卫君甚欲约天下之兵以攻齐。是人谓卫君曰："孟尝君不知臣不肖，以臣欺君。且臣闻齐、卫先君，刑马压羊，盟曰：'齐、卫后世无相攻伐，有相攻伐者，令其命如此。'

在孟尝君田文的舍人中，有一个和他的夫人私下相好。有人把此事报告给他："在阁下的舍人中，竟然有人跟阁下的夫人私通，此人也太不够意思了，阁下应该把他杀掉。"孟尝君说："看见美女就爱，这是人之常情，不要再提这件事了。"

过了一年以后，孟尝君把和他夫人私通的人叫来说："先生和我田文已相交日久，我没有给你大官做，而小官你又不肯做。卫君是我尚未显贵时交的朋友，请准备车马皮币，希望先生带着这些东西去臣事卫君。"这个食客到了卫国以后，很受卫君的重视。

不久齐、卫两国邦交恶化，卫君很想联合天下诸侯，以便组成联军攻打齐国。这时孟尝君的那位舍人对卫君说："孟尝君不知道臣无能，而把臣推荐给君王。可是臣听说齐、卫两国上代的国君曾杀马宰羊，订定盟约，说：'齐、卫两国的后代不许彼此攻伐，假如有互相攻伐的人，就让他的命运像这被宰杀的

今君约天下之兵以攻齐，是足下倍先君盟约而欺孟尝君也。愿君勿以齐为心。君听臣则可；不听臣，若臣不肖也，臣辄以颈血湔足下衿。”卫君乃止。

齐人闻之曰：“孟尝君可语善为事矣，转祸为功。”

马羊一般。'如今君王正在召集天下的诸侯之兵攻打齐国，这是背离两国先王盟约的不孝行为，而且欺骗了孟尝君。但愿君王能打消攻伐齐国的念头。君王如果能听臣的话，那一切都没问题；如果不听臣的话，就是君王认为臣不肖，臣也要用自己的鲜血来溅污君王的王袍。”卫君听完，立刻终止了攻伐齐国的计划。

齐国人听到这件事后都说："孟尝君真是很会做人，因为他能够转祸为福。"

第八章 孟尝君有舍人而弗悦

孟尝君有舍人而弗悦，欲逐之。鲁连谓孟尝君曰："猿猕猴错木据水，则不若鱼鳖；历险乘危，则骐骥不如狐狸。曹沫之奋三尺之剑，一军不能当；使曹沫释其三尺之剑，而操铫耨与农夫居垅亩之中，则不若农夫。故物舍其所长，之其所短，尧亦有所不及矣。今使人而不能，则谓之不肖；教人而不能，则谓之拙。拙则罢之，不肖则弃之，使人有弃逐，不相与处，而来害相报者，岂非世之立教首也哉！"孟尝君曰："善！"乃弗逐。

孟尝君田文因为瞧不起他食客中的某人，所以想把他赶走。鲁仲连对他说："猿猴和猕猴离开树木，浮生水面，它们的动作没有鱼鳖那样灵敏；要说经过险阻攀登危岩，良马也赶不上狐狸。曹沫手提三尺长剑，万夫都难以抵挡；假如叫曹沫丢下他的三尺长剑，改拿耕田的家具，和农夫一样在田里工作，那他比不上农夫。由此可见，一个人如果舍弃他的长处，改而使用他的短处，即使是尧舜也有做不到的事。现在让人干他不会干的，而说他无才；教人做他做不了的，而说他笨拙。笨拙就斥退他，无才就遗弃他，假使人人驱逐不能共处的人，将来那些被放逐的人必然逃往国外，并且会谋害我们，以报往日的怨恨，这难道不是为后事开了一个坏头吗？"孟尝君说："先生的话很有道理！"于是决定不赶走这个食客。

第九章 孟尝君出行国至楚

孟尝君出行国，至楚，献象床。郢之登徒，直使送之，不欲行。见孟尝君门人公孙戍曰："臣，郢之登徒也，直送象床。象床之直千金，伤此若发漂，卖妻子不足偿之。足下能使仆无行，先人有宝剑，愿得献之。"公孙曰："诺。"

入见孟尝君曰："君岂受楚象床哉？"孟尝君曰："然。"公孙戍曰："臣愿君勿受。"孟尝君曰："何哉？"公孙戍曰："小国所以皆致相印于君者，闻君于齐能振达贫穷，有存亡继绝之义。小国英桀之士，皆以国事累君，诚说君之义，慕君之廉也。今君到楚而受象床，所未

薛公孟尝君田文外出到各国巡视，当他到达楚国时，楚王决定送给他一张象牙床。楚王派郢都一个叫登徒的人去送床，可是登徒不愿意去。登徒去见孟尝君的门人公孙戍，说："我是郢人登徒，现在我被差遣送象牙床给薛公。可是象牙床价值千金，万一我不小心碰坏一点儿，即使卖掉妻子也赔不起。如果足下能不让我给薛公送象牙床，那我就把亡父留下来的宝剑献给先生。"公孙戍说："好的。"

于是公孙戍去见孟尝君，说："贤公难道想接受楚人赠送的一张象牙床吗？"孟尝君说："是的。"公孙戍说："臣希望贤公不要接受。"孟尝君问："这是什么呢？"公孙戍说："天下的小国之所以都争先送给贤公相印，是因为知道贤公在齐国有怜恤清贫的美德，有复兴中衰之国的义举。所以小国的英雄豪杰之士，都把国家的政务委托给贤公，这都是因为仰慕贤公的高德义行，以及贤公怜恤贫寒的清廉作风。现在贤公在楚国收受象牙床这样的重礼，那以后其他小

至之国，将何以待君？臣成愿君勿受。"孟尝君曰："诺。"

公孙戍趋而去。未出，至中闺，君召而返之，曰："子教文无受象床，甚善。今何举足之高，志之扬也？"公孙戍曰："臣有大喜三，重之宝剑一。"孟尝君曰："何谓也？"公孙戍曰："门下百数，莫敢入谏，臣独入谏，臣一喜；谏而得听，臣二喜；谏而止君之过，臣三喜。输象床，郢之登徒不欲行，许戍以先人之宝剑。"孟尝君曰："善，受之乎？"公孙戍曰："未敢。"曰："急受之。"因书门版曰："有能扬文之名，止文之过，私得宝于外者，疾入谏！"

国要赠送什么礼物给贤公呢？所以臣希望贤公千万不要接受。"孟尝君说："行。"

公孙戍说完就赶紧离开。可还没出屋，只走到角门，就被孟尝君叫回来，问："先生叫我不接受象牙床的重礼，这固然是一项很好的建议。但是先生今天为什么脚抬得这么高，如此乐不可支呢？"公孙戍说："因为臣除了有三件大喜事之外，还得到一把名贵的宝剑。"孟尝君问："你这话的意思是什么？"公孙戍说："贤公的门下有几百人，谁都不敢为这件事谏诤，唯独臣敢，这是臣的大喜事之一；谏诤而能蒙贤公采纳，这是臣的大喜事之二；谏诤能纠正贤公的过错，这是臣的大喜事之三。为楚国送象牙的郢人登徒，他不愿意做送床这件事，于是答应臣，事成之后送臣一把传家宝剑。"孟尝君说："很好，你接受了吗？"公孙戍说："还没敢接受。"孟尝君说："那赶紧收下。"因此，孟尝君在门口写了下面一段话："有能宣扬我的名声，或纠正我的过失的，即使私自在外面获得珍宝，也可以疾速进谏！"

第十章 淳于髡一日而见七人于宣王

淳于髡一日而见七人于宣王。王曰:"子来,寡人闻之,千里而一士,是比肩而立;百世而一圣,若随踵而至也。今子一朝而见七士,则士不亦众乎?"淳于髡曰:"不然。夫鸟同翼者而聚居,兽同足者而俱行。今求柴胡、桔梗于沮泽,则累世不得一焉。及之睪黍、梁父之阴,则郄车而载耳。夫物各有畴,今髡贤者之畴也。王求士于髡,譬若挹水于河,而取火于燧也。髡将复见之,岂特七士也?"

淳于髡一天之内就给齐宣王引见了七个人。宣王对淳于髡说:"贤卿过来,寡人听说,如果在千里之内得到一个贤士,那贤士犹如比肩而立;如果那在一百年之间有一个圣人出现,那圣人犹如接踵而至。现在贤卿竟在一天之内引见了七个士人,我看这贤士岂不是太多了吗?"淳于髡说:"君主的话不对。羽毛相同的飞鸟才落在一起居住,脚爪相同的野兽才在一起行走。在低洼地区找柴胡、桔梗,一辈子也找不到。可是到睪黍山、梁父山北面,就多得用车也运不完。由此可见,物以类聚,人以群分。现在臣属于贤人这一类,假如君王向我寻求士人,就等于是到河里去打水,或用木钻取火那样简单。臣将引见的士人,难道只有七位吗?"

第十一章 齐欲伐魏

齐欲伐魏。淳于髡谓齐王曰："韩子卢者，天下之疾犬也。东郭逡（qūn）者，海内之狡兔也。韩子卢逐东郭逡，环山者三，腾山者五，兔极于前，犬废于后，犬兔俱罢，各死其处。田父见之，无劳倦之苦，而擅其功。今齐、魏久相持，以顿其兵，弊其众，臣恐强秦大楚承其后，有田父之功。"齐王惧，谢将休士也。

齐国打算发兵攻打魏国。齐人淳于髡对齐王说："韩国的黑犬是天下跑得最快的狗，而东郭的狡兔是海内跑得最快的兔。有一天韩国的黑犬追逐东郭的狡兔，绕着山追了三圈，再朝山上腾空跳了五次，结果前面的兔子精疲力竭，后面的狗也累得要命，狗和兔都跑不动了，累死了。不久，狗和兔被一个农夫看到了，农夫没有费一点儿力气，就得到了兔和狗。现在如果齐、魏连军交战，两国军民必然都疲惫不堪，臣唯恐强大的秦、楚两国乘机发兵，到那时，齐、魏两国可能变成了狗、兔，而秦、楚两国就像农夫那样坐收其利。"齐王一听这话感到很恐惧，于是立刻下诏让已经征调的将士都回去。

第十二章 国子曰秦破马服君之师

国子曰："秦破马服君之师，围邯郸。齐、魏亦佐秦伐邯郸，齐取淄鼠，魏取伊是。公子无忌为天下循便计，杀晋鄙，率魏兵以救邯郸之围，使秦弗有而失天下。是齐入于魏而救邯郸之功也。安邑者，魏之柱国也；晋阳者，赵之柱国也；鄢郢者，楚之柱国也。故三国欲与秦壤界，秦伐魏取安邑，伐赵取晋阳，伐楚取鄢郢矣。福三国之君，兼二周之地，举韩氏取其地，且天下之半。今又劫赵、魏，疏中国，封卫之东野，兼魏之河南，绝赵之东阳，则赵、魏亦危矣。赵、魏危，则非齐之利也。韩、魏、赵、楚之志，恐秦兼天下而

齐国的大夫国子说："秦国打败马服君赵括的部队，又乘胜围困赵都邯郸。齐、魏两国也派兵帮助秦国攻打邯郸，齐军攻取赵邑淄鼠，而魏军则攻战赵邑伊是。魏公子无忌为天下诸侯采取临机应变之计，杀死魏将晋鄙，率领魏军去解邯郸之围，使秦军不能占领取胜，失去天下民心，这都是齐军倒戈响应魏军救邯郸的功劳。安邑是魏国的都城，晋阳是赵国的都城，鄢地和郢地是楚国的都城，三国本来都和秦国交界，秦国要是攻打魏国占领安邑，攻打赵国占领晋阳，攻打楚国占领鄢地、郢地，逼迫三国的君主，吞并东、西二周的土地，击败韩国而加以占领，到那时秦国将拥有天下的一半。现在秦国又劫掠赵、魏两国，分裂中原，封锁卫国的东野，兼并魏国的河南之地，孤立赵国的东阳，赵、魏两国十分危险。赵、魏两国一旦危险，对齐国绝对没有好处。韩、赵、楚、魏四国的意思，是恐怕秦国兼并天下，使他们的君主沦落为臣，所以才专心一致发兵抗拒秦国。赵、魏、楚三国和秦国交界，

臣其君，故专兵一志以逆秦。三国之于秦壤界而患急，齐不与秦壤界而患缓。是以天下之势，不得不事齐也。故秦得齐，则权重于中国；赵、魏、楚得齐，则足以敌秦。故秦、赵、魏得齐者重，失齐者轻。齐有此势，不能以重于天下者何也？其用者过也。"

因此外患的威胁很急迫；而齐国不和秦国交界，因此外患的威胁就比较缓和。所以从目前天下的形势看来，各国不得不仰仗齐国。如果秦国得到齐国的援助，那秦国在中原就有举足轻重的力量；如果赵、魏、楚三国得到齐国的援助，就足以和秦国抗衡。所以，秦、楚、赵、魏四国，谁得到齐国的援助，谁的势力就会增强，谁失去齐国的援助，谁的势力就会减弱。齐国有这种决定性的势力，却不受天下诸侯的重视，这是为什么呢？是我们的政策错了。"

第十一篇 齐策四

第一章 齐人有冯谖者

齐人有冯谖（xuān）者，贫乏不能自存，使人属孟尝君，愿寄食门下。孟尝君曰："客何好？"曰："客无好也。"曰："客何能？"曰："客无能也。"孟尝君笑而受之曰："诺。"左右以君贱之也，食以草具。

居有顷，倚柱弹其剑，歌曰："长铗归来乎！食无鱼。"左右以告。孟尝君曰："食之，比门下之客。"居有顷，复弹其铗，歌曰："长铗归来乎！出无车。"左右皆笑之，以告。孟尝君曰："为之驾，比门下之车客。"于是乘

齐国有一个名叫冯谖的人，家里穷得无法维持生活，不得已托人将自己介绍给孟尝君，到那里当一名食客。孟尝君问："客人有什么爱好吗？"冯谖回答说："没有什么爱好。"孟尝君又问："客人有什么才干吗？"冯谖回答说："没有什么才干。"孟尝君笑着接受他，说："行。"左右的人认为孟尝君看不起这个食客，就送粗茶淡饭给他吃。

过了一段时间，冯谖靠在柱子上，敲着剑唱道："长剑啊，咱们回去吧！因为我吃饭没有鱼肉佐餐。"左右的人把这话告诉孟尝君。孟尝君说："给他鱼肉吃，和中等门客相同。"过了一段时间，冯谖又敲起他的长剑唱道："长剑啊，咱们回去吧！因为我外出没有车子坐。"左右的人都笑他不知足，也把这话告诉孟尝君。孟尝君说："给他车坐，和门下有车的客人相同。"于是冯谖就坐上他

其车，揭其剑，过其友曰："孟尝君客我。"后有顷，复弹其剑铗，歌曰："长铗归来乎！无以为家。"左右皆恶之，以为贪而不知足。孟尝君问："冯公有亲乎？"对曰："有老母。"孟尝君使人给其食用，无使乏。于是冯谖不复歌。

后孟尝君出记，问门下诸客："谁习计会，能为文收责于薛者乎？"冯谖署曰："能。"孟尝君怪之，曰："此谁也？"左右曰："乃歌夫长铗归来者也。"孟尝笑曰："客果有能也，吾负之，未尝见也。"请而见之，谢曰："文倦于事，愦于忧，而性愞愚，沉于国家之事，开罪于先生。先生不羞，乃有意欲为收责于薛乎？"冯谖曰："愿之。"于是约车治装，载券契而行，辞曰："责毕收，

的车子，带上他的长剑去访问他的朋友，说："孟尝君优待我为上客。"后来又过了一段时间，冯谖再次敲起他的剑唱道："长剑啊，咱们回去吧！因为我不能养家。"左右的人都讨厌冯谖，认为他是一个贪得无厌、不知自爱的人。孟尝君却问："冯先生家里有些什么人呢？"冯谖说："家有老母。"孟尝君就派人给冯谖母亲送去衣食及生活费用，使他的老母不会感到生活穷困。从此以后，冯谖不再唱发牢骚的歌了。

后来孟尝君贴出一张告示，问门下食客："请问哪一位通晓簿计，能为我到薛地去讨债？"这时冯谖就在布告上写道："我通晓簿计。"孟尝君看了，很诧异地问："签名的是谁呢？"左右的人回答说："就是那个唱'长剑回去歌'的人。"孟尝君笑着说："这位冯先生果然心怀大才，我觉得对不起他，因为我还未曾接见过他。"于是就派人把冯谖请来，当面向他道歉说："我每天为事务奔忙，心力交瘁，忧思昏乱，再加上我生性愚笨懦弱，国家的政务又纠缠在身，以致怠慢了先生。所幸先生并不介意这些，先生愿意替我去薛地收债吗？"冯谖说："我愿意去。"于是孟尝君就给冯谖准备车子、服装，让他拿着所有债券和契约出发。辞行时，冯谖问孟尝君："臣为贤

以何市而反？"孟尝君曰："视吾家所寡有者。"

驱而之薛，使吏召诸民当偿者，悉来合券。券偏合，起矫命以责赐诸民，因烧其券，民称万岁。

长驱到齐，晨而求见。孟尝君怪其疾也，衣冠而见之，曰："责毕收乎？来何疾也！"曰："收毕矣。""以何市而反？"冯谖曰："君云'视吾家所寡有者'。臣窃计，君宫中积珍宝，狗马实外厩，美人充下陈。君家所寡有者以义耳！窃以为君市义。"孟尝君曰："市义奈何？"曰："今君有区区之薛，不拊爱子其民，因而贾（gǔ）利之。臣窃矫君命，以责赐诸民，因烧其券，民称万岁。乃臣所以为君市义也。"孟尝君不说，曰："诺，

公收完债后，要为贤公顺便带些什么东西回来呢？"孟尝君回答说："买些我家里所缺少的东西。"

于是，冯谖坐上车子，到达了薛地，让官吏把所有应当还债的百姓集合起来核对债券。债券对完之后，冯谖就假传孟尝君的命令，把要收的债款都赏给这些百姓，并且烧毁了所有的债券和契约，百姓都高兴得当场高呼"万岁"。

之后，冯谖坐车回到齐都临淄，一大早就去见孟尝君。孟尝君奇怪他回来得太快了，赶紧穿戴好衣冠接见冯谖，说："债都收完了吗？怎么这么快就回来了？"冯谖回答说："都收完了。""那你给我买什么东西回来了？"冯谖回答说："贤公曾对臣说'买些我家里缺少的东西'。因此臣私下考虑了很久，认为贤公宫中堆积有珍宝，外面又有很多骏马和名狗，美女住满了后宫。所以臣认为贤公家中所缺的就是'义'！臣为贤公买了一些'义'回来。"孟尝君问："怎么买'义'呢？"冯谖回答说："现在贤公只有这小小的一块薛地，不但不爱护薛地的百姓，反倒像商人一样向他们谋取利益。因此，臣才私自假传贤公的命令，把所有债款都赏给那些人，并当场烧毁了所有债券，百姓莫不高兴得高呼'万岁'。这就是臣为贤公所买的'义'。"

先生休矣！"

后期年，齐王谓孟尝君曰："寡人不敢以先王之臣为臣。"孟尝君就国于薛，未至百里，民扶老携幼，迎君道中。孟尝君顾谓冯谖："先生所为文市义者，乃今日见之。"冯谖曰："狡兔有三窟，仅得免其死耳。今君有一窟，未得高枕而卧也。请为君复凿二窟。"孟尝君予车五十乘，金五百斤，西游于梁，谓惠王曰："齐放其大臣孟尝君于诸侯，诸侯先迎之者，富而兵强。"于是，梁王虚上位，以故相为上将军，遣使者，黄金千斤，车百乘，往聘孟尝君。冯谖先驱诫孟尝君曰："千金，重币也；百乘，显使也。齐其闻之矣。"梁使三反，孟尝君固辞不往也。齐王闻之，君臣恐惧，遣太傅赍黄金千斤，文

孟尝君听了这话，很不高兴地说："我都知道了，先生去休息吧！"

过了一年以后，齐王对孟尝君说："寡人不敢用先王的臣子作臣子。"孟尝君不得已，只好回到自己的封地薛邑，还差一百里路，薛邑百姓就扶老携幼地来迎接他。他回过头来对冯谖说："先生以前所说的为我买的'义'，大概就是今天我见到的这种场面了吧。"冯谖说："狡猾的兔子有三个洞，但也只不过免得一死罢了。如今贤公才只有一个洞，还根本谈不上高枕无忧，所以请让臣再给贤公多挖两个洞。"于是孟尝君就给冯谖五十辆车子、五百两黄金，派他到西面的梁国去游说。冯谖对梁惠王说："齐王放逐他的大臣孟尝君到外地去，哪个诸侯先迎接孟尝君，就可以富国强兵。"于是，魏王留出相国的职位，把原来的相国调任为上将军，另派了一个使者带了一千斤黄金、一百辆兵车，到薛邑去聘请孟尝君。冯谖先赶回薛邑告诉孟尝君说："一千斤黄金是极重的聘礼，一百辆兵车是极显耀的使节，齐王应该听到这件事了。"魏国的使节往返了三次，孟尝君都坚决婉谢，不去魏国。齐王听到了这个消息以后，君臣都非常恐惧，就派太傅送黄金一千斤、四马花车两辆、佩剑一把，另外又附一封信向

车二驷，服剑一，封书谢孟尝君曰："寡人不祥，被于宗庙之祟，沉于谄谀之臣，开罪于君，寡人不足为也。愿君顾先王之宗庙，姑反国统万人乎？"冯谖诫孟尝君曰："愿请先王之祭器，立宗庙于薛。"庙成，还报孟尝君曰："三窟已就，君始高枕为乐矣。"

孟尝君为相数十年，无纤介之祸者，冯谖之计也。

孟尝君谢罪，说："都是寡人不好，大概是有宗庙的鬼神作祟，才糊涂听信谄媚阿谀之臣的话，以致得罪了贤公，寡人不会治理国家。希望贤公能顾念先王的宗庙，暂且回国辅佐寡人治理万民！"冯谖忠告孟尝君说："请贤公乘这个机会把先王的祭器移来，在薛邑建立宗庙。"薛邑的宗庙落成后，冯谖回来向孟尝君汇报说："贤公的三个洞，臣都已经替您挖好，从此贤公就可以高枕无忧地安享快乐了！"

之后，孟尝君做了几十年的丞相，一直平安无事，这都是仗着冯谖的计谋。

第二章 孟尝君为从

孟尝君为从。公孙弘谓孟尝君曰："君不以使人先观秦王？意者秦王帝王之主也，君恐不得为臣，奚暇从以难之？意者秦王不肖之主也，君从以难之，未晚。"孟尝君曰："善，愿因请公往矣。"

公孙弘敬诺，以车十乘之秦。昭王闻之，而欲愧之以辞。公孙弘见，昭王曰："薛公之地，大小几何？"公孙弘对曰："百里。"昭王笑而曰："寡人地数千里，犹未敢以有难也。今孟尝君之地方百里，而因欲难寡人，犹可乎？"公孙弘对曰："孟尝君好人，大王不好人。"昭王曰："孟尝之好人也，奚如？"

孟尝君田文准备建立合纵联盟对抗秦国。公孙弘对孟尝君说："贤公，为什么不派人先去观察一下秦王是什么样的人呢？也许秦王是一个能做帝王的君主，到那时贤公想要做秦王的臣子恐怕还来不及，怎么还有工夫组织合纵之约抗拒秦王呢？假如秦王无才无德，到那时贤公再组织合纵之约去抗击秦国，也不算晚啊。"孟尝君说："好的，请阁下替我前往秦国观察吧。"

公孙弘毕恭毕敬地领命之后，率领十辆兵车前往秦国。秦昭王听说以后，就想用言辞加以羞辱。公孙弘拜见秦昭王，秦昭王问他："薛公孟尝君的封地有多大？"公孙弘回答说："地方百里。"秦昭王笑着说："寡人的土地有几千里，都不敢谈对抗哪一国。如今孟尝君只有百里的弹丸之地，竟痴心妄想要对抗寡人，他做得到吗？"公孙弘回答说："孟尝君爱惜人才，而大王不爱惜人才。"秦昭王说："孟尝君是如何爱惜人才的呢？"公孙弘说："孟尝君主持正义，不越级臣事天子，不私自结交诸侯，得志

公孙弘曰："义不臣乎天子，不友乎诸侯，得志不惭为人主，不得志不肯为人臣，如此者三人；而治可为管、商之师，说义听行，能致其如此者五人；万乘之严主也，辱其使者，退而自刭，必以其血洿其衣，如臣者十人。"昭王笑而谢之，曰："客胡为若此，寡人直与客论耳！寡人善孟尝君，欲客之必谕寡人之志也！"公孙弘曰："敬诺。"

公孙弘可谓不侵矣。昭王，大国也。孟尝，千乘也。立千乘之义而不可陵，可谓足使矣。

以后不愧为一国之君，不得志也不肯屈膝做人家的臣子，像这样的人物有三位；治理天下可做管仲、商鞅的老师，听人陈述义理，接受就实行，能够做到这些的有五人；即使是拥有万辆兵车的威严君王，假如他敢侮辱使者，使者退下一步自刎，一定会用他的鲜血溅在君王的衣服上，像我这样的大臣一共有十人。"秦昭王笑了笑，道歉说："客人言重了，寡人只不过是和客人说说而已！寡人很喜欢孟尝君，因此也很想款待他，务必请客人把寡人的意思转达给他！"公孙弘说："一切遵命！"

公孙弘真算得上是不能随便侮辱的使节啊。秦昭王是万乘大国的君主，而孟尝君只不过是一个千乘小国的公卿。公孙弘发扬弱小一方的正气，不受人凌辱，可算尽力而为了。

第四章 孟尝君逐于齐而复反

孟尝君逐于齐而复反。谭拾子迎之于境，谓孟尝君曰："君得无有所怨齐士大夫？"孟尝君曰："有。""君满意杀之乎？"孟尝君曰："然。"谭拾子曰："事有必至，理有固然，君知之乎？"孟尝君曰："不知。"谭拾子曰："事之必至者，死也；理之固然者，富贵则就之，贫贱则去之。此事之必至，理之固然者。请以市谕。市，朝则满，夕则虚，非朝爱市而夕憎之也，求存故往，亡故去。愿君勿怨！"孟尝君乃取所怨五百牒削去之，不敢以为言。

孟尝君田文被齐国放逐以后又回到齐国。齐人谭拾子到国境去迎接时，对孟尝君说："贤公对齐国士大夫背叛贤公会怀恨在心吗？"孟尝君说："会的。"谭拾子说："您杀掉他们才满意吗？"孟尝君说："是的。"谭拾子说："事情有必然发生的因素，道理有固定不变的法则，贤公都知道吗？"孟尝君说："不知道。"谭拾子说："事情的必然发生因素就是'死'，道理的固定不变法则就是'富贵时就投靠你，贫贱时就离开你'，这就叫作'事情的必然发生、道理不变的法则'。现在我拿市场作比喻，为贤公解释一下：早市的时候，人潮涌动，可是到了晚上，就空荡无人，这并非因为人们早晨爱惜市场，而晚上却憎恨它，只是因为早上市场上有人们要买的东西，所以人们都在早晨到市场去，要买的东西到晚上就没了，所以就离开了。希望贤公不要怨恨这些人！"于是孟尝君拿出自己所怨恨的五百人的名单，把他们的名字一一用力从木板上削掉，从此再也没提起此事。

第五章 齐宣王见颜斶

齐宣王见颜斶（chù），曰："斶前！"斶亦曰："王前！"宣王不悦。左右曰："王，人君也。斶，人臣！王曰'斶前'，亦曰'王前'，可乎？"斶对曰："夫斶前为慕势，王前为趋士。与使斶为趋势，不如使王为趋士。"王忿然作色曰："王者贵乎？士贵乎？"对曰："士贵耳，王者不贵。"王曰："有说乎？"斶曰："有。昔者秦攻齐，令曰：'有敢去柳下季垄五十步而樵采者，死不赦。'令曰：'有能得齐王头者，封万户侯，赐金千镒。'由是观之，生王之头，曾不若死士之垄也。"宣王默默不悦。

齐宣王召见颜斶，说："颜斶，你到前面来！"颜斶也对齐宣王说："国王，你到前面来！"齐宣王听了这话很不高兴。左右侍臣警告颜斶："国王身为君主，你颜斶只是人臣。国王可以对你说'颜斶，你到前面来'，但是你也对国王说'国王，你到前面来'，这可以吗？"颜斶回答说："我颜斶到国王前面来有贪慕权势的嫌疑，国王到我前面来却是表示谦恭下士。与其让我贪慕权势，还不如让国王谦恭下士。"齐宣王一听这话，就声色俱厉地说："君王尊贵呢？还是士人尊贵呢？"颜斶回答说："当然是士人尊贵，国王并不尊贵。"齐宣王问："有这样的说法吗？"颜斶说："有的。从前秦国攻打齐国，秦王下了一道命令说：'如果有人敢在柳下季墓地五十步的范围内砍柴，就判死罪，决不赦免。'又下一道命令说：'假如有人砍下齐王的头，就封他为万户侯，并且赏黄金二万四千两。'由此看来，一个活着的国王的头颅，反而不如一个死去的贤士的坟墓。"宣王默默不乐。

左右皆曰："斶来，斶来！大王据千乘之地，而建千石钟，万石簴。天下之士，仁义皆来役处；辩知并进，莫不来语；东西南北，莫敢不服。求万物不备具，而百无不亲附。今夫士之高者，乃称匹夫，徒步而处农亩，下则鄙野、监门、闾里，士之贱也，亦甚矣！"

斶对曰："不然。斶闻古大禹之时，诸侯万国。何则？德厚之道，得贵士之力也。故舜起农亩，出于野鄙，而为天子。及汤之时，诸侯三千。当今之世，南面称寡者，乃二十四。由此观之，非得失之策与？稍稍诛灭，灭亡无族之时，欲为监门、闾里，安可得而有乎哉？是故《易传》不云乎：'居

左右侍臣都对颜斶说："颜斶你上前来，颜斶你到前面来！君王拥有可以出产千辆战车的广大土地，而且建造过一千石重的大钟，以及可以悬挂一万石重的乐器的架子。天下所有讲求仁义的士人，都到君王这里来效命；有才干和有智慧的人，都到君王这里来献策，没有谁不俯首低语的；四面八方的诸侯也都不敢不臣服于君王。君王所需要的万物无不齐备，全国人民无不心服。现在最清高的士人，也只能自称匹夫，徒步而行，身处农田。至于那些等而下之的一般士人，则不过是些乡野粗人、守门小吏、乡里平民而已，士人的地位真是卑贱到了极点！"

颜斶回答说："不对。据我颜斶所知，早在大禹时代，诸侯国有上万个，那时用什么法则来治国呢？那时君王品德高尚，有尊贵的士人来辅佐。所以舜虽然出身于鄙陋的农村，却获得了天子的崇高地位。到了商汤时代，天下诸侯也有三千之多。在当今这个时代，南面称王的只有二十四个。由此看来，这难道不是政策的得失才造成了天下治乱吗？诸侯之间相互大动干戈，宗族灭绝的时候，想做看门小吏、乡野平民，怎么能有这种可能呢？所以《易传》才说：'身居高位的人如果不能修身养性，只喜欢标榜

上位，未得其实，以喜其为名者，必以骄奢为行。据慢骄奢，则凶从之。是故无其实而喜其名者削，无德而望其福者约，无功而受其禄者辱，祸必握。'故曰：'矜功不立，虚愿不至。'此皆幸乐其名，华而无其实德者也。是以尧有九佐，舜有七友，禹有五丞，汤有三辅，自古及今而能虚成名于天下者，无有。是以君王无羞亟问，不媿下学；是故成其道德而扬功名于后世者，尧、舜、禹、汤、周文王是也。故曰：'无形者，形之君也。无端者，事之本也。'夫上见其原，下通其流，至圣人明学，何不吉之有哉！老子曰：'虽贵，必以贱为本；虽高，必以下为基。'是以侯王称孤寡不谷。是其贱之本与！非夫孤寡者，人之困贱下位也，而侯王以自谓，岂非下

虚名，必然骄傲奢侈。如果怠慢、骄傲、奢侈，凶祸就必然降临。可见缺乏修养而徒好虚名的必被削弱，无德性而希望享福的必受穷困，没功劳而接受俸禄的必被侮辱，并且不会有好下场。'所以说：'夸耀自己功德的人的事业不能成功，空有愿望的人的心愿无法实现。'这些话都是指喜好虚名而不务实际德性的人。所以尧有九位辅弼，舜有七位良友，禹有五位助手，汤有三位忠臣，从古到今没有实际德性而能成名于天下的君王，没有一个。可见君主不应当以向他人请教为可耻，不应当以向下面的人学习为惭愧。这样才能建立崇高美德而扬名于后世，尧、舜、禹、汤和周文王就是这样的人。所以说：'无形乃是有形的主宰，无始乃是事物的根本。'上能溯其源，下能通其流，如此圣明而又通晓学理的人，哪还有不吉祥的事情发生呢？老子说：'虽然地位尊贵，必定要以卑贱为根本；虽然生长高大，必定要以地下为基础。'所以各诸侯国君都自称孤、寡、不谷，这可能就是以卑贱作为根本的缘故吧！孤、寡都是困苦卑贱、处于最低下地位的人，然而各诸侯国君却用来称自己，这不就是谦恭下士的行为吗？尧传天下给舜，舜传天下给禹，周成王重用周公旦，后世都歌颂他们为明君圣主，这是

人而尊贵士与？夫尧传舜，舜传禹，周成王任周公旦，而世世称曰明主，是以明乎士之贵也。"

宣王曰："嗟乎！君子焉可侮哉，寡人自取病耳！及今闻君子之言，乃今闻细人之行，愿请受为弟子。且颜先生与寡人游，食必太牢，出必乘车，妻子衣服丽都。"

颜斶辞去曰："夫玉生于山，制则破焉，非弗宝贵矣，然夫璞不完。士生乎鄙野，推选则禄焉，非不得尊遂也，然而形神不全。斶愿得归，晚食以当肉，安步以当车，无罪以当贵，清静贞正以自虞。制言者王也，尽忠直言者斶也。言要道已备矣，愿得赐归，安行而反臣之邑屋。"则再拜而辞去也。

因为他们都懂得士人高贵的缘故啊。"

齐宣王说："唉！一个君子怎么可以随便加以侮辱呢？都是寡人自讨没趣而不懂得'士贵王贱'的道理！现在才听见君子的高论，才明白这是小人的行径，所以寡人希望先生接受为弟子。先生一旦和寡人结为好友，在吃的方面每天都要杀猪宰羊，在行的方面出入都是高车驷马，妻子儿女的衣服更是华丽无比。"

颜斶听了齐宣王的话，就立刻告辞说："玉石生在山里，一被琢磨就破坏了它的天然本性，这并不是说玉石不贵重了，而是说不如不琢磨的完美。士人生在乡野，经过推荐、选用就接受俸禄，这也并不是说不尊贵显达，而是说他们的形神从此难以完全属于自己了。所以我颜斶宁愿回到乡野，晚一点进餐，即使再粗劣的饭菜也会像吃肉那么津津有味，安安稳稳地散步，权当作乘坐高车驷马，把一身无罪当作高贵，用清静纯洁来自我娱乐。发号施令的是君王，尽忠直言的是颜斶。我所要说的重要道理都说完了，希望君王让我回到田野，安步走回我的家乡。"颜斶这才肯向齐宣王下拜，告辞离去。

颜斶应该说知足了，回到家乡，犹

斶知足矣，归反扑，　　　如返璞归真，并且一生不受屈辱。
则终身不辱也。

第六章 先生王斗造门而欲见齐宣王

先生王斗造门而欲见齐宣主，宣王使谒者延入。王斗曰："斗趋见王为好势，王趋见斗为好士，于王何如？"使者复还报。王曰："先生徐之，寡人请从。"宣王因趋而迎之于门，与入，曰："寡人奉先君之宗庙，守社稷，闻先生直言正谏不讳。"王斗对曰："王闻之过。斗生于乱世，事乱君，焉敢直言正谏。"宣王忿然作色，不说。

有间，王斗曰："昔先君桓公所好者，九合诸侯，一匡天下，天子受籍，立为大伯。今王有四焉。"宣王说，曰："寡人愚陋，守齐国，唯恐失抎之，焉能有四焉？"王斗曰："否。先君好马，

王斗登门，准备晋见齐宣王，齐宣王叫负责传达的侍臣请他进来。王斗对侍臣说："如果我去见君王，就证明我是爱慕权势的；如果君王来见我，就证明君王是敬重士人的。不知道君王怎么想呢？"侍臣把这话回报给齐宣王，齐宣王说："请王先生等一等，寡人就来接他。"于是齐宣主快步到王宫门口迎接王斗，并和他一起走进宫门，说："寡人有幸守护先王的宗庙，维护社稷，听说先生好直言相谏，对任何事都无所避讳。"王斗回答说："君王听到的传闻错了。臣生在乱世，为昏君做事，怎么敢直言相谏呢？"齐宣王听了这话，显出很不高兴的样子，绷着面孔不说话。

过了一会儿，王斗说："以前先君桓公所喜欢的事情是九次会合诸侯，匡正天下，天子亲自封给疆土，立齐王为太伯。现在君王有四点和先君桓公相同。"齐宣王一听这话，就很高兴地问："寡人愚笨，治理齐国唯恐发生过失，怎会有四点和先君桓公相同呢？"王斗说："不对。先君喜欢马，君王也喜欢马；先君

王亦好马。先君好狗，王亦好狗。先君好酒，王亦好酒。先君好色，王亦好色。先君好士，是王不好士。"宣王曰："当今之世无士，寡人何好？"王斗曰："世无骐骥𫘦耳，王驷已备矣。世无东郭俊、卢氏之狗，王之走狗已具矣。世无毛嫱、西施，王宫已充矣。王亦不好士也，何患无士？"王曰："寡人忧国爱民，固愿得士以治之。"王斗曰："王之忧国爱民，不若王爱尺縠也。"王曰："何谓也？"王斗曰："王使人为冠，不使左右便辟而使工者何也？为能之也。今王治齐，非左右便辟无使也，臣故曰不如爱尺縠也。"

宣王谢曰："寡人有罪国家。"于是举士五人任官，齐国大治。

喜欢狗，君王也喜欢狗；先君喜欢酒，君王也喜欢酒；先君好色，君王也好色。这四点完全相同。唯有一点和先君不同，那就是先君喜欢士人，而君王却不喜欢。"齐宣王很生气地说："现在这个世界上根本就没有士人，怎么叫寡人去喜欢呢？"王斗说："现在世界上并没有骐骥、𫘦耳等名驹，但君王拉车的马已经都齐备了；现在世界上并没有东郭俊、卢氏等名狗，可是君王的猎犬和玩赏狗已经够多了；现在世界上并没有毛嫱、西施等美女，但君王的后宫已经住满了嫔妃。君王根本就不爱惜士人，又怎么能说没有士人呢？"齐宣王说："寡人每天都忧心国家大事，关心百姓的生活问题，实在很想得到有才华的士子辅佐。"王斗说："君王的忧国忧民，还比不上您爱一尺绉纱。"齐宣王说："先生这话是什么意思？"王斗说："当君王命人做王冠时，并不是命左右宠臣来做，而是让能工巧匠干，这是什么道理呢？因为他能干好。可是现在君王治理齐国，除了左右宠臣之外，一概不重用其他人，所以臣才说君王的爱国爱民还不如爱一尺绉纱。"

齐宣王一听王斗这话，赶紧表示歉意，说："寡人对不起国家。"于是选拔了五位士人，任命他们为重要的朝臣，从此齐国一日比一日强盛。

第七章　齐王使使者问赵威后

齐王使使者问赵威后。书未发，威后问使者曰："岁亦无恙耶？民亦无恙耶？王亦无恙耶？"使者不说，曰："臣奉使使威后，今不问王，而先问岁与民，岂先贱而后尊贵者乎？"威后曰："不然。苟无岁，何以有民？苟无民，何以有君？故有问舍本而问末者耶？"乃进而问之曰："齐有处士曰钟离子，无恙耶？是其为人也，有粮者亦食，无粮者亦食；有衣者亦衣，无衣者亦衣。是助王养其民也，何以至今不业也？叶阳子无恙乎？是其为人，哀鳏寡，恤孤独，振困穷，补不足。是助王息其民者也，何以至今不业也？北宫之女婴

齐襄王派使者去给赵威后请安。还没等使者把书信打开，赵威后就问使者："今年的收成好吗？百姓平安吧？国王贵体健康吗？"使者很不高兴，说："臣是奉命来给威后请安的，现在威后竟然不先问君王的玉体安康否，反倒先问起收成和百姓，这不是先卑贱而后尊贵吗？"赵威后说："你这话不对。如果没有好年成，哪里有百姓呢？如果没有百姓，又哪里有国君呢？所以，问话有舍本而逐末的吗？"接着，赵威后又说："齐国有个处士叫钟离子，他现在好吗？他主张要让有粮食的人有饭吃，也要让没粮食的人有饭吃；给有衣服的人衣服穿，也给没衣服的人衣服穿。这就是帮助君王养活他的百姓，齐王为什么到现在还不重用钟离子呢？叶阳子好吗？他主张怜悯鳏夫寡妇，抚恤无父无子之人，救济穷困，帮助不足。这是协助君王安抚他的百姓，齐王为什么到现在还不给他工作呢？北宫家的孝女婴儿子好吗？她不要那些首饰，一直到老也不肯出嫁，为的是奉养父母。这些都是出于

儿子无恙耶？撤其环瑱，至老不嫁，以养父母。是皆率民而出于孝情者也，胡为至今不朝也？此二士弗业，一女不朝，何以王齐国，子万民乎？於（wū）陵子仲尚存乎？是其为人也，上不臣于王，下不治其家，中不索交诸侯。此率民而出于无用者，何为至今不杀乎？"

孝道真情而感化人民、孝顺父母的表率，齐王为什么到现在还不封她为命妇呢？让这样的两个士人无官职可任，这样的一个孝女无命妇之称，又怎么统治齐国、抚育万民呢？於陵的子仲这个人还在世吗？他主张上对君王不能尽臣子之礼，下对自己的家庭不能治理，中与诸侯各国不能交往。这是率领人民往无所作为的方向走，齐王为什么到现在还不杀掉他呢？"

第九章 管燕得罪齐王

管燕得罪齐王，谓其左右曰："子孰而与我赴诸侯乎？"左右嘿然莫对。管燕连然流涕曰："悲夫！士何其易得而难用也！"田需对曰："士三食不得餍，而君鹅鹜有余食；下宫糅罗纨，曳绮縠，而士不得以为缘。且财者君之所轻，死者士之所重，君不肯以所轻与士，而责士以所重事君，非士易得而难用也。"

管燕被齐王治罪，他对左右食客说："你们谁愿意陪我一起亡命国外、投奔诸侯啊？"左右食客谁也不肯应声。管燕就流着泪说："真是悲哀啊！士人为什么容易得到而却难以任用呢？"田需回答说："士人每日三餐吃得清淡，可是阁下的鸡鸭鹅肉却饱食终日；后宫美女都着穿绫罗纨纱，可是士人们连粗布衣服都穿不上。况且财货是阁下所轻视的，而生死是士人所重视的；阁下不肯把轻视的财货给士人，反而责备士人不把自己所重视的生命献出来，可见并不是士人容易得到却难以任用的问题。"

第十一章 苏秦谓齐王

苏秦谓齐王曰："齐、秦立为两帝，王以天下为尊秦乎？且尊齐乎？"王曰："尊秦。""释帝则天下爱齐乎？且爱秦乎？"王曰："爱齐而憎秦。""两帝立，约伐赵，孰与伐宋之利也？"对曰："夫约然与秦为帝，而天下独尊秦而轻齐；齐释帝，则天下爱齐而憎秦；伐赵不如伐宋之利。故臣愿王明释帝，以就天下；倍约傧秦，勿使争重；而王以其间举宋。夫有宋则卫之阳城危；有淮北则楚之东国危；有济西则赵之河东危；有阴、平陆则梁门不启。故释帝而贰之以伐宋之事，则国重而名尊，燕、楚以形服，天下不敢不听，

苏秦对齐闵王说："齐、秦两国在东西各自称帝，大王认为天下人将尊重秦国，还是尊重齐国呢？"齐闵王说："尊重秦国。"苏秦又说："我们取消帝号后，天下人将爱戴齐国，还是爱戴秦国呢？"齐闵王说："爱戴齐国而憎恨秦国。"苏秦又问："假如齐、秦两帝订立盟约攻打赵国，和攻打宋国相比，哪一个有利呢？"齐闵王说："还是攻打宋国有利。"苏秦说："和秦国订立条约称帝，天下就只尊重秦国而轻视齐国；如果齐国取消帝号，那天下诸侯就爱戴齐国而憎恨秦国；齐、秦两国连兵伐赵，不如连兵伐宋有利。所以臣希望大王公开取消帝号，以便靠近天下诸侯；违背盟约排斥秦国，使秦国不能和齐国争胜，这时大王就可以乘机占领宋国。有了宋国，那卫国的阳城就危在旦夕了；有了淮北之地，那楚国的东国就难保了；有了济西之地，那赵国的河东就危险了；有了阴和平陆，那魏都大梁的门就不敢打开了。所以如果我们取消帝号，然后再攻打宋国以背弃秦国，那齐国的国势就会巩固，齐国

此汤、武之举也。敬秦以为名，而后使天下憎之，此所谓以卑易尊者也！愿王之熟虑之也！"

的名号就会尊贵。燕、楚两国会因势归服，天下诸侯也不敢不服从，这是商汤、周武王的帝王事业。这样做，名义上尊敬秦国，而实际上却让天下诸侯憎恨秦国，这就是所说的用卑贱换取尊贵的方法！但愿大王明察！"

第十二篇 齐策五

第一章 苏秦说齐闵王

苏秦说齐闵王曰："臣闻用兵而喜先天下者忧，约结而喜主怨者孤。夫后起者藉也，而远怨者时也。是以圣人从事，必藉于权而务兴于时。夫权藉者，万物之率也；而时势者，百事之长也。故无权藉，倍时势，而能事成者寡矣。

"今虽干将、莫邪，非得人力，则不能割刿矣。坚箭利金，不得弦机之利，则不能远杀矣。矢非不铦，而剑非不利也，何则？权藉不在焉。何以知其然也？昔者赵氏袭卫，车舍人不休传，

苏秦游说齐闵王道："臣听说谁首先在天下发动战争，谁就必然有后患，谁不顾招人憎恨而为主缔结盟约，谁就必然陷于孤立。所以说，后发制人应有所凭藉，顺应时势方能远离怨恨。所以圣人创造事业，必然善用权势作凭藉，利用时机而兴盛发达。凭藉权势，是统率万物的关键；利用时势，是做任何事情的核心。所以，不凭藉权变，违背时机，而能办成大事的人太少了。

"现在虽然有干将、莫邪那样的宝剑，但是如果没有高人运用，就不能切割东西。锐利的弓箭和坚硬的箭头，如果得不到弓弦弩机的配合，也不能射杀远方的敌人。箭并不是不锐利，剑也并不是不锋利，那是什么缘故呢？因为光凭人力不行。如何知道是如此呢？从前，赵国袭击卫国，掌管兵车的人前进不止，

卫国城割平，卫八门土而二门堕矣，此亡国之形也。卫君跣行，告遡于魏。魏王身被甲底剑，挑赵索战。邯郸之中鹜，河、山之间乱。卫得是藉也，亦收余甲而北面，残刚平，堕中牟之郭。卫非强于赵也，譬之卫矢而魏弦机也，藉力魏而有河东之地。赵氏惧，楚人救赵而伐魏，战于州西，出梁门，军舍林中，马饮于大河。赵得是藉也，亦袭魏之河北，烧棘沟，坠黄城。故刚平之残也，中牟之堕也，黄城之坠也，棘沟之烧也，此皆非赵、魏之欲也。然二国劝行之者，何也？卫明于时权之藉也。今世之为国者不然矣。兵弱而好敌强，国罢而好众怨，事败而好鞠之，兵弱而憎下人也，地狭而好敌大，事败而好长诈。行此六者而求伯，则远矣。

卫国就割地向赵国求和，当时卫国的八道城门都用土堵死，结果有两道城门被摧毁了，还是亡国了。卫国的君主光着脚逃命，派人告诉魏国。魏武侯身披甲胄，手持锋利的剑，向赵国挑战。赵都邯郸城中战马奔驰，黄河与太行山之间一片混乱。卫国得到这个凭藉，也收拾残兵向北进攻，收复卫邑刚平，攻下赵邑中牟的外城。由此可见，卫国并不比赵国强盛，假如把卫国比作弓的箭，那么魏国就等于是弓弦机弩，卫国仰赖魏国的力量，才占有河东之地。赵国感到害怕，楚国人去救赵国而攻打魏国，在州西开战，从魏都大梁的城东出去，大军驻扎在林中，战马在黄河里饮水。赵国得到这些凭藉，也偷袭魏国的河北，焚烧棘沟，攻陷黄城。因而说，刚平被摧毁，中牟被攻破，黄城被攻陷，棘沟被焚烧，这些都是赵、魏两国想不到的。然而两国极力进取，究竟是为什么呢？那是因为卫国审时度势，仰仗他国力量的缘故。可是当今治理国家的人却不是这样。自己国家的兵力本来就薄弱，反倒喜欢去对抗强敌；自己国家的国力本来就疲惫不堪，反倒喜欢和人民结怨；自己国家的战争已经失败，反倒喜欢继续苦战下去；自己国家的兵力薄弱，反倒以身居人下为可耻；自己国家的土地

"臣闻善为国者，顺民之意，而料兵之能，然后从于天下。故约不为人主怨，伐不为人挫强。如此，则兵不费，权不轻，地可广，欲可成也。昔者，齐之与韩、魏伐秦、楚也，战非甚疾也，分地又非多韩、魏也，然而天下独归咎于齐者，何也？以其为韩、魏主怨也。且天下遍用兵矣，齐、燕战，而赵氏兼中山，秦、楚战韩、魏不休，而宋、越专用其兵。此十国者，皆以相敌为意，而独举心于齐者，何也？约而好主怨，伐而好挫强也。

"且夫强大之祸，常以王人为意也；夫弱小之殃，常以谋人为利也。是以大国危，小国

狭小，反倒喜欢和大国为敌；自己国家的战事失败了，反倒喜欢使用诈术。想实行这六种办法建立霸业，那就会越走越远了。

"臣又听说：'善于治理国家的人，顺从人民的意愿，并且有预料战事的能力，然后才从事平定天下的大业。'所以缔结盟约时不以自己为主承担怨怒，作战时不替他人去摧毁强敌。这样就不必消耗兵力，而且国家权力不被轻视，土地可以扩大，愿望也可以实现。以前齐国跟韩、魏两国攻打秦、楚两国，战争并不算很激烈，齐国分得的土地也不比韩、魏两国多，然而天下诸侯偏偏归罪于齐国，这是为什么呢？这是因为齐国替韩、魏两国结怨的缘故。再说那时天下诸侯都在用兵，齐、燕两国交战，赵国兼并中山，秦、楚两国与韩、魏两国交战，战事不停，而宋、越两国也专事征伐。这十个国家，都勾心斗角，互相敌对，然而天下诸侯却只注意齐国，这又是什么道理呢？这是由于在缔结盟约时齐国喜欢站在怨仇的中心，在打仗时齐国喜欢攻打强敌。

"再说强国的祸患，常常是因为想凌驾于诸侯之上；弱国遭受灾殃，常常是因为图谋他人的利益以据为己有。因而大国陷于危险，小国归于灭亡。大国

灭也。大国之计，莫若后起而重伐不义。夫后起之藉与多而兵劲，则事以众强适罢寡也，兵必立也。事不塞天下之心，则利必附矣。大国行此，则名号不攘而至，伯王不为而立矣。小国之情，莫如仅静而寡信诸侯。仅静，则四邻不反；寡信诸侯，则天下不卖，外不卖，内不反，则槟祸朽腐而不用，币帛矫蠹而不服矣。小国道此，则不祠而福矣，不贷而见足矣。故曰：祖仁者王，立义者伯，用兵穷者亡。何以知其然也？昔吴王夫差以强大为天下先，强袭郢而栖越，身从诸侯之君，而卒身死国亡，为天下戮者，何也？此夫差平居而谋王，强大而喜先天下之祸也。昔者莱、莒好谋，陈、蔡好诈，莒恃越而灭，蔡恃晋而亡，此皆内长诈，外信诸侯之殃也。由此

的军事计划，莫如后发制人并讨伐不义之国。那样做起来有借口，支援的人多，兵力强盛，这是用人多势强去对付疲惫衰弱的局面，所以军事上必定能取得成功。只要不使天下民意受到阻碍，那么利益就必然会来到。大国假如能这样做，帝号就会不请自来，霸业不必努力而会自然成功。小国最好谨慎从事，不要轻信诸侯。小心谨慎，就不致于被邻国愚弄；不轻信诸侯，就不致于被天下诸侯出卖。外面不被出卖，里面不被愚弄，那么就可以躲开战祸。不任用腐朽势力，货币布帛直到干枯蛀坏也是用不尽的。小国如果能照这样做，即使不祈祷也会有幸福降临，即使不借贷也会物资丰足。所以说：'崇尚仁者的人可以为王，建立道义的人可以称霸，穷兵黩武的人必然灭亡。'怎么知道是这样呢？从前吴王夫差仗恃国家强大，率领天下诸侯袭击楚国，囚禁越王勾践，各诸侯都服从他的号令，然而到后来夫差却身死国亡，受到天下各诸侯的耻笑，这是什么道理呢？因为夫差平时喜欢君临他国之上，并且仗恃国家的强盛，率领天下诸侯制造祸端。以前莱国和莒国领主喜欢用阴谋，而陈国和蔡国喜欢用诈术；后来莒国虽然仗恃于越国，却灭亡了，蔡国虽然仗恃于晋国，也灭亡了，这是对

观之，则强弱大小之祸，可见于前事矣。

"语曰：'麒骥之衰也，驽马先之；孟贲之倦也，女子胜之。'夫驽马、女子，筋骨力劲，非贤于麒骥、孟贲也。何则？后起之藉也。今天下之相与也不并灭，有而案兵而后起，寄怨而诛不直，微用兵而寄于义，则亡天下可跬足而须也。明于诸侯之故，察于地形之理者，不约亲，不相质而固，不趋而疾，众事而不反，交割而不相憎，惧强而加以亲。何则？形同忧而兵趋利也。何以知其然也？昔者齐、燕战于桓之曲，燕不胜，十万之众尽。胡人袭燕楼烦数县，取其牛马。夫胡之与齐非素亲也，而用兵又非约质而谋燕也，然而甚于相趋者，何也？

内使用诈术，对外轻信诸侯惹来的灾祸。由此看来，国家无论强大或弱小，只要遭遇到祸端，都可以从历史事实中找到依据。

"常言道：'骏马衰老以后，驽马都能跑在它的前面；孟贲疲倦以后，女子都能战胜他。'驽马和女子的体力都不比骏马和孟贲强，为什么反倒能胜过骏马和孟贲呢？这是因为有后发制人的凭藉。当今天下势均力敌的国家，彼此都不能消灭对方，如果有的按兵不动，相机起事，借别人去诛讨邪恶势力，隐匿用兵的真实原因，假借正义之名用兵，那么吞并天下就可以跷足等待了。明了诸侯变故，精察地理形势，不结盟，不互相扣留人质，情谊会更牢固，不慌张、不急躁，可以使事情进展迅速。诸侯间互相往来，我们不要反对，诸侯间互相割让土地，我们也不憎恨，双方都强大了，我们就设法亲近。这是什么道理呢？因为在形势上虽然各国有共同的忧患，而实际上战争是为了夺取利益。怎么知道是这样的呢？当初齐、燕两国在桓山曲折的地方打仗，结果燕军惨败，十万大军全部被消灭。胡人乘机攻打燕国的楼烦等几个县，抢夺无数牛马。胡人和齐国向来不亲近，用兵时又没有缔结什么条约，或者用人质作抵押来共谋燕国，

何则形同忧而兵趋利也。由此观之，约于同形则利长，后起则诸侯可趋役也。

然而实际上合作的程度比订了军事同盟还要彻底，这是什么道理呢？因为在形势上有共同的忧患，而战争的实质都是为了争取利益。由此看来，和政治形势相同的国家结盟，利益会长远，后发制人，就会有诸侯赶来协助。

"故明主察相，诚欲以伯王也为志，则战攻非所先。战者，国之残也，而都县之费也。残费已先，而能从诸侯者寡矣。彼战者之为残也，士闻战则输私财而富军市，输饮食而待死士，令折辕而炊之，杀牛而觞士，则是路君之道也。中人祷祝，君翳酿，通都小县置社，有市之邑莫不止事而奉王，则此虚中之计也。夫战之明日，尸死扶伤，虽若有功也，军出费，中哭泣，则伤主心矣。死者破家而葬，夷伤者空财而共药，完者内酺而华乐，故其费与死伤者钧。故民之所费也，十年之田而不偿也。军之所出，

"所以英明的君主和精明的宰相，如果真有做霸王的抱负，就不能先发动战争。因为战争会伤到国家的元气，并且要耗费大量钱财。国家受到损伤，却能联合其他诸侯，那几乎是不可能的。战争是如此具有破坏性，因此士人一听到战争就捐献私有财产作为军费，商人更会拿出酒菜来招待上战场的将士，长官也折断车前的横木当柴火来杀牛宰羊慰劳士卒，这些都是坑害君王的做法。战前，国人祈祷，国君祭祀，大城和小县都设有神庙，有市场的城镇都歇业来为君主效命，这些都是使国内空虚的计划。在战后的第二天，遍地死尸，人民搀扶着受伤的将士，他们虽然建立了丰伟战功，可惜军队消耗殆尽，全国人民悲哀透顶，已经伤透家人的心了。阵亡将士的家属为安葬父兄而倾家荡产，负伤将士更为医药费而用尽家财，那些侥幸未受伤的军人在家里饮酒作乐，他们所消耗的费用竟然和死伤将士相等。所以战争中人民耗费的金钱，十年耕作的

矛戟折，镡弦绝，伤弩，破车，罢马，亡矢之大半。甲兵之具，官之所私出也，士大夫之所匿，厮养士之所窃，十年之田而不偿也。天下有此再费者，而能从诸侯寡矣。攻城之费，百姓理襜蔽，举冲橹，家杂总，身窟穴，中罢于刀金。而士困于土功，将不释甲，期数而能拔城者为疁耳。上倦于教，士断于兵，故三下城而能胜敌者寡矣。故曰：彼战攻者，非所先也。何以知其然也？昔智伯瑶攻范、中行氏，杀其君，灭其国，又西围晋阳，吞兼二国，而忧一主，此用兵之盛也。然而智伯卒身死国亡，为天下笑者，何谓也？兵先战攻，而灭二子患也。日者，中山悉起而迎燕、赵，南战于长子，败赵氏；北战于中山，克燕军，杀其将。夫中山千乘之国也，而敌万

收获都抵偿不过。军队出发以后，矛和戟折损，车辕和弓弦拉断，弓弩损伤，兵车破损，战马疲倦，箭损失了大半。甲胄和兵器是官家花钱买的，经过士大夫的藏匿和士卒的窃取，即使用十年耕作所得也无法补偿这笔损失。天下有这样庞大的浪费，而能和诸侯联合，几乎是不可能的。攻城的费用是如此庞大，以致让百姓缝补破衣遮身，他们有的运送兵车战舰，有的在家织布，有的在地窖里工作，有的在兵祸中疲于奔命。尤其是那争城夺地的士兵更是困苦，将军都不敢脱下甲胄休息，一个月或几个月攻下一座城邑已经算很快的了。上面的长官无暇训练士兵，下面的士兵又缺少武器，所以攻下三个城池以后还能战胜敌人的是很少的。因此可以断言：那种攻战是不应该首先发动的。怎么知道是如此呢？以前智伯瑶攻打范、中行氏，杀死他们的君主，灭亡他们的国家，然后又派大军往西围困晋阳，吞并了两个国家，并且逼得赵襄子走投无路，这可以算作成功的用兵了。然而到后来智伯却身死国亡，被天下人耻笑，这是什么道理呢？是因为智伯首先发动战争，消灭范、中行氏引起了祸患。以前中山氏调动全国的军队迎战燕、赵两国，南面在长子击败赵军，北面在中山击败燕军，

乘之国二，再战北胜，此用兵之上节也。然而国遂亡，君臣于齐者，何也？不啬于战攻之患也。由此观之，战攻之败，可见于前事。

"今世之所谓善用兵者，终战比胜，而守不可拔，天下称为善，一国得而保之，则非国之利也。臣闻战大胜者，其士多死而兵益弱；守而不可拔者，其百姓罢而城郭露。夫士死于外，民残于内，而城郭露于境，则非王之乐也。今夫鹄的非咎罪于人也，便弓引弩而射之，中者则善，不中则愧，少长贵贱，则同心于贯之者，何也？恶其示人以难也。今穷战比胜，而守必不拔，则是非徒示人以难也，又且害人者也，然则天下仇之必矣。夫罢士露国，而多与天下为

杀死燕将。中山只不过是一个拥有一千辆兵车的小国，却能击败两个拥有一万辆兵车的大国，而且是连战连胜，这应该算是最会用兵的了。然而到头来中山国仍然灭亡了，中山的君主也做了齐国的臣子，这是什么道理呢？这是对战事没有节制所招来的祸患。由此看来，战争失败的前车之鉴太多了。

"当今所说的会用兵的，有的是连战连胜，或者围守城邑不可攻破，天下人给予高度赞誉。然而即使这个国家的土地得以保存，也不能使国家长治久安。臣听说作战而能大获全胜的，将士都要阵亡大半，因而使兵力更弱；守城而不被敌人攻破的，百姓将会疲惫不堪，甚至城里城外满目荒凉。在外有众多的将士伤亡，在内人民饱受困苦，城郭夷为废墟，这并不是国王的乐事。箭靶上的红心并不会得罪人，但是人们都喜欢用箭来射它，射中的人们叫好，射不中的就很羞愧，不论老少尊卑都一心想要射穿红心，这是什么道理呢？因为人人都讨厌让人看出自己不会射箭。现在有人经年不停地打仗，而且连战连胜，所守的城邑敌人也攻不破，这不但是与人为难，而且是损害他人，因此天下必然都仇视他。使战士困顿、国家虚空，又多和天下诸侯结仇，这是贤明的君主所不

仇，则明君不居也；素用强兵而弱之，则察相不事。彼明君察相者，则五兵不动而诸侯从，辞让而重赂至矣。故明君之攻战也，甲兵不出于军而敌国胜，冲橹不施而边城降，士民不知而王业至矣。彼明君之从事也，用财少，旷日远而为利长者。故曰：兵后起则诸侯可趋役也。

"臣之所闻，攻战之道非师者，虽有百万之军，比之堂上；虽有阖闾、吴起之将，禽之户内；千丈之城，拔之尊俎之间；百尺之冲，折之衽席之上。故钟鼓竽瑟之音不绝，地可广而欲可成；和乐倡优侏儒之笑不之，诸侯可同日而致也。故名配天地不为尊，利制海内不为厚。故夫善为王业者，在劳天下而自佚，乱天下而自安，诸侯无成谋，则其国无

肯做的事；常用兵作战，从而使强兵变成弱兵，这是贤明的相国所不能做的事。明君和贤相，根本没使用刀、剑、矛、戟、弓五种兵器，天下诸侯却服从他们的号令，只要讲究辞让之礼，巨额的财富自然会被送到他手里。所以明君发兵作战，不用出动军队就可以战胜敌国，不使用攻城陷阵的兵车战船就可以降服敌国，在百姓还不知道时就把王业缔造成功了。那些明君所做的事用钱少，所需的时间虽然长些，却能为国家奠定百年基础。所以说：只有军队后发制人，诸侯才会来帮助。

"据臣所知，攻战之道不在军队的多少。虽然有百万大军，也可以使他们败在我们的帷幄之中；虽然有阖闾和吴起那样的军事家，也可以通过室内的谋划把他们俘虏；虽然有一千丈的高大城墙，也可以使之在杯酒、饭菜之间倒塌；虽然有一百尺高的战车，也可以在卧床上折断。结果将是钟、鼓、竽、瑟等乐器的声音不绝于耳，土地扩大，愿望也可以如期实现；和着乐声而舞的优伶和矮人等欢笑的声音永不休止，各国诸侯在同一天前来朝拜。所以名号齐于天地不算高贵，财权控制四海不算功大。所以善于创建王业的人，在于使天下效劳而自己安逸生活，使天下纷乱而

宿忧也。何以知其然？佚治在我，劳乱在天下，则王之道也。锐兵来则拒之，患至则趋之，使诸侯无成谋，则其国无宿忧矣。何以知其然矣？昔者魏王拥土千里，带甲三十六万，其强而拔邯郸，西围定阳，又从十二诸侯朝天子，以西谋秦。秦王恐之，寝不安席，食不甘昧，令于境内，尽堞中为战具，竟为守备，为死士置将，以待魏氏。卫鞅谋于秦王曰：'夫魏氏其功大，而令行于天下，有十二诸侯而朝天子，其与必众。故以一秦而敌大魏，恐不如。王何不使臣见魏王，则臣请必北魏矣。'秦王许诺。卫鞅见魏王曰：'大王之功大矣，令行于天下矣。今大王之所从十二诸侯，非宋、卫也，则邹、鲁、陈、蔡，此固大王之所以鞭箠使也，不足以王天下。大

自己安宁度日，如果能使各诸侯的阴谋无法得逞，那么自己的国家就永久没有忧患。怎么能知道这些事情呢？生活安逸、社会安定归我，生活辛劳、社会混乱归天下诸侯，这才是制造王业的根本。精兵攻来就抵抗，祸患到来就迎击，使诸侯的阴谋不能形成，那么我们的国家就没有隐忧了。怎么知道是如此呢？从前魏惠王拥有土地千里，穿甲胄的战士三十六万，他仗恃自己国家的强大，攻下赵都邯郸，又向西围攻定阳，后来又联合十二诸侯去朝见天子，想西去图谋秦国。秦王听了很害怕，连睡觉都不能安枕，连吃饭都吃不出味道，就在国内下一道命令，在全部城墙上都配备作战的武器，加强边防的力量，并且招募敢死队，调兵遣将严阵以待魏军。这时商鞅与秦王谋划道：'魏国势力大，号令能通行天下，曾和十二个诸侯朝见天子，魏国的党羽必定很多。所以一个秦国恐怕抵挡不住强大的魏国。大王最好派臣去见魏王，臣一定能使魏军败退。'秦王接受了商鞅的献策。于是，商鞅去见魏王，说：'大王的势力够大了，号令行于天下。可是现在大王率领的十二个诸侯，不是宋、卫，就是周、鲁、陈、蔡，这些本来都是大王用马鞭驱策的小国，根本不配和大王共治天下。所以大王实在

王不若北取燕，东伐齐，则赵必从矣；西取秦，南伐楚，则韩必从矣。大王有伐齐、楚心，而从天下之志，则王业见矣。大王不如先行王服，然后图齐、楚。'魏王说于卫鞅之言也，故身广公宫，制丹衣柱，建九斿，从七星之旟。此天子之位也，而魏王处之。于是齐、楚怒，诸侯奔齐，齐人伐魏，杀其太子，覆其十万之军。魏王大恐，跣行按兵于国，而东次于齐，然后天下乃舍之。当是时，秦王垂拱受西河之外，而不以德魏王。故曰：卫鞅之始与秦王计也，谋约不下席，言于尊俎之间，谋成于堂上，而魏将以禽于齐矣；冲橹未施，而西河之外入于秦矣。此臣之所谓比之堂上，禽将户内，拔城于尊俎之间，折冲席上者也。"

不如在北面联合燕国，在东面讨伐齐国，到那时赵国必然会服从；然后再往西联合秦国，往南征讨楚国，到那时韩国必定会屈服。大王如果有讨伐齐、楚两国的决心，又顺从了天下人的意愿，那大王的霸业很快就会实现了。大王不如先准备天子的服装，然后再去图谋齐、楚两国。'魏王很重视商鞅的话，所以亲自指挥扩建宫殿，制作红色的王袍，树立天子的旌旗，打着画有朱雀的军旗。这是天子所用的威仪，魏王都用上了。这样一来，齐、楚两国大为震怒，诸侯都赶去救援齐国，齐国联合各诸侯发兵打攻魏国，杀死魏太子申，消灭了魏国十万大军。魏王害怕起来，光着脚狼狈逃回国内，命令停止进军，后来又向东臣服于齐国，最后天下诸侯才停止进攻魏国。到这时，可以说秦王在垂衣拱手之间，不费吹灰之力，就接受了西河以外的土地，但是并不感激魏王的好意。所以说：当商鞅和秦王谋划时，策划不需走下枕席，议论是在酒宴之间，可是计谋刚在厅堂之上形成，魏将庞涓便已经被齐国俘虏了；兵车战船还不曾使用，西河以外的土地就已经归秦国所有了。这就是臣所说的：在厅堂上打败敌人，在帷幄里俘虏敌军将领，在酒宴上攻下敌国城池，在枕席上折断敌人兵车。"

第十三篇 齐策六

第一章 齐负郭之民有狐狐咺者

齐负郭之民有孤狐咺者，正议闵王，斮之檀衢，百姓不附。齐孙室子陈举直言，杀之东闾，宗族离心。司马穰（ráng）苴为政者也，杀之，大臣不亲。以故燕举兵，使昌国君将而击之。齐使向子将而应之。齐军破，向子以舆一乘亡。达子收余卒，复振，与燕战，求所以偿者，闵王不肯与，军破走。

王奔莒，淖（zhuō）齿数之曰："夫千剩、博昌之间，方数百里，

齐国有个住在城郊的人叫狐咺，敢于向齐闵王直言，齐闵王把他处死在檀衢上，从此百姓都疏远齐闵王。齐国的宗室有个叫陈举的人，为人也是直言不讳，齐闵王把他杀死在东门，从此齐国宗室的人都和齐闵王离心离德。司马穰苴当时是管理政务的官，齐闵王也把他杀了，从此大臣们都不信任齐闵王。燕国借此机会发兵攻打齐国，派昌国君乐毅为将。齐国派向子率军迎战，结果齐军被燕军打得大败，向子驾着一辆战车逃跑了。这时齐将达子收拾残兵败将，重整旗鼓，继续和燕军苦战，他请求齐闵王给勇赴国难的将士一些犒劳，可是齐闵王不肯给，结果齐军又被燕军打败了。

齐闵王逃到莒城，淖齿数说齐闵王的罪恶道："千乘和博昌之间，方圆几百里，天竟然下血雨淋湿了衣裳，君

雨血沾衣，王知之乎？"王曰："不知。""嬴、博之间，地坼至泉，王知之乎？"王曰："不知。""人有当阙而哭者，求之则不得，去之则闻其声，王知之乎？"王曰："不知。"淖齿曰："天雨血沾衣者，天以告也；地坼至泉者，地以告也；人有当阙而哭者，人以告也。天地人皆以告矣，而王不知戒焉，何得无诛乎？"于是杀闵王于鼓里。

　　太子乃解衣免服，逃太史之家为溉园。君王后，太史氏女，知其贵人，善事之。田单以即墨之城，破亡余卒，破燕兵，绐骑劫，遂以复齐，遽迎太子于莒，立之以为王。襄王即位，君王后以为后，生齐王建。

王知道这件事吗？"齐闵王说："没听说。"淖齿说："嬴、博之间，大地都裂开了，一直裂到看见泉水的地方，君王知道吗？"齐闵王说："不知道。"淖齿说："有人对着宫阙哭，去寻找却看不到人影，走开后又听见哭声，君王知道吗？"齐闵王说："不知道。"淖齿说："天下血雨浇湿衣裳，是天在警告君王；大地一直裂到看见泉水的地方，是地在警告君王；有人迎着宫阙哭，是人在警告君王。天、地、人都在警告君王，君王却不知道警惕，又怎么能不遭受天诛呢？"说完，淖齿就把齐闵王杀死在鼓里这个地方。

　　齐闵王的太子法章赶紧脱下衣服，逃到太史家里当浇花人。太史的女儿君王后看出法章是贵人，对他特别好。不久田单在即墨城收拾残兵败将，大举反攻，打败燕军，以欺诈的手段打败燕将骑劫，收复了齐国的失土，并且立刻到莒城去迎接太子法章即位，这就是齐襄王。齐襄王即位后，迎立太史的女儿为王后，生下了太子建。

第二章 王孙贾年十五事闵王

王孙贾年十五，事闵王。王出走，失王之处。其母曰："女朝出而晚来，则吾倚门而望；女暮出而不还，则吾倚闾而望。女今事王，王出走，女不知其处，女尚何归？"

王孙贾乃入市中，曰："淖齿乱齐国，杀闵王，欲与我诛者，袒右！"市人从者四百人，与之诛淖齿，刺而杀之。

王孙贾十五岁时，为齐闵王做事。齐闵王出奔时，他跟齐闵王失去了联络。这时他母亲对他说："每当你早出晚归时，我都站在门口等候你回来；每当你晚上出去不回来时，我都站在里门一直等着。你现在身为君王的臣子，君王出奔了，你竟然不知道君王在哪里，你还怎么好意思回来呢？"

王孙贾听完母亲的话，走进街市，说："淖齿祸乱齐国，杀死齐闵王，愿意和我一齐为君王报仇的，就把右胳臂袒露起来！"王孙贾说完这话，立刻有四百多人响应，于是他们一起去杀了淖齿。

第三章 燕攻齐取七十余城

燕攻齐，取七十余城，唯莒、即墨不下。齐田单以即墨破燕，杀骑劫。

初，燕将攻聊城，人或谗之。燕将惧诛，遂保守聊城，不敢归。田单攻之岁余，士卒多死，而聊城不下。

鲁连乃书，约之矢以射城中，遣燕将曰："吾闻之，智者不倍时而弃利，勇士不怯死而灭名，忠臣不先身而后君。今公行一朝之忿，不顾燕王之无臣，非忠也；杀身亡聊城，而威不信于齐，非勇也；功废名灭，后世无称，非知也。故知者不再计，勇士不怯死。今死生荣辱，尊卑贵贱，此其一时也。愿公之详计而无与俗同也。

燕军攻打齐国，攻下七十多城，只剩下莒、即墨两城没有攻下。后来齐国大将田单以即墨城为据点，大败燕军，杀死燕将骑劫。

起初，燕军快要攻下聊城时，忽然听说有人向燕王进谗言。燕将害怕回去被诛杀，就守住聊城，不敢回国。田单攻打聊城一年多，战死的士卒很多，却始终攻不下聊城。

于是鲁仲连写了一封信，绑在箭上射进城内，送给燕国将军看，信上写道："我听说，智者不会因为错过时机就舍弃利益，勇士不会因为怕死就伤害名誉，忠臣先考虑君王而后考虑自己。现在将军为发泄一时的愤恨，不顾燕王而损兵折将，这不是尽忠；将军毁灭自己又将失去聊城，并且威力并不能慑服齐国，这不是勇敢；将军功业荒废、名誉受损，后世无人赞美，这不是聪明。所以智者不三心二意，勇士不畏惧死亡。如今将军的生死、荣辱、尊卑、贵贱，都决定在这一念之间。但愿将军详细考虑，不要随便接受俗人的意见。况且楚

且楚攻南阳，魏攻平陆，齐无南面之心，以为亡南阳之害，不若得济北之利，故定计而坚守之。今秦人下兵，魏不敢东面，横秦之势合，则楚之形危。且弃南阳，断右壤，存济北，计必为之。今楚、魏交退，燕救不至，齐无天下之规，与聊城共据期年之弊，即臣见公之不能得也。齐必决之于聊城，公无再计。彼燕国大乱，君臣过计，上下迷惑，栗腹以百万之众，五折于外，万乘之国，被围于赵，壤削主困，为天下戮，公闻之乎？今燕王方寒心独立，大臣不足恃，国弊祸多，民心无所归。今公又以弊聊之民，距全齐之兵，期年不解，是墨翟之守也；食人炊骨，士无反北之心，是孙膑、吴起之兵也。能以见于天下矣。

国攻打南阳，魏国攻打平陆，而齐国并无心反击楚、魏两国，因为齐国认为与其丧失南阳之害，不如获得济北之利，所以决心围困聊城。现在秦国又发兵救援齐国，魏国不敢向东攻打平陆。如果秦、齐两国连横的形势能实现，那么楚国的处境就会危险了。而且，齐国将放弃南阳之扰，丢开右壤之围，守住济北，战略必然这样设计。如今楚、魏两国之军已经撤退，燕国的救兵又未到，天下无人再图谋齐国，燕军已经和齐国在聊城相持一年，我恐怕想看将军一面也见不到了。齐国必然能在聊城取得最后的胜利，所以将军根本不必再计较得失。况且如今燕国国内大乱，朝野上下都很昏聩，燕相栗腹率领百万大军在外面一连战败五次，损兵折将，拥有一万辆兵车的大国被赵军围困，土地丢失，国王陷于困厄，遭受天下人的耻笑，不知道将军有没有听到？现在燕王很寒心，在朝中孤立无援，大臣都不能依靠，国家疲惫不堪，灾难又多，民心惶惶不可终日。现在将军又用困顿的聊城军民抗拒实力雄厚的齐军，经过一年之久，齐军仍然没解开聊城之围，这就像墨翟一般善于守城；战士吃人肉，用骨头当柴火，可是他们没有反叛的心，这就像孙膑、吴起一般善于用兵。以上这些早被天下

"故为公计者，不如罢兵休士，全车甲，归报燕王，燕王必喜。士民见公，如见父母，交游攘臂而议于世，功业可明矣。上辅孤主，以制群臣；下养百姓，以资说士。矫国革俗于天下，功名可立也。意者，亦捐燕弃世，东游于齐乎？请裂地定封，富比陶、卫，世世称孤寡，与齐久存，此亦一计也。二者显名厚实也，愿公熟计而审处一也。

"且吾闻，效小节者不能行大威，恶小耻者不能立荣名。昔管仲射桓公中钩，篡也；遗公子纠而不能死，怯也；束缚桎梏，辱身也。此三行者，乡里不通也，世主不臣也。使管仲终

人看透了。

"因此我为将军打算，您实在不如退军休兵，保全战车和甲胄，回国向燕王复命，我想燕王一定会非常高兴。燕国人民看见将军就像看见父母一般亲热，朋友们相见也拉着手臂赞美将军，到那时将军的战功真可说是闻名天下了。对上辅佐了孤立的君王，控制了群臣；对下安抚了疏离的百姓，奖励了游说之士。改革国政，变革风俗，就能立功名于天下了。我以为，如果将军捐弃燕国，不管世人的议论，往东归降齐国怎么样？我可以请齐王给将军分封土地，确定爵位，您得到的富贵可以和魏冉、商鞅相比，后代子孙都可以称孤道寡，和齐国长期共存，这也算是将军应该采行的一个计策。这两个计策一个能增高将军的威望，以扬名天下，另一个能增加将军的财富地位以富贵安逸，但愿将军能仔细考虑，选择一个可行的办法。

"再者我听说，重视小节的人，不能创造大事业；憎恶小耻辱的人，不能建立荣耀的声誉。从前管仲射中桓公的带钩，这是一种犯上作乱行为；忘记了公子纠并且不能去殉难，这是一种懦弱；受脚镣手铐的刑罚，这是终生受辱。凡是遇上这些事的人，乡下小民都不肯和他交往，人主也不肯用他做臣子。假如

穷抑，幽囚而不出，惭耻而不见，穷年没寿，不免为辱人贱行矣。然而管子并三行之过，据齐国之政，一匡天下，九合诸侯，为五伯首，名高天下，光照邻国。曹沫为鲁君将，三战三北，而丧地千里。使曹子之足不离陈，计不顾后，出必死而不生，则不免为败军禽将。曹子以败军禽将，非勇也；功废名灭，后世无称，非知也。故去三北之耻，退而与鲁君计也，曹子以为遭。齐桓公有天下，朝诸侯。曹子以一剑之任，劫桓公于坛位之上，颜色不变，而辞气不悖。三战之所丧，一朝而反之，天下震动惊骇，威信吴、楚，传名后世。若此二公者，非不能行小节，死小耻也，以为杀身绝世，功名不立，非知也。故去忿恚之心，而成终身之名；除感忿

管仲终生穷困潦倒，关在囚牢里不出来，害怕羞耻而不肯见人，那么他一辈子不免做出丢人现眼的卑贱的事情。然而管仲虽然做错了三件事情，后来却掌握着齐国的政权，匡正天下，九次联合诸侯，使齐国成为五霸之首，名声震撼天下，光辉照耀四邻。曹沫出任鲁国君主的将领，三战三败，损失鲁国土地一千多里。假如曹沫的脚不离开战场，计谋不顾虑到后世，出征就一定为国而死，不肯活着败逃而去，就难免成为败军擒将。可是曹沫认为残兵败将，不算是勇敢；废弃功业，名声磨灭，后人就不会称道，不算是明智。因此他抛弃三次战败的耻辱，离开战场回到朝廷和鲁君策划，认为从前的战败是偶然的。齐桓公称霸天下后，迫使诸侯前来朝拜。而曹沫只凭一把佩剑，在坛台上劫持齐桓公，他面不改色，语气沉着。结果把三次战败所失去的土地，在一个早晨就完全收复了，天下人都为此感到震惊，曹沫的威望光照吴、楚两国，他的英名流传后世。管仲、曹沫这两个人，并不是不能坚守小节，或为小耻而去殉难，而是认为自己如果身死家绝，就无法重新建立功名，那才是最愚蠢的行为。所以他们才控制住愤怒的情绪而成就终身的名声，排除愤慨的羞耻而建造千秋的功业。所以他

之耻，而立累世之功。故业与三王争流，名与天壤相敝也。公其图之！"

燕将曰："敬闻命矣！"因罢兵到读而去。故解齐国之围，救百姓之死，仲连之说也。

们的功业可以和三王争短长，他们的名望可以与天地并存。但愿将军能够三思而行！"

燕军守将说："愿意遵命！"于是下令收兵，把弓箭都装在套子里，从齐国撤退回燕国。由此可见，解齐国聊城之围，把百姓从死难中救出来的，是鲁仲连的一封信。

第四章 燕攻齐齐破

燕攻齐，齐破。闵王奔莒，淖齿杀闵王。田单守即墨之城，破燕兵，复齐墟。襄王为太子征。齐以破燕，田单之立疑，齐国之众，皆以田单为自立也。襄王立，田单相之。

过菑水，有老人涉菑而寒，出不能行，坐于沙中。田单见其寒，欲使后车分衣，无可以分者，单解裘而衣之。襄王恶之，曰："田单之施，将欲以取我国乎？不早图，恐后之。"左右顾无人，岩下有贯珠者，襄王呼而问之曰："女闻吾言乎？"对曰："闻之。"王曰："女以为何若？"对曰："王不如因以为己善。王嘉单之善，下令曰：'寡

燕国攻打齐国，齐国被攻破。齐闵王逃到莒城，后来被淖齿杀死。当时田单死守即墨城，不久反击，大破燕军，收复了齐国首都临淄。齐襄王那时还是太子，没有什么实权。齐国击败燕军后，齐人都怀疑田单，认为他可能自立为王。但襄王即位，田单出任宰相。

有一天，田单过菑水时，看见有个老人由于涉水过河而冻得发抖，上岸后走不了路，只好坐在沙滩上休息。田单见老人很冷，就吩咐随行的人给老人衣服穿，可是因为没有多余的衣服可给，他就脱下自己的皮衣给老人穿上。齐襄王很厌恶这件事，说："田单故意用小恩小惠笼络民心，是想夺取寡人的政权吗？如果寡人不及早防范的话，将来可能会被他制服。"齐襄王看看左右无人，只是在山岩下有一个采珠的人，就把他叫来问："你听到寡人说什么了吗？"采珠人回答说："听到了。"齐襄王说："你觉得怎么样？"采珠人回答说："君王不如借这个机会，表现一番自己的风度。

人忧民之饥也，单收而食之；寡人忧民之寒也，单解裘而衣之；寡人忧劳百姓，而单亦忧之，称寡人之意。'单有是善而王嘉之，善单之善，亦王之善已。"王曰："善。"乃赐单牛酒，嘉其行。

后数日，贯珠者复见王曰："王至朝日，宜召田单而揖之于庭，口劳之。乃布令求百姓之饥寒者，收谷之。"乃使人听于闾里，闻丈夫之相□与语，举□□□□曰："田单之爱人！嗟，乃王之教泽也！"

同时，也称赞田单的优点，下令说：'当寡人忧虑人民饥饿时，田单就收容他们，给他们饭吃；当寡人忧虑人民寒冷时，田单就脱下自己的皮衣，给他们衣穿；寡人对人民爱护备至，田单也对人民爱护备至，他这样做很合乎寡人的心意。'田单有这些优点，君王能加以赞扬；赞扬田单的优点，其实就是宣扬君王的美德。"齐襄王说："好。"于是赏赐田单一些牛肉和酒，赞美他的品行。

过了几天，采珠人又拜见齐襄王，说："君王在上朝时，应当请田单来，在朝廷上给他作揖，并且亲自慰劳他。然后下令调查百姓中饥寒交迫的人，赈济他们。"于是齐襄王派人到乡间调查民情，探听消息，听到老百姓们都在互相谈论，说："田单之所以爱护人民，哎呀！原来都是君王教导的恩德啊！"

第五章 貂勃常恶田单

貂勃常恶田单，曰："安平君，小人也。"安平君闻之，故为酒而召貂勃，曰："单何以得罪于先生，故常见誉于朝？"貂勃曰："跖之狗吠尧，非贵跖而贱尧也，狗固吠非其主也。且今使公孙子贤，而徐子不肖。然而使公孙子与徐子斗，徐子之狗，犹时攫公孙子之腓而噬之也。若乃得去不肖者，而为贤者狗，岂特攫其腓而噬之耳哉？"安平君曰："敬闻命！"明日，任之于王。

王有所幸臣九人之属，欲伤安平君，相与语于王曰："燕之伐齐之时，楚王使将军将万人而佐齐。今国已定，而社稷已安矣，何不使

齐人貂勃一直在毁谤田单，说："安平君田单是个小人。"田单听到这话以后，摆设酒宴，请来貂勃，席间问："我田单不知怎么得罪了先生，以至先生经常在朝廷赞美我。"貂勃回答说："盗跖的狗对圣尧吠叫，并不是只知道盗跖高贵而瞧不起尧，因为狗本来就对不是他的主人的人狂叫。公孙子贤能，而徐子品行不好。可是如果公孙子和徐子打架，徐子的狗还是要扑过去咬公孙子的腿。可见如果不离开品行不好的坏主人，去做一只贤能的好主人的狗，那他岂不是只会扑过去咬人家的腿吗？"田单说："说得好！"第二天，田单就把貂勃推荐给齐襄王。

这时襄王身边的九个宠臣都想陷害田单，就一起对齐襄王说："当燕国侵略我们齐国时，楚王派淖齿率领一万人来救齐国。现在我们齐国已经国泰民安了，为什么不派遣使者去向楚王致谢呢？"齐襄王问："你们看谁可以出任使者

使者谢于楚王？"王曰：
"左右孰可？"九人之
属曰："貂勃可。"貂
勃使楚，楚王受而觞之，
数日不反。九人之属相
与语于王曰："夫一人身，
而牵留万乘者，岂不以
据势也哉？且安平君之
与王也，君臣无礼，而
上下无别。且其志欲为
不善。内牧百姓，循抚
其心，振穷补不足，布
德于民；外怀戎翟，天
下之贤士，阴结诸侯之
雄俊豪英。其志欲有为
也。愿王之察之。"异日，
而王曰："召相单来。"
田单免冠徒跣肉袒而进，
退而请死罪。五日，而
王曰："子无罪于寡人，
子为子之臣礼，吾为吾
之王礼而已矣。"

貂勃从楚来，王赐
诸前，酒酣，王曰："召
相田单而来。"貂勃避
席稽首曰："王恶得此
亡国之言乎？王上者孰
与周文王？"王曰："吾

呢？"九个宠臣一致回答说："貂勃最适
当。"貂勃出使楚国后，楚王设宴款待他，
把他留在宫中几天，没让他回国。这九
名宠臣又纠合起来，向齐襄王进谗言说：
"貂勃是一个小小的使臣，竟然滞留在
拥有万辆兵车的大国那里，难道不是因
为他仰仗安平君田单势力的缘故吗？再
说田单对大王，不守君臣之礼，不分大
小尊卑，而且心怀造反的阴谋。所以他
才对内安抚百姓，笼络人心，广施恩德，
救济贫民；对外施恩于戎翟，结纳天下
诸侯贤达，暗中和英雄豪杰来往。可见
田单确实有造反的企图，但愿大王能够
多多加以注意。"有一天，齐襄王对侍
臣说："把宰相田单给我叫来。"田单知
道不妙，摘下官帽，光着脚，赤裸着上
半身，低着头走到齐襄王面前，请齐襄
王赐他死罪。过了五天，齐襄王对田单
说："你并没有得罪寡人，只不过你依臣
礼而为，我依君礼而为罢了。"

貂勃从楚国回来后，齐襄王当众
赐酒给他喝，正当他喝得兴高采烈时，
齐襄王对左右侍臣说："把宰相田单叫
来！"貂勃便离开宴席，跪在地上给齐
襄王磕头说："请问君王为什么要讲这种
'亡国之言'呢？请问君王上比周文王
如何？"齐襄王说："寡人自知比不上周

不若也。"貂勃曰："然，臣固知王不若也。下者孰与齐桓公？"王曰："吾不若也。"貂勃曰："然，臣固知王不若也。然则周文王得吕尚以为太公，齐桓公得管夷吾以为仲父，今王得安平君而独曰'单'。且自天地之辟，民人之治，为人臣之功者，谁有厚于安平君者哉？而王曰'单，单'，恶得此亡国之言乎？且王不能守先王之社稷，燕人兴师而袭齐墟，王走而之城阳之山中。安平君以惴惴之即墨，三里之城，五里之郭，敝卒七千，禽其司马，而反千里之齐，安平君之功也。当是时也，阖城阳而王，城阳、天下莫之能止。然而计之于道，归之于义，以为不可，故为栈道木阁，而迎王与后于城阳山中，王乃得反，子临百姓。今国已定，民已安矣，王乃

文王。"貂勃说："是的，臣也知道君王不如周文王。那么君王下比齐桓公如何呢？"齐襄王说："寡人也不如齐桓公。"貂勃说："是的，臣本来就知道君王不如齐桓公。因为周文王得到吕尚以后，拜他为'太公'；齐桓公得到管仲以后，称他为'仲父'；现在君王得到安平君，却直呼其名'田单'。再说自从开天辟地有人类以来，治理百姓的人，为人臣的功劳，谁的功劳比安平君大呢？可是如今君王竟直呼安平君为'田单，田单'，君王怎么能使用这种亡国的称呼呢？况且当初君王不能维护先王的社稷，燕人兴兵侵入齐国，占领首都临淄，君王逃往城阳山中。所幸有安平君仅凭陷入敌人包围的即墨一城，也就是仅凭'三里之城''五里之郭'，以及七千残兵败将大举向燕军反攻，俘虏燕军主将司马，收复齐国一千多里的失地，这可都是安平君的汗马功劳。假如那时安平君关上城阳门自立为王，城阳、天下诸侯谁也奈何不得。然而他却从道义上谋划，从大义上出发，认为不能那样做，因此在山里修栈道木阁，毕恭毕敬地把君王和王后迎接到城阳山中，君王才能回国统治万民。现在国家已经安定，百姓已经平安，君王就直称功臣的姓名。臣认为，就是三尺之童都不会这样做。君王

曰'单'。且婴儿之计
不为此。王不亟杀此九
子者以谢安平君，不然，
国危矣！"王乃杀九子
而逐其家，益封安平君
以夜邑万户。

不如赶紧杀死这九名奸臣，向安平君谢
罪，如果不这样的话，我们的国家就危
险了！"于是齐襄王下令诛杀九名奸臣，
把他们的家属都放逐到遥远的边区，然
后把万户的夜邑加封给安平君。

第六章 田单将攻狄

田单将攻狄，往见鲁仲子。仲子曰："将军攻狄，不能下也。"田单曰："臣以五里之城，七里之郭，破亡余卒，破万乘之燕，复齐墟。攻狄而不下，何也？"上车弗谢而去。遂攻狄，三月而不克之也。

齐婴儿谣曰："大冠若箕，修剑拄颐，攻狄不能，下垒枯丘。"田单乃惧，问鲁仲子曰："先生谓单不能下狄，请闻其说。"鲁仲子曰："将军之在即墨，坐而织蒉，立则丈插，为士卒倡曰：'可往矣！宗庙亡矣！云曰尚矣！归于何党矣！'当此之时，将军有死之心，而士卒无生之气，闻若言，莫不挥泣奋臂而欲战，此

田单准备收复狄城之前，特地去拜见鲁仲连。鲁仲连对田单说："将军根本攻不下狄城。"田单说："想当初臣仅凭五里之城和七里之郭，率领七千名残兵败将，击溃拥有一万辆兵车的燕国，收复齐都临淄。为什么现在会攻不下狄城呢？"说完，没跟鲁仲连告辞就上车离去了。接着他发兵攻打狄城，打了三个月都没有攻下。

这时齐国的儿童们都唱着这样的歌谣："官军的帽子像簸箕，用长剑支撑着下巴，攻打狄城不能攻陷，只是空自镇守枯丘。"田单听到这首童谣后很害怕，赶紧去问鲁仲连，说："先生曾说我田单攻不下狄城，请说说是为什么？"鲁仲连说："将军在即墨时，坐下来就用草编织鞋帽，站起来就舞动铁锹挖战壕，而且鼓励士兵说：'可以出击了！宗庙灭亡了！魂魄归去了！家住何处啊！'在那个时候，将军有必死的决心，士兵没有贪生的意念，一听到将军说出这些话，每个将士都义愤填膺，摩拳擦掌准备奋战，因此才打败了燕军。现在的情况却

所以破燕也。当今将军东有夜邑之奉，西有菑上之虞，黄金横带，而驰乎淄、渑之间，有生之乐，无死之心，所以不胜者也。"田单曰："单有心，先生志之矣。"明日，乃厉气循城，立于矢石之所，乃援枹鼓之，狄人乃下。

不同，将军东面有夜邑的供奉，西面有菑上的娱乐场所，黄金宝剑佩在腰间，在淄水、渑水之间奔驰，将士都有贪图享受的念头，而没有抱定必死的决心，所以才无法攻下狄城。"田单说："我田单有必死的决心，希望先生能记住我的话。"第二天，田单就去激励将士，到城墙一带巡视，站在有敌箭、雷石飞驰的地方，亲手操起鼓槌猛击战鼓，如此才攻下狄城。

第八章 齐闵王之遇杀

齐闵王之遇杀，其子法章变姓名，为莒太史家庸夫。太史敫女，奇法章之状貌，以为非常人，怜而常窃衣食之，与私焉。莒中及齐亡臣相聚，求闵王子，欲立之。法章乃自言于莒。共立法章为襄王。襄王立，以太史氏女为王后，生子建。太史敫曰："女无谋而嫁者，非吾种也，汙吾世矣。"终身不睹。君王后贤，不以不睹之故，失人子之礼也。

襄王卒，子建立为齐王，君王后事秦谨，与诸侯信，以故建立四十有余年不受兵。

秦始皇尝使使者遗君王后玉连环，曰："齐

齐闵王被淖齿杀害后，他的太子法章隐姓埋名，逃往莒城，在太史敫家中当了一名仆人。太史敫的女儿对法章的言谈举止很好奇，觉得他不是普通人，很怜爱他，经常在暗中多给他一些衣食，并且同他私通。后来莒城的齐人和齐国逃亡的大臣聚集在一起，寻访齐闵王的太子法章，一致主张立他为新王。于是法章从莒城出来，说明了自己的身世。群臣拥立法章为齐襄王。齐襄王即位后，册立太史的女儿为王后，不久生下太子建。王后的父亲太史敫对女儿说："你没通过媒人就出嫁了，你不是我的女儿，你丢了我家的脸。"从此太史敫终生不见他的女儿。但王后非常贤惠，并不因为父亲不承认自己的身份，就不顾父女应有的礼节。

齐襄王死后，太子建立为齐王。王后对秦国国事表现得非常谨慎，跟诸侯来往也很讲信义，所以齐王建在位的四十多年间，齐国没有战祸。

秦始皇曾派使者到齐国，送给王后一副玉连环，使者说："齐国有许多有识

多知，而解此环不？"
君王后以示群臣，群臣
不知解。君王后引椎椎
破之，谢秦使曰："谨
以解矣。"

及君王后病且卒，
诚建曰："群臣之可用
者某。"建曰："请书
之。"君王后曰："善。"
取笔牍受言。君王后曰：
"老妇已亡矣！"

君王后死，后后胜
相齐，多受秦间金玉，
使宾客入秦，皆为变辞，
劝王朝秦，不修攻战之
备。

之士，能解开这种智慧之环吗？"王后
把玉连环拿给群臣看，竟然没有一个人
知道解法。于是，王后就拿起一把木椎
把玉连环敲破，然后告诉秦国使臣说：
"我已经解开了玉连环了。"

王后病重将死时，她告诫齐王建说：
"在群臣之中可以任用的有某某人。"齐
王建问："请母后把名字写给臣。"王后
说："好的。"于是左右拿来笔和竹板，
要记下太后的遗言。这时王后又说："我
已经忘了！"

王后死后，后胜出任齐国相国，他
接受了秦国间谍很多金玉贿赂，每次派
使者到秦国去，都说一些迎合秦王心意
的变诈之辞，并且劝齐王建到秦国朝拜，
丝毫不考虑齐国的国防战备问题。

第九章 齐王建入朝于秦

齐王建入朝于秦，雍门司马前曰："所为立王者，为社稷耶？为王立王耶？"王曰："为社稷。"司马曰："为社稷立王，王何以去社稷而入秦？"齐王还车而反。

即墨大夫与雍门司马谏而听之，则以为可，可为谋，即入见齐王曰："齐地方数千里，带甲数百万。夫三晋大夫，皆不便秦，而在阿、鄄之间者百数，王收而与之百万之众，使收三晋之故地，即临晋之关可以入矣；鄢、郢大夫，不欲为秦，而在城南下者百数，王收而与之百万之师，使收楚故地，即武关可以入矣。如此，则齐威可立，秦国可亡。

齐王建要到秦国去朝贡，首都临淄雍门城的司马拦在他的马前，说："一个国家之所以要拥立国王，是为了保全国家的完整，还是为了国王而拥立国王呢？"齐王建说："是为了保全国家。"司马说："既然是为了保全国家而立王，那君王为什么离开自己的国家到秦国去呢？"齐王建一听这话，下令驾车回宫。

即墨大夫听说雍门司马的谏诤被齐王采纳了，觉得还可以和齐王商讨计谋，于是赶紧入朝晋见齐王建说："齐国地方几千里，精兵更有几百万。赵、魏、韩三国的大夫们都不向秦王表示恭顺，在东阿、鄄城两地之间聚集了百余人。假如君王对他们加以笼络，拨给他们百万大军，让他们收复三国被秦国占领的故地，那么很快就可攻进秦国东边的临晋关。楚国故都鄢、郢的大夫们并不心甘情愿地为秦国效劳，因此流亡到齐城南边的有百余人。假如君王能收留他们，并且拨给他们百万大军，很快就可以收复楚国被占领的失地，并且能够攻进秦国南边的武关。假如君王能够这样做，那么

夫舍南面之称制，乃西
面而事秦，为大王不取
也。"齐王不听。

秦使陈驰诱齐王内
之，约与五百里之地。
齐王不听即墨大夫而听
陈驰，遂入秦。处之共
松柏之间，饿而死。先
是齐为之歌曰："松邪！
柏邪！住建共者，容
耶！"

不但齐国的国威可以重振，而且能够灭
掉秦国。如今您舍弃称王于南方的机会，
却偏偏要向西面去侍奉秦王，臣认为大
王这样做实在不足称道。"可惜齐王建
并没有听从。

秦国派使节陈驰诱使齐王建到秦国
去，以给齐国五百里土地为诱饵。齐王
建不听即墨大夫的谏诤，却听从陈驰的
诱劝，于是到了秦国。结果秦王把他软
禁在边远的魏邑共城，让他住在荒僻的
松柏林中，断绝他的饮食，把他活活饿
死了。在这之前，齐国曾有人为将要发
生的事唱过一首歌："松树啊！柏树啊！
让齐王建迁到共地的人，就是那善于变
诈的宾客啊！"

第十章 齐以淖君之乱

齐以淖君之乱楚。其后秦欲取齐，故使苏涓之楚，令任固之齐。齐明谓楚王曰："秦王欲楚，不若其欲齐之甚也。其使涓来，以示齐之有楚，以资固于齐。齐见楚，必受固。是王之听涓也，适为固驱以合齐、秦也。齐、秦合，非楚之利也。且夫涓来之辞，必非固之所以之齐之辞也。王不如令人以涓来之辞谩固于齐，齐、秦必不合。齐、秦不和，则王重矣。王欲收齐以攻秦，汉中可得也。王即欲以秦攻齐，淮泗之间亦可得也。"

齐国由于淖齿之乱而仇视楚国。后来秦国想联合齐国，就分别派苏涓去楚国、任固去齐国。说客齐明对楚顷襄王说："秦王联合楚国的心愿，还不如联合齐国那么急切。秦王之所以要派苏涓来楚国，就是为了向齐王表示秦、楚两国亲善，以便支援派往齐国游说的任固。齐国如果看见楚国同意苏涓的话，也必然会接受任固的游说。这也就是说，君王采信苏涓之言，恰好等于帮助任固使齐、秦两国结盟。齐、秦两国一旦结盟，就会对楚国不利。况且苏涓来到楚国所说的话，必然和任固到齐国所说的话不同。所以君王实在不如派使者到齐国去，把苏涓在楚国所说的话泄露给齐国，齐国就会知道任固是在欺骗他们，那齐、秦两国的盟约就缔结不成。齐、秦两国一旦不能联合，那么楚王您的地位就很重要了。如果大王想联合齐国进攻秦国，那汉中就可以收回了。如果大王想联合秦国攻打齐国，那淮水和泗水之间的土地也能唾手可得。"

第十四篇 楚策一

第三章 荆宣王问群臣

荆宣王问群臣曰："吾闻北方之畏昭奚恤也，果诚何如？"群臣莫对。江一对曰："虎求百兽而食之，得狐。狐曰：'子无敢食我也。天地使我长百兽，今子食我，是逆天帝命也。子以我为不信，吾为子先行，子随我后，观百兽之见我而敢不走乎？'虎以为然，故遂与之行。兽见之皆走。虎不知兽畏己而走也，以为畏狐也。今王之地方五千里，带甲百万，而专属之昭奚恤；故北方之畏昭奚恤也，其实畏王之甲兵也，犹百兽之畏虎也。"

楚宣王问群臣："寡人听说北方六国都害怕昭奚恤，果真是这样吗？"群臣无人能回答这个问题。只有江乙回答说："老虎拿各种野兽作食物，有一天，一只老虎找到一只狐狸。狐狸看老虎要吃它，赶紧说：'你不能吃我！因为上帝让我当百兽的领袖，现在你如果吃了我，就等于违背了天帝的旨意。如果你认为我的话靠不住，我可以走在你的前面，你跟在我的后面，看看各种野兽有没有见到我还敢不逃走的？'老虎觉得狐狸的话对，就跟在狐狸后面走。野兽一看到它们，果然全都四处逃窜。但是老虎不知道野兽是害怕自己才逃跑的，还认为是真的害怕狐狸。如今大王有方圆五千里的土地，有一百多万身穿战甲的精兵，而且全部都交给昭奚恤指挥；所以，与其说北方各国都畏惧昭奚恤，还不如说是畏惧大王的百万雄师，这就跟各种野兽都害怕老虎是一样的啊！"

第八章 江乙恶昭奚恤

江乙恶昭奚恤，谓楚王曰：“人有以其狗为有执而爱之。其狗尝溺井，其邻人见狗之溺井也，欲入言之。狗恶之，当门而噬之。邻人惮之，遂不得入言。邯郸之难，楚进兵大梁，取矣。昭奚恤取魏之宝器，以居魏知之，故昭奚恤常恶臣之见王。”

江乙讨厌昭奚恤，对楚宣王进谗言：“有个人，因为他的狗很会看家，所以很喜欢它。这条狗曾往井里撒尿，邻居看见狗向井里撒尿，就想进去告诉它的主人。这条狗恨这个邻居，就挡着门咬他。邻居害怕这条狗，于是没有进到狗主人家告状。邯郸遭到战难时，只要楚国出兵，魏都大梁就能攻占。然而昭奚恤却取得魏国的宝物，那时臣正住在魏国，对这件事知道得很清楚，所以昭奚恤一直讨厌臣来拜见大王。”

第九章 江乙欲恶昭奚恤于楚

江乙欲恶昭奚恤于楚，谓楚王曰："下比周，则上危；下分争，则上安。王亦知之乎？愿王勿忘也。且人有好扬人之善者，于王何如？"王曰："此君子也，近之。"江乙曰："有人好扬人之恶者，于王何如？"王曰："此小人也，远之。"江乙曰："然则且有子杀其父，臣弑其主者。而王终已不知者，何也？以王好闻人之美而恶闻人之恶也。"王曰："善。寡人愿两闻之。"

江乙想在楚王面前说昭奚恤的坏话，就对楚宣王说："常言道：'在下的人结党，国君的地位就会危险；在下的人纷争，国君的地位就会安稳。'不知大王是否知道？但愿大王不要忘记了。假如有一个喜欢说他人好话的人，大王认为如何？"楚宣王说："这个人是君子，可以接近他。"江乙说："假如有人专门揭发他人的缺点，大王又以为如何呢？"楚宣王说："这个人是小人，要离他远一点。"江乙说："既然如此，现在假如有一个儿子杀死了他的父亲，一个臣子杀死了君主，大王却始终不知道，这又是为什么呢？这可能是大王喜欢听人的优点，而讨厌听人的缺点的缘故吧。"楚宣王说："的确如此。不过，现在寡人愿意善、恶两方面都听一听。"

第十章 江乙说于安陵君

江乙说于安陵君曰："君无咫尺之地，骨肉之亲，处尊位，受厚禄，一国之众，见君莫不敛衽而拜，抚委而服，何以也？"曰："王过举而已。不然，无以至此。"

江乙曰："以财交者，财尽而交绝；以色交者，华落而爱渝。是以嬖女不敝席，宠臣不避轩。今君擅楚国之势，而无以深自结于王，窃为君危之。"安陵君曰："然则奈何？""愿君必请从死，以身为殉，如是必长得重于楚国。"曰："谨受令。"

三年而弗言。江乙复见曰："臣所为君道，至今未效。君不用臣之

江乙劝导安陵君说："您虽然没有一点封土，没有骨肉至亲，却身居高位，享受优厚的俸禄，全国的百姓见了你都整理衣冠，鞠躬下拜，垂手躬身，这是为什么呢？"安陵君回答说："这是君王错爱我的缘故。否则，我怎么能如此呢？"

江乙说："用金钱结交朋友，金钱花光时友情就会断绝；因美色而结合，美貌衰退后爱情就会消失。所以受宠的侍妾还没等席子睡坏，就被丈夫遗弃了；受宠的臣子还没等把车子坐坏，就被君主罢免了。如今您在楚国很有势力，自己却不加深和君王之间的感情，臣真替您感到危险啊。"安陵君说："既然这样，怎么办呢？"江乙说："请您对君王说，愿意和君王一起死，也就是愿意为君主殉葬，这样您就能长久地在楚国拥有权势。"安陵君说："我愿意接受先生的指教。"

过了三年，安陵君还没对君王说这种话。江乙又对安陵君说："臣对您所建议的事，您至今不曾施行。您既然不

计，臣请不敢复见矣。"安陵君曰："不敢忘先生之言，未得间也。"

于是，楚王游于云梦，结驷千乘，旌旗蔽日，野火之起也若云霓，咒虎嗥之声若雷霆，有狂咒牂车依轮而至，王亲引弓而射，壹发而殪。王抽旃旄而抑咒首，仰天而笑曰："乐矣，今日之游也！寡人万岁千秋之后，谁与乐此矣？"安陵君泣数行而进曰："臣入则编席，出则陪乘。大王万岁千秋之后，愿得以身试黄泉，蓐蝼蚁，又何如得此乐而乐之。"王大说，乃封坛为安陵君。

君子闻之曰："江乙可谓善谋，安陵君可谓知时矣。"

采纳臣的献策，那臣也就不想再见到您了。"安陵君说："我并不敢忘记先生的话，只因为一直没有遇上好机会而已。"

这时，楚宣王到云楚去打猎，四马战车有一千辆，旌旗把太阳光都遮住了，行军时所升起的野火像云和虹那样美丽，犀牛和老虎的吼声像雷霆一般，有一只凶性大发的犀牛顺着车轮冲向战车，楚宣王拉开弓，一箭就把犀牛射死了。楚宣王抽出带牦牛尾的旗帜，用旗杆按住犀牛的头，仰天大笑说："今天的游猎真是太开心了！寡人百年之后，可以和谁有今天这样的快乐呢？"安陵君听了这话，立刻泪流满面地走到楚宣王面前说："臣在朝廷就坐在君王身边，到外面巡行又和君王坐一辆车。君王一旦百年之后，臣愿意身死而进入黄泉，替君王作褥子，以免君王被蝼蛄和蚂蚁侵害，又哪里有比这种游猎的快乐更宽慰的事啊。"楚宣王听了很高兴，于是设坛封他为安陵君。

人们听说这事后都说："江乙可算得上是善于谋划的人，安陵君也算得上是善于利用时机的人。"

第十六章 楚王问于范环

楚王问于范环曰："寡人欲置相于秦，孰可？"对曰："臣不足以知之。"王曰："吾相甘茂可乎？"范环对曰："不可。"王曰："何也？"曰："夫史举，上蔡之监门也。大不如事君，小不如处室，以苛廉闻于世，甘茂事之顺焉。故惠王之明，武王之察，张仪之好谮，甘茂事之，取十官而无罪，茂诚贤者也，然而不可相秦。秦之有贤相也，非楚国之利也。且王尝用滑于越而纳句章，昧之难，越乱，故楚南察濑胡而野江东。计王之功所以能如此者，越乱而楚治也。今王以用之于越矣，而忘之于秦，臣以为王钜速忘矣。王

楚怀王问范环说："寡人想推举一个人去秦国当宰相，谁可以去呢？"范环回答说："臣不知道。"楚怀王又说："我派甘茂去担任秦国宰相如何？"范环回答说："不行。"楚怀王说："为什么？"范环回答说："甘茂的老师史举是楚邑上蔡的门吏。往大说他不懂得侍奉君主之道，往小说他不明白治家之理，他只是以苛刻严谨而出名，甘茂和他相处得很好。所以对于英明的秦惠王、明智的秦武王，还有喜欢挑人长短的张仪而言，如果让甘茂去侍奉他们，获得十个官职也不会有罪，可见甘茂实在是位贤人，然而却不能让他出任秦国的宰相。秦国有了贤相，对楚国不是一件好事。并且君王曾派召滑前往越国任官，而收复了会稽的句章，所以楚国虽然有'唐昧之难'，但因为越国内乱，所以楚国还可以占领南方的濑湖，加以治理后，边境可以直接到达江东地方。君王之所以能够建立如此大业，是因为越国有内乱而楚国大治的缘故。君王既对越国使用过这种政策，如今对秦国竟然忘而不用，

若欲置相于秦乎？若公孙郝者可。夫公孙郝之于秦王，亲也。少与之同衣，长与之同车，被王衣以听事，真大王之相已。王相之，楚国之大利也。"

臣认为君王忘得太快了。君王想在秦国立一位宰相吗？臣认为只有公孙郝可以。因为公孙郝跟秦王的关系很密切，他小时候和秦王同穿一件衣服，长大后和秦王同坐一辆车子，甚至穿着秦王的衣服处理公务，这才是君王应该派去的理想的秦相人选。如果君王能任命公孙郝为秦相，那对楚国大有好处。"

第十七章 苏秦为赵合从说楚威王

苏秦为赵合从，说楚威王曰："楚，天下之强国也。大王，天下之贤王也。楚地西有黔中、巫郡，东有夏州、海阳，南有洞庭、苍梧，北有汾陉之塞、郇阳。地方五千里，带甲百万，车千乘，骑万匹。粟支十年，此霸王之准资也。夫以楚之强与大王之贤，天下莫能当也。今乃欲西面而事秦，则诸侯莫不南面而朝于章台之下矣。秦之所害于天下莫如楚，楚强则秦弱，楚弱则秦强，此其势不两立。故为王至计，莫如从亲以孤秦。大王不从亲，秦必起两军：一军出武关；一军下黔中。若此，则鄢、郢动矣。臣闻治之其未乱，为之

苏秦替赵国组织合纵联盟，于是去游说楚威王，说："楚国是天下的强国，大王是天下的贤王。楚国西面有黔中、巫郡，东面有夏州、海阳，南面有洞庭湖、苍梧山，北面有汾陉要塞、郇阳险地。地方五千里，精兵一百万，战车一千辆，战马一万匹，军粮可以支撑十年，这些都是创立霸王之业的资本。凭楚国的强大和大王的贤明，天下诸侯都不能抵抗。然而大王现在却想向西面的秦国称臣，楚国都如此，那么天下就没有一个诸侯不向南面而拜伏在楚国的章台宫下了。秦国的心腹之患是楚国，楚国强盛秦国就会衰弱，楚国衰弱秦国就会强盛，可见秦、楚两国处于势不两立的态势。所以臣才愿意为大王谋划，大王实在不如实行合纵之盟抗拒强秦，使秦国陷于孤立无援的状态。如果大王不实行合纵之盟，那秦国必定分兵两路：一路东出武关，一路沿黔中南下。如此一来，鄢陵和郢都就动摇了。据臣所知，治理国事要在它还没骚乱时加以整顿，防患于未然；灾患已经降临再发

其未有也；患至而后忧之，则无及已。故愿大王早计之。

"大王诚能听臣，臣请令山东之国，奉四时之献，以承大王之明制，委社稷宗庙，练士厉兵，在大王之所用之。大王诚能听臣之愚计，则韩、魏、齐、燕、赵、卫之妙音美人，必充后宫矣。赵、代良马橐他，必实于外厩。故从合则楚王，横成则秦帝。今释霸王之业，而有事人之名，臣窃为大王不取也。

"夫秦，虎狼之国也，有吞天下之心。秦，天下之仇雠也。横人皆欲割诸侯之地以事秦，此所谓养仇而奉雠者也。夫为人臣而割其主之地，以外交强虎狼之秦，以侵天下，卒有秦患，不顾其祸。夫外挟强秦之威，以内劫其主，以求割地，大逆不忠，无过

愁，就来不及了。所以恳请大王要及早谋求对策。

"大王如果能听从我的建议，那臣可以让山东诸侯四季进贡，遵从大王的法令制度，把社稷和宗庙都委托给楚国管理，把军队交给大王训练，任大王调遣。如果大王能采纳臣的愚策，那韩、魏、齐、燕、赵、卫等国的善歌美女必定站满后宫，赵、代地方的骏马、骆驼也必然能充满大王的马厩。所以合纵成功，楚国就能奠定霸主之业；连横成功，秦国就会君临天下。现在大王竟抛弃霸主的宏伟大业，又背负臣事他人的丑名，臣私下认为大王不应该这样做。

"再说秦国是暴戾如同虎狼的国家，有吞并天下的野心，所以秦国是天下诸侯的仇敌。倡导连横的人都主张割让诸侯的土地去侍奉秦国，这就是所谓'供养仇敌而侍奉仇敌'。一个做臣子的人以损失国家土地为代价，到外面去结交虎狼一般的秦国，帮助秦国侵略天下诸侯，结果会招来秦国带来的祸患，他们会不顾本国的灾祸而离去。他们在外倚仗强大的秦国的威力，在内威胁自己的君主，要求割让土地给秦国，世界上最

此者。故从亲，则诸侯割地以事楚；横合，则楚割地以事秦。此两策者，相去远矣，有亿兆之数。两者大王何居焉？故弊邑赵王，使臣效愚计，奉明约，在大王命之。”

楚王曰："寡人之国，西与秦接境，秦有举巴蜀、并汉中之心。秦，虎狼之国，不可亲也。而韩、魏迫于秦患，不可与深谋，恐反人以入于秦，故谋未发而国已危矣。寡人自料，以楚当秦，未见胜焉。内与群臣谋，不足恃也。寡人卧不安席，食不甘昧，心摇摇而悬旌，而无所终薄。今君欲一天下，安诸侯，存危国，寡人谨奉社稷以从。"

不忠贞的大逆行为，没有超过这个的了。所以如果合纵之盟能够成立，那么天下诸侯就会割让土地侍奉楚国；如果连横之盟能够成立，那么楚国就要割让土地侍奉秦国。这两种政策相去甚远，不知道大王要如何取舍？所以敝国赵王才派臣前来呈献愚计，遵守大王的盟约，听从大王的号令。"

楚威王说："寡人的楚国西面和秦国接壤，而秦国有攻取巴蜀、兼并汉中的野心。我本来就知道秦国是个虎狼般残暴的国家，绝对不可以与之友好。而韩、魏两国被秦国制造的祸患胁迫，不可以与他们深谋，寡人深怕他们背叛我楚国，把一切谋划都偷偷泄漏给秦国，那样还没等到计谋实行，我楚国已经陷入危险的境地。据寡人自己估计，用楚国来抵抗强秦，未必就能胜利。寡人在朝廷和群臣策划，又不可靠。这使得寡人寝食难安，心乱如麻，就好像随风飘展的旗子那样摆动，而终无所托。现在您想要团结天下，安抚诸侯，保存危亡的国家，寡人愿意率领敝国臣民相从。"

第十八章 张仪为秦破从连横

张仪为秦破从连横，说楚王曰："秦地半天下，兵敌四国，被山带河，四塞以为固。虎贲之士百余万，车千乘，骑万匹，粟如丘山。法令既明，士卒安难乐死。主严以明，将知以武。虽无出兵甲，席卷常山之险。折天下之脊，天下后服者先亡。且夫为从者，无以异于驱群羊而攻猛虎也。夫虎之与羊，不格明矣。今大王不与猛虎而与群羊，窃以为大王之计过矣。

"凡天下强国，非秦而楚，非楚而秦，两国敌侔交争，其势不两立。而大王不与秦，秦下甲兵，据宜阳，韩之上地不通；下河东，取

张仪想为秦国瓦解合纵联盟，为实行连横游说楚怀王，说："秦国的土地占有天下的一半，兵力可以抵抗四邻诸侯，四周都有山，又有河流贯穿其间，四面都有要塞险阻可以固守。英勇善战的将士有一百多万，兵车有一千多辆，战马有一万多匹，食粮堆积如山。法令严明，士卒不贪生怕死。君主英明睿智，将帅骁勇善谋。即使不出动多少精兵，攻取常山的险要如同卷席子一般轻而易举。只要能占领常山，就如同折断了天下的脊椎骨，凡是天下最后服从秦国的必然先招致灭亡。而且主张合纵的，无异于驱赶一群羊去攻打一只猛虎。而羊不能敌虎，这是显而易见的事。现在大王不与猛虎为伍，反而准备和绵羊结群，所以臣私下认为大王的主意错了。

"大凡天下强国，不是秦国就是楚国，不是楚国就是秦国，两国互相争胜，彼此的势力不能够和平共存。大王如果不与秦国结交，秦国就会发动精兵进攻，占据楚国的宜阳，韩国的上党地方就会被切断；然后从河东攻占韩国的成皋，

成皋，韩必入臣于秦。韩入臣，魏则从风而动。秦攻楚之西，韩、魏攻其北，社稷岂得无危哉？

"且夫约从者，聚群弱而攻至强也。夫以弱攻强，不料敌而轻战，国贫而骤举兵，此危亡之术也。臣闻之，兵不如者，勿与挑战；粟不如者，勿与持久。夫从人者，饰辩虚辞，高主之节行，言其利而不言其害，卒有楚祸，无及为已，是故愿大王之熟计之也。秦西有巴蜀，方船积粟，起于汶山。循江而下，至郢三千余里。舫船载卒，一舫载五十人，与三月之粮，下水而浮，一日行三百余里；里数虽多，不费马汗之劳，不至十日而距扞关；扞关惊，则从竟陵已东，尽城守矣，黔中、巫郡非王之有已。秦举甲出之武关，南面

如此，韩国就必然入朝臣事秦国。假如韩国入朝臣事秦国，那么魏国就会望风动摇，快速投降。到那时秦军攻打楚国的西部，韩、魏两国攻打楚国的北部，楚国的江山怎么会没有危险呢？

"况且所谓合纵之约，是集合一群弱小的国家攻打强国。凡是以弱攻强的战争，如果不估计敌人的力量而轻率开战，国家贫穷而又屡次兴兵，那么，这就是一种危险的做法。臣听说：'兵力不够的，不要向人挑战；食粮不足的，不要和人打持久仗。'那么，倡导合纵之说的人用穿凿附会的辩论和空洞的言辞赞扬君主的节操和品行，只说其中的利益而不说其中的弊害，结果楚国有了祸患而来不及解救，所以恳请大王仔细考虑。秦国西南有巴蜀，并船运兵载粮，从汶山茂县西出发，沿江而下，到郢都只有三千多里。两船并连装载士兵，一只这样的船可以装载五十个士兵和三个月的粮食，浮水而下，一天可以走三百多里；距离虽然远，却不浪费人马的劳力，不到十天便抵达楚国的扞关；扞关受到惊扰，那么从楚国竟陵以东的城邑都得戒备守城，黔中、巫郡早已不为大王所有。秦国发兵东出武关，然后再挥军往南攻打，那楚国的北部就被切断了。秦兵攻打楚国，战事在三个月之内即可

而攻，则北地绝。秦兵之攻楚也，危难在三月之内。而楚恃诸侯之救，在半岁之外，此其势不相及也。夫恃弱国之救，而忘强秦之祸，此臣所以为大王之患也。且大王尝与吴人五战三胜而亡之，陈卒尽矣；有偏守新城而居民苦矣。臣闻之：攻大者易危，而民弊者怨于上。夫守易危之功，而逆强秦之心，臣窃为大王危之。

"且夫秦之所以不出甲于函谷关十五年以攻诸侯者，阴谋有吞天下之心也。楚尝与秦构难，战于汉中。楚人不胜，通侯、执圭死者七十余人，遂亡汉中。楚王大怒，兴师袭秦，战于蓝田，又郤。此所谓两虎相搏者也。夫秦、楚相弊，而韩、魏以全制其后，计无过于此者矣，是故愿大王熟计之也。

"秦下兵攻卫、阳

结束。而楚国如果要等待援救的诸侯，没有半年的时间，救援不能达到，因此足见两国的势不相等。仅仅依靠弱国的援救，而忘记强秦的祸患，这是臣替大王感到忧虑的。而且大王曾和吴国作战五次而三次获胜，终于消灭了吴国，致使楚国上阵的士兵都死光了；只好偏守新得的城邑，人民因此困苦不堪。臣听说：'攻打强大的国家容易遭受危险，人民穷困就会怨恨在上的人。'如今坚守容易招致危险的功业，同时又违逆强秦的野心，臣实在替大王感到危险。

"何况秦国之所以十五年不曾发兵函谷关攻打诸侯，其原因就在于有阴谋吞并天下的野心。楚国曾和秦国发生战争，并且在汉中交兵。楚国被打败，通侯和执圭战死的有七十多人，结果丧失了汉中。楚王为此大怒，发兵攻打秦国，经蓝田一战，楚军又被击败。这就是所谓'两虎相争'啊。秦、楚两国两败俱伤后，韩、魏两国用全力控制他们的后方，再也没有比这更错的计谋了，所以希望大王深思熟虑。

"反之，如果秦、楚两国结盟，秦国

晋，必开天下之匈，大王悉起兵以攻宋，不至数月而宋可举。举宋而东指，则泗上十二诸侯，尽王之有已。

"凡天下所信约从亲坚者苏秦，封为武安君而相燕，即阴与燕王谋破齐共分其地。乃佯有罪，出走入齐，齐王因受而相之。居两年而觉，齐王大怒，车裂苏秦于市。夫以一诈伪反覆之苏秦，而欲经营天下，混一诸侯，其不可成也亦明矣。

"今秦之与楚也，接境壤界，固形亲之国也。大王诚能听臣，臣请秦太子入质于楚，楚太子入质于秦，请以秦女为大王箕帚之妾，效万家之都，以为汤沐之邑，长为昆弟之国，终身无相攻击。臣以为计无便与此者。故敝邑秦王，使使臣献书大王之

出兵攻打卫和晋阳两地，必然会关闭诸侯的交通要道，大王如果发动所有的兵力去攻打宋国，用不了几个月，就可以占领这个小国。占领宋国以后，再继续东进，那泗水的十二诸侯，就都成为大王的属国了。

"天下最相信合纵盟约的是苏秦，他被封为武安君，担任过燕国的宰相，暗地里和燕王共谋攻破齐国，瓜分齐国的土地。于是苏秦假装有罪，逃往齐国，齐王收留他，并任命他为宰相。两年后苏秦和燕王的阴谋被发觉，齐王大怒，用车子将他五马分尸。凭一个奸诈诓骗、反复无常的苏秦，竟然想经营天下，统一诸侯，他不能成功也是很明显的了。

"现在秦、楚两国接壤，本来在地理形势上是很亲善的邻邦。如果大王能听臣的计策，臣可以让秦国的太子到楚国来作人质，同时楚国的太子也要到秦国去作人质，把秦国的公主嫁给大王，做个侍奉洒扫的妾，献出万户的大邑，作为沐浴费用的地方，两国永结为兄弟之邦，终身不互相攻击。臣认为没有比这个再好的计谋了。所以敝国的秦王才派张仪作使臣给大王献策，随从大王车驾的后面，静待大王的裁决。"

从车下风，须以决事。"

　　楚王曰："楚国僻陋，托东海之上。寡人年幼，不习国家之长计。今上客幸教以明制，寡人闻之，敬以国从。"乃遣使车百乘，献鸡骇之犀，夜光之璧于秦王。

　　楚怀王说："楚国地方鄙陋，靠近远离中原的东海。寡人又年幼无知，不太了解国家的长远大计。现在所幸有客卿的明教，使寡人知道国家应该施行的政策，所以寡人愿意听从连横之计，把全国托付给你。"于是派出特使率领一百辆战车，载着鸡骇之犀和夜光之璧献给秦王。

第二十章 威王问于莫敖子华

威王问于莫敖子华曰："自从先君文王以至不谷之身，亦有爵劝，不以禄勉，以忧社稷者乎？"莫敖子华对曰："如华不足知之矣。"王曰："不于大夫，无所闻之。"莫敖子华对曰："君王将何问者也？彼有廉其爵，贫其身，以忧社稷者；有崇其爵，丰其禄，以忧社稷者；有断脰决腹，壹瞑而万世不视，不知所益，以忧社稷者；有劳其身，愁其志，以忧社稷者；亦有不为爵劝，不为禄勉，以忧社稷者。"王曰："大夫此言，将何谓也？"

莫敖子华对曰："昔令尹子文，缁帛之衣以朝，鹿裘以处；未明而立于朝，日晦而归食；

楚威王问莫敖子华说："自从先君楚文王一直到寡人这一代，真有不为官爵、利禄的鼓励而忧国忧民的大臣吗？"莫敖子华回答说："这种事我搞不清。"楚威王说："如果不问你，寡人就没什么办法听到了。"莫敖子华回答说："君王在问哪一类人呢？这其中有奉公守法、清廉自守而忧虑国家安危的大臣；有追求提高爵位、增加俸禄而忧虑国家安危的大臣；有不怕断头和剖腹、视死如归、不求利禄而忧虑国家安危的大臣；有劳累自己身体、困扰自己心志而忧虑国家安危的大臣；也有不为高爵厚禄而忧虑国家安危的大臣。"楚威王说："贤卿所说的这些大臣指的谁呢？"

莫敖子华回答说："过去令尹子文每天穿着黑绸衣服上朝，回家就换上粗劣的鹿皮衣；每天一大早就来到朝廷等候，一直到黄昏才下朝回家吃饭；家里穷得

朝不谋夕，无一月之积。故彼廉其爵，贫其身，以忧社稷者，令尹子文是也。

"昔者叶公子高，身获于表薄，而财于柱国；定白公之祸，宁楚国之事，恢先君以掩方城之外，四封不侵，名不挫于诸侯。当此之时也，天下莫敢以兵南乡。叶公子高，食田六百畛。故彼崇其爵，丰其禄，以忧社稷者，叶公子高是也。

"昔者吴与楚战于柏举，两御之间夫卒交。莫敖大心抚其御之手，顾而大息曰：'嗟乎子乎，楚国亡之月至矣！吾将深入吴军，若扑一人，若捽一人，以与大心者也，社稷其为庶几乎？'故断脰决腹，壹瞑而万世不视，不知所益，以忧社稷者，莫敖大心是也。

"昔者吴与楚战于

朝不保夕，没有一个月的存粮。我所说的那些奉公守法、安于贫困而为国分忧的大臣，就是令尹子文这样的人。

"过去叶公子高来自草野之地，出身微贱，却有担当得起国家重任的柱国之才。他平定'白公之难'，稳定了楚国的国运，把祖宗的遗德发扬光大到方城以外，四面国境都不受敌人的侵害，名誉也不受诸侯的污辱。在这个时代，天下诸侯都不敢兴兵南侵。叶公子高的封地有六百畛的土地，所以有追求提高爵位、增加俸禄而忧虑国家安危的大臣指的是叶公子高这样的人。

"过去吴、楚两国在柏举作战，驾驭双方将军战车的车夫互相冲杀奋战。莫敖大心拉着自己车夫的手，回过头来感慨地说：'啊，楚国灭亡的日子已经来到了！所以我将要冲进敌军的阵营，打倒一个敌人，再抓住一个敌人，用他们来交换我的性命，如果每人都这样，楚国该不会灭亡吧？'所以说那些不怕断头和剖腹、视死如归、不求利禄而忧虑国家安危的大臣指的是莫敖大心这样的人。

"过去吴国和楚国在柏举作战，经过三次交锋之后，吴军攻进了楚都郢城。

柏举，三战入郢。寡君身出，大夫悉属，百姓离散。棼冒勃苏曰：'吾被坚执锐，赴强敌而死，此犹一卒也，不若奔诸侯。'于是赢粮潜行，上峥山，逾深溪，蹠穿膝暴，七日而薄秦王之朝。崔立不转，昼吟宵哭。七日不得告。水浆无入口，痍而殚闷，旄不知人。秦王闻而走之，冠带不相及，左奉其首，右濡其口，勃苏乃苏。秦王身问之：'子孰谁也？'棼冒勃苏对曰：'臣非异，楚使新造蛰棼冒勃苏。吴与楚人战于柏举，三战入郢，寡君身出，大夫悉属，百姓离散。使下臣来告亡，且求救。'秦王顾令不起：'寡人闻之，万乘之君，得罪一士，社稷其危，今此之谓也。'遂出革车千乘，卒万人，属之子满与子虎。下塞以东，与吴人战于浊水而大败之，

楚君逃亡，朝臣也都跟着一起逃亡，人民流离失所。这时棼冒勃苏说：'我身穿盔甲，手拿武器，冲进强敌阵地拼死而战，这只等于一个兵卒的力量，所以不如奔到诸侯国去求救。'于是他带着干粮悄悄逃亡，一路越过高山峻岭，渡过深水溪谷，脚掌扎破了，膝骨挫伤了，走了七天才到达秦王的朝廷。他像崔鸟一样站在朝廷上翘望，昼夜不停地哭泣，可是过了七天都没能见到秦王。这七天，他滴水未进，以致气厥昏晕，倒在地上不省人事。秦王听到这个消息，赶紧跑去看他，慌忙中既没戴王冠，也没束玉带，左手抱起他的头，右手往他嘴里灌水，勃苏这才苏醒过来。秦王亲口问他：'你是什么人？'勃苏回答说：'臣不是别人，是楚国的使臣，是因为不死于国难而刚刚获罪的棼冒勃苏。现在吴国和楚国在柏举作战，吴军三次进攻，打进了楚国的郢都，敝国的君王逃亡了，朝臣跟着逃亡了，百姓也都离散了。所以臣才来到大王面前说明敝国沦亡的经过，并且请大王发兵救援。'秦王回过头让他起来，他不起，秦王就对他说：'寡人听说，一个拥有一万辆兵车的君主，只要得罪一个读书人，就会危害到国家，说的就是现在这种情形吧？'于是拨出一千辆战车、一万名战士，派子满和子

亦闻于遂浦。故劳其身，愁其思，以忧社稷者，棼冒勃苏是也。

"吴与楚战于柏举，三战入郢。君王身出，大夫悉属，百姓离散。蒙谷给斗于宫唐之上，舍斗奔郢曰：'若有孤，楚国社稷其庶几乎！'遂入大宫，负离次之典以浮于江，逃于云梦之中。昭王反郢，五官失法，百姓昏乱；蒙谷献典，五官得法，而百姓大治。此蒙谷之功，多与存国相若，封之执圭，田六百畛。蒙谷怒曰：'谷非人臣，社稷之臣。苟社稷血食，余岂悉无君乎？'遂自弃于磨山之中，至今无冒。故不为爵劝，不为禄勉，以忧社稷者，蒙谷是也。"

王乃大息曰："此

虎为统兵大将。他们往东开出关塞，经浊水一战而大败吴军，也听说这次战斗发生在遂浦。所以说劳累自己身体、困扰自己心志而忧虑国家安危的大臣说的是棼冒勃苏这样的人。

"吴国和楚国在柏举作战，吴军三战而攻陷楚都郢城。楚昭王狼狈逃出首都，朝臣都跟着逃跑，百姓也都离散了。这时楚人蒙谷在宫唐河畔与吴军作战，他不顾战斗，奔回郢都说：'如果楚国还有嗣君，楚国的社稷就差不多可以保存下来了！'于是他进入楚宫，背起楚国的法典顺江漂浮而下，一直逃到云梦。楚昭王回到郢城后，文武百官都失掉了施政档案，百姓无法可依，陷入混乱；所幸这时蒙谷献上典籍档案，使朝臣又有施政的法律可依据，而百姓也得到治理。蒙谷这样的功劳，可以和救亡图存相比，于是楚昭王就封他执圭的爵位，赐他封地六百畛。岂料蒙谷生气地说：'我蒙谷不但是君主的臣子，也是国家的大臣。只要国家不灭亡，我难道担心自己无官做吗？'说完这话，他就到楚国的磨山隐居，一直到今天，他的子孙都没有继承爵位的。所以不为高爵厚禄而忧虑国家安危的大臣指的是蒙谷这样的人。"

楚威王听了莫敖子华这番话，长长

古之人也。今之人，焉能有之耳？"

莫敖子华对曰："昔者先君灵王好小要，楚士约食，冯而能立，式而能起。食之可欲，忍而不入；死之可恶，然而不避。华闻之，其君好发者，其臣抉拾。君王直不好，若君王诚好贤，此五臣者，皆可得而致之。"

地叹了口气说："这些都是古人的事迹。现在有这样的人吗？"

莫敖子华回答说："过去先君灵王喜欢细腰，因此楚国的臣子都节食，结果有的人竟瘦到要扶着东西才能站稳，要有所凭依才站得起来。饮食这东西是人之所欲，有人却要忍住不吃；死本来是人们讨厌的，然而有人靠近它而不想躲避。臣曾听说：'如果君主喜欢射箭，那么臣子也会喜欢射箭。'大王只是没有什么爱好，如果大王喜欢贤臣，那这五种贤臣都是能够招到的。"

第十五篇 楚策二

第五章 楚怀王拘张仪

楚怀王拘张仪，将欲杀之。靳尚为仪谓楚王曰："拘张仪，秦王必怒。天下见楚之无秦也，楚必轻矣。"又谓王之幸夫人郑袖曰："子亦自知且贱于王乎？"郑袖曰："何也？"尚曰："张仪者，秦王之忠信有功臣也。今楚拘之，秦王欲出之。秦王有爱女而美，又简择宫中佳丽好翫（wán）习音者，以欢从之；资之金玉宝器。奉以上庸六县为汤沐邑，欲因张仪内之楚王。楚王必爱，秦女依强秦以为重，挟宝地以为资，势为王妻以临于

楚怀王拘留张仪，想把他杀掉。楚怀王的佞臣靳尚对楚怀王说："君王把张仪拘禁下狱，秦王必定会愤怒。天下诸侯一看楚国失去了盟邦秦国，楚国的地位就会低落。"靳尚又对楚怀王的宠妃郑袖说："您可知道您马上就要在君王面前失宠了吗？"郑袖说："为什么？"靳尚说："张仪是忠信于秦王的有功之臣，现在楚国把他拘留下狱了，秦王要楚王释放张仪。秦王有一个他宠爱的美丽公主，同时又选择貌美、善玩且懂音乐的宫女作陪嫁，为了使她高兴，秦王还陪嫁了各种金玉宝器，把上庸六县送给她作为享乐的费用，这次正想经张仪献给君王为妻。君王必定会很爱秦国的公主，而秦国公主也会仰仗强秦来抬高自己身价，更会以珠宝土地为资本四处活动，势必会被立为君王的妻子，到那时秦国公主就等于君临楚国了。而君王受

楚。王惑于虞乐，必厚尊敬亲爱之而忘子，子益贱而日疏矣。"郑袖曰："愿委之于公，为之奈何？"曰："子何不急言王，出张子。张子得出，德子无已时，秦女必不来，而秦必重子。子内擅楚之贵，外结秦之交，畜张子以为用，子之子孙必为楚太子矣，此非布衣之利也。"郑袖遽说楚王出张子。

到迷惑，必然会每天都沉溺于享受而忘掉您，您被轻视的日子就不远了。"郑袖说："一切都拜托您办理，我真不知道该怎么好。"靳尚说："您为什么不赶快建议君王释放张仪。张仪如果能够获得释放，必然对您感激不尽，秦国的公主也一定不会来了，那秦王必定会尊重您。您在国内有崇高的地位，在国外结交秦国，并且留张仪供您驱使，您的子孙必然成为楚国太子，这绝对不是一般的利益。"于是，郑袖立刻就去说服楚怀王放出张仪。

第六章 楚王将出张子

楚王将出张子，恐其败己也，靳尚谓楚王曰："臣请随之。仪事王不善，臣请杀之。"楚小臣，靳尚之仇也，谓张旄曰："以张仪之知，而有秦、楚之用，君必穷矣。君不如使人微要靳尚而刺之，楚王必大怒仪也。彼仪穷，则子重矣。楚、秦相难，则魏无患矣。"张旄果令人要靳尚刺之。楚王大怒，秦构兵而战。秦、楚争事魏，张旄果大重。

楚怀王准备释放张仪，又突然担心他会害自己。楚怀王的佞臣靳尚对楚怀王说："请准许臣同张仪一起去。如果张仪对大王有不利的言行，臣就乘机把他杀死。"楚国有个宦官，是靳尚的仇敌，他对魏国重臣张旄说："凭张仪的聪明，假如被秦、楚两国加以重用，那您必将无计可施。所以您不如偷偷找个机会，派刺客把靳尚刺死，这样楚王必然痛恨张仪。张仪一旦失势，您就会受到重视。若是楚、秦两国再交战。那么魏国就天下太平了。"张旄果然派人刺死了靳尚，楚怀王为此对秦国怀恨在心，立刻发兵攻打秦国。秦、楚两国争相讨好魏国，张旄果然受到魏国的极大重视。

第八章 楚襄王为太子之时

楚襄王为太子之时，质于齐。怀王薨，太子辞于齐王而归。齐王隘之："予我东地五百里，乃归子。子不予我，不得归。"太子曰："臣有傅，请追而问傅。"傅慎子曰："献之地，所以为身也。爱地不送死父，不义。臣故曰，献之便。"太子入，致命齐王曰："敬献地五百里。"齐王归楚太子。

太子归，即位为王。齐使车五十乘，来取东地于楚。楚王告慎子曰："齐使来求东地，为之奈何？"慎子曰："王明日朝群臣，皆令献其计。"

上柱国子良入见。王曰："寡人之得求反，

楚顷襄王横做太子的时候，曾被送到齐国当人质。楚怀王死了，楚太子就向齐闵王辞行，要求回国。齐闵王却拒绝他的请求，说："你割让楚国东边的五百里土地给寡人，寡人就放你回楚国。否则，就不让你回去。"楚太子说："臣有一位老师，请让臣去问一下老师。"太子横的老师名叫慎子，他对太子横说："把他想要的地方给他，土地是用来安身的。如果因为爱土地而不去给死去的父亲发丧，那是不道义的。所以我说给他土地为好。"太子横进入宫中，向齐闵王复命说："臣愿意献给大王土地五百里。"齐闵王这才放太子横回国。

太子横回国后，即位为楚王。不久，齐国派五十辆兵车来楚国接收割让的东边之地。这时楚王对老师慎子说："齐国派人来索取东边之地，请问这事怎么办才好呢？"慎子说："君王明天早晨朝见群臣时，让大家想想办法吧。"

第二天早朝时，上柱国子良首先晋见。顷襄王说："寡人之所以能够回国为

王坟墓、复群臣、归社稷也，以东地五百里许齐。齐令使来求地，为之奈何？"子良曰："王不可不与也。王身出玉声，许强万乘之齐而不与，则不信。后不可以约结诸侯。请与而复攻之。与之信，攻之武，臣故曰与之。"

子良出，昭常入见。王曰："齐使来求东地五百里，为之奈何？"昭常曰："不可与也。万乘者，以地大为万乘。今去东地五百里，是去战国之半也，有万乘之号，而无千乘之用也，不可。臣故曰勿与。常请守之！"

昭常出，景鲤入见。王曰："齐使来求东地五百里，为之奈何？"景鲤曰："不可与也。虽然，楚不能独守。王

先王送葬，又能够和群臣见面、使百姓安生，是因为寡人答应把东边五百里土地献给齐国。现在齐王派人来要土地，贤卿你认为这件事怎么办才好呢？"子良说："君王不可以违约不给。因为君王金口玉言，如果已经答应了具有万辆兵车的强齐而又违约不给齐国土地，那君王就失去了信用。以后君王将不能和诸侯结盟订约。所以请把土地献给齐王，然后再发兵攻打齐国。给齐国土地是守信义，发兵攻打齐国是有勇武，所以臣主张给齐国土地。"

子良出去以后，昭常又来晋见。顷襄王问："齐王派使臣来要东边五百里之地，贤卿认为这事该怎么办呢？"昭常说："不可以给齐国土地。因为所谓万乘的大国，就是全凭土地广大，才称得上是万乘。现在如果把东边五百里之地割让给齐国，就等于割去我楚国土地的一半，这样楚国就只保留一个万乘的空名，实际上连千乘的实力都没有了，这样做是不行的。所以臣主张不给，而且臣愿意率兵镇守东边的土地！"

昭常出去后，景鲤又来晋见。顷襄王问："齐王派使臣来要东边五百里之地，贤卿认为这事该怎么办呢？"景鲤说："不能给齐国土地。虽然这样说，但必须知道楚国不能独自守住。君王金口

身出玉声，许万乘之强齐也而不与，负不义于天下。楚亦不能独守。臣请西索救于秦。"

景鲤出，慎子入。王以三大夫计告慎子曰："子良见寡人曰：'不可不与也，与而复攻之。'常见寡人曰：'不可与也，常请守之。'鲤见寡人曰：'不可与也，虽然，楚不能独守也，臣请索救于秦。'寡人谁用于三子之计？"慎子对曰："王皆用之！"王怫然作色曰："何谓也？"慎子曰："臣请效其说，而王且见其诚然也。王发上柱国子良车五十乘，而北献地五百里于齐。发子良之明日，遣昭常为大司马，令往守东地。遣昭常之明日，遣景鲤车五十乘，西索救于秦。"王曰："善。"乃遣子良北献地于齐。遣子良之明日，立昭常为大司

玉言，而且如果答应了具有万乘之强的齐国而不按约把土地割让给它，那在天下诸侯之间就要背负不义之名。楚国到最后还是不能守住东边之地。所以臣愿意西去向秦国求援。"

景鲤出来，慎子才进入宫中。这时顷襄王把这前面三位大臣的计策告诉慎子说："子良对寡人说：'不能不给齐国土地，给了以后再发兵攻取。'昭常对寡人说：'不能给齐国土地，臣愿意率兵去镇守。'景鲤对寡人说：'不能给齐国土地，虽然楚国不能独自镇守，但是臣愿意西去向秦国求援。'贤卿认为寡人应采纳三位大臣中哪位的计策好呢？"慎子回答说："君王全部可以采纳！"顷襄王听了这话愤然变色说："贤卿这话我怎么听不懂？"慎子回答说："臣愿意为君王作一番解释，然后君王便会明白。君王可以拨给上柱国子良战车五十辆，然后在北方献给齐国地五百里土地。子良的战车出发的次日，君王就命昭常为大司马，命令他前去守卫东边的土地。接着又派景鲤率战车五十辆西去，向秦国求救。"顷襄王说："好。"于是派子良北去给齐国献土地。在派遣子良的第二天，令昭常为大司马，镇守东边之地。接着又派景鲤西去，向秦国求援。

马，使守东地。又遣景
鲤西索救于秦。

子良至齐，齐使人
以甲受东地。昭常应齐
使曰："我典主东地，
且与死生。悉五尺至
六十，三十余万弊甲钝
兵，愿承下尘。"齐王
谓子良曰："大夫来献地，
今常守之何如？"子良
曰："臣身受弊邑之王，
是常矫也。王攻之。"
齐王大兴兵，攻东地，
伐昭常。未涉疆，秦以
五十万临齐右壤。曰："夫
隘楚太子弗出，不仁；
又欲夺之东地五百里，
不义。其缩甲则可，不然，
则愿待战。"齐王恐焉，
乃请子良南道楚，西使
秦，解齐患。士卒不用，
东地复全。

子良到齐国后，齐国派人率兵去接收楚国东边的土地。这时昭常对齐国的使臣说："本将负责镇守东边的土地，因此愿意与它共存亡。小自五尺之童，大到六十岁的老翁，全部征调之后有三十多万人，我们的盔甲武器虽然破旧，却愿意奉陪到底。"齐闵王听后就对子良说："大夫既然是来向寡人献土地的，可是昭常又率兵镇守，这是怎么回事呢？"子良回答说："臣奉敝国君王之命来献土地，昭常违背王令而私自用兵。大王可以自行发兵攻打。"于是齐闵王发大军攻打镇守楚国东边之地的昭常。可是还没等齐军开到楚国东边之地，秦国就将五十万大军开到齐国的西境，并对齐王提出警告："阻挡楚太子回国是不仁，勒索楚国东边之地五百里是不义。如果你们收兵就算了，否则，敝国愿为楚国一战。"齐闵王听这话后非常害怕，就请子良向南返回楚国讲和，同时又派人西去劝说秦国，这才解除了齐国的战祸。因此楚国没用一兵一卒，保全了东边的土地。

第十六篇 楚策三

第一章 苏子谓楚王

苏子谓楚王曰："仁人之于民也，爱之以心，事之以善言。孝子之于亲也，爱之以心，事之以财。忠臣之于君也，必进贤人以辅之。今王之大臣父兄，好伤贤以为资，厚赋敛诸臣百姓，使王见疾于民，非忠臣也。大臣播王之过于百姓，多赂诸侯以王之地，是故退王之所爱，亦非忠臣也，是以国危。臣愿无听群臣之相恶也，慎大臣父兄；用民之所善，节身之嗜欲，以百姓。人臣莫难于无妒而进贤。为主死易，垂沙之事，死者以千数。为主辱易，

苏秦对楚王说："仁爱之人对于人民，要真心实意地去爱护他们，用好话去教化他们。孝子对待父母，是用真诚之心去孝敬他们，用很好的衣食去奉养他们。忠臣对待君王，必然推举贤人辅佐他们。现在君王的大臣和亲戚都喜欢用伤害贤人的手段作为自己晋升的资本，向群臣和百姓征收重税，结果使君王被人民怨恨，这就不算是忠臣。有些大臣向百姓传播君王的过失，用君王的土地去贿赂诸侯，因此他们赶走那些真心爱大王的贤者，他们也不是忠臣，这样下去国家会常常处于危境之中。臣但愿君王不要听信群臣诽谤别人的话，慎重选用大臣和贵戚；重用人民所称道的人，控制自己的嗜好和欲望，以安定百姓。因为对百姓和大臣而言，没有什么比不嫉妒而又能推荐贤人更难的了。替君王献身容易做到，例如垂沙之战时，

自令尹以下，事王者以千数。至于无妒而进贤，未见一人也。故明主之察其臣也，必知其无妒而进贤也。贤之事其主也，亦必无妒而进贤。夫进贤之难者，贤者用且使己废，贵且使己贱，故人难之。"

殉国的人数以千计。替君王受辱也很容易，从令尹以后，侍奉君王的人也数以千计。至于不嫉妒而又能推荐贤人的大臣，却从来没有见过。所以英明的君主在观察他的臣子时，最重要的是了解他们是否不嫉妒而又能推荐贤人。即使是贤臣侍奉君主，也必须做到没有嫉妒、推荐贤人。推荐贤人的困难是这样的：贤人一旦被重用，自己就会被废弃；贤人一旦地位尊贵，自己就将变微贱。所以人们难以做这种事。"

第二章 苏秦之楚三日

苏秦之楚，三日乃得见乎王。谈卒，辞而行。楚王曰："寡人闻先生，若闻古人。今先生乃不远千里而临寡人，曾不肯留，愿闻其说。"对曰："楚国之食贵于玉，薪贵于桂，谒者难得见如鬼，王难得见如天帝。今令臣食玉炊桂，因鬼见帝。"王曰："先生就舍，寡人闻命矣。"

苏秦到楚国，过了三天才见到楚威王。交谈完毕后，他向楚威王辞行。楚威王对他说："寡人听到先生的大名，就好像听到古代贤人的大名一样。现在先生既然不远千里来到寡人这里，为何不肯多逗留几天呢？寡人希望知道其中的缘由。"苏秦回答说："楚国吃的东西比玉石还要贵，烧的柴火比桂木还要贵，为天子传达禀报的人像鬼一样难以见到，大王像天帝一样难得拜会。现在大王让我多呆些日子，等于是叫臣吃玉石、烧桂木、通过鬼去见天帝。"楚威王说："先生回客馆休息吧，寡人听命就是了。"

第四章 张仪之楚贫

张仪之楚，贫。舍人怒而归。张仪曰："子必以衣冠之敝，故欲归。子待我为子见楚王。"当是之时，南后、郑袖贵于楚。

张子见楚王，楚王不说。张子曰："王无所用臣。臣请北见晋君。"楚王曰："诺。"张子曰："王无求于晋国乎？"王曰："黄金珠玑犀象出于楚，寡人无求于晋国。"张子曰："王徒不好色耳？"王曰："何也？"张子曰；"彼郑、周之女，粉白墨黑，立于衢间，非知而见之者，以为神。"楚王曰："楚，僻陋之国也，未尝见中国之女如此其美也。寡人之独何为不好色也？"乃资之以珠玉。

张仪到楚国后，处境贫困。他的随从很不高兴，都想回去。张仪说："你们一定是因为衣帽破了，所以才想回去。现在我就为你们去拜见楚王。"在这个时候，南后和郑袖很受楚怀王的宠爱。

张仪晋见楚怀王，楚怀王起初很不高兴。张仪就说："君王既然没有用得着臣的地方，那臣就请求到北边去见韩王。"楚怀王说："请便。"张仪说："大王对韩国没有什么需求吗？"楚怀王说："黄金、珠玑、犀角、象牙都在楚国出产，所以寡人对韩国没有什么需求。"张仪说："难道大王就不喜欢女色吗？"楚怀王问："什么意思？"张仪回答说："郑国和周国的女子，面白如粉，发黑如墨，当她们站在街上时，不认识她们的人还以为她们是仙女下凡呢。"楚怀王说："楚国是一个偏僻鄙陋的国家，还不曾见过中原的美女如此美貌。我怎么就不喜欢美色呢？"于是送给张仪很多珠玉。

南后、郑袖闻之大恐，令人谓张子曰："妾闻将军之晋国，偶有金千斤，进之左右，以供刍秣。"郑袖亦以金五百斤。

张子辞楚王曰："天下关闭不通，未知见日也，愿王赐之觞。"王曰："诺。"乃觞之。张子中饮，再拜而请曰："非有他人于此也，愿王召所便习而觞之。"王曰："诺。"乃召南后、郑袖而觞之。张子再拜而请曰："仪有死罪于大王。"王曰："何也？"曰："仪行天下遍矣，未尝见人如此其美也。而仪言得美人，是欺王也。"王曰："子释之。吾固以为天下莫若是两人也。"

南后、郑袖听到此事后非常惊恐，立刻派人对张仪说："我们听说将军要到韩国去，我这里有黄金千两，愿意进献给您，供作沿途车马餐旅的费用。"郑袖也送了五百两黄金。

过了几天，张仪向楚怀王辞行，说："诸侯相互隔绝，路途遥远，沿途交通又极为不便，不知道哪一天才能再见，恳请大王赐臣一杯酒喝。"楚怀王说："好的。"于是设宴款待张仪。当张仪喝到半醉时，就一拜再拜，向楚怀王请求说："这里没有外人，请大王邀集所宠爱的人共同饮酒。"楚怀王说："好的。"于是召来南后和郑袖共饮。这时张仪又向楚怀王再三跪拜，请罪说："我对大王犯有死罪。"楚王说："这是为什么？"张仪说："臣也算是走遍天下了，不曾见过像南后和郑袖这样的美女。而臣还说要为大王找美人，这岂不是欺骗了大王。"楚怀王说："你放心吧。我本来就认为天下的美女谁也比不上她们俩。"

第七章 五国伐秦

五国伐秦。魏欲和，使惠施之楚。楚将入之秦而使行和。

杜赫谓昭阳曰："凡为伐秦者楚也。今施以魏来，而公入之秦，是明楚之伐而信魏之和也。公不如无听惠施，而阴使人以请听秦。"昭子曰："善。"因谓惠施曰："凡为攻秦者魏也，今子从楚为和，楚得其利，魏受其怨。子归，吾将使人因魏而和。"

惠子反，魏王不说。杜赫谓昭阳曰："魏为子先战，折兵之半，谒病不听，请和不得，魏折而人齐、秦，子何以救之？东有越累，北无晋，而交未定于齐、秦，是楚孤也。不如速和。"

魏、韩、赵、楚、燕五国联手攻打秦国。但魏国想讲和，就派惠施到了楚国。楚国决定送他到秦国去讲和。

楚臣杜赫对楚相昭阳说："联合各国讨伐秦国的是楚国。现在惠施奉魏王之命而来讲和，阁下却让他到秦国去，这显然是告诉秦国讨伐秦国的是楚国，而使秦国相信愿意讲和的是魏国。所以阁下还不如不理会惠施，暗中派人前往秦国讲和，一切都听从秦国的命令。"昭阳说："好的。"于是对惠施说："带头进攻秦国的是魏国，现在你跟随楚国去求和，楚国得到秦国谅解的好处，魏国却遭受秦国的怨恨。所以你最好先回去，我们将派人以魏国的名义去讲和。"

惠施回到魏国后，魏惠王很不高兴。杜赫又对昭阳说："魏国首先替阁下作战，损失了兵力的一半。他们曾说自己的军队陷于困境中而我们不管，如今请求讲和，我们又不允许。如果魏国因此而倾向齐、秦两国，那阁下又如何来补救呢？楚国东面有越国的忧患，北面又没有三晋的援助，而且和齐、秦两国的

昭子曰："善。"因令
人谒和于魏。

邦交还没有确定下来，这样楚国就会陷
入孤立无援的境地。所以还不如赶紧跟
魏国讲和。"昭阳说："好的。"于是派人
拜见魏王，同魏国讲和。

第九章 秦伐宜阳

秦伐宜阳。楚王谓陈轸曰："寡人闻韩侈巧士也，习诸侯事，殆能自免也。为其必免，吾欲先据之以加德焉。"陈轸对曰："舍之。王勿据也。以韩侈之知，于此困矣。今山泽之兽，无黠于麋。麋知猎者张罔，前而驱己也，因还走而冒人。至数，猎者知其诈，伪举罔而进之，麋因得矣。今诸侯明知此多诈，伪举罔而进者必众矣。舍之，王勿据也。韩侈之知于此困矣。"楚王听之，宜阳果拔，陈轸先知之也。

秦国攻打韩国的宜阳。楚王对陈轸说："寡人听说韩国的公仲侈是懂智谋、能谋辩的贤士，精通天下诸侯间的事情，必能自免灭亡。因为他一定能避免宜阳失守，所以我想先代守宜阳，以此让他们感激我。"陈轸回答说："放弃这种打算吧，大王不要据守宜阳。以公仲侈那样的聪明，在这里都陷入困境。举个例子说：现在栖息山川的野兽中，没有比麋鹿更狡猾的了。当麋鹿知道猎人张下网，要前来把它赶到网里去的时候，就会往回跑而袭击人。经过许多次，猎人认识到麋鹿的狡诈习性，就假装举起网让麋鹿自己走进去，这样才能捕捉到麋鹿。如今诸侯明明知道这里有许多诡诈的伎俩，也有许多诸侯像猎人一样伪装举着网，让你走进来。放弃这种打算吧，大王千万不要据守宜阳。韩国的公仲侈那样聪明，在这里都陷入困境了。"楚怀王采纳了陈轸的建议，宜阳城果然陷落，陈轸早已经料到这个结果。

第十章 唐且见春申君

唐且见春申君曰："齐人饰身修行得为益，然臣羞而不学也，不避绝江河，行千余里来，窃慕大君之义，而善君之业。臣闻之贲、诸怀锥刃而天下为勇，西施衣褐而天下称美。今君相万乘之楚，御中国之难，所欲者不成，所求者不得，臣等少也。夫枭綦之所以能为者，以散棋佐之也。夫一枭之不胜五散，亦明矣，今君何不为天下枭，而令臣等为散乎？"

齐人唐且拜见楚国的春申君黄歇，说："齐国人修养身行是为了获得金钱地位，然而臣却引以为耻，所以也就不愿意去学。臣不避开涉江渡河的险阻，跋涉一千多里来到这里，就是因为私下里仰慕贤公的崇高节义，并且想帮助您完成大业。据臣所知：'孟贲、专诸即使只怀揣着锥子和短刀，天下人也称他们为勇士；西施即使穿着粗布衣裳，天下人也称她为美女。如今贤公担任万乘之邦的楚国的宰相，驾驭中原各国的战事，虽说想要干的事情不能成功，想要追求的目标又得不到，这是因为帮助您的大臣太少了。枭子之所以能吃掉对方的棋子，是因为有五个棋子的帮助。然而一个枭子却不能战胜对方五个普通的棋子，这是很明显的。现在贤公为什么不作天下之枭，而让其他大臣做那五个棋子呢？"

第十七篇 楚策四

第一章 或谓楚王

或谓楚王曰："臣闻从者欲合天下以朝大王，臣愿大王听之也。夫因诎为信，旧患有成，勇者义之。摄祸为福，裁少为多，知者官之。夫报报之反，墨墨之化，唯大君能之。祸与福相贯，生与亡为邻，不偏于死，不偏于生，不足以载大名。无所寇艾，不足以横世。夫秦捐德绝命之日久矣，而天下不知。今夫横人嗫口利机，上干主心，下牟百姓，公举而私取利，是以国权轻于鸿毛，而积祸重于丘山。"

有人对楚王说："据臣所知，主张合纵外交政策的人想联合天下诸侯来尊奉大王，所以臣请求大王能听听我的看法。一般地说，在委屈的环境里伸张正义，在患难中奋进而有所建树，这是勇敢的人义不容辞要做的事。变祸患为福气，变少量为许多，这是聪明人分内的事。世上的事物反反复复地轮回，无声无息地变化，只有身具崇高道德的君主才能做好。祸与福是互相贯通的，生与死是彼此为邻的。所以如果被生死所控制，就不足以建立崇高的声誉。如果不遭受贼寇的侵扰，就不能够证明无敌于天下。秦国捐弃道德、断绝天命的时间已经很久了，可惜天下诸侯到现在还不清楚。现在主张连横的人一味宣扬有利可图之事，在上干涉君主的计划，在下谋取百姓的支持，表面上为公家谋划，实际上是私自取利，因此国家的政权像鸿毛一样轻，而累积的祸端比丘山还要重。"

第二章 魏王遗楚王美人

魏王遗楚王美人，楚王说之。夫人郑袖知王之说新人也，甚爱新人，衣服玩好，择其所喜而为之；宫室卧具，择其所善而为之。爱之甚于王。王曰："妇人所以事夫者，色也；而妒者，其情也。今郑袖知寡人之说新人也，其爱之甚于寡人，此孝子之所以事亲，忠臣之所以事君也。"

郑袖知王以己为不妒也，因谓新人曰："王爱子美矣。虽然，恶子之鼻。子为见王，则必掩子鼻。"新人见王，因掩其鼻。王谓郑袖曰："夫新人见寡人，则掩其鼻，何也？"郑袖曰："妾知也。"王曰："虽恶，必言之。"郑袖曰：

魏惠王赠给楚怀王一个美女，楚怀王很喜欢。楚怀王的夫人郑袖知道楚怀王宠爱新娶的魏女，所以表面上也很爱护这个新娶的美女，不论衣服首饰都挑她喜欢的送去，房间和家具也都选她喜欢的让她使用，似乎比楚怀王更喜欢她。楚怀王说："女人仰仗自己的美色来博取丈夫的欢心，而嫉妒乃人之常情。现在郑袖明知寡人喜欢魏女，但她爱魏女比寡人还要厉害，这就是孝子之所以要侍奉双亲、忠臣之所以要侍奉君主。"

郑袖知道楚怀王认定她不是嫉妒以后，就去对魏女说："君王爱你的美貌。虽然这样说，但是他讨厌你的鼻子。所以你见君王的时候，就一定要捂住鼻子。"从此魏女见到楚怀王，就捂住自己的鼻子。楚王对郑袖说："魏女看见寡人时，就捂住自己的鼻子，这是为什么？"郑袖回答说："我倒是知道这件事。"楚怀王说："即使再难听的话，你也一定要说出来。"郑袖说："她好像是

"其似恶闻君王之臭也。"
王曰："悍哉！"令劓之，
无使逆命。

讨厌闻到君王身上的臭味。"楚怀王说：
"真是个泼辣的悍妇！"于是楚王命人
割掉美女的鼻子，绝不宽赦。

第三章 楚王后死

楚王后死，未立后也。谓昭鱼曰："公何以不请立后也？"昭鱼曰："王不听，是知困而交绝于后也。""然则何不买五双珥，令其一善而献之王，明日视善珥所在，因请立之。"

楚国王后死了，暂时还没有再册立新王后。有人对楚相昭鱼说："贤公为什么不请君王册立新后呢？"昭鱼说："如果大王不听从我的意见，这将使我在新王后面前显得很尴尬，关系也会恶化。"这人说："既然这样，为何不买五双耳环，其中一双最漂亮，把这些耳环都献给大王，第二天看哪一位嫔妃戴着最漂亮的耳环，就请君王册立这位为王后。"

第四章 庄辛谓楚襄王

庄辛谓楚襄王曰："君王左州侯，右夏侯，辇从鄢陵君与寿陵君，专淫逸侈靡，不顾国政，郢都必危矣。"襄王曰："先生老悖乎？将以为楚国祆祥乎？"庄辛曰："臣诚见其必然者也，非敢以为国祆祥也。君王卒幸四子者不衰，楚国必亡矣。臣请辟于赵，淹留以观之。"庄辛去之赵。留五月，秦果举鄢、郢、巫、上蔡、陈之地，襄王流揜于城阳。于是使人发驺，征庄辛于赵。庄辛曰："诺。"庄辛至，襄王曰："寡人不能用先生之言，今事至于此，为之奈何？"

庄辛对曰："臣闻鄙语曰：'见菟而顾犬，未为晚也；亡羊而补牢，

庄辛对楚襄王说："君王左有州侯，右有夏侯，车后又有鄢陵君和寿陵君跟从，一味过着毫无节制的淫逸侈靡的生活，不管理国家政事，这样下去，郢都一定会陷入危险境地。"楚襄王说："先生老糊涂了吗？还是认为楚国会遭遇不祥呢？"庄辛说："臣当然是看到事情必然发生，不必认为是国家会遇到不祥。如果君王始终宠幸这四个人而不稍加收敛，那楚国一定会因此而灭亡。请君王准许臣到赵国避难，居留在那里静观楚国的变化。"庄辛离开楚国到了赵国。他只在那里住了五个月，秦国果然发兵攻占了鄢、郢、巫、上蔡、陈这些地方，楚襄王也流亡到城阳躲藏起来。于是，楚襄王派人率骑士到赵国请庄辛。庄辛说："遵命。"庄辛到城阳后，楚襄王对他说："寡人当初不听先生的话，如今事情发展到这个地步，该怎么做呢？"

庄辛回答说："臣知道一句俗谚：'见到兔子以后再放出猎犬去追，这并不算晚；羊丢失以后再去修补羊圈，这也不

未为迟也。'臣闻昔汤、武以百里昌，桀、纣以天下亡。今楚国虽小，绝长续短，犹以数千里，岂特百里哉？

"王独不见夫蜻蛉乎？六足四翼，飞翔乎天地之间，俯啄蚊蚊、虻而食之，仰承甘露而饮之，自以为无患，与人无争也。不知夫五尺童子，方将调饴胶丝，加己乎四仞之上，而下为蝼蚁食也。蜻蛉其小者也，黄雀因是以。俯啜白粒，仰栖茂树，鼓翅奋翼，自以为无患，与人无争也。不知夫公子王孙，左挟弹，右摄丸，将加己乎十仞之上，以其颈为招。昼游乎茂树，夕调乎酸咸，倏忽之间，坠于公子之手。

"夫雀其小者也，黄鹄因是以。游于江海，淹乎大沼，俯啜鳝鲤，仰啮菱衡，奋其六翮，

算迟。'臣听说过去商汤王和周武王依靠百里土地使天下昌盛，而夏桀王和殷纣王虽然拥有天下，到头来终不免身死国亡。现在楚国的土地虽然狭小，然而如果截长补短，还能有好几千里，哪里只有一百里而已？

"大王难道没有见过蜻蜓吗？它长着六只脚和四只翅膀，在天地之间飞翔，低下头来啄食蚊虫，抬起头来喝甘美的露水，自以为无忧无患，又和人没有争执。蜻蜓哪里知道那些几岁的孩子，正将调制好的糖稀涂在丝网上，要在四仞的高空上粘住自己，自己的下场将是被蚂蚁吃掉。蜻蜓的事可能是小事，而黄雀也是如此。它俯下身去啄食谷粒，仰起身来栖息在茂密的树丛中，鼓动着翅膀奋力高飞，自己满以为没有祸患，和人也没有争执。却不知那些公子王孙，左手拿着弹弓，右手按上弹丸，将要向十仞的高空射击自己，以自己的脖子作为射击的目标。黄雀白天还在茂密的树丛中游玩，晚上就和醋盐调和在一起成为桌上的佳肴了，转眼之间就落入王孙公子之手。

"黄雀的事可能是小事，而黄鹄也是如此。它在江海上遨游，停留在大沼泽旁边，低下头吞食黄鳝和鲤鱼，抬起头吃菱角和荇菜，振动它们的翅膀而凌

而凌清风，飘摇乎高翔，
自以为无患，与人无争
也。不知夫射者，方将
修其箭卢，治其缯缴，
将加己乎百仞之上。彼
礛磻，引微缴，折清风
而陨矣，故昼游乎江河，
夕调乎鼎鼐。

"夫黄鹄，其小者也，
蔡圣侯之事因是以。南游
乎高陂，北陵乎巫山，饮
茹溪流，食湘波之鱼，左
抱幼妾，右拥嬖女，与之
驰骋乎高蔡之中，而不以
国家为事。不知夫子发方
受命乎宣王，系己以朱丝
而见之也。

"蔡圣侯之事其小
者也，君王之事因是以。
左州侯，右夏侯，辇从
鄢陵君与寿陵君，饭封
禄之粟，而载方府之金，
与之驰骋乎云梦之中，
而不以天下国家为事，
不知夫穰侯方受命乎秦
王，填黾塞之内，而投
己乎黾塞之外。"

襄王闻之，颜色变

驾清风，飘飘摇摇在高空飞翔，自认为
不会有祸患，又和人没有争执。然而它
们不知道那些射箭的人，他们已准备好
箭和弓，将向百仞的高空射击自己。它
将带着箭，拖着细微的箭绳，从清风中
折落下来，掉在地上。因此黄鹄白天还
在江湖里游泳，晚上就被人放在锅里成
了清炖美味。

"那黄鹄的事可能是小事，而蔡灵
侯的事也是如此。他曾南到高陵游玩，
北到巫山之顶，饮茹溪里的水，吃湘江
里的鱼；左手抱着年轻貌美的侍妾，右
手搂着如花似玉的宠妃，和这些人同车
驰骋在高蔡市上，根本不管国家大事。
却不知道那子发正在接受宣王的进攻命
令，自己将要成为阶下之囚。

"蔡灵侯的事只是小事，而君王您
的事也是如此。君王左边是州侯，右边
是夏侯，鄢陵君和寿陵君始终跟随着君
王的车辆，吃的是从封地运来的粮食，
车上载着四方府库送来的黄金，跟这些
人驰骋在云梦地区，根本不把国家的事
情放在心上。然而君王却没料到，穰侯
魏冉已经奉秦王的命令，在黾塞之南布
满军队，州侯等把君王自己抛弃在黾塞
以北了。"

楚襄王听了庄辛这番话后，大惊失

作，身体战栗。于是乃以执珪而授之为阳陵君，与淮北之地也。

色，全身发抖。把执圭的爵位送给庄辛，封他为阳陵君，不久，庄辛帮助楚王收复了淮北的土地。

第八章 有献不死之药于荆王者

有献不死之药于荆王者，谒者操以入。中射之士问曰："可食乎？"曰："可。"因夺而食之。王怒，使人杀中射之士。中射之士使人说王曰："臣问谒者，谒者曰可食，臣故食之。是臣无罪，而罪在谒者也。且客献不死之药，臣食之而王杀臣，是死药也。王杀无罪之臣，而明人之欺王。"王乃不杀。

有人献给楚王长生不死的药，传递人拿着药走入宫中。有个宫中卫士看见后问道："这东西可以吃吗？"回答说："可以。"卫士于是抢过来吃了下去。楚王为此甚为恼怒，叫人杀死这个卫士。这个卫士托人向楚王解释说："臣问传达人，他告诉我说是可以吃的，我才拿过药来吃下去。这事臣没有罪，有罪的是传达人。况且客人所献的是长生不死药，臣吃了药而大王就杀臣，这岂不成了丧命药。大王杀死一个没有罪的臣子，就证明了有人在欺骗大王。"于是楚王就放了他。

第十章 天下合从

天下合从。赵使魏加见楚春申君曰："君有将乎？"曰："有矣，仆欲将临武君。"魏加曰："臣少之时好射，臣愿以射譬之，可乎？"春申君曰："可。"加曰："异日者，更羸与魏王处京台之下，仰见飞鸟。更羸谓魏王曰：'臣为王引弓虚发而下鸟。'魏王曰：'然则射可至此乎？'更羸曰：'可。'有间，雁从东方来，更羸以虚发而下之。魏王曰：'然则射可至此乎？'更羸曰：'此孽也。'王曰：'先生何以知之？'对曰：'其飞徐而鸣悲。飞徐者，故疮痛也；鸣悲者，久失群也，故疮未息，

天下各诸侯联合起来抗秦。赵国派魏加去见楚相春申君黄歇，说："您已经安排好领兵的大将吗？"春申君说："是的，我想派临武君为大将。"魏加说："我年幼的时候喜欢射箭，所以我就用射箭做个譬喻，好不好？"春申君说："好的。"魏加说："有一天，魏臣更羸和魏王站在高台之下，抬头看见飞鸟。这时更羸对魏王说：'我只要虚拨一下弓弦，就可以把鸟射死，掉在你面前。'魏王说：'射技可以达到如此高超的境界吗？'更羸说：'可以的。'过了一会儿，大雁从东方飞来，更羸虚射了一箭，就把大雁射落在地上。魏王说：'射箭怎么会达到这种境界呢？'更羸说：'因为这是一只病雁。'魏王说：'你怎么知道？'更羸回答说：'这只雁飞得很缓慢，叫的声音又悲切。飞得缓慢，是因为它的旧伤疼痛；叫得悲切，是因为它离开雁群很久了。身负旧伤且心存惊惧，一听见弓弦的声音，就吓得拼命高飞，以致使它的旧伤口破裂而掉落下来。'

而惊心未至也。闻弦
音，引而高飞，故疮
陨也。'今临武君，
尝为秦孽，不可为拒
秦之将也。"

现在的临武君曾被秦军打败，犹如惊
弓之鸟，所以派他去担任抗秦的将领
是不妥当的。"

第十一章 汗明见春申君

汗明见春申君，候问三月，而后得见。谈卒，春申君大说之。汗明欲复谈，春申君曰："仆已知先生，先生大息矣。"汗明憱焉曰："明愿有问君而恐固。不审君之圣孰与尧也？"春申君曰："先生过矣，臣何足以当尧？"汗明曰："然则君料臣孰与舜？"春申君曰："先生即舜也。"汗明曰："不然。臣请为君终言之。君之贤实不如尧，臣之能不及舜。夫以贤舜事圣尧，三年而后乃相知也。今君一时而知臣，是君圣于尧而臣贤于舜也。"春申君曰："善。"召门吏为汗先生著客籍，五日一见。

汗明曰："君亦闻

说客汗明去拜见楚相春申君黄歇，等候了三个月，才见到春申君。两人谈完话，春申君很高兴。汗明想要再谈，春申君却说："我已经了解先生了，先生可以多休息几天了。"汗明很不安地说："我想问您一句话，又怕您责备我孤陋寡闻。不知您和尧相比，谁更加圣明？"春申君说："先生这话太过分了，我怎么敢和尧相提并论呢？"汗明说："那么在您看来，臣是否可以和舜相比呢？"春申君说："先生就是舜的化身。"汗明说："您的话错了。请让我为您把话说完吧。您的贤德实在不如尧，臣的才能更赶不上舜。可是有才能的舜侍奉圣德的尧，三年以后两人才算互相了解。现在您在很短时间里就了解了我，这就证明您比尧还圣明，而臣比舜还有才能。"春申君说："先生的话很有道理。"于是召来守门官，把汗明的名字写在宾客簿上，每五天接见一次。

汗明对春申君说："您听说过千里

骥乎？夫骥之齿至矣，服盐车而上太行。蹄申膝折，尾淇胕溃，漉汁洒地，白汗交流，中阪迁延，负辕不能上。伯乐遭之。下车攀而哭之，解纻衣以冪之。骥于是俛而喷，仰而鸣，声达于天，若出金石声者，何也？彼见伯乐之知己也。今仆之不肖，阨于州部，堀穴穷巷，沈污鄙俗之日久矣，君独无意湔拔仆也，使得为君高鸣屈于梁乎？"

马的故事吗？千里马到可以驾车的年龄时，拉着载满盐的车上太行山，四蹄伸展，两膝弯曲，尾巴低垂，脚趾磨破，盐汁和汗水洒了一地，走到半山腰就辗转不前，驾着车辕爬不上山。伯乐遇见了千里马，跳下车来拉着它哭起来，解开自己的麻布衣服盖在马身上。这时千里马低下头喘着粗气，又仰起头嘶鸣着，金属和石器撞击般的声音震动九霄云天，为什么会这样呢？因为千里马认为伯乐是它的知己。现在敝人没有才干，生活穷困，穴居山巷，沦落在悲惨的生活里，已经很长时间了，您就无意为臣洗去污点，排除厄运，使我能为您高声说出在梁国受到的冤屈吗？"

第十二章 楚考烈王无子

楚考烈王无子，春申君患之，求妇人宜子者进之，甚众，卒无子。

赵人李园，持其女弟，欲进之楚王，闻其不宜子，恐又无宠。李园求事春申君为舍人，已而谒归，故失期。还谒，春申君问状。对曰："齐王遣使求臣女弟，与其使者饮，故失期。"春申君曰："聘入乎？"对曰："未也。"春申君曰："可得见乎？"曰："可。"于是园乃进其女弟，即幸于春申君。知其有身，园乃与其女弟谋。

园女弟承间说春申君曰："楚王之贵幸君，虽兄弟不如。今君相楚王二十余年，而王无子，即百岁后将更立兄弟。

楚考烈王没有儿子，相国春申君为此甚为忧愁，寻求宜于生子的妇人进献给考烈王，虽然进献了许多妇人，却始终没能生出儿子。

这时，赵国人李园想把自己妹妹献给考烈王，可是听人说自己妹妹并无生子之相，又担心将来得不到考烈王的宠爱。李园就请求当春申君的舍人，当上舍人不久便请假回家，故意推迟回来的时间。回来见到春申君，春申君问他为什么迟到。李园回答说："齐王派人来娶我的妹妹，我和使者喝酒，结果耽误了回来的时间。"春申君说："送过聘礼了吗？"李园说："还没有。"春申君说："可以让我见一下令妹吗？"李园说："可以的。"于是李园就把妹妹献给了春申君，立刻得到春申君的宠爱。当李园知道妹妹有了身孕，就和妹妹商量好了一个计谋。

李园的妹妹对春申君说："君王宠信你，即使兄弟也不过如此。现在你当楚国相国已经二十多年，可是楚王还没有儿子，等到楚王死后，必须拥立兄弟为

即楚王更立，彼亦各贵其故所亲，君又安得长有宠乎？非徒然也，君用事久，多失礼于王兄弟，兄弟诚立，祸且及身，奈何以保相印、江东之封乎？今妾自知有身矣，而人莫知。妾之幸君未久，诚以君之重而进妾于楚王，王必幸妾。妾赖天而有男，则是君之子为王也，楚国封尽可得，孰与其临不测之罪乎？"春申君大然之。乃出园女弟谨舍，而言之楚王。楚王召入，幸之。遂生子男，立为太子，以李园女弟立为王后。楚王贵李园，李园用事。

李园既入其女弟为王后，子为太子，恐春申君语泄而益骄，阴养死士，欲死春申君以灭口，而国人颇有知之者。

春申君相楚二十五年，考烈王病。朱英谓

王。楚国王位更换了，新君王必然会重用自己的故旧亲人，您又怎么能长久得到宠信呢？不仅如此，您出任宰相的时间长，难免对大王的兄弟有许多失礼得罪之处，将来大王的兄弟如果真能登上王位，您定会身受大祸，又怎能保住相国之位和江东的封地呢？现在臣妾已经知道自己怀有身孕了，别人谁都不知道。臣妾受你的宠幸还不算久，如果能凭您的高贵身份，把臣妾献给楚王，那楚王必然会宠幸臣妾。万一臣妾能得到上天的保佑而生个儿子，那便是你的儿子做了楚王，到那时楚国全在你的掌握之中，这和面对着不可猜测的罪过相比，哪一个更好呢？"春申君认为这话很对，就把李园的妹妹迁到一个秘密住处，并说进献李园的妹妹给楚王。楚王把李园的妹妹召来，非常喜欢她。后来李园的妹妹果然生了一个男孩，而且被立为太子，李园的妹妹被立为王后。考烈王也很看重李园，李园因而掌握了朝政。

李园把自己的妹妹送入宫中成了王后，所生的孩子又成了太子，深恐春申君泄漏内幕或越发骄纵，因此暗中养着刺客，想杀死春申君以灭口，不过有很多国人知道这件事。

在春申君担任楚相国第二十五年，考烈王生病了。朱英对春申君说："世间

春申君曰："世有无妄之福，又有无妄之祸。今君处无妄之世，以事无妄之主，安不有无妄之人乎？"春申君曰："何谓无妄之福？"曰："君相楚二十余年矣，虽名为相国，实楚王也。五子皆相诸侯。今王疾甚，且暮且崩，太子衰弱。疾而不起，而君相少主，因而代立当国，如伊尹、周公。王长而反政，不，即遂南面称孤。因而有楚国。此所谓无妄之福也。"春申君曰："何谓无妄之祸？"曰："李园不治国，王之舅也。不为兵将，而阴养死士之日久矣。楚王崩，李园必先入。据本议制断君命，秉权而杀君以灭口。此所谓无妄之祸也。"春申君曰："何谓无妄之人？"曰："君先仕臣为郎中，君王崩，李园先入，臣请为君劓其胸杀之。此所谓无妄

有出人意外的洪福，也有始料不及的横祸。现在您正处在出人意外的世界里，侍奉的是出人意外的君主，怎能得不到出人意外的人呢？"春申君说："什么叫作出人意外的洪福呢？"朱英说："您当楚国的相国已经二十多年了，虽然名为楚国的相国，实际上是楚国的国王。您的五个儿子都当上了诸侯的辅相。现在君王病得很重，早晚是会死的，而太子还很弱小。一旦大王彻底病倒了，您就得做少主的相国，代少主掌管国政，就像伊尹和周公一样。等少主长大后再让他亲政，不归政的话，您就可以南面称王，掌握楚国。这就是所谓出人意外的洪福。"春申君说："那什么叫出人意外的横祸呢？"朱英说："李园不是治理国家的相国，而是君王的大舅子。他不是领兵大将，却在暗地里豢养刺客，这事已经很久了。楚王死后，李园必定先入宫。他会据本奏议，假传君王的命令，依仗权势杀死阁下以灭口。这就是所谓意想不到的横祸。"春申君说："什么叫作意想不到的人呢？"朱英说："阁下先任命臣为郎中卫士官，君王死后，李园一定先入宫，请让臣替您以利剑刺入他的胸膛，把他杀死。这就是所谓意想不到的人。"春申君说："先生先把这件事放下，别再说了。李园是一个不强硬的老实人，

之人也。"春申君曰："先
生置之，勿复言已。李园，
软弱人也。仆又善之，
又何至此？"朱英恐，
乃亡去。

后十七日，楚考烈
王崩，李园果先入，置
死士，止于棘门之内。
春申君后入，止棘门。
园死士夹刺春申君，斩
其头，投之棘门外。于
是使吏尽灭春申君之家。
而李园女弟，初幸春申
君有身，而入之王新生
子者，遂立为楚幽王也。

是岁，秦始皇立九
年矣。嫪毐（lào ǎi）
亦为乱于秦，觉，夷三族，
而吕不韦废。

我又和他很要好，他怎么会用这种毒辣
手段呢？"朱英见春申君不肯听他的话，
害怕起来，就赶紧逃离了楚国。

十七天后，楚考烈王驾崩，李园果
然先入宫中，暗中在棘门内布置刺客。
春申君后入宫，当他经过棘门时，李园
的刺客从门两边跳出来杀死他，然后将
他的头割下，丢到棘门外头。同时又派
人杀死春申君家族全部的人。李园的妹
妹当初被春申君宠爱怀上的、入宫服侍
楚王后生下的那个孩子，就被立为楚幽
王了。

这一年，秦始皇已经在位九年，缪
毐也正在与秦太后淫乱，被发觉后，满
门抄斩，株连九族，而吕不韦也为了这
件事而被废除相位。

第十三章 虞卿谓春申君

虞卿谓春申君曰："臣闻之《春秋》，于安思危，危则虑安。今楚王之春秋高矣，而君之封地，不可不早定也。为主君虑封者，莫如远楚。秦孝公封商君，孝公死，而后不免杀之。秦惠王封冉子，惠王死，而后王夺之。公孙鞅，功臣也；冉子，亲姻也。然而不免夺死者，封近故也。太公望封于齐，邵公奭封于燕，为其远王室矣。今燕之罪大而赵怒深，故君不如北兵以德赵，践乱燕，以定身封，此百代之一时也。"

君曰："所道攻燕，非齐则魏。魏、齐新怨楚，楚君虽欲攻燕，将道何哉？"对曰："请

虞卿对春申君说："据我所知，《春秋》里有这样一句话，'平安时要思考危险，危险时要思虑平安'。如今楚王年事已高，您的封地必须尽早决定。臣为您考虑的封地，最好是远离楚国的都城。过去公孙鞅被秦孝公册封在商地，秦孝公一死，他就被新即位的惠文王杀了。秦昭王封魏冉于穰地，秦昭王死后，新王就把他的封地夺回了。商鞅是秦孝公的功臣，冉子是秦宣太后的弟弟，然而两人都没有免掉被夺去封地、被杀的命运，就是因为封地太靠近国都的缘故。太公望被封在齐地，召公奭被封在燕地，他们之所以能寿终正寝，是因为这两个地方都离周朝首都很远。如今燕国犯有讨伐赵国的大罪，赵国对它的仇怨很深，所以您不如挥兵北上，向赵国施恩，灭除紊乱的燕国，以此确定您的封地，这是千载难逢的一个良机。"

春申君说："征伐燕国的路线，不是借道齐国，就是借道魏国。可是魏、齐两国最近都怨恨楚国，所以楚王即使想攻打燕国，又能从哪里经过呢？"虞卿

令魏王可。"君曰："何如？"对曰："臣请到魏，而便所以信之。"

乃谓魏王曰："夫楚亦强大矣，天下无敌，乃且攻燕。"魏王曰："乡也，子云天下无敌；今也，子云乃且攻燕者，何也？"对曰："今为马多力则有矣，若曰胜千钧则不然者，何也？夫千钧非马之任也。今谓楚强大则有矣，若越赵、魏而斗兵于燕，则岂楚之任也哉？非楚之任而楚为之，是敝楚也。敝楚是强魏也，其于王孰便也？"

回答说："臣可以去请求魏王让楚军通过。"春申君说："该怎么办呢？"虞卿回答说："请让臣经过魏国时，顺便向他们说明借道的道理。"

于是虞卿到魏国对魏王说："楚国也是一个强国，天下无敌，现在正准备发兵攻打燕国。"魏王说："先前，您说楚国天下无敌；现在，您又说它将征伐燕国。这岂不是前后矛盾吗？"虞卿回答说："现在说一匹马力量很大确实可能，但要说这匹马能载运千钧就不可能了，为什么呢？因为马绝对不能负载千钧。现在说楚国强大并不错，但说楚国要越过赵、魏两国发兵攻打燕国，这难道是楚国的力量所能胜任的吗？不是楚国的力量所能胜任的事，硬让楚国去做，就等于削弱了楚国的力量。楚国的力量被削弱，魏国的力量就会增强，所以请大王多加考虑，是借路给楚国好呢，还是不借路给楚国好呢？"

第十八篇 赵策一

第一章 知伯从韩魏兵以攻赵

知伯从韩、魏兵以攻赵，围晋阳而水之，城下不沉者三板。郤（xì）疵谓知伯曰："韩、魏之君必反矣。"知伯曰："何以知之？"郤疵曰："以其人事知之。夫从韩、魏之兵而攻赵，赵亡，难必及韩、魏矣。今约胜赵而三分其地。今城不没者三板，曰灶生蛙，人马相食，城降有日，而韩魏之君无憙志而有忧色，是非反如何也？"

明日，知伯以告韩、魏之君曰："郤疵言君之且反也。"韩、魏之君曰："夫胜赵而三分

晋国的知伯和韩、魏两国的军队进攻赵国，先是用水围困晋阳，离城被淹没只有三丈。郤疵对知伯说："韩、魏两国的君主肯定会背叛我们。"知伯问："何以见得？"郤疵说："从他们的脸色和军事形势的判断上就可以知道。韩、魏两国的军队尾随我们进攻赵国，如果赵国灭亡了，那灾难必然会降到韩、魏两国头上。虽然贤君跟韩、魏两国相约，消灭赵国后就和他们三分赵国的土地，但现在晋阳只差三丈就被淹没了，连石臼和炉灶都生了青蛙，饿到人马相食的地步，可见晋阳的陷落指日可待，然而韩、魏两国的君主不但不欢喜，反倒有忧愁，这不是一种反叛的迹象吗？"

次日，知伯把这话告诉韩、魏两国的君主，说："郤疵说两位君主就要背弃盟约了。"韩、魏两国的君主说："消灭赵国以后，我们三国可以三分赵国的土

其地，城今且将拔矣。夫二家虽愚，不弃美利于前，背信盟之约，而为危难不可成之事，其势可见也。是疵为赵计矣，使君疑二主之心，而解于攻赵也。今君听谗臣之言，而离二主之交，为君惜之。"趋而出。郄疵谓知伯曰："君又何以疵言告韩、魏之君为？"知伯曰："子安知之？"对曰："韩、魏之君视疵端而趋疾。"

郄疵知其言之不听，请使于齐，知伯遣之。韩、魏之君果反矣。

地，而且晋阳马上就要陷落了。我们虽然愚鲁，也不至于放弃就要到来的利益，甚至背弃盟约去做危险的、无望的事情，这是不容置疑的，这种形势发展的结局是可以预见的。可能郄疵在为赵国谋划，以便使贤君怀疑我们，进而瓦解三国共同攻打赵国的盟约。如今贤君竟听信奸臣的谗言，而离间与韩、魏两国的邦交，我们真为贤君感到惋惜。"说完就快步走出去了。郄疵又来对知伯说："贤君为什么要把臣的话告诉韩王和魏王呢？"知伯说："你怎么知道我告诉他们了呢？"郄疵回答说："因为韩、魏两国的君王临走时，使劲用眼睛瞪了我一下，才快步走开。"

郄疵知道知伯没有采纳自己的建议，就主动请求派往齐国，于是知伯派他去齐国了。不久，韩、魏君主果然背弃了盟约。

第二章 知伯帅赵韩魏而伐范中行氏

知伯帅赵、韩、魏而伐范中行氏，灭之。休数年，使人请地于韩。韩康子欲勿与，段规谏曰："不可。夫知伯之为人也，好利而鸷复，来请地不与，必加兵于韩矣。君其与之。与之，彼狃，又将请地于他国，他国不听，必乡之以兵；然则韩可以免于患难，而待事之变。"康子曰："善。"使使者致万家之邑一于知伯。知伯说，又使人请地于魏，魏宣子欲勿与。赵葭谏曰："彼请地于韩，韩与之。请地于魏，魏弗与，则是魏内自强，而外怒知伯也。然则其错兵于魏必矣！不如与之。"宣子曰："诺。"因使人致万家之邑一于知伯。知伯说，

知伯率赵、韩、魏三国军队攻打范氏和中行氏，消灭了它们。休整几年后，又派人到韩国去要土地。韩康子想拒绝，韩臣段规劝谏说："不可以不给知伯土地。因为知伯这个人生性贪婪，而且残暴无度，如今他来要土地，如果不给他，他必定派兵来攻打韩国。所以君王不如给他土地。如果给他土地，必然使他的恶习膨胀，他会再向其他国家要土地，其他国家如果不给，他也必然发兵去攻打；韩国则可以因此蚀财消灾，再等待形势的转变。"韩康子说："很好。"于是派使者献一万户的城邑给知伯。知伯得到土地后很高兴，又派人去到魏国要土地，魏宣子想不给他。魏臣赵葭规劝说："知伯向韩国要土地，韩王给了他一个一万户人家的城邑。他现在又来向魏国要土地，如果魏国不给他，那就等于是魏国自恃强大而对外激怒知伯，知伯必然会发兵攻打魏国！所以还是给他土地为好。"魏宣子说："就这样办。"于是派使者割让一万户人家的城邑给知伯。知伯很高兴，又派人向赵国要蔡、皋狼等

又使人之赵，请蔡、皋狼之地，赵襄子弗与。知伯因阴结韩、魏，将以伐赵。

赵襄子召张孟谈而告之曰："夫知伯之为人，阳亲而阴疏，三使韩、魏，而寡人弗与焉，其移兵寡人必矣。今吾安居而可？"张孟谈曰："夫董阏安于，简主之才臣也，世治晋阳，而尹泽循之，其余政教犹存，君其定居晋阳。"君曰："诺。"乃使延陵生将车骑先之晋阳，君因从之。至，行城郭，案府库，视仓廪，召张孟谈曰："吾城郭之完，府库足用，仓廪实矣，无矢奈何？"张孟谈曰："臣闻董子之治晋阳也，公宫之垣，皆以狄蒿楛楚墙之，其高至丈余，君发而用之。"于是发而试之，其坚则箘簬之劲不能过也。君曰："足矣，吾铜少若何？"张孟谈曰："臣闻董子之治

地，可是赵襄子不给。于是知伯就暗地里跟韩、魏两国缔结密约，准备组成联军攻打赵国。

这时赵襄子召见张孟谈，把知伯要土地的事告诉他，说："知伯的为人，表面上跟你亲密，内心里跟你疏远，他多次派人到韩、魏两国去，已经得到想要的土地，如今又向我赵国来勒索，寡人却偏偏不愿意给他，他必然会发兵攻打寡人的赵国。您认为我现在驻扎在什么地方对付他才好？"张孟谈说："我认为以前董阏安于是赵简子最具才干的臣子，他世代治理晋阳，尹泽又模仿他的治绩，进一步修建晋阳城，现在他们的政教遗风还存在，所以我建议君主先驻扎在晋阳。"赵襄子说："就这么办。"于是派延陵生率领战车和骑兵先去晋阳，赵襄子则率领文武朝臣随后赶到。赵襄子到晋阳后，首先巡视城郭，调查府库，察看仓廪，然后召见张孟谈，说："寡人看城郭很牢固，府库很充实，军粮也足够吃，只可惜没有箭，怎么办？"张孟谈说："我听说，以前董子治理晋阳的时候，宫殿的墙都是用荻、蒿、楮、荆条相连夯筑的，有一丈多高，君主把这些东西拿来用就可以了。"于是赵襄子把用这些东西筑成的墙拆了，试了一下它们

晋阳也，公宫之室，皆以炼铜为柱质，请发而用之，则有余铜矣。"君曰："善。"号令以定，备守以具。

三国之兵乘晋阳城，遂战。三月不能拔，因舒军而围之，决晋水而灌之。围晋阳三年，城中巢居而处，悬釜而炊，财食将尽，士卒病羸。襄子谓张孟谈曰："粮食匮，财力尽，士大夫病，吾不能守矣。欲以城下，何如？"张孟谈曰："臣闻之，亡不能存，危不能安，则无为贵知士也。君释此计，勿复言也。臣请见韩、魏之君。"襄子曰："诺。"

张孟谈于是阴见韩、魏之君曰："臣闻唇亡则齿寒，今知伯帅二国之

的坚硬程度，果然比箭竹还要硬。赵襄子又说："箭是够了，但是铜却很少，又该怎么办呢？"张孟谈说："听说董子治理晋阳的时候，宫殿的房子都是用炼过的铜作柱子，君王可以把这些铜柱挖出来使用，那就有用不完的铜了。"赵襄子说："好。"号令已经定好，防御物资已经齐备了。

晋国的知伯和韩、魏两国的联军才开到晋阳，赵国就和三国联军展开激战。经过三个月之久，晋阳还没有被攻下。于是三国联军就把军队散开，从四面八方包围晋阳城，同时挖开晋水堤坝，让晋水淹灌晋阳。晋阳被包围三年，城内的人都在树上搭房子住，把锅吊在树上做饭。当军资粮饷快用完时，赵国的守军也疲惫不堪了。这时赵襄子又问张孟谈："粮食匮乏，财力将尽，士大夫疲惫，寡人无法守住晋阳了。寡人想开城投降，贤卿你看如何？"张孟谈说："我听说，如果国家将灭亡而不能使它存在下去，国家发生危险而不能使它安定，那就不要看重足智多谋的贤士了。请您放弃这种想法，不必再说了。让臣去晋见韩、魏两国君王。"赵襄子说："就这样办吧。"

于是张孟谈悄悄去见韩、魏两国的君主，说："我听说'嘴唇丧失了，牙齿就会寒冷'。现在知伯率领韩、魏两国君

君伐赵，赵将亡矣，亡则二君为之次矣。"二君曰："我知其然。夫知伯为人也，粗中而少亲，我谋未遂而知，则其祸必至，为之奈何？"张孟谈曰："谋出二君之口，入臣之耳，人莫之知也。"二君即与张孟谈阴约三军，与之期日，夜，遣入晋阳。张孟谈以报襄子，襄子再拜之。

张孟谈因朝知伯而出，遇知过辕门之外。知过入见知伯曰："二主殆将有变。"君曰："何如？"对曰："臣遇张孟谈于辕门之外，其志矜，其行高。"知伯曰："不然。吾与二主约谨矣，破赵三分其地，寡人所亲之，必不欺也。子释之，勿出于口。"知过出见二主，入说知伯曰："二主色动而意变，必背君，不如令杀之。"知伯曰："兵箸晋阳三年矣，旦暮当拔之而飨其利，乃有

主的军队攻打赵国，赵国危在旦夕，赵国灭亡后，就会轮到韩、魏两国了。"韩、魏两国的君主说："我们也都知道会是如此。因为知伯为人狂暴不仁，如果我们的计谋还没有形成就被知伯识破的话，必然会大祸临头，足下看要怎么办？"张孟谈说："计谋是从君王的嘴里说出的，听到的只有臣的耳朵，别人是无法知道的。"韩、魏两国的君主这才与张孟谈暗暗地联合三军，约好时间，约定夜晚派兵入晋阳。张孟谈向赵襄子回报后，赵襄子再三向张孟谈拜谢。

张孟谈又去拜见知伯，走出宫门后在辕门外边遇见知过。知过进去见知伯说："韩、魏两国的君主恐怕要叛变。"知伯问："何以见得？"知过回答说："臣在辕门外遇见了张孟谈，他的神情趾高气扬，当时他正在阔步而行。"知伯说："不会的。寡人跟韩、魏两国的君主订立密约，明言消灭赵国后三家平分它的土地，这是我亲口说的，他们一定不会欺骗我。贤卿尽可放心，千万不要把话泄露出去。"知过出去见韩、魏两国的君主，回来对知伯说："臣见韩、魏两国的君主神情反常，已经有背叛贤君的迹象，不如下令把他们杀死。"知伯说："我三国联军围困晋阳三年，如今晋阳的陷落指日可待，我们马上就可以享受利益瓜分土

他心？不可，子慎勿复言。"知过曰："不杀则遂亲之。"知伯曰："亲之奈何？"知过曰："魏宣子之谋臣曰赵葭，康子之谋臣曰段规，是皆能移其君之计。君其与二君约，破赵则封二子者各万家之县一，如是则二主之心可不变，而君得其所欲矣。"知伯曰："破赵而三分其地，又封二子者各万之县一，则吾所得者少，不可。"知过见君之不用也，言之不听，出，更其姓为辅氏，遂去不见。

张孟谈闻之，入见襄子曰："臣遇知过于辕门之外，其视有疑臣之心，入见知伯，出更其姓。今暮不击，必后之矣。"襄子曰："诺。"使张孟谈见韩、魏之君曰："以夜期，杀守堤之吏，而决水灌知伯军。"知伯军救水而乱，韩、魏翼而

地，韩、魏两国的君主怎么会有异心而背叛呢？绝对不会的，贤卿不要再说这样的话。"知过说："如果不杀韩、魏两国的君主，那就要尽量跟他们亲善。"知伯说："你说该怎么办呢？"知过说："魏宣子有个谋臣叫赵葭，韩康子有个谋臣叫段规，这两位重臣都能影响君主决策。所以贤君不如跟这两位重臣订立密约，言明消灭赵国后就封他们每人一个一万户的大县，这样他们两人就可以保证韩、魏两国的君主不背叛，到那时贤君的一切愿望都可以实现了。"知伯说："消灭赵国后我们三家平分赵国的土地，如果再各封两位重臣一个一万户人家的大县，那寡人所得的土地便太少了，不能这样做。"知过看到怎么苦劝也不能让知伯采纳自己的意见，就赶紧离开知伯，改姓氏为辅，从此一去不知所终。

张孟谈知道这件事后，就进去见赵襄子，说："臣在辕门外遇见知过，他好像对臣存有疑心，他晋见知伯后，出来就改名换姓。这里面一定有文章，如果君王今晚不进攻他们，必然会错过大好时机。"赵襄子说："就这么办。"于是派张孟谈去见韩、魏两国的君主，说："约定今晚杀死守河堤的将士，以便决堤淹知伯的军营。"当晚韩、魏两国果然掘开河堤，知伯的军队为了救水而大乱，而

击之，襄子将卒犯其前，大败知伯军而禽知伯。

知伯身死，国亡地分，为天下笑，此贪欲无厌也。夫不听知过，亦所以亡也。知氏尽灭，唯辅氏存焉。

韩、魏两军又从左右夹击，赵襄子率军迎头痛击，结果大败知伯的军队，并生擒了知伯。

知伯身死国亡，土地被赵、韩、魏三国瓜分，被天下人耻笑，这都是贪得无厌所招来的大祸。知伯不听知过的苦谏，也是招致灭亡的原因之一。至此，知氏被全部灭掉，唯独辅氏存在。

第三章 张孟谈既固赵宗

张孟谈既固赵宗，广封疆，发五百，乃称简之迹以告襄子曰："昔者，前国地君之御有之曰：'五百之所致天下者，约两主势能制臣，无令臣能制主。故贵为列侯者，不令在相位，自将军以上，不为近大夫。'今臣之名显而身尊，权重而众服，臣愿捐功名、去权势以离众。"襄子恨然曰："何哉？吾闻辅主者名显，功大者身尊，任国者权重，信忠在己而众服焉。此先圣之所以集国家、安社稷乎！子何为然？"张孟谈对曰："君主所言，成功之美也。臣之所谓，持国之道也。臣观成事，闻往古，天下之美同，臣主之权均之能美，未

赵臣张孟谈巩固了赵国，扩充赵国封土，试图建立五霸之业，于是向赵襄子称颂先君赵简子的政绩，说："以前，简子统治赵国时曾说：'五霸之所以会得到天下诸侯的拥护，成为天下霸主，是由于盟约的君主的权势足以控制臣下，而不让臣下的权势控制君主。所以一个贵为列侯的人，就不能再叫他担任丞相，从将军以上职位的武官，不能任命他为侧近的大夫。'现在臣声名显赫，地位尊贵，权力大且能威服众人，所以臣愿意放弃功名、抛弃权势，离开众人而隐退。"赵襄子听了，很气愤地说："你这话是什么意思？据寡人所知，辅佐君主的人名声自然显赫，功劳丰伟的人地位自然尊贵，担当国政的人权力自然庞大，只要自己忠诚，便能威服众人。这是古圣先贤之所以开创国家、安定社稷的关键所在！贤卿为什么说这种话呢？"张孟谈回答说："贤君所说的是成功之后的荣誉，而我所说的是维护国家的正道。臣观察古代那些成功的史实才知道，天下美好的事情都是相同的，但是臣下和

之有也。前事之不忘，后事之师。君若弗图，则臣力不足。"怆然有决色。襄子去之。卧三日，使人谓之曰："晋阳之政，臣下不使者何如？"对曰："死僇。"张孟谈曰："左司马见使于国家，安社稷，不避其死，以成其忠，君其行之。"君曰："子从事。"乃许之。张孟谈便厚以便名，纳地释事以去权尊，而耕于负亲之丘。故曰，贤人之行，明主之政也。

耕三年，韩、魏、齐、燕负亲以谋赵，襄子往见张孟谈而告之曰："昔者知氏之地，赵氏分则多十城，复来，而今诸侯孰谋我，为之奈何？"张孟谈曰："君其负剑而御臣以之国，舍臣于

君主的权力一样大还能相安无事，这种事从来没有过。要牢记以前的经验教训，作为今后行事的借鉴。如果贤君不利用往事来策划未来之事，那就是我未尽到责任。"说完，张孟谈流露出一种悲痛而诀别的表情。于是赵襄子让他离开。张孟谈在家中闷卧了三天，于是赵襄子派人去对他说："寡人想对晋阳之战进行赏罚，那些身为臣下而不尽忠报国的人怎样处置呢？"张孟谈回答说："杀掉。"张孟谈又说："左司马现在正为国家效命，他为了安定社稷而不怕牺牲自己的性命，以便能为国家尽忠，请君王特别重用他才好。"赵襄子说："贤卿可按照自己的意思去做。"终于批准了张孟谈的辞呈。张孟谈把功名视为身外之物，奉还封地，辞去官职，抛弃一切权贵地位，到负亲丘躬耕自食。这就是所谓"贤明之人的行为，英明之主的政治"。

张孟谈过了三年的躬耕隐居生活，韩、魏、齐、燕四国竟然违背盟约，共同谋攻赵国，赵襄子就去见张孟谈，告诉他这件事说："以前知伯的领土，赵国分得十多城，如今诸侯又来攻打寡人，先生你看要怎么办？"张孟谈说："请您背着剑，亲自为臣驾车，载臣回晋阳，让臣住在宗庙里，把任命朝中大夫的权力交给臣，臣愿意努力为贤君谋划。"赵

庙，授吏大夫，臣试计之。"君曰："诺。"张孟谈乃行，其妻之楚，长子之韩，次子之魏，少子之齐。四国疑而谋败。

襄子说："一切遵命照办。"于是张孟谈离开隐居的负亲丘，把妻子送到楚国，把长子送到韩国，把次子送到魏国，把幼子送到齐国，使四国互相猜疑，他们攻打赵国的阴谋就不攻自破了。

第四章 晋毕阳之孙豫让

晋毕阳之孙豫让，始事范中行氏而不说，去而就知伯，知伯宠之。及三晋分知氏，赵襄子最怨知伯，而将其头以为饮器。豫让遁逃山中，曰："嗟乎！士为知己者死，女为悦己者容。吾其报知氏之仇矣。"乃变姓名，为刑人，入宫涂厕，欲以刺襄子。襄子如厕，心动，执问涂者，则豫让也。刃其捍曰："欲为知伯报仇！"左右欲杀之。赵襄子曰："彼义士也，吾谨避之耳。且知伯已死，无后，而其臣至为报仇，此天下之贤人也。"卒释之。豫让又漆身为厉，灭须去眉，自刑以变其容，为乞人而往乞，其妻不识，曰："状貌不似吾夫，

最初，晋国毕阳的孙子豫让给范氏、中行氏做大臣，但并未受到重用，于是他投奔知伯，得到知伯的宠信。后来，韩、赵、魏三国瓜分了知伯的土地，其中赵襄子最痛恨知伯，把知伯的头盖骨拿来作饮器。豫让逃到山里，说："唉！志士为了解自己的人而牺牲，女子为喜欢自己的人而打扮。所以，我一定要替知伯复仇。"于是他隐姓埋名，化装成一个受过刑的人，潜伏到王宫里，用洗刷厕所作掩护，想趁机杀死知伯的仇人赵襄子。不久，赵襄子入厕，忽然觉得心跳得厉害，就下令把刷厕所的人提来审问，才知道是豫让化装来行刺。这时，豫让竟拿出匕首说："我要为知伯报仇！"卫士拿下他，要杀他。赵襄子却制止说："这是一位义士，我只要小心躲开他就行了。知伯已经死了，没有留下子孙，他的臣子中有肯来为他报仇的，一定是天下有气节的贤人。"于是把豫让释放了。但豫让继续图谋为知伯报仇，他全身涂上漆，化妆成像一个生癞子的人，同时剃光胡须和眉毛，把自己彻底毁容，假扮成乞

其音何类吾夫之甚也。"
又吞炭为哑，变其音。
其友谓之曰："子之道
甚难而无功，谓子有志
则然矣，谓子知则否。
以子之才，而善事襄，
襄必近幸子；子之得近
而行所欲，此甚易而功
必成。"豫让乃笑而应
之曰："是为先知报后知，
为故君贼新君，大乱君
臣之义者无此矣。凡吾
所谓为此者，以明君臣
之义，非从易也。且夫
委质而事人，而求弑之，
是怀二心以事君也。吾
所为难，亦将以愧天下
后世人臣怀二心者。"

居顷之，襄子当出，
豫让伏所当过桥下。襄
子至桥而马惊。襄子曰：
"此必豫让也。"使人
问之，果豫让。于是赵
襄子面数豫让曰："子
不尝事范中行氏乎？"
知伯灭范中行氏，而子

丐去乞讨，连他的妻子都认不出他，看
到他后只是说："这个人长像并不像我的
丈夫，可是声音却非常像。"于是豫让就
吞下炭，改变自己的声音。他的朋友对
他说："你这种办法很难成功，说你是一
个志士还可以，说你是一个明智之士就
错了。因为凭你这种才干，如果竭尽忠
诚去侍奉赵襄子，那他必然重视和你信
赖你；等你得到他的信赖后，再靠近他、
刺杀他以实现复仇计划，那一定很容易
获得成功。"豫让听了这话笑了笑说："你
所说的是为老朋友而去打新朋友，为旧
君主而去杀新君主，这是世上极其败坏
君臣大义的做法。今天我之所以要这样
做，就是为了阐明君臣大义，而不在于
是否能顺利报仇。况且已经委身做了人
家的臣子，却又在暗中阴谋计划刺杀人
家，这等于对君主怀有二心。我今天之
所以明知其不可为却偏要为之，就是为
了让天下后世怀有二心的人臣羞愧。"

不久，赵襄子要外出巡视，豫让埋
伏在赵襄子必经的桥下。赵襄子骑马走
到桥边时，所骑的马忽然惊跳起来。赵
襄子说："这一定又是豫让。"派人搜捕
之后，一问，果然是豫让。于是赵襄子
当面责备豫让说："你不是曾经侍奉过范
氏、中行氏吗？知伯灭了范氏、中行氏，
你不但不替他们报仇，反而屈节忍辱去

不为报仇，反委质事知
伯。知伯已死，子独何
为报仇之深也？"豫让
曰："臣事范中行氏，
范中行氏以众人遇臣，
臣故众人报之；知伯以
国士遇臣，臣故国士报
之。"襄子乃喟然叹泣曰：
"嗟乎，豫子！豫子之
为知伯，名既成矣，寡
人舍子，亦以足矣。子
自为计，寡人不舍子。"
使兵环之。豫让曰："臣
闻明主不掩人之义，忠
臣不爱死以成名。君前
已宽舍臣，天下莫不称
君之贤。今日之事，臣
故伏诛，然愿请君之衣
而击之，虽死不恨。非
所望也，敢布腹心。"
于是襄子义之，乃使使
者持衣与豫让。豫让拔
剑三跃，呼天击之曰："而
可以报知伯矣。"遂伏
剑而死。死之日，赵国
之士闻之，皆为涕泣。

臣事知伯。如今知伯身死国亡已经很久
了，为什么你替他报仇的意愿还这么强
呢？"豫让说："当我侍奉范氏、中行氏
时，他们只把我当作普通人看待，所以
我也就用普通人的态度报答他们；而知
伯把我当作国士看待，所以我也就用国
士的态度报答知伯。"于是赵襄子感泣
着说："唉！豫让啊，你为知伯报仇，你
已经成为忠臣义士了，而寡人对待你，
也算是仁至义尽了。你自己想一想吧，
寡人不能再释放你了。"于是令卫队把
豫让包围起来。豫让对赵襄子说："据臣
所知，一个贤君不阻挡人的忠义之行，
一个忠臣为了完成志节会不爱惜他的生
命。君王以前已经宽恕过我一次，天下
没有不为这件事赞扬君王贤德的。今天
我到这里来行刺，按理您应在这里将我
处死。不过我想要得到君王的王袍，我
想在这里刺它几下，我即使死了，也没
有遗憾了。我贸然这样说，敢请君王成
全我的愿望。"于是赵襄子为了成全豫
让的志节，就当场脱下自己的王袍，由
侍臣交给豫让。豫让接过王袍后拔出佩
剑，三次奋身跃起，用剑刺王袍，仰天
长叹说："天啊，我豫让总算为知伯报仇
了！"说完，自刎而死。他死的这一天，
赵国的忠义之士听说了，都流下眼泪，
惋惜不已。

第八章 苏秦说李兑

苏秦说李兑曰："洛阳乘轩里苏秦，家贫亲老，无罢车驽马，桑轮蓬箧嬴縢，负书担橐，触尘埃，蒙霜露，越漳、河，足重茧，日百而舍，造外阙，愿见于前，口道天下之事。"李兑曰："先生以鬼之言见我则可，若以人之事，兑尽知之矣。"苏秦对曰："臣固以鬼之言见君，非以人之言也。"李兑见之。苏秦曰："今日臣之来也暮，后郭门，藉席无所得，宿寄人田中，旁有大丛。夜半，土梗与木梗斗曰：'汝不如我，我者乃土也。使我逢疾风淋雨，坏沮，乃复归土。今汝非木之根，则木之枝耳。汝逢疾风淋雨，漂入漳、河，东流至海，氾滥无所止。'臣窃以为土梗胜也。今君杀主父而

苏秦游说李兑道："周都洛阳乘轩里的苏秦，家里很穷，父母年事已高，连一辆老牛破车都没有，也没有桑木造的车轮子，更没有用蓬蒿做的轿子，他打着绑腿，肩膀挑着书，扛着行囊，顶着飞扬的尘土，冒着寒霜和露水，渡过漳水和黄河，脚上磨出了厚厚的老茧，每天要走一百里路才投宿，他来到您的宫门外，希望能拜见您，亲口谈论天下大事。"李兑说："先生如果想说鬼神之事来见我是可以的，如果是谈论人间的事，那我早就都知道了。"苏秦回答说："我当然是为了谈鬼神之事才来拜见您的，绝对不是为了谈人间的事。"李兑就接见了苏秦。苏秦说："今天臣来的时候，由于时间太晚，城门已经关上了，想投宿却找不到旅店，结果露宿在别人家的一块田里，田地旁边是一块大草丛。当臣睡到半夜时，泥偶跟木偶争辩说：'你不如我，因为我是用土做的。即使我遭受风吹雨淋，崩毁以后我还是土。而你不是用树根做的，就是用树枝雕刻成的。如果你遇到强风大雨，漂到漳水、黄河

族之，君之立于天下，危于累卵。君听臣计则生，不听臣计则死。"李兑曰："先生就舍，明日复来见兑也。"苏秦出。

李兑舍人谓李兑曰："臣窃观君与苏公谈也，其辩过君，其博过君，君能听苏公之计乎？"李兑曰："不能。"舍人曰："君即不能，愿君坚塞两耳，无听其谈也。"明日复见，终日谈而去。舍人出送苏君，苏秦谓舍人曰："昨日我谈粗而君动，今日精而君不能用也，何也？"舍人曰："先生之计大而规高，吾君不能用也。乃我请君塞两耳，无听谈者。虽然，先生明日复来，吾请资先生厚用。"明日来，抵掌而谈。李兑送苏秦明月之珠，和氏之璧、黑貂之裘、黄金百镒。苏秦得以为用，西入于秦。

里，就会被水冲到东海，永远找不到一个落脚的地方。'臣私下认为，泥偶的话很有道理。如今您杀死了主父赵武灵王，灭了他的宗族，您活在世上，处境危险，有如累卵。您如果能听臣的计划，就会有生路，反之，是死路一条。"李兑说："请先生暂时先住一夜，明天再来见我。"于是苏秦便出去了。

李兑的一个舍人对李兑说："我私下观察了您跟苏秦的谈话，苏秦的口才超过您，苏秦的学问也超过您，您肯听苏秦的话吗？"李兑说："不听。"舍人说："您既然不肯听苏秦的话，那就把耳朵塞紧，千万不要再听他的谈话。"第二天苏秦又来拜见，和李兑谈了一整天才走。李兑的舍人出去送苏秦，苏秦对舍人说："昨天我只是大概地说说，君王很受触动，但是今天我详细地分析，他反而无动于衷，这是怎么回事？"舍人说："先生的计划高瞻远瞩，可惜我们主君不肯采纳。因此昨天我就建议我们主君，把两耳塞住，不再听先生的高谈阔论。虽然如此，先生明天可以再来，我建议我们主君厚赏先生。"第二天苏秦果然又来了，和李兑对坐而谈。最后李兑送给苏秦很多珍宝财物，包括明月珠、和氏璧、黑貂皮和黄金一百镒。苏秦得到这些财宝，用来作为西去秦国的旅费。

第十二章 苏秦为赵王使于秦

苏秦为赵王使于秦，反，三日不得见。谓赵王曰："秦乃者过柱山，有两木焉。一盖呼侣，一盖哭。问其故，对曰：'吾已大矣，年已长矣，吾苦夫匠人，且以绳墨案规矩刻镂我。'一盖曰：'此非吾所苦也，是故吾事也。吾所苦夫铁钻然，自入而出夫人者。'今臣使于秦，而三日不见，无有谓臣为铁钻者乎？"

苏秦为赵王出使秦国，回来以后，三天没机会晋见赵王。于是，他上书给赵王说："我这次回来经过柱山，看见两棵枝叶像草棚一般的大树。其中一棵在呼唤伴侣，另一棵却在那儿放声大哭。一棵树问另一棵树为什么要哭，对方回答说：'我已经长得很大了，年纪已经很高了，我最近经常遭受木匠的骚扰，他用墨绳来量我、按规矩来雕刻我。'另一棵树说：'这不是我所苦恼的，这本来是我份内的事。我所苦恼的是铁钻那样的东西，它钻进去以后，木屑立刻就出来了，一切随人心愿。'现在臣出使秦国回来，竟然三天都没有见到国王，因此，可能有人认为臣是那个任人摆布的铁钻吧？"

第十九篇 赵策二

第一章 苏秦从燕之赵始合从

苏秦从燕之赵，始合从，说赵王曰："天下之卿相人臣，乃至布衣之士，莫不高贤大王之行义，皆愿奉教陈忠于前之日久矣。虽然，奉阳君妒，大王不得任事，是以外宾客游谈之士，无敢尽忠于前者。今奉阳君捐馆舍，大王乃今然后得与士民相亲，臣故敢献其愚，效愚忠。为大王计，莫若安民无事，请无庸有为也。安民之本，在于择交，择交而得则民安，择交不得则民终身不得安。请言外患：齐、秦为两敌，而民不得安；倚秦攻齐，

苏秦从燕国来到赵国，开始进行合纵之盟的活动，他游说赵王道："天下从公卿宰相，到布衣平民，没有不赞扬大王的道德义气的，他们很久以来都想到大王面前尽忠效力。然而奉阳君嫉妒贤能，以致大王不能专理国事，因此疏远了各地的宾客和游说的士人，使他们不敢到大王面前尽献忠心。如今奉阳君死于馆舍，大王才能和各方人士接近，所以臣才敢来贡献一点愚忠，以报效大王。臣替大王着想，最好是采取安民政策，让百姓都安居乐业，对百姓不必约束太严。安民的基本办法在于结交诸侯，建立良好的邦交，这样百姓就能够安居乐业；反之，如果不能够和诸侯建立良好的邦交，那百姓就终生得不到安宁。臣再谈谈外侵的祸患：秦、齐两国是两个大敌，这是百姓不得安宁的根源；仰仗秦国去攻打齐国，百

而民不得安；倚齐攻秦，而民不得安。故夫谋人之主，伐人之国，常苦出辞断绝人之交，愿大王慎无出于口也。

"请屏左右，曰言所以异，阴阳而已矣。大王诚能听臣，燕必致毡裘狗马之地，齐必致海隅鱼盐之地，楚必致桔柚云梦之地，韩、魏皆可使致封地汤沐之邑，贵戚父兄皆可以受封侯。夫割地效实，五伯之所以复军禽将而求也；封侯贵戚，汤、武之所以放杀而争也。今大王垂拱而两有之，是臣之所以为大王愿也。大王与秦，则秦必弱韩、魏；与齐，则齐必弱楚、魏。魏弱则割河外，韩弱则效宜阳。宜阳效则上郡绝，河外割则道不通；楚弱则无援。此三策者，不可不熟计也。夫秦下轵道则南阳动，劫韩包周则赵自销铄，据卫取

姓不得安宁；仰仗齐国去攻打秦国，百姓也不得安宁。所以图谋别国的君主，或攻打别人的国家，常常由于言辞急切，就断绝了和他国的邦交，请大王千万不要再说有损邦交的话。

"请大王屏退左右侍臣，让我来说说合纵和连横的差异，有利也有弊。大王如果确实能接受臣的建议，那燕国必然献出盛产毛裘犬马之地，齐国必然献出盛产鱼盐的海边之地，楚国必然献出盛产桔柚的云梦之地，韩、魏两国也必然献出很多城邑，还有供您洗盥沐浴的县邑，大王的父兄外戚都可以有封侯的土地。为了用这种方法获得大块土地，以前五霸不惜牺牲将士的生命去争取；为了封王族和外戚作公侯，以前商汤和周武王也必须杀死夏桀和殷纣才能办得到。现在大王不费一点力气，就可以得到两种东西，这是臣为大王感到欣慰的。大王跟秦国结盟，秦国必然去侵犯弱小的韩、魏两国；大王跟齐国结盟，齐国必然去侵犯弱小的楚、魏两国。魏国衰弱后，必然割让河外之地；韩国衰弱了，必然献出宜阳。宜阳一经割让，上郡的道路就不通了；河外一旦割让，道路就不能通行至上郡；楚国再衰弱下去，赵国就孤立无援了。这三项计策，是不能不慎重考虑的。如果秦国沿轵道而下，

淇则齐必入朝。秦欲已得行于山东，则必举甲而向赵。秦甲涉河逾漳，据番吾，则兵必战于邯郸之下矣。此臣之所以为大王患也。

"当今之时，山东之建国，莫如赵强。赵地方二千里，带甲数十万，车千乘，骑万匹，粟支十年；西有常山，南有河、漳，东有清河，北有燕国。燕固弱国，不足畏也。且秦之所畏害于天下者，莫如赵。然而秦不敢举兵甲而伐赵者，何也？畏韩、魏之议其后也。然则韩、魏，赵之南蔽也。秦之攻韩、魏也，则不然。无有名山大川之限，稍稍蚕食之，傅之国都而止矣。韩、魏不能支秦，必入臣。韩、魏臣于秦，秦无韩、魏之隔，祸中于赵矣。此臣之所以为大王患也。

那么南阳就会动摇，再劫持韩国包围周室，那赵国自己就削弱了。秦国再占领卫都濮阳，夺取魏邑淇水地区，那么齐国必然会向秦国称臣。秦国想在山东得到这些，必然进兵赵国。秦军会渡过黄河，穿过漳水，占领番吾之地，那么秦兵必定在邯郸下开战。这是臣为大王担忧的地方。

"当今之时，山东各国没有哪一个比赵国更强大。赵国土地方圆二千里，精兵几十万，战车几千辆，战马也有上万匹，军粮可供十年之用；西边有常山，南边有黄河、漳水，东边有清河，北边有燕国。燕国是弱小的国家，不足畏惧。再说秦国最畏惧、最憎恨的是赵国。然而秦国不敢发兵攻打赵国，这是什么道理呢？这是由于秦国担心韩国、魏国偷袭它的后方。这样看来，韩、魏两国就是赵国南边的蔽障。而秦国攻打韩、魏两国则情况不同，韩、魏两国没有名山大川的阻隔，只要慢慢进行吞食就可以，一直吞食到国都为止。当韩、魏两国支撑不住秦国压力时，必然会屈服而向秦国称臣。韩、魏两国一旦臣服于秦国，秦国就没有了韩、魏两国的阻隔，到那时灾祸将会降临到赵国。这也是臣为大王担忧的地方。

"臣闻，尧无三夫之分，舜无咫尺之地，以有天下。禹无百人之聚，以王诸侯。汤、武之卒不过三千人，车不过三百乘，立为天子。诚得其道也。是故明主外料其敌国之强弱，内度其士卒之众寡、贤与不肖，不待两军相当，而胜败存亡之机节，固已见于胸中矣，岂掩于众人之言，而以冥冥决事哉！

"臣窃以天下地图案之。诸侯之地五倍于秦，料诸侯之卒，十倍于秦。六国并力为一，西面而攻秦，秦必破矣。今见破于秦，西面而事之，见臣于秦。夫破人之与破于人也，臣人之与臣于人也，岂可同日而言之哉！夫横人者，皆欲割诸侯之地以与秦成。与秦成，则高台，美宫室，听竽瑟之音，察五味之和，前有轩辕，

"臣听说，过去尧连三个人都没有，舜没有咫尺地盘可使用，但他们后来都能拥有天下。禹最初只有一个不满一百人的部落，但后来成为天下诸侯的共主。商汤和周武王的军队只不过三千人，战车也只不过三百辆，后来却都被立为天子。这是因为他们获得了治国安邦的正道。所以一个明君，对外要估计敌国的强弱，对内要视察士卒的多寡和贤愚。一般地说，不用等到两军相拼，胜败存亡的局面就已经心中有数了，不必受别人言论的迷惑，在暗中就决定了一切！

"我私下里察看了天下地图。诸侯的土地相当于秦国的五倍，估计诸侯的士卒相当于秦国的十倍。如果六国能够团结一致，合力向西攻打秦国，秦国必然失败。可如今各国竟被秦国各个击破，甘愿到西边去侍奉秦国，向秦国称臣。击破别人和被别人击破，臣服他人和被他人臣服，两者岂能相提并论！而且提倡连横政策的游说家，都希望各诸侯把土地献给秦国，目的是和秦国谈和。一旦能和秦国讲和，那么连横家就可以高筑台榭，美化住室，欣赏优美的音乐，享用山珍海味，前有高车大马，后有美女娇笑，然而一旦秦国发兵攻打诸侯，这些游说家却不会跟诸侯共同承担

后有长庭，美人巧笑，卒有秦患，而不与其忧。是故横人日夜务以秦权恐猲诸侯，以求割地，愿大王之熟计之也。

"臣闻，明王绝疑去谗，屏流言之迹，塞朋党之门，故尊主广地强兵之计，臣得陈忠于前矣。故窃本大王计，莫如一韩、魏、齐、楚、燕、赵六国从亲，以傧畔秦。令天下之将相，相与会于洹水之上，通质刑白马以盟之。约曰：'秦攻楚，齐、魏各出锐师以佐之，韩绝食道，赵涉河、漳，燕守常山以北。秦攻韩、魏，则楚绝其后，齐出锐师以佐之，赵涉河、漳，燕守云中。秦攻齐，则楚绝其后，韩守成皋，魏塞午道，赵涉河、漳、博关，燕出锐师以佐之。秦攻燕则赵守常山，楚军武关，齐涉渤海，韩、魏出锐师以佐之。秦攻

忧患。因此主张连横政策的人日夜靠秦国的权势恐吓诸侯，求得分割土地。请大王要慎重考虑。

"我听说，一个贤明的君主能斩断猜疑，排除谗言，屏除一切流言蜚语的滋生，杜绝党派的门户之争，为促成君主地位尊贵、扩地强兵的大计，使臣能有机会在大王面前效忠。所以我私下为大王谋划，倒不如联合韩、魏、齐、楚、燕、赵六国，让六国缔结合纵之盟共同抗拒秦国。通令天下的将相，一齐到洹水之畔集会，交换人质，杀白马缔结盟约。盟约可以这样写：'如果秦国攻打楚国，齐、魏两国都要各出精兵为楚国作战，韩国负责切断秦国的粮道，赵国渡过黄河、漳水，燕国则派大军死守常山以北。如果秦国攻打韩、魏两国，那么楚国就切断秦国的后路，齐国派遣精兵支援韩、魏两国，而赵国仍然渡过黄河、漳水，至于燕国，则派兵死守云中。如果秦国攻打齐国，那楚国就负责切断秦国的后路，韩国派军守住成皋，魏国封锁午道，赵国越过黄河、漳水、博关，燕国则派精兵援助齐国。如果秦兵攻打燕国，那赵国就应守住常山，楚国出兵武关，齐国的军队渡过渤海，韩、魏两国也出精锐之师去帮助燕国。如果秦兵进

赵，则韩军宜阳，楚军武关，魏军河外，齐涉渤海，燕出锐师以佐之。诸侯有先背约者，五国共伐之。六国从亲以摈秦，秦必不敢出兵函谷关以害山东矣！如是则伯业成矣！"

赵王曰："寡人年少，莅国之日浅，未尝得闻社稷之长计。今上客有意存天下，安诸侯，寡人敬以国从。"乃封苏秦为武安君，饰车百乘，黄金千镒，白璧百双，锦绣千纯，以约诸侯。

攻赵国，那韩国就要镇守宜阳，楚军列阵武关，魏军列阵河外，齐军渡过渤海，燕国则发精兵救援赵国。如果诸侯有先背弃盟约的，那其他五国就共同出兵讨伐。'只要六国能缔结合纵之盟来抗拒强秦，那么秦国就不敢出兵函谷关，侵略山东诸侯了！这样大王的霸业就可以顺利完成！"

赵王说："寡人年龄很小，而且即位的时间又短，还不曾听过有关国家长治久安的大计。现在客卿既然有意拯救天下，安定诸侯，那么寡人非常愿意率领全国臣民参加合纵之盟。"于是封苏秦为武安君，拨给他战车一百辆，黄金一千镒，白璧一百双，锦绣一千束，让他到其他五国去进行合纵之盟的活动。

第二章 秦攻赵

秦攻赵，苏子为谓秦王曰："臣闻明王之于其民也，博论而技艺之，是故官无乏事而力不困；于其言也，多听而时用之，是故事无败业而恶不章。臣愿王察臣之所谒，而效之于一时之用也。臣闻怀重宝者，不以夜行；任大功者，不以轻敌。是以贤者任重而行恭，知者功大则辞顺。故民不恶其尊，而世不妒其业。臣闻之：百倍之国者，民不乐后也；功业高世者，人主不再行也；力尽之民，仁者不用也；求得而反静，圣主之制也；功大而息民，用兵之道也。今用兵终身不休，力尽不罢，赵怒必于其己邑，赵仅存哉！然而四轮之

秦国进攻赵国，苏秦为赵国对秦王说："臣听说，一个贤明的君主对待他的人民，要广泛听取高论，启用才技超群之士，这样官吏就不会耽误国家大事，国家也不会有人力不足的困扰；对于人才的进言，要多加听取，随时采纳，这样凡事才不会失败而招致恶果。臣恳请大王了解臣的言论，希望能对当前的局势有所贡献。臣又听说，身上带有贵重宝物的人不敢走夜路，能建立大功业的人不轻视敌人。所以贤明的人责任艰巨而行为谨慎，聪明的人功劳虽大却言词恭顺。百姓不憎恨他们所尊重的君主，而世人也不嫉妒君主的功勋。我还听说：百倍强大的国家，百姓争先恐后地归附；建立盖世功勋的将相，君主就不愿再奖赏；精疲力竭的百姓，仁德的君主就不应再征用。获得所求的东西便回归宁静，就算是圣明君主的制度；建立大的功业，便使百姓休养生息，这就是用兵之道。现在用兵却不是这样，让百姓一辈子也得不到休息，民力用尽了还不罢手，征讨赵国一定要将它的土地变成自己的城

国也，今虽得邯郸，非国之长利也。意者，地广而不耕，民赢不休，又严之以刑罚，则虽从而不止矣。语曰：'战胜而国危者，物不断也。功大而权轻者，地不入也。'故过任之事，父不得于子；无已之求，君不得于臣。故微之为著者强，察乎息民之为用者伯，明乎轻之为重者王。"

秦王曰："寡人案兵息民，则天下必为从，将以逆秦。"

苏子曰："臣有以知天下之不能为从以逆秦也。臣以田单、如耳为大过也。岂独田单、如耳大为过哉？天下之主亦尽过矣！夫虑收亡齐、罢楚、敝魏与不可知之赵，欲以穷秦折韩，臣以为至愚也。夫齐威、

邑，以致赵国的土地所存无几！然而赵国是一个跟四方都有邦交的国家，如今大王虽然占领了赵都邯郸，却不是秦国的长久之利。一般人认为，土地广大而不耕耘，百姓疲惫而不能休息，同时又对他们施以严刑峻法，那他们即使屈服也不会太长久地居住在这里。俗话说：'战胜反而使国家危险，是由于战争的连续不断；功勋丰硕而不能威服诸侯，是由于没有占领土地。'所以责任太重的事，父亲都不得强迫儿子；无限的暴敛诛求，连君王都不得强迫臣民。所以能够见微知著的人会成为强者，能够观察用民之道的人会成为霸者，能够明了轻重之理的人会成为王者。"

秦王说："假如寡人控制军队不从事征战，让老百姓休养生息，那么天下的诸侯就必然会结成合纵之盟，与我秦国对抗。"

苏秦说："臣很了解这件事，天下诸侯绝对不能合纵抗秦。臣认为，齐将田单、韩相如耳的合纵政策非常错误。难道只有田单、如耳的合纵政策非常错误吗？其实全天下的君主也都各有错误！想击败齐国、困扰楚国、削弱魏国、保全不可知的赵国，进而再去封锁秦国，打击韩国，臣认为这是最愚蠢的策略。齐国的威王和宣王都是明君，道德崇高而

宣，世之贤主也，德博而地广，国富而用民，将武而兵强。宣王用之，后富韩威魏，以南伐楚，西攻秦，为齐兵困于殽塞之上，十年攘地，秦人远迹不服，而齐为虚戾。夫齐兵之所以破，韩、魏之所以仅存者，何也？是则伐楚攻秦，而后受其殃也。今富非有齐威、宣之余也，精兵非有富韩劲魏之库也，而将非有田单、司马之虑也。收破齐、罢楚、敝魏、不可知之赵，欲以穷秦折韩，臣以为至误。臣以从一不可成也。客有难者，今臣有患于世。夫刑名之家，皆曰'白马非马'也。已如白马实马，乃使有白马之为也。此臣之所患也。

　　"昔者，秦人下兵攻怀，服其人，三国从之。赵奢、鲍佞将，楚有四人起而从之。临怀

土地广大，国家富庶而百姓安定，将士勇敢而军队强盛。齐宣王采用这种政策后，逼迫韩国，威胁魏国，南伐楚国，西攻秦国，秦兵被齐军围困在崤塞附近，齐国十年之间扩张了很多土地，秦人畏惧远避而没被征服，齐国却为此被弄得庐舍空虚、民众乖戾。齐军之所以会失败，韩、魏两国之所以所存无几，究竟是什么原因呢？主要是由于侵略楚国、攻打秦国招来的灾祸。现在诸侯论富庶，比不上齐威王、齐宣王的时代；论兵器的精锐，没法儿媲美于当初能够进逼韩国、威胁魏国时的齐国府库；论将领的韬略，也不像田单、司马穰苴那样。如果想联合破亡的齐国、疲惫的楚国、破败的魏国和存亡不可知的赵国，借用他们的力量来困扰秦国，打击韩国，臣以为那是大错特错。所以臣认为合纵是绝对不会成功的。有人责难我的看法，这是臣如今最忧虑的。客卿中的刑名家都说'白马不是马'。如果使白马成为实马，那必然有白马的行为，而天下的马并非都是白马，所以才说是'非马'。这是我所感到担心的事。

　　"以前，秦国发兵攻打魏国的怀城，使那里的人屈服，齐、楚、赵三国组成合纵之盟来抗拒秦军。当时有赵将赵奢、齐将鲍佞，还有楚将四人随从，各率领

而不救，秦人去而不从。不识三国之憎秦而爱怀邪？忘其憎怀而爱秦邪？夫攻而不救，去而不从，是以三国之兵困，而赵奢、鲍佞之能也。故裂地以贩于齐。田单将齐之良，以兵横行于中十四年，终身不敢设兵以攻秦折韩也，而驰于封内，不识从之一成恶存也。"

于是秦王解兵不出于境，诸侯休，天下安，二十九年不相攻。

精兵抗拒秦军。但他们坐视怀城的危亡而不救，眼看着秦兵撤退而不去追击。不知齐、楚、赵三国是憎恨秦国而爱惜怀城，还是憎恨怀城而爱惜秦国呢？说起进攻而不救援，眼看着秦兵撤退而不追击，就知道三国之军的困顿，以及赵奢、鲍佞的无能为力。所以齐国才割地贿赂秦国，而楚、赵两国又被秦击败。田单率领齐国的精兵，在中原一带横行十四年，他终身不敢发兵攻打秦、韩两国，却在国内自由驰骋，真不知道合纵之盟可以在哪里组成啊。"

于是秦王就解散秦军，取消出兵函谷关的计划，天下诸侯因此得到安宁，全天下都太平无事，二十九年来各国不曾互相攻伐。

第三章 张仪为秦连横说赵王

张仪为秦连横，说赵王曰："弊邑秦王使臣敢献书于大王御史。大王收率天下以摈秦，秦兵不敢出函谷关十五年矣。大王之威，行于天下山东。弊邑恐惧慑伏，缮甲厉兵，饰车骑，习驰射，力田积粟，守四封之内，愁居慑处，不敢动摇，唯大王有意督过之也。今秦以大王之力，西举巴蜀，并汉中，东收两周而西迁九鼎，守白马之津。秦虽辟远，然而心忿悁含怒之日久矣。今宣君有微甲钝兵，军于渑池，愿渡河逾漳，据番吾，迎战邯郸之下。愿以甲子之日合战，以正殷纣之事。敬使臣先以闻于左右。

"凡大王之所信以

张仪替秦国组织连横阵线，去游说赵武灵王说："敝国秦王派我贸然来献书给大王。大王统帅诸侯抗拒秦国，使秦军十五年都不敢走出函谷关，大王的威力因而通行于天下和山东六国。我秦国对此非常恐惧，便修缮铠甲，磨快兵器，整顿战车，苦练骑射，勤于耕种，集聚粮食，严守边疆，过着忧愁不安的日子，不敢轻举妄动，只等着大王有心指出我们的过错。现在秦国仰仗大王的威力，西边收复巴、蜀，吞并汉中，东边征服东、西两周，把象征天子的九鼎运到西方，镇守白马渡口。秦国虽然偏远古陋，心中却怨恨恼怒很久了。如今秦王有很少的破烂铠甲和磨钝兵器，军队驻扎在渑池，希望渡过黄河和漳水，据守番吾，跟赵军交战于邯郸城下。秦国希望在甲子之日和赵军会战，以仿效武王伐纣的事件。秦王派我毕恭毕敬地先将此事奏报大王陛下。

"一般地说，大王之所以信奉并推

为从者，恃苏秦之计。荧惑诸侯，以是为非，以非为是。欲反复齐国而不能，自令车裂于齐之市。夫天下之不可一亦明矣。今楚与秦为昆弟之国，而韩、魏称为东蕃之臣，齐献鱼盐之地，此断赵之右臂也。夫断右臂而求与人斗，失其党而孤居，求欲无危，岂可得哉？今秦发三将军，一军塞午道，告齐使兴师渡清河，军于邯郸之东；一军军于成皋，殴韩、魏而军于河外；一军军于渑池。约曰：四国为一以攻赵，破赵而四分其地。是故不敢匿意隐情，先以闻于左右。臣切为大王计，莫如与秦遇于渑池，面相见而身相结也。臣请案兵无攻，愿大王之定计。"

赵王曰："先王之时，奉阳君相，专权擅势，蔽晦先王，独断官

行合纵的主张，不过是仗着苏秦的计谋。苏秦诱惑诸侯，颠倒是非黑白。他想推翻齐国却没有成功，反而为自己招来杀身之祸，在齐国被处以五马分尸的酷刑。由此看来，天下绝对不能联合为一是显而易见的。现在楚国和秦国是兄弟之邦，韩、魏两国也自称是秦国的东方藩臣，齐国也献出鱼盐之地，如此就等于切断了赵国的右臂。而一个被切断右臂的人再来与人搏斗，就会觉得势单力薄，要想没有危险，难道是可能的吗？如今秦国派出三名大将各率一军，一路军队封锁午道，并且命令齐国派兵渡过清河，列阵在赵都邯郸的东边；一路军队驻扎在韩国的成皋，指挥韩、魏两国的军队，列阵在魏国的河外；一路军队驻扎在渑池。大家盟誓：'四国团结一致攻打赵国，消灭赵国后由四国平分赵国领土。'我不敢隐瞒其中的隐情，所以首先告诉大王左右的侍臣。臣私下替大王谋划，大王最好和秦王在渑池相会，会见后就可以交换意见，联络感情。臣可以请秦兵暂时停止进攻，恳请大王急速决定方略。"

赵王说："先王在位时，任命奉阳君为宰相，他为人专权跋扈，蒙骗先王，一个人独断朝政，而寡人在深宫中读书，

事。寡人宫居，属于师傅，不能与国谋。先王弃群臣，寡人年少，奉祠祭之日浅，私心固窃疑焉。以为一从不事秦，非国之长利也。乃且愿变心易虑，剖地谢前过以事秦。方将约车趋行，而适闻使者之明诏。"于是乃以车三百乘入朝渑池，割河间以事秦。

根本不能参与朝政。当先王丢下君臣离开人间时，寡人年龄很小，亲政的日子自然很短，内心非常疑惑。寡人认为团结诸侯订立合纵之盟来抗拒秦国，根本不是治国安邦的长久之计，就立刻改变计划，割土地给秦国去补偿以前的过失。我正准备车马要到秦国去时，恰好使者也在这时拿着秦王的诏令来到赵国。"于是赵王率领三百辆战车到渑池去朝见秦惠王，又把河间之地献给了秦国。

第四章 武灵王平昼闲居

武灵王平昼闲居，肥义侍坐，曰："王虑世事之变，权甲兵之用，念简、襄之迹，计胡、狄之利乎？"王曰："嗣立不忘先德，君之道也；错质务明主之长，臣之论也。是以贤君静而有道民便事之教，动有明古先世之功。为人臣者，穷有弟长辞让之节，通有补民益主之业。此两者，君臣之分也。今吾欲继襄主之业，启胡、翟之乡，而卒世不见也。敌弱者，用力少而功多，可以无尽百姓之劳，而享往古之勋。夫有高世之功者，必负遗俗之累；有独知之虑者，必被庶人之恐。今吾将胡服骑射以教百姓，而世必议寡人矣。"

赵武灵王平日白天没事在宫中闲坐，亲信大臣肥义在旁边陪伴，他说："不知大王是否想到过当今世事的变化，权衡过军队的作用，回忆过简主和襄主的英雄业绩，算计过夺得胡、狄土地的利益吗？"赵武灵王说："继承王位的君主不忘先王的功业，这是人君的常道；相互商讨、积极施行明主的长远计划，这是人臣的常道。所以贤明的君主在闲居无事时，要进行指导国民发展民业的教化；在有所作为的时候，更要宣扬古代先王的功业。做人臣的在穷困时，要保持敬长辞让的礼节；在显达时，要帮助人民生产、辅佐君主的功业。以上两点，就是君主和人臣的区别。现在寡人想继承襄主的事业，开发胡、翟的土地，可是直到今天也不见头绪。对于胡、翟那样软弱的敌国，用兵很少，所获得的战果却很多，不必劳民伤财，就可建立简子、襄子那样的功业。大凡建立超出世人功勋的人，一定会遭受世俗小人的非议；具有卓越思想的人，必然会招惹俗人的怨恨。现在寡人想改穿胡人的衣服，

肥义曰："臣闻之，疑事无功，疑行无名。今王即定负遗俗之虑，殆毋顾天下之议矣。夫论至德者，不和于俗；成大功者，不谋于众。昔舜舞有苗，而禹袒入裸国，非以养欲而乐志也，欲以论德而要功也。愚者暗于成事，智者见于未萌，王其遂行之。"王曰："寡人非疑胡服也，吾恐天下笑之。狂夫之乐，知者哀焉；愚者之笑，贤者戚焉。世有顺我者，则胡服之功未可知也。虽殴世以笑我，胡地中山吾必有之。"

王遂胡服。使王孙绁告公子成曰："寡人胡服，且将以朝，亦欲叔之服之也。家听于亲，国听于君，古今之公行也。子不反亲，臣不逆主，先王之通谊也。今寡人

教导百姓练习骑射，但是世人必然要议论寡人。"

肥义说："臣曾听说：'治国犹豫不决就不会成功，行动犹豫不决就没有结果。'现在大王既然有超出世人的想法，那就不必顾虑天下人的议论。谈论至高德行的人，绝不会和俗论相合；想建立大功的人，绝不能和众人谋划。古时舜以舞动干戈感化三苗之心，大禹能够赤身进入裸人国，这并不是放纵情欲、贪图享乐，而是想用这种办法来宣传仁德、建立功业。愚昧的人对于已成的事还很糊涂，聪明的人能在事情未发生前就已看清，所以大王可以照自己的意愿去行动。"赵武灵王说："寡人也不是对胡服有所怀疑，而是担心被天下人耻笑。癫狂的人快乐，聪明的人感到悲哀；愚笨的人欢笑，贤明的人感到不安。只要世人肯听从寡人，那胡服骑射的功业是不可限量的。即使天下的人都嘲笑寡人，寡人也决心征服中山这块胡人的土地。"

于是赵武灵王穿上胡人的衣服，并派王孙绁去转告公子成说："寡人想穿上胡人的衣服，并将召见群臣，也很想让叔父穿上胡人的衣服。人们说在家里听从父母，在朝廷听从君主，这是古往今来的道理。子女不能违背父母，臣子不能违背君主，这都是先王共守的纲常。

作教易服，而叔不服，吾恐天下议之也。夫制国有常，而利民为本；从政有经，而令行为上。故明德在于论贱，行政在于信贵。今胡服之意，非以养欲而乐志也。事有所出，功有所止。事成功立，然后德且见也。今寡人恐叔逆从政之经，以辅公叔之议。且寡人闻之，事利国者行无邪，因贵戚者名不累。故寡人愿募公叔之义，以成胡服之功。使缑谒之叔，请服焉。"

现在寡人已经改穿胡人的衣服，如果叔父不肯穿胡人的衣服，寡人担心天下人要议论这件事。治理国家要有常法，要以有利于人民为原则；拟定政策要有固定的法规，以命令为最高目的。所以彰明道德，关键在于使低层的人都能明白，要使政令能通告无阻，必须先让贵族遵守。现在改穿胡人衣服的用意，并不是放纵情欲、贪图享乐。事情有产生的原因，功业有成功的道理。事情成功，功业建立，那盛德就可以表现出来。如今寡人深恐叔父不肯遵从既定的国策，所以才不厌其烦地向叔父解释。而且寡人曾经听说，有利于国家的事情，做起来不会产生邪恶，依重贵戚而得到成功，绝对没有不好的名誉。所以寡人想借重叔父的义行，来完成胡服骑射的功业。这才派王孙缑特地来谒见叔父，务必请叔父改穿胡人的衣服。"

公子成再拜曰："臣固闻王之胡服也，不佞寝疾，不能趋走，是以不先进。王今命之，臣固敢竭其愚忠。臣闻之：中国者，聪明叡知之所居也，万物财用之所聚也，贤圣之所教也，仁义之所施也，诗书礼乐

公子成再拜说："臣已经知道大王要改穿胡人的衣服了，但是臣因为有病不便行动，所以无法上朝晋见。现在大王既然有命令来，臣因此才敢尽一点愚忠。臣曾听说：中原是聪明睿智之人居住的地方，是财宝万物聚集的地方，是推行圣贤之教的地方，是实行仁义道德的地方，是讲求诗、书、礼、乐的地方，是各种奇巧技艺得以施展的地方，是远方之

之所用也，异敏技艺之
所试也，远方之所观赴
也，蛮夷之所义行也。
今王释此，而袭远方之
服，变古之教，易古之道，
逆人之心，畔学者，离
中国，臣愿大王图之。"

　　使者报王。王曰："吾
固闻叔之病也。"即之
公叔成家，自请之曰："夫
服者，所以便用也；礼
者，所以便事也。是以
圣人观其乡而顺宜，因
其事而制礼，所以利其
民而厚其国也。被发文
身，错臂左衽，瓯越之
民也。黑齿雕题，鳀冠
秫缝，大吴之国也。礼
服不同，其便一也。是
以乡异而用变，事异而
礼易。是故圣人苟可以
利其民，不一其用；果
可以便其事，不同其礼。
儒者一师而礼异，中国
同俗而教离，又况山谷
之便乎？故去就之变，
知者不能一；远近之服，
贤圣不能同。穷乡多异，

国前来观瞻的地方，是四方少数民族仿
效行为准则的地方。而现在大王突然要
放弃一切，去穿远方之国的服装，改变
古来教导，违背传统习俗，违逆众人心
意，背叛学者准则，扬弃中原礼教，所
以恳请大王要慎重考虑。"

　　王孙缠回报赵武灵王。赵武灵王说：
"我早就听说叔父生病了。"于是立刻到
公子成家里，亲自对他说："衣服是为了
便于穿用，礼法是为了便于行事。因此，
圣人观察民情以便顺应风俗，根据事物
实情制定礼法，所以一切都是为了利民
利国。剪断头发，把身体刺上花纹，两
臂交错站立，衣襟向左掩，这是百越人
的习俗。把牙齿染黑，用颜料涂抹头额，
用大鳀鱼皮做帽子，身穿针线粗疏的衣
服，这是吴国人的习俗。他们的礼节和
衣服虽然不同，但是求便利的心情是一
样的。所以民情不同，风俗习惯都有变
化；事情不同，礼法自然也要改变。因
而圣人主张，只要对人民便利，绝对不
硬性统一风俗习惯；只要对事情便利，
绝对不强行统一礼法。儒家的师法相同，
礼制却不相同；中原的风俗相同，教化
却不相同；何况是深山野外的生活习惯
呢？因此风俗的扬弃或接受的变化，再
聪明的人也不能使它固定为一；远近的

曲学多辨。不知而不疑，异于己而不非者，公于求善也。今卿之所言者，俗也。吾之所言者，所以制俗也。今吾国东有河、薄洛之水，与齐、中山同之，而无舟楫之用。自常山以至代、上党，东有燕、东胡之境，西有楼烦、秦、韩之边，而无骑射之备。故寡人且聚舟楫之用，求水居之民，以守河、薄洛之水；变服骑射，以备其参胡、楼烦、秦、韩之边。且昔者简主不塞晋阳，以及上党，而襄王兼戎取代，以攘诸胡，此愚知之所明也。先时中山负齐之强兵，侵掠吾地，系累吾民，引水围鄗，非社稷之神灵，即鄗几不守。先王忿之，其怨未能报也。今骑射之服，近可以备上党之形，远可以报中山之怨。而叔也顺中国之俗以逆简、襄之意，恶变服之名，

服饰，即使是圣人也不能统一。穷乡僻壤多奇风异俗，学识浅陋的人喜欢争辩。不知道底细的事情不要去怀疑，和自己的习惯不同的人不要加以排斥，这才是大公无私的求善之心。现在叔父所说的是世俗之论，而寡人所说的是革新之论。现在我国东有黄河、薄洛之水，和齐国、中山国共同使用它们，但是我们没有船舶备用。从常山一直到代郡、上党之间，东边是燕国和东胡的边境，西边是楼烦、秦国、韩国的边境，但我们没有骑射的装备。所以寡人想马上准备船舶备战，招募水兵，防守黄河、薄洛之水；换上胡服、练习骑射，以便防守和燕国、东胡、楼烦、秦国、韩国接壤的边境。况且以前简子没有堵塞晋阳到上党一带，襄子兼并戎狄，占领代郡，再攻打胡人，这是不论愚鲁或聪明的人都明白的事。以前中山国仗着齐国强兵的支援，侵夺我赵国的土地，俘虏我赵国的百姓，并且引水围困鄗城，如果没有社稷神明的保佑，那鄗城就会失守。先王虽然很气愤，但是这个仇却没有报。现在假如我军能够改穿便于骑射的胡人衣服，不但就近可以防守形势险要的上党之地，而且更能够远报中山之仇。然而叔父却固守中原习俗，违背简主和襄主的遗愿，反对改穿胡人衣服的倡议，忘掉了国家的奇耻

而忘国事之耻，非寡人所望于子！"

公子成再拜稽首曰："臣愚不达于王之议，敢道世俗之问。今欲断简、襄之意，以顺先王之志，臣敢不听令？"再拜，乃赐胡服。

赵文进谏曰："农夫劳而君子养焉，政之经也。愚者陈意而知者论焉，教之道也。臣无隐忠，君无蔽言，国之禄也。臣虽愚，愿竭其忠。"王曰："虑无恶扰，忠无过罪，子其言乎！"赵文曰："当世辅俗，古之道也。衣服有常，礼之制也。修法无愆，民之职也。三者，先圣之所以教。今君释此，而袭远方之服，变教之古，易古之道，故臣愿王之图之。"王曰："子言世俗之间。常民溺于习俗，学者沉于所闻。此两者，所以成官而顺

大辱，这绝不是寡人所希望于叔父的！"

公子成再次跪地磕头说："臣愚昧无知，没能理解君王的意旨，只知道陈述世俗的言论。现在君王既然想继承简主和襄主的遗志，完成先王的心愿，臣又怎敢不服从君主的命令呢？"说完了又跪地朝拜，于是赵武灵王赐给他一套胡服。

这时赵文进谏说："农夫辛苦耕田，君子坐享其成，这是天经地义的常法。对于愚鲁的人提出的意见，聪明的人择善而定，这是教育的原则。臣子不隐讳忠贞之言，君王不隐藏要说的话，这就是国家之福。臣虽然愚鲁，却愿意竭尽忠诚。"赵武灵王说："思想坚定就不能被邪恶扰乱，内心忠诚就不怕遭受罪过，那就请贤卿说吧！"赵文说："顺从世道扶助民心，这是古来正道；不变更传统服饰，这是礼法的规定；服从法律不犯罪，这是民众的天职。这三者，都是古圣先王的教化。如今君王竟然放弃这些，而穿用远方蛮国的衣服，这就等于变更古人的教化，更改古人的正道，所以臣恳请大王要慎重考虑。"赵武灵王说："贤卿所说的都是世俗的偏见。一般人都拘泥于传统习俗，平庸的学者更拘泥于传统学说。这两种态度，用来做官和管理

政也，非所以观远而论始也。且夫三代不同服而王，五伯不同教而政。知者作教，而愚者制焉。贤者议俗，不肖者拘焉。夫制于服之民，不足与论心；拘于俗之众，不足与致意。故势与俗化，而礼与变俱，圣人之道也。承教而动，循法无私，民之职也。知学之人，能与闻迁；达于礼之变，能与时化。故为己者不待人，制今者不法古，子其释之。"

赵造谏曰："隐忠不竭，奸之属也。以私诬国，贼之类也。犯奸者身死，贱国者族宗。反此两者，先圣之明刑，臣下之大罪也。臣虽愚，愿尽其忠，无遁其死。"王曰："竭意不讳，忠也。上无蔽言，明也。忠不辟危，明不距人。子其

政务是可以的，却不能用来高瞻远瞩地讨论国家大事。再说夏、商、周三代虽然服饰不尽相同，却能拥有天下；春秋五霸虽然教化不同，却能修明政治。聪明的人制定教化，愚鲁无知的人就受到制约；贤明之士讨论风俗，冥顽不灵之徒就受到约束。因此受世俗礼法制约的人，没有必要和他们交流思想；拘泥于旧风陋俗的人，没有必要向他们说明意图。所以习俗只有按照形势演变，礼法只能跟随世俗推移，这就是圣人的治国之道。按照教化而采取行动，根据法律而排除私心，这是百姓的职责。有学问的人能根据自己的所学来改变言行；通晓礼法的人能随着时代的更迭而变化。所以有主见的人不追随他人，能创新的人不模仿古人，贤卿应当放弃自己的想法。"

赵造进谏说："不竭尽忠心、隐而不言，这是奸臣之辈的行为。为私利而危害国家，这是贼子的行为。作奸犯科的人会被处死，出卖国家的人会被灭族。凡是有这两项罪行的人，都要受到圣贤的严厉惩罚，同时也是做臣下的最大罪过。臣虽然愚鲁，却愿意竭尽忠诚，绝不逃避死亡。"赵武灵王说："能够毫不保留地说出自己的想法而不加隐讳的，就算是忠臣；不隐蔽忠臣之言的，就算是明君。忠臣不避身危，明主不拒忠言。

言乎。"

赵造曰："臣闻之，圣人不易民而教，知者不变俗而动。因民而教者，不劳而成功；据俗而动者，虑径而易见也。今王易初不循俗，胡服不顾世，非所以教民而成礼也。且服奇者志淫，俗辟者乱民。是以莅国者不袭奇辟之服，中国不近蛮夷之行，非所以教民而成礼者也。且循法无过，修礼无邪，臣愿王之图之。"

王曰："古今不同俗，何古之法？帝王不相袭，何礼之循？宓戏、神农教而不诛，黄帝、尧、舜诛而不怒。及至三王，观时而制法，因事而制礼，法度制令，各顺其宜；衣服器械，各便其用。故礼世不必一其道，便国不必法古。圣人之

那么贤卿就坦然地说吧。"

赵造说："据臣所知，圣人不用变换国民再进行教化，智者不用变革风俗再采取行动。根据民众的实际情况而进行教化的，不必太辛苦劳碌就会成功；根据实际风俗而进行治理的，可以轻而易举地收到效果。现在大王改变当初的一切而不尊重风俗。穿胡人的衣服而不顾及世人的批评，这就不是教化民众彻底实现礼法的方法。况且奇装异服会使人心思不正，奇风异俗会使民情骚乱。所以一个国家的统治者绝对不可以提倡歪风怪俗和奇装异服，而且中原习俗跟蛮夷的行为并不接近，这绝对不是教化民众实现礼法的办法。遵循传统不会有错，修明礼法也合乎正道，因此臣恳请大王慎重考虑。"

赵武灵王说："古今的习俗不同，究竟要遵循哪种习俗呢？帝王的礼法也不是一脉相承的，那究竟要遵循哪种礼法呢？伏羲、神农教化民众而不处罚民众，黄帝、唐尧、虞舜处罚民众而不仇视民众。到三王时代，观察时事而制定法律，按照实情而制定礼仪，所有制度法令的制定都顺应时代；衣服、家具、器械的使用，也都讲求便利。所以治理百姓不必统一走一条路，使国家富强也不必模仿古人。圣人兴起，不因袭旧制就能

兴也，不相袭而王。夏、殷之衰也，不易礼而灭。然则反古未可非，而循礼未足多也。且服奇而志淫，是邹、鲁无奇行也；俗辟而民易，是吴、越无俊民也。是以圣人利身之谓服，便事之谓教，进退之谓节，衣服之制，所以齐常民，非所以论贤者也。故圣与俗流，贤与变俱。谚曰："以书为御者，不尽于马之情，以古制今者，不达于事之变。"故循法之功，不足以高世；法古之学，不足以制今。子其勿反也。"

够获得天下。夏朝和商朝衰亡，并没有变更礼法就灭亡了。可见违背古法无可厚非，而死守古礼也不值得称道。如果奇装异服使人心思不正的话，那在最遵守礼法的邹、鲁两国就没有行为怪癖的人了；如果习俗怪僻就会使民情陷于骚乱的话，那么吴、越地区就不会出现出类拔萃的人才了。所以圣人认为，能够保护身体的就叫'服'，对事情有帮助的就叫'教'，进退适度的就叫'节'。至于服制，是用来整肃民众的，并不能依此来评价贤愚。所以圣明的人能适应任何习俗，有才能的人能紧随时势的变化。俗话说：'按照书本上的方法驾驭马的人，不能十分了解马的习性；用古礼来治理当今国家的人，不可能符合变化的实际情况。'所以，遵循现成的制度建立的功业，不可能超过当世；效法古人的做法，不能够管理好现在的国家。贤卿还是不要出言反对吧。"

第六章 赵燕后胡服

赵燕后胡服，王令让之曰："事主之行，竭意尽力，微谏而不哗，应对而不怨，不逆上以自伐，不立私以为名。子道顺而不拂，臣行让而不争。子用私道者家必乱，臣用私义者国必危。反亲以为行，慈父不子；逆主以自成，惠主不臣也。寡人胡服，子独弗服，逆主罪莫大焉。以从政为累，以逆主为高，行私莫大焉。故寡人恐亲犯刑戮之罪，以明有司之法。"赵燕再拜稽首曰："前吏命胡服，施及贱臣，臣以失令过期，更不用侵辱教，王之惠也。臣敬循衣服，以待今日。"

赵燕穿胡人的衣服穿迟了，赵武灵王派人去责备他说："臣子为君主效劳，要竭尽忠诚和力量，用含义深远的言辞谏诤而不夸功，坦率回答君王提出的问题而没有怨言，不能违背君主的意愿而自夸功绩，不能标榜自己的见解而沽名钓誉。子女孝顺父母不应违逆，臣子效忠君主而不应抗争。如果儿子为所欲为，家庭必然大乱；如果臣子任意而行，国家必然危险。反之，如果违背父亲任意而行，即使是慈父也不承认他是儿子；如果违背君主任意而行，即使是仁君也不承认他是臣子。寡人已经穿上了胡人的衣服，唯独你一个人不穿，这就是犯了违抗君主的大罪。把改穿胡服的政事作为负担，把抗拒君王的意愿作为高尚，满足私欲没有比这个更大的了。因此寡人唯恐王族触犯死罪，借以明了有司执法的严厉。"赵燕再次跪拜说："之前有司下令穿胡人的衣服，贱臣也接到这项命令，然而臣认为限期已过，而有司也不至于以罪治臣，这都是君王的恩典。所以臣敬请遵循改穿胡人衣服的规定，准备今天穿上。"

第二十篇 赵策三

第一章 赵惠文王三十年

赵惠文王三十年，相都平君田单问赵奢曰："吾非不说将军之兵法也，所以不服者，独将军之用众。用众者，使民不得耕作，粮食挽赁，不可给也。此坐而自破之道也，非单之所为也。单闻之：帝王之兵，所用者不过三万，而天下服矣。今将军必负十万、二十万之众乃用之，此单之所不服也。"

马服曰："君非徒不达于兵也，又不明其时势。夫吴干将之剑，肉试则断牛马，金试则截盘匜；薄之柱上而击之，则折为三，质之石

赵惠文王三十年，相国安平君田单对赵奢说："我并不是不喜欢将军的兵法，我之所以对将军感到不服，只因为将军所用的兵太多。用兵太多，耕种的人就会少，军资粮饷都将无法供给。这是坐以待毙、不攻自破的绝路，我田单决不做这种事。我常听说：帝王所用的兵不过三万，却能降服天下。现在将军所用的兵竟多达十万、二十万，这就是我田单不佩服将军的地方。"

马服君赵奢说："看来阁下不只是不懂兵法，也不明了现在的军事形势。那吴国的干将剑加于肉体可以宰杀牛羊，加之于金属可以切断铜盘和铜盆；如果用它在柱子上猛砍，反而会碎成三段；如果垫在石头上乱砸，则会碎成几百块。

上而击之，则碎为百。
今以三万之众而应强国
之兵，是薄柱击石之类
也。且夫吴干将之剑材，
难夫毋脊之厚，而锋不
入；无脾之薄，而刃不
断。兼有是两者，无钓
甲、镡蒙须之便，操其
刃而刺，则未入而手断。
君无十余、二十万之众，
而为此钓甲镡蒙须之便，
而徒以三万行于天下，
君焉能乎？且古者，四
海之内，分为万国。城
虽大，不过三百丈者；
人虽众，不过三千家者。
而以集兵三万，距此奚
难哉！今取古之为万国
者，分以为战国七，能
具数十万之兵，旷日持
久，数岁，即君之齐已。
齐以二十万之众攻荆，
五年乃罢。赵以二十万
之众攻中山，五年乃
归。今者，齐、韩相
方，而国围攻焉，岂有
敢曰，我其以三万救是
者乎哉？今千丈之城，

现在用三万兵去对付强国之军，就如同
在柱子上砍、在石头上砸一样。况且吴
国的干将剑的材料现在难以炼成，如果
造不出剑脊的合适厚度，剑锋就不能刺
入物体；如果造不出剑面的合适薄度，
剑刃就不能砍断东西。宝剑即使有了这
两种性能，如果没有剑环、剑口、剑珥、
佩带的附带装置，只是拿着剑刃就去刺
杀，那还没等剑锋刺入物体，自己的手
指已经被割断了。阁下如果没有十几万、
二十万大军，就如同剑没有环、柄、刃、
带的装置一样，仅仅靠三万军队应付天
下诸侯，怎能使国家安然无恙呢？况且
在古代，全天下分为上万个诸侯国。城
池虽然大，却没有超过三百丈的；人口
虽然多，却没有超过三千户的。用集结
起来的三万精兵去应付这些国家，有什
么困难呢？现在古时候上万个诸侯国已
经合并为战国七雄，每个国家都拥有几
十万大军，如果用三万军队旷日持久地
打下去，几年之后，这就像你们齐国
被燕国攻破后那样残败了。齐国发动
二十万大军攻打楚国，五年才结束战争。
赵国用二十万大军攻打中山国，五年才
成功返回。现在齐、韩两国势均力敌，
打起仗来要出动全国军队去围攻，有谁
敢夸下海口，说我能用三万人去救援他
们呢？现在城墙千丈的大城、户口上万

万家之邑相望也，而索以三万之众，围千丈之城，不存其一角，而野战不足用也，君将以此何之？"都平君喟然太息曰："单不至也！"

的大邑相互对峙，如果想用三万兵众去围攻城墙千丈的城池，恐怕连城池的一个角都围不住，而进行野战就更加不够了，请问阁下，你能拿这点兵力去干什么呢？"安平君田单长叹一声说："我田单的见识实在不如阁下啊！"

第三章 齐破燕赵欲存之

齐破燕，赵欲存之。乐毅谓赵王曰："今无约而攻齐，齐必仇赵。不如请以河东易燕地于齐。赵有河北，齐有河东，燕、赵必不争矣。是二国亲也。以河东之地强齐，以燕以赵辅之，天下憎之，必皆事王以伐齐。是因天下以破齐也。"王曰："善。"乃以河东易齐，楚、魏憎之，令淖滑、惠施之赵，请伐齐而存燕。

齐国击败燕国，赵国想让燕国保存下来。乐毅对赵武灵王说："现在赵国和诸侯之间并没有盟约，如果赵军单独攻打齐国，齐国必然仇恨赵国。所以不如请求用河东之地去换取齐国所占领的燕地。赵国占有河北一带，齐国占有河东一带，燕、赵两国就一定不会发生争执了。这是让燕、赵两国关系亲近的方法。用河东之地来增强齐国的力量，用燕、赵两国来辅助齐国，天下诸侯就会憎恨齐国，势必群起帮助大王讨伐齐国。这是凭借天下诸侯的力量来击破齐国的好时机。"赵武灵王说："好。"于是赵国用河东之地与齐国对换，楚、魏两国果然憎恨齐国，派淖滑、惠施前往赵国，请求共同出兵讨伐齐国、保存燕国。

第十章 秦攻赵于长平

秦攻赵于长平，大破之，引兵而归。因使人索六城于赵而讲。赵计未定，楼缓新从秦来，赵王与楼缓计之曰："与秦城何如？不与何如？"楼缓辞让曰："此非人臣之所能知也。"王曰："虽然，试言公之私。"楼缓曰："王亦闻夫公甫文伯母乎？公甫文伯官于鲁，病死。妇人为之自杀于房中者二人。其母闻之，不肯哭也。相室曰：'焉有子死而不哭者乎？'其母曰：'孔子，贤人也，逐于鲁，是人不随。今死，而妇人为死者二人。若是者，其于长者薄，而于妇人厚？'故从母言之，之为贤母也；从妇言之，必不免为妒妇也。故其

秦国在长平进攻赵国，大败赵军，秦将率兵归国。于是秦国派使者向赵国要求割让六个城邑，作为和谈的条件。赵国还没作出最后的决定，楼缓刚从秦国来到赵国，赵孝成王就和他商量说："贤卿认为给秦国城邑好，还是不给好呢？"楼缓很谦虚地说："这不是臣所能知道的事。"赵孝成王说："即使这样，还是请贤卿谈谈你的意见吧。"于是楼缓说："我想大王一定听说过公甫文伯母亲的事吧？公甫文伯在鲁国做官，病死了。妇人为他在房中自杀的有两个。他母亲知道后并没哭，这时有一个女仆说：'世上哪有儿子死了不哭的母亲呢？'他母亲说：'孔子是个贤明的人，他被鲁国放逐时，我儿子并没有跟随一起去。现在他死了，有两个妇人为他而自杀。像这样的人，不是对长者情薄，对妇人却情厚吗？'所以从他母亲说出的话来看，知道她是一位贤良的母亲；如果这些话出自他妻妾之口，则必定被人误会为嫉妒的妇人。由此可见，相同的话，由于说话人不同，听的人看法也不同。

言一也，言者异，则人心变矣。今臣新从秦来，而言勿与，则非计也；言与之，则恐王以臣之为秦也。故不敢对。使臣得为王计之，不如予之。"王曰："诺。"

虞卿闻之，入见王，王以楼缓言告之。虞卿曰："此饰说也。"秦既解邯郸之围，而赵王入朝，使赵郝约事于秦，割六县而讲。王曰："何谓也？"虞卿曰："秦之攻赵也，倦而归乎？王以其力尚能进，爱王而不攻乎？"王曰："秦之攻我也，不遗余力矣，必以倦而归也。"虞卿曰："秦以其力攻其所不能取，倦而归。王又以其力之所不能攻以资之，是助秦自攻也。来年秦复攻王，王无以救矣。"

王又以虞卿之言告楼缓。楼缓曰："虞卿能尽知秦力之所至乎？

现在臣刚从秦国来，如果臣说不给秦国六城，就不能算是为大王献计；如果说给秦国六城，又恐怕大王误会臣为秦国说话。所以臣才不敢回答。如果大王一定要让臣来谋划，臣认为最好还是给秦国六城。"赵孝成王说："好的。"

虞卿听说后，就去晋见赵孝成王，赵孝成王把楼缓的话告诉他。虞卿说："这是一种诡辩。"当时秦国已经解除了对邯郸的围攻，赵王又派赵郝到秦国去结交，并以割给六城为条件去讲和。赵孝成王说："为什么这样说呢？"虞卿说："大王认为，秦国攻打赵国，是由于疲惫才撤兵的，还是秦兵有能力继续进攻，只是为了保留大王的情面才不进攻呢？"赵孝成王说："秦兵攻打我赵国，已经动用了全部兵力，必然是因为疲惫才撤兵回国的。"虞卿说："秦国尽最大努力去争夺它不能夺取的城邑，最后由于精疲力竭而撤兵回国。现在大王竟割让秦国用兵力所不能攻下的六城资助秦国，这是帮助秦兵攻打我赵国。如果明年秦兵再来入侵，那大王可就没有办法自救了。"

赵孝成王把虞卿的话告诉楼缓。楼缓说："虞卿能够完全了解秦国的实力吗？如果他确实了解秦国的实力完不成

诚知秦力之不至，此弹丸之地，犹不予也，令秦来年复攻王，得无割其内而媾乎？"王曰："诚听子割矣，子能必来年秦之不复攻我乎？"楼缓对曰："此非臣之所敢任也。昔者三晋之交于秦，相善也，今秦释韩、魏而独攻王，王之所以事秦必不如韩、魏也。今臣为足下解负亲之攻，启关通敝，齐交韩、魏。至来年而王独不取于秦，王之所以事秦者，必在韩、魏之后也。此非臣之所敢任也。"

王以楼缓之言告。虞卿曰："楼缓言不媾，来年秦复攻王，得无更割其内而媾。今媾，楼缓又不能必秦之不复攻也，虽割何益？来年复攻，又割其力之所不能取而媾也，此自尽之术也。不如无媾。秦虽善攻，不能取六城；赵虽

它想达到的目标，那这弹丸之地还是不要给它。如果来年秦兵再攻打赵国，岂不是要割让赵国内地的城邑去求和？"赵孝成王说："寡人如果真的采纳贤卿的意见割让六城，那贤卿能保证来年秦兵不攻打我赵国吗？"楼缓回答说："这我不能保证。以前三晋跟秦国交往，韩、赵、魏三国和秦国的邦交都很好。如今秦国放下韩、魏两国，唯独发兵攻打赵国，这就证明大王侍奉秦国远不如韩、魏两国那样殷勤友善。现在臣为大王消除赵国疏远亲密关系而招来的祸端，重新敞开关卡，派出使者，跟韩、魏两国修好。如果到来年只有赵国得不到秦国的谅解，那就证明大王侍奉秦国一定落在了韩、魏两国之后。这可不是臣所敢承担的事情。"

赵孝成王把楼缓的话告诉虞卿。虞卿说："楼缓说如果不与秦国讲和，明年秦国又会攻打赵国，到那时大王还会割让国内的城邑去讲和。现在如果跟秦国讲和了，楼缓又不能保证秦兵一定不再入侵，那割城给秦国有什么用处呢？如果明年秦兵再入侵，又割让以秦国的力量无法夺取的城邑去讲和，这就是赵国自取灭亡的方式。所以不如根本不讲和。秦兵虽然英勇善战，却攻不下赵国的六城；赵军虽然不能镇守国土，然而

不能守，而不至失六城。秦倦而归，兵必罢。我以五城收天下以攻罢秦，是我失之于天下，而取偿于秦也，吾国尚利，孰与坐而割地，自弱以强秦？今楼缓曰：'秦善韩、魏而攻赵者，必王之事秦不如韩、魏也。'是使王岁以六城事秦也，即坐而地尽矣。来年秦复求割地，王将予之乎？不与，则是弃前贵而挑秦祸也；与之，则无地而给之。语曰：'强者善攻，而弱者不能自守。'今坐而听秦，秦兵不敝而多得地，是强秦而弱赵也。以益愈强之秦，而割愈弱之赵，其计固不止矣。且秦虎狼之国也，无礼义之心。其求无已，而王之地有尽。以有尽之地，给无已之求，其势必无赵矣。故曰：此饰说也。王必勿与。"

王曰："诺。"

也不至于一下子就失陷六城。秦国既然是由于力竭而撤兵回国的，那现在的秦军必然都疲惫不堪。如果我赵国用五个城邑收买天下诸侯，结盟去攻打疲惫的秦国，就等于是把割让给天下诸侯的土地，再从秦国那里补偿回来，这对我赵国是很有利的，怎能拱手割地而灭自己威风、长秦国的志气呢？现在楼缓却说：'秦国之所以不攻打韩、魏两国而攻打赵国，必然是由于大王对待秦国不如对待韩、魏两国那样恭顺。'这是要大王每年都拿出六个城邑去侍奉秦国，也就是坐等别人来瓜分土地。如果明年秦国再要求割让土地，大王准备给它吗？如果不给，就等于抛弃以前付出的代价，还会招来秦军带来的战祸；如果给，恐怕赵国已无城可给。俗话说：'强国之军善于进攻，弱国之兵不能自卫防守。'现在如果任由秦国摆布，就等于让秦国不受任何损伤地多占了土地，这是强化秦国、削弱赵国的愚蠢做法。以此增加愈来愈强大的秦国，宰割愈来愈衰弱的赵国，秦国侵夺赵国的计谋一定不会就此停止。况且秦国是像虎狼一样凶猛贪婪的国家，毫无信义可言。秦国的欲望永无止境，而大王的土地却非常有限。用有限的土地去满足没有止境的贪欲，其结果必然是赵国灭亡。所以臣认为楼缓是

楼缓闻之，入见于王，王又以虞卿言告之。楼缓曰："不然。虞卿得其一，未知其二也。夫秦、赵构难，而天下皆说，何也？曰：'我将因强而乘弱。'今赵兵困于秦，天下之贺战者，则必尽在于秦矣。故不若亟割地求和，以疑天下，慰秦心。不然，天下将因秦之怒，乘赵之敝而瓜分之。赵且亡，何秦之图？王以此断之，勿复计也。"

虞卿闻之，又入见王曰："危矣，楼子之为秦也！夫赵兵困于秦，又割地求和，是愈疑天下，而何慰秦心哉？是不亦大示天下弱乎？且臣曰勿予者，非固勿予而已也。秦索六城于王，王以五城赂齐。齐，秦之深仇也，得王五城，

巧辩。大王千万不能割城给秦国。"赵孝成王说："好吧。"

楼缓听到这话以后，又晋见赵孝成王，赵孝成王又把虞卿的话告诉他。楼缓说："事情并非如此。虞卿知其一，而不知其二。秦、赵两国兵连祸结，天下诸侯都抱者幸灾乐祸的态度，这是为什么呢？他们会说：'我们将倚靠强大的而欺凌弱小的。'如今赵国的军队被秦国所困，天下祝贺战胜者的人，必定都在秦国一方。所以赵国还不如赶紧割地求和，借以扰乱天下诸侯与秦、赵之间的关系，进而缓和秦国侵略赵国的野心。否则天下诸侯将利用秦国的愤怒，乘赵国的疲惫而瓜分赵国土地。到那时，赵国业已面临灭亡的命运，还侈谈什么图谋秦国呢？希望大王以此为决断，而不必再另谋他策了。"

虞卿听到楼缓的话以后，又去晋见赵孝成王，说："危险了，因为楼缓完全是为秦国考虑的！赵国军队被秦国所困，又割地向秦国屈膝求和，这更加使得天下诸侯怀疑我们守不住了，又怎么能缓和秦国侵略赵国的野心呢？这不是明显地向天下诸侯暴露赵国的弱点吗？况且臣之所以主张不给秦国土地，并不是一定不拿出土地。秦国向我赵国索取六个城邑，大王可以用五个城邑贿赂齐

并力而西击秦也，齐之听王，不待辞之毕也。是王失于齐而取偿于秦，一举结三国之亲，而与秦易道也。"赵王曰："善！"因发虞卿东见齐王，与之谋秦。

虞卿未反，秦之使者已在赵矣。楼缓闻之，逃去。

国。齐、秦两国有深仇大恨，齐国得到大王的五个城邑后，就会跟我赵军合力向西攻打秦国，齐国听从大王号令，用不着等到把话说完。这等于是丧失在齐国的土地，能从秦国那儿获得补偿，此一举可以让韩、魏、齐三国结成亲密友邦，结果会使秦、赵两国的局面完全调换过来。"赵孝成王说："贤卿的分析极高明！"因而派虞卿往东去齐国游说齐王建，与他商量攻打秦国。

还没等虞卿从齐国回来，秦国的使节已经来到赵国了。楼缓听说后，马上从赵国逃走了。

第十一章 秦攻赵平原君使人请救于魏

秦攻赵，平原君使人请救于魏。信陵君发兵至邯郸城下，秦兵罢。虞卿为平原君请益地，谓赵王曰："夫不斗一卒，不顿一戟，而解二国患者，平原君之力也。用人之力，而忘人之功，不可。"赵王曰："善。"将益之地。公孙龙闻之，见平原君曰："君无覆军杀将之功，而封以东武城。赵国豪杰之士，多在君之右，而君为相国者以亲故。夫君封以东武城不让无功，佩赵国相印不辞无能，一解国患，欲求益地，是亲戚受封，而国人计功也。为君计者，不如勿受便。"平原君曰："谨受命。"乃不受封。

秦兵攻打赵国的邯郸，平原君赵胜派人去魏国求救。魏国的信陵君无忌率军来到邯郸城下，秦兵立刻撤退了。虞卿请求给平原君增加封地，对赵孝成王说："没发一兵一卒，没用一矛一箭，就解救了两国的外患，这全是平原君的功劳。使用了人家的力量而忘掉了人家的功劳，这可不行。"赵孝成王说："没问题。"于是准备为平原君增加封地。平原君的宾客公孙龙听说了，就去见平原君说："阁下并没有歼灭敌军、斩杀敌将的战功，赵王却把东武城封给您。其实赵国的英雄豪杰之士，他们的才干多半都在阁下之上，而且阁下之所以能够出任赵国的宰相，完全因为您是王族的缘故。何况阁下接受东武城的加封，竟不以自己无功而辞让，您佩带赵国的相印，也不以自己的无能而推辞。一旦解除国家的外患，就想要增加自己的封地，这是仰仗王族的身份受封，而臣子必须有功才能受封。阁下为今之计，不如不要加封。"平原君说："敬遵教导。"谢绝了赵孝成王的加封。

第十二章 秦赵战于长平

秦、赵战于长平，赵不胜，亡一都尉。赵王召楼昌与虞卿曰："军战不胜，尉复死，寡人使卷甲而趋之，何如？"楼昌曰："无益也，不如发重使而为媾。"虞卿曰："夫言媾者，以为不媾者军必破，而制媾者在秦。且王之论秦也，欲破王之军乎？其不邪？"王曰："秦不遗余力矣，必且破赵军。"虞卿曰："王聊听臣，发使出重宝以附楚、魏。楚、魏欲得王之重宝，必入吾使。赵使入楚、魏，秦必疑天下合从也，且必恐。如此，则媾乃可为也。"

赵王不听，与平阳君为媾，发郑朱入秦，秦内之。赵王召虞卿曰：

秦、赵两国在长平交战，赵军战败，损失一名都尉。赵孝成王召见楼昌和虞卿说："我军作战节节败退，又损失了一名都尉，寡人想派轻装军去偷袭秦军，不知两位意见如何？"楼昌回答说："这样做没什么用处，不如派重要使节去和秦国讲和。"虞卿说："那些主张讲和的人，认为不讲和我军就会败北，就好像讲和的主动权在秦王手中似的。再说大王估计秦兵是想打败赵军，还是不想呢？"赵孝成王说："秦兵倾巢而出，这次必然会击败我赵军。"虞卿说："恳请大王暂时接受臣的意见，派使臣携带贵重的宝物去和楚、魏两国结盟。楚、魏两国为了获得大王的珍宝，必然愿意让我国的使者进入他们的国家，促成两国建交。赵国使臣一旦进入楚、魏两国，秦国一定会怀疑天下诸侯在搞合纵，而且一定会恐慌。这样一来，我们跟秦国的和谈才能顺利进行。"

赵孝成王不肯采纳虞卿的意见，就派平阳君赵豹去议和，并派郑朱前往秦国交涉，秦国准许郑朱入境。这时，赵

"寡人使平阳君媾秦，秦已内郑朱矣，子以为奚如？"虞卿曰："王必不得媾，军必破矣，天下之贺战胜者皆在秦矣。郑朱，赵之贵人也，而入于秦，秦王与应侯必显重以示天下。楚、魏以赵为媾，必不救王。秦知天下不救王，则媾不可得成也。"赵卒不得媾，军果大败。王入秦，秦留赵王而后许之媾。

孝成王才召见虞卿，说："寡人派平阳君负责跟秦国议和，秦国已经接受议和的使者郑朱入境了，不知贤卿认为如何？"虞卿说："大王的议和一定无法达成，而赵军必然会被秦军击败，天下诸侯的贺胜使者都集中在秦国了。郑朱是赵国的贵人，如今竟派他到秦国议和，秦王和秦相应侯范雎必然特别热情地款待他，以便向天下诸侯夸耀。而楚、魏两国认为赵、秦两国已经讲和了，必然不再派兵来救赵国。秦国知道天下诸侯不救赵国，那么议和就不可能达成。"秦、赵两国的议和果然没有成功，赵军也果然被秦军打得大败。于是赵孝成王亲自到秦国朝贡，秦国扣留赵孝成王后才答应赵国讲和。

第十三章 秦围赵之邯郸

秦围赵之邯郸。魏安釐（xī）王使将军晋鄙救赵。畏秦，止于荡阴，不进。魏王使客将军新垣衍间入邯郸，因平原君谓赵王曰："秦所以急围赵者，前与齐湣王争强为帝，已而复归帝，以齐故。今齐湣王已益弱。方今唯秦雄天下，此非必贪邯郸，其意欲求为帝。赵诚发使尊秦昭王为帝，秦必喜，罢兵去。"平原君犹豫未有所决。

此时鲁仲连适游赵，会秦围赵。闻魏将欲令赵尊秦为帝，乃见平原君曰："事将奈何矣？"平原君曰："胜也何敢言事？百万之众折于外，今又内围邯郸而不能去。魏王使将军辛垣衍令赵

秦国围攻赵都邯郸，魏安釐王派大将晋鄙援救赵国。可是晋鄙很害怕秦兵，就驻扎在荡阴，不敢前进。魏安釐王又派客将新垣衍（又名辛垣衍）秘密去邯郸，通过平原君赵胜对赵孝成王说："秦兵之所以紧急发兵围攻贵国的邯郸，是因为秦以前和齐湣王争相逞威称帝，可是不久又把帝号取消了，这是因为齐国不称帝的缘故。如今齐国已经愈发衰弱，只有秦国能称霸争雄于天下，可见秦国并不一定是贪图邯郸之地，其真正用意是想称帝。所以只要赵国能派遣专使，尊秦昭王为帝，那他肯定会很高兴，秦兵就会解开邯郸之围。"平原君一直犹豫不决，没有作出决定。

这时鲁仲连刚好在赵国游历，正碰上秦兵围攻赵都邯郸。他听说魏国准备让赵国尊秦王为帝，就去见平原君说："战事怎么样了？"平原君说："我现在哪里还敢谈战事啊？赵国的百万大军战败于外，如今国都邯郸又被秦兵包围而不能击退。魏安釐王派将军辛垣衍劝赵国尊秦王为帝，现在辛将军就在邯郸，

帝秦，今其人在是，胜也何敢言事？"鲁仲连曰："始吾以君为天下之贤公子也，吾乃今然后知君非天下之贤公子也。梁客辛垣衍安在？吾请为君责而归之。"平原君曰："胜请召而见之于先生。"平原君遂见辛垣衍曰："东国有鲁仲连先生，其人在此，胜请为绍介而见之于将军。"辛垣衍曰："吾闻鲁仲连先生，齐国之高士也。衍，人臣也，使事有职。吾不愿见鲁仲连先生也。"平原君曰："胜已泄之矣。"辛垣衍许诺。

鲁仲连见辛垣衍而无言。辛垣衍曰："吾视居北围城之中者，皆有求于平原君者也。今吾视先生之玉貌，非有求于平原君者，曷为久居此围城之中而不去也？"鲁仲连曰："世以鲍焦无从容而死者，

我还敢说什么呢？"鲁仲连说："我当初以为阁下是天下的贤公子，到现在我才知道阁下徒有虚名。魏将军辛垣衍在哪里？我希望替阁下责令让他回去。"平原君说："那么我就把辛将军请来和先生见面。"平原君于是去见辛垣衍，说："东方的齐国有一位鲁仲连先生，此人就在这里，我想介绍将军和他见面。"辛垣衍说："我早就知道鲁仲连先生是齐国的高士，而我辛垣衍只不过是一个使臣，此次出使担负着重要的职责。所以我不愿见鲁仲连先生。"平原君说："可是我已经答应他和将军见面了。"辛垣衍这才同意和鲁仲连见面。

鲁仲连见到辛垣衍后竟一言不发。辛垣衍说："据我观察，凡是住在被围困的邯郸城中的人，都是有求于平原君的。但我现在看到先生的相貌，好像并非有求于平原君的人，真不知道先生为什么在城内久住而不离开呢？"鲁仲连说："世人都认为周时的隐士鲍焦是由于无法容忍浊世而自杀的，这是错误的想法。如今一般人太不聪明，认为鲍焦只是为

皆非也。今众人不知，则为一身。彼秦者，弃礼义而上首功之国也。权使其士，虏使其民。彼则肆然而为帝，过而遂正于天下，则连有赴东海而死矣。吾不忍为之民也！所为见将军者，欲以助赵也。"辛垣衍曰："先生助之奈何？"鲁仲连曰："吾将使梁及燕助之。齐、楚则固助之矣。"辛垣衍曰："燕则吾请以从矣。若乃梁，则吾乃梁人也，先生恶能使梁助之耶？"鲁仲连曰："梁未睹秦称帝之害故也，使梁睹秦称帝之害，则必助赵矣。"辛垣衍曰："秦称帝之害将奈何？"鲁仲连曰："昔齐威王尝为仁义矣，率天下诸侯而朝周。周贫且微，诸侯莫朝，而齐独朝之。居岁余，周烈王崩，诸侯皆吊，齐后往。周怒，赴于齐曰：'天崩地坼，天子下席。

自身利益而死。再说那秦国，是一个背弃礼义、只知道崇尚杀敌斩首之功的国家。它用权术操纵士大夫，把百姓当作奴隶一般使用。秦王如果肆无忌惮地称帝，就会进一步以暴虐统治天下，那么我鲁仲连宁愿投东海而死，也不能容忍自己做秦国的顺民！我之所以来会见将军，是想借此机会帮助赵国。"辛垣衍说："请问先生打算怎样帮助赵国呢？"鲁仲连说："我准备策动魏、燕两国帮助赵国，而齐、楚两国本来已经帮助他们了。"辛垣衍说："燕国嘛，我相信它会听从您的；至于魏国，我可是魏国人，不知道先生要如何使魏国帮助赵国呢？"鲁仲连说："这是魏国还没有看到秦国称帝的害处的缘故，如果能使魏国明了秦国称帝的害处，就一定会发兵援救赵国了。"辛垣衍说："秦王称帝的害处在哪里呢？"鲁仲连说："以前齐威王曾行仁义之政，他率领天下诸侯去朝拜周天子。当时的周朝既穷又弱，天下诸侯都不肯去朝贡，只有齐国肯向它称臣朝拜。过了一年多，周威烈王驾崩，诸侯都去吊丧，齐国却最后才到。周显王大怒，派使者警告齐王说：'天子驾崩如同天地塌陷，新即位的天子都亲自守丧。而戍守卫东部边防的诸侯齐国的田婴竟最后才到，应当处以斩刑！'齐威王听了这话

东藩之臣田婴齐后至，则斮之！'威王勃然怒曰：'叱嗟，而母婢也。'卒为天下笑。故生则朝周，死则叱之，诚不忍其求也。彼天子固然，其无足怪。"辛垣衍曰："先生独未见夫仆乎？十人而从一人者，宁力不胜、智不若耶？畏之也。"鲁仲连曰："然梁之比于秦若仆耶？"辛垣衍曰："然。"鲁仲连曰："然吾将使秦王烹醢梁王。"辛垣衍怏然不悦曰："嘻！亦太甚矣，先生之言也！先生又恶能使秦王烹醢梁王？"

鲁仲连曰："固也，待吾言之。昔者，鬼侯、鄂侯、文王，纣之三公也。鬼侯有子而好，故入之于纣，纣以为恶，醢鬼侯。鄂侯争之急，辨之疾，故脯鄂侯。文王闻之，喟然而叹，故拘之于牖里之车，百日而欲

勃然大怒道：'呸！你母亲只不过是一个贱婢罢了！'结果被天下诸侯耻笑。所以齐威王在周天子活着的时候去朝拜他，在周天子死后又如此咒骂他，实在是由于无法忍受周朝的苛求啊。至于天子，倒应该有点威风，这也没有什么值得奇怪的。"辛垣衍说："先生难道没有见过那些仆人吗？他们十个人服侍一个人，难道是因为他们的力量和智慧不如主人吗？不是的，是害怕主人而已。"鲁仲连说："那么魏国和秦国的关系，就如同仆人和主人的关系吗？"辛垣衍说："是的。"鲁仲连说："既然这样，我要让秦王烹杀魏王，把魏王剁成肉酱。"辛垣衍很不高兴地说："唉！先生说的话也太过分了！先生又怎么能让秦王烹杀魏王，并把他剁成肉酱呢？"

鲁仲连说："我自然可以这样做，请将军听我解释。古时候，鬼侯、鄂侯、文王是殷纣王所封的三个诸侯。鬼侯有个女儿长得很漂亮，所以献给商纣王纳入后宫，可是商纣王认为她丑陋，就把鬼侯杀死，剁成肉酱。鄂侯因为此事极力向商纣王进言直谏，结果商纣王把鄂侯杀死，晒成肉干。文王听到这两件惨事后，不由得长叹一声，结果竟被商纣王

舍之死。曷为与人俱称
帝王，卒就脯醢之地也？
齐湣王将之鲁，夷维子
执策而从，谓鲁人曰：
'子将何以待吾君？'
鲁人曰：'吾将以十太
牢待子之君。'维子曰：
'子安取礼而来待吾君？
彼吾君者，天子也。天
子巡狩，诸侯辟舍，纳
筦键，摄衽抱几，视膳
于堂下，天子已食，退
而听朝也。'鲁人投其
籥，不果纳，不得入于
鲁。将之薛，假涂于邹。
当是时，邹君死，闵王
欲入吊。夷维子谓邹之
孤曰：'天子吊，主人
必将倍殡柩，设北面于
南方，然后天子南面吊
也。'邹之群臣曰：'必
若此，吾将伏剑而死。'
故不敢入于邹。邹、鲁
之臣，生则不得事养，
死则不得饭含。然且欲
行天子之礼于邹，鲁之
臣，不果纳。今秦万乘
之国，梁亦万乘之国。

囚禁在牖里的仓库里，准备一百天后再
把他处死。为什么和别人一样称帝称王
的人，结果反倒被杀死，晒成肉干、剁
成肉酱呢？齐湣王要去鲁国时，夷维子
拿着马鞭子随侍在后，他对鲁国人说：
'你们要如何接待我们的国君呢？"鲁
国人说：'我们准备用猪、牛、羊各十只来
款待你们的国君。'夷维子说：'你们怎
么能用这种礼节来接待我们的国君呢？
我们的国君是天子，天子到全国各地巡
视时，诸侯都要让出宫殿住在外面，交
出钥匙、撩起衣襟、端着几案在堂下侍候
天子进餐，天子吃完后诸侯才能告退去
处理政务。'鲁国人听了这番话，就把
城门锁上，不让齐湣王入境，以致使齐
国的君臣都不能进入鲁国。齐湣王不能
进入鲁国，要到薛国去，想从邹国借路
通行。正好这时，邹国的国君死了，齐
湣王想去吊丧，夷维子对邹国国君的遗
孤说：'天子来吊丧，丧主必须把灵柩移
到相反的方向，在南边设立朝北的灵堂，
然后请天子面朝南吊唁。'邹国的群臣
说：'如果齐国一定叫我们这样做，那我
们宁可拼死抗争。'因此齐湣王君臣不
敢进入邹国。邹、鲁两国的臣子，君主
在世时，没有能力更好地奉养；君主死
了，也没有能力预备'饭含'的丧礼。
但是齐湣王要他们在邹国对他行朝拜天

俱据万乘之国，交有称王之名，睹其一战而胜，欲从而帝之，是使三晋之大臣不如邹、鲁之仆妾也。且秦无已而帝，则且变易诸侯之大臣。彼将夺其所谓不肖，而予其所谓贤；夺其所憎，而与其所爱。彼又将使其子女谗妾为诸侯妃姬，处梁之宫，梁王安得晏然而已乎？而将军又何以得故宠乎？"

于是辛垣衍起，再拜谢曰："始以先生为庸人，吾乃今日而知先生为天下之士也。吾请去，不敢复言帝秦。"秦将闻之，为却军五十里。

适会魏公子无忌夺晋鄙军以救赵击秦，秦军引而去。于是平原君欲封鲁仲连。鲁仲连辞让者三，终不肯受。平原君乃置酒，酒酣，起

子之礼，他们仍然不肯让齐湣王进入自己的国家。如今秦国是拥有一万辆兵车的大国，魏国也是一个拥有一万辆兵车的大国。既然都是万乘之邦，而且都互相称帝称王，但是看见秦国一战而胜，就一起尊秦王为帝，这是使三晋的重臣连邹、鲁两国的奴仆婢妾都不如。再说秦王不达到称帝的目的决不罢休，到那时他会更换诸侯国的大臣们。他会废除他所说的奸臣，把官爵给他所说的贤人；他会剥夺他所憎恨的人的官职，任命他所喜欢的人为新官。他还会让他的女儿和善于毁贤嫉能的女人给诸侯充当妃嫔，让她们住在魏宫里，魏王又怎能安然度日呢？而将军又怎么能像原来那样受宠信呢？"

辛垣衍听完鲁仲连这番话，立刻肃然起敬，再拜谢罪说："我起初以为先生是一个平凡的人，现在我才知道先生是天下的通达之士。现在请让我离开这里，我再也不敢谈论尊秦王为帝的事了。"秦国的将军听到这个消息，立刻把围困邯郸的部队撤退了五十里。

这时正好碰上信陵君魏公子无忌杀死晋鄙，夺下兵权，援救赵国，进攻秦国，秦国的将军只好率兵回国。事后平原君想封赏鲁仲连，鲁仲连却再三辞谢，始终不肯接受。平原君就摆设酒宴，当喝

前以千金为鲁仲连酒。鲁仲连笑曰："所贵于天下之士者，为人排患、释难、解纷乱而无所取也。即有所取者，是商贾之人也，仲连不忍为也。"遂辞平原君而去，终身不复见。

到半醉时，他站起身来，上前用一千金向鲁仲连敬酒。鲁仲连只是笑一笑，说："一个受天下崇拜的贤士，应该替人排除忧患、解除危难、排解纷乱而不收取任何报酬。如果收取报酬，那就和商人没什么区别了，我鲁仲连是不会做这种事的。"说完，他就辞别平原君，离开赵国，从此终身不再来见平原君。

第十七章 卫灵公近雍疽弥子瑕

卫灵公近雍疽、弥子瑕。二人者，专君之势以蔽左右。复涂侦谓君曰："昔日臣梦见君。"君曰："子何梦？"曰："梦见灶君。"君忿然作色曰："吾闻梦见人君者，梦见日。今子曰梦见灶君而言君也，有说则可，无说则死。"对曰："日，并烛天下者也，一物不能蔽也。若灶则不然，前之人炀，则后之人无从见也。今臣疑人之有炀于君者也，是以梦见灶君。"君曰："善。"于是，因废雍疽、弥子瑕，而立司空狗。

卫灵公平日很宠信雍疽、弥子瑕。这两个人专门仗侍君主的势力欺凌朝臣、蒙蔽君主。卫臣复涂侦对卫灵公说："前几天臣做梦，梦见君王了。"卫灵公问："贤卿做的是什么梦？"复涂侦说："臣梦见了灶君。"卫灵公一听大怒道："寡人听说'梦见君主的人是在梦中看见太阳'。现在你竟然说梦见灶君是梦见君主，如果你能解释其中的道理就算没事，如果不能解释就把你处死。"复涂侦回答说："太阳是普照天下的，所以任何东西都不能遮蔽它。灶则不是这样，前面的人在烧火，那后面的人就看不见它了。现在臣怀疑有人在大王面前烧火，所以臣才梦见灶君。"卫灵公说："贤卿的解释很有道理。"于是，卫灵公罢免了雍疽、弥子瑕，而另外重用司空狗。

第十八章 或谓建信君之所以事王者

或谓建信："君之所以事王者，色也。苘之所以事王者，知也。色老而衰，知老而多。以日多之知，而逐衰之色，君必困矣。"建信君曰："奈何？"曰："并骥而走者，五里而罢；乘骥而御之，不倦而取道多。君令苘乘独断之车，御独断之势，以居邯郸；令之内治国事，外刺诸侯，则苘之事有不言者矣。君因言王而重责之，苘之轴今折矣。"建信君再拜受命，入言于王，厚任苘以事能，重责之。未期年而苘亡走矣。

有人对建信君说："阁下侍奉君王，靠的是美色；而赵人苘侍奉君王，靠的是才智。容貌随着年老会衰减，智谋随着年老反而会增加；用越老越多的智谋，跟越老越衰的美色相角逐，阁下必然有穷途末路的一天。"建信君说："那怎么办呢？"这人回答说："和骏马并排奔跑的人，跑五里就会疲倦；乘上骏马驾驭它的人，跑多远都不累，并且有很多道路可以选择。阁下让苘坐上专断的马车，掌握独裁的权势，住在赵都邯郸城内；让他在内治理国家大事，在外刺探诸侯的情报，那么他的事将来就很难说了。阁下如果向君王建议而加以严厉责备，那么苘的车轴就会由于不胜负荷而在快速折断。"建信君一再答谢表示接受指教，然后就去晋见赵孝成王，任命苘担当起朝中大任，而且让他负以重责。结果还不到一年，苘就逃走了。

第二十章 希写见建信君

希写见建信君。建信君曰："文信侯之于仆也，甚无礼。秦使人来仕，仆官之丞相，爵五大夫。文信侯之于仆也，甚矣其无礼也。"希写曰："臣以为今世用事者，不如商贾。"建信君悻然曰："足下卑用事者而高商贾乎？"曰："不然。夫良商不与人争买卖之贾，而谨司时。时贱而买，虽贵而贱矣；时贵而卖，虽贱已贵矣。昔者，文王之拘于牖里，而武王羁于玉门，卒断纣之头而县于太白者，是武王之功也。今君不能与文信侯相伉以权，而责文信侯少礼，臣窃为君不取也。"

希写拜见建信君。建信君对他说："秦相文信侯吕不韦对我太没礼貌了。秦国派人到我们赵国来做官时，我重用他作丞相，封给他五大夫的爵位。可是，文信侯对我太没礼貌了。"希写说："我认为现在的执政者，还不如商人。"建信君怒气冲冲地说："你这是在贬低为政者而抬高商人吗？"希写说："不是这样的。一个好商人不会和人讨价还价，而是谨慎地等待时机；物价下跌他就进货，这样，东西即使贵也变便宜了；物价上涨他就抛售，这样，东西即使便宜也变贵了。古时周文王被拘留在牖里，周武王也被囚禁在玉门，最后砍下殷纣王的头悬挂在太白旗上的，是周武王的功劳。现在阁下不能以权力和吕不韦相抗衡，反倒责备他对阁下缺少礼仪，我认为阁下不应该有这种想法。"

第二十一章 魏魀谓建信君

魏魀谓建信君曰："人有置系蹄者而得虎。虎怒，决蹯而去。虎之情，非不爱其蹯也。然而不以环寸之蹯，害七尺之躯者，权也。今有国，非直七尺躯也。而君之身于王，非环寸之蹯也。愿公子熟图之也。"

魏魀对建信君说："有人用绳子做了一个圈套，套住了一只老虎。老虎凶性大发，拽断脚跑掉了。老虎并不是不爱它的脚，然而它不愿因为一只小小的脚去伤害自己的七尺身躯，这是老虎权衡轻重利害所采取的断然措施。现在治理国家也是如此，而且国家远比七尺身躯的老虎大。阁下的身体就君王而言，还不如老虎小小的脚。希望阁下慎重行事。"

第二十一篇 赵策四

第一章 为齐献书赵王

为齐献书赵王，使臣与复丑曰："臣一见，而能令王坐而天下致名宝。而臣窃怪王之不试见臣，而穷臣也。群臣必多以臣为不能者，故王重见臣也。以臣为不能者非他，欲用王之兵，成其私者也。非然，则交有所偏者也；非然，则知不足者也；非然，则欲以天下之重恐王，而取行于王者也。臣以齐循事王，王能亡燕，能亡韩、魏，能攻秦，能孤秦。臣以为齐致尊名于王，天下孰敢不致尊名于王？臣以齐为王求名于燕及韩、魏，孰

有人为齐国上书给赵惠文王，说："臣只要见大王一面，就能使大王坐等天下诸侯送来名物宝器。可是臣感到很奇怪，大王不试着接见一下臣，而使臣处于窘迫的境地。这一定是大臣们认为臣是一个无能之辈，所以大王才不愿意召见臣。说臣无能的人没有别的意思，只是想借用大王的军队成就他们个人的权势。要不然就是在结交外国时偏向另一个国家，要不然就是智质愚钝，再不然就是想用诸侯的力量威胁大王，使大王按照他们的意见办事。臣可以让齐国臣事大王，这样大王就能灭掉燕国，也能消灭韩、魏两国，还能发兵攻秦国，使秦国孤立。臣可以让齐国把尊贵的帝号送给大王，那天下哪个国家敢不把尊贵的帝号送给大王呢？臣可以让齐国为大王向燕、韩、魏三国求取尊号，有谁敢拒绝呢？臣的才能，可以从前面这番话

敢辞之？臣之能也，其
前可见也已。齐先重王，
故天下尽重王；无齐，
天下必尽轻王也。秦之
疆，以无齐之故重王，
燕、魏自以无齐故重王。
今王无齐独安得无重天
下？故劝王无齐者，非
知不足也，则不忠者也。
非然，则欲用王之兵成
其私者也；非然，则欲
轻王以天下之重，取引
于王者也；非然，则位
尊而能卑者也。愿王之
熟虑无齐之利害也。"

里看到。如果齐国首先尊重大王，那天
下诸侯就都会尊重大王；如果没有齐国
的帮助，天下诸侯必然都会轻视大王。
即使强大的秦国，因为没有齐国的帮助，
所以才讨好大王，燕、魏两国自以为不
能得到齐国的帮助，所以也讨好大王。
今天大王没有齐国的帮助，又怎能不去
讨好天下诸侯呢？所以那些规劝大王不
跟齐国结盟的人，不是智力不足，就是
出于对大王不忠。要不然就是想借用大
王的军队成就他个人的势力；要不然就
是想靠天下诸侯的权势使大王受到轻
视，迫使大王采取他们的主张；要不然
就是因为他们虽然地位尊贵，但能力低
下。希望大王慎重考虑失去齐国帮助的
得失。"

第二章 齐欲攻宋

齐欲攻宋，秦令起贾禁之。齐乃捄赵以伐宋。秦王怒，属怨于赵。李兑约五国以伐秦，无功，留天下之兵于成皋，而阴构于秦。又欲与秦攻魏，以解其怨而取封焉。

魏王不说。之齐，谓齐王曰："臣为足下谓魏王曰：'三晋皆有秦患。今之攻秦也，为赵也。五国伐赵，赵必亡矣。秦逐李兑，李兑必死。今之伐秦也，以救李子之于死也。今赵留天下之甲于成皋，而阴鬻之于秦，已讲，则令秦攻魏以成其私封，王之事赵也何得矣？且王尝济于漳，而身朝于邯郸，抱阴、成，负葛、

齐国想攻打宋国，秦国派起贾前去阻止。可是齐国竟联合赵国，出兵讨伐宋国。秦昭王大怒，并且迁怒于赵国。这时赵相李兑联合赵、楚、韩、魏、齐五国之军讨伐秦国，没有成功，于是让诸侯联军驻扎在赵国的成皋，自己暗中派使者和秦国讲和。同时又想跟秦国共同攻打魏国，以便消解秦国对赵国的怨恨，也可以为自己争取封地。

魏昭王很气愤。这时有人到齐国对齐湣王说："臣愿为大王对魏王说：'韩、赵、魏三国都遭受过秦国的威胁。这次联合进攻秦国，完全是为了赵国。如果五国联合讨伐赵国，那么赵国必然会灭亡；如果秦国驱逐李兑，那么李兑必然会死亡。所以现在攻打秦国，完全是为了救李兑一命。现在赵国把诸侯联军留在成皋，却暗中向秦国出卖诸侯联军，如果和秦国的和议已经达成，就让秦国攻打魏国，以使李兑得到封土，那么大王尊崇赵国有什么好处呢？而且大王以前曾渡过漳水，亲自去赵都邯郸朝贡，献出阴、成之地，割让葛、薛之地，作为

薛，以为赵蔽，而赵无为王行也。今又以何阳、姑密封其子，而乃令秦攻王，以便取阴。人比然而后如贤不，如王若用所以事赵之半收齐，天下有敢谋王者乎？王之事齐也，无入朝之辱，无割地之费。齐为王之故，虚国于燕、赵之前，用兵于二千里之外，故攻城野战，未尝不为王先被矢石也。得二都，割河东，尽效之于王。自是之后，秦攻魏，齐甲未尝不岁至于王之境也。请问王之所以报齐者可乎？韩珉处于赵，去齐三千里，王以此疑齐，曰有秦阴。今王又挟故薛公以为相，善韩徐以为上交，尊虞商以为大客，王固可以反疑齐乎？'于魏王听此言也甚诎，其欲事王也甚循。甚怨于赵。臣愿王之日闻魏而无庸见恶也，臣请为王推其怨于赵，

赵国的屏障，然而赵国却没有为大王尽心效力。现在赵王又用河阳、姑密封赏李兑的儿子，而李兑又让秦国攻打大王，以便夺取阴地。把人作比较之后，才知道他贤能还是不肖，如果大王拿出对待赵国一半的诚意去跟齐国建交，那天下诸侯谁还敢图谋大王呢？大王为齐国助力，既没有入朝称臣的耻辱，也没有割地赔款的损失。况且齐国为了大王，赶在燕、赵两国的前面出动全国所有军队，在二千里之外的地方作战，不管是攻城还是野战，齐国军队都愿意为大王身先士卒、不避矢石打头阵。攻下二个城邑，割取河东之地，全都献给大王。从此以后，每当秦国攻打魏国，齐军没有一次不越过边境前来援救，请问大王是用什么来报答齐国呢？韩珉在赵国，距齐国有三千里，大王却因此怀疑齐国，说齐国和秦国有私交。现在大王又任命齐国的故相薛公田文为宰相，把赵将韩徐当作知己而给予优待，尊崇虞商而待为上宾，难道大王还要反过来怀疑齐国吗？'魏王听了上面这番话后，感到自己很理屈，表示要臣事大王，而且非常怨恨赵国。所以臣请大王经常跟魏国保持联系，不要对魏国有所怨尤或不满，臣愿为大王把对魏国的怨恨转移到赵国身上，希望大王在暗中重视赵国，而不要让秦国

愿王之阴重赵，而无使秦之见王之重赵也。秦见之且亦重赵。齐、秦交重赵，臣必见燕与韩、魏亦且重赵也，皆且无敢与赵治。五国事赵，赵从亲以合于秦，必为王高矣。

"臣故欲王之偏劫天下，而皆私甘之也。王使臣以韩、魏与燕劫赵，使丹也甘之；以赵劫韩、魏，使臣也甘之；以三晋劫秦，使呡也甘之；以天下劫楚，使顺也甘之。则天下皆逼秦以事王，而不敢相私也。交定，然后王择焉。"

知道大王是重视赵国的。如果秦国知道这一点，也会同样重视赵国。如果齐、秦两国同时重视赵国，臣能料想到燕、韩、魏三国也必然重视赵国，而且都不敢和赵国较量长短。这样，齐、燕、韩、魏、楚五国共同侍奉赵国，赵国又联合五国跟秦国结成联盟，那么赵王必然会高居大王之上。

"所以臣希望大王使诸侯之间互相冲突，然后暗中调解，他们都会心悦诚服地接受。大王可以使臣借韩、魏、楚三国威逼赵国，再让齐公子丹暗中调解；借赵国威逼韩、魏两国，再让臣去进行调解；借韩、赵、魏三国威逼秦国，再让呡从中说和；借天下诸侯威胁楚国，再让顺从中调解。这样，天下诸侯都会背弃秦国而臣事大王，而且不敢跟秦国私自建交。大王的邦交稳定后，就可以看五国中的哪个国家对您有利，再从中加以选择。"

第四章 五国伐秦无功

　　五国伐秦无功，罢
于成皋。赵欲构于秦，
楚与魏、韩将应之，秦
弗欲。苏代谓齐王曰：
"臣以为足下见奉阳君
矣。臣谓奉阳君曰：'天
下散而事秦，秦必据宋。
魏冉必妒君之有阴也。
秦王贪，魏冉妒，则阴
不可得已矣。君无构，
齐必攻宋。齐攻宋，则
楚必攻宋，魏必攻宋，
燕，赵助之。五国据宋，
不至一二月，阴必得矣。
得阴而构，秦虽有变，
则君无患矣。若不得已
而必构，则愿五国复坚
约。愿得赵，足下雄飞，
与韩氏大吏东免，齐王
必无召珉也。使臣守约，
若与有倍约者，以四国
攻之。无倍约者，而秦
侵约，五国复坚而宾之。

　　赵、楚、韩、魏、齐五国讨伐秦国，在
成皋休战。赵国想跟秦讲和，楚、魏、韩
三国准备响应，但齐国不愿意这样做。
苏代对齐闵王说："臣已经为君王会见过
赵国的奉阳君李兑了。臣对奉阳君说：
'各诸侯解散了合纵之盟去臣事秦国，
秦国一定会占领宋国，秦相魏冉一定会
嫉妒阁下占有定陶。秦王很贪心，魏冉
又很嫉妒，看来阁下是得不到定陶了。
如果阁下不讲和，那齐国必然攻打宋国。
齐国一旦攻打宋国，那楚、魏两国也必
然攻打宋国，而燕、赵两国更会从旁助
战。五国占领宋国，不到一两个月，定
陶一定会落到阁下手中。阁下得到定陶
再来讲和，即使秦国有所变化，那阁下
也不必忧心了。如果阁下得不到定陶而
又必须讲和，那就请阁下再去巩固五国
的合纵盟约。五国希望跟赵国结盟，到
那时阁下就可以飞黄腾达，跟韩国的高
官一起东去齐国鼓励齐王，齐王肯定不
会召回亲秦的韩珉。如果阁下要臣来监
督盟约的执行，假如盟国中有违背盟约
的，臣就发动其他四国共同攻打违约者；

今韩、魏与齐相疑也，若复不坚约而讲，臣恐与国之大乱也。齐、秦非复合也，必有踦重者矣。后合与踦重者，皆非赵之利也。且天下散而事秦，是秦制天下也。秦制天下，将何以天下为？臣愿君之蚤计也。

"'天下争秦有六举，皆不利赵矣。天下争秦，秦王受负海内之国，合负亲之交，以据中国，而求利于三晋，是秦之一举也。秦行是计，不利于赵，而君终不得阴，一矣。天下争秦，秦王内韩呡于齐，内成阳君于韩，相魏怀于魏，复合衍交两王，王贲、韩他之曹，皆起而行事，是秦之一举也。秦行是计也，不利于赵，而君又不得阴，二矣。天下争秦，秦王受齐受赵，

假如五国没有违背盟约的，而是秦国侵略同盟国家，那五国会坚守合纵之盟，共同抗拒秦国。如今韩、魏、齐三国互相猜疑，如果不坚守合纵之盟而跟秦国讲和，臣担心合纵国之间会发生大的内乱。如果齐、秦两国不再联合，那么各诸侯国或者会倚重秦国，或者会依附齐国。出现这两种局面，都对赵国没有好处。而且天下诸侯解合纵之盟去侍奉秦国，就等于是让秦国控制天下。秦国一旦控制天下，那还有什么天下诸侯呢？所以我希望阁下及早谋划对策。

"'如果天下诸侯竞相侍奉秦国，秦国会采取六种谋略，每一种都对赵国不利。天下诸侯一旦竞相侍奉秦国，秦国就会与齐国结盟，并与以前背叛连横的诸侯国恢复交往，如此秦国就等于是控制了中原地区，就会向赵、魏、韩三国索取利益，这是秦国的一个谋略。秦国实行这项谋略，会对赵国不利，而阁下也始终得不到定陶，这是其一。天下诸侯一旦竞相侍奉秦国，秦王就会派韩呡前往齐国任事，派成阳君前往韩国执掌事务，派魏怀出任魏国的宰相，再召回公孙衍结交齐、赵两王，又起用王贲、韩他等人从事外交，这是秦国的又一谋略。秦国实行这项谋略，也不利于赵国，而阁下又得不到定陶，这是其二。天下诸

三疆三亲，以据魏而求
安邑，是秦之一举也。
秦行是计，齐、赵应之，
魏不待伐，抱安邑而信
秦，秦得安邑之饶，魏
为上交，韩必入朝秦，
过赵已安邑矣，是秦之
一举也。秦行是计，不
利于赵，而君必不得阴，
三矣。天下争秦，秦坚燕、
赵之交，以伐齐收楚，
与韩呡而攻魏，是秦之
一举也。秦行是计，而
燕、赵应之。燕、赵伐齐，
兵始用，秦因收楚而攻
魏，不至一二月，魏必
破矣。秦举安邑而塞女
戟，韩之太原绝，下轵道、
南阳、高，伐魏，绝韩，
包二周，即赵自消烁矣。
国燥于秦，兵分于齐，
非赵之利也，而君终身
不得阴，四矣。天下争
秦，秦坚三晋之交攻齐，
国破曹屈，而兵东分于
齐，秦桉兵攻魏，取安
邑，是秦之一举也。秦
行是计也，君桉救魏，

侯一旦竞相侍奉秦国，秦王接受齐、赵
的朝贡，三强互相敦睦邦交，秦王就会
控制魏国，索取安邑，这是秦国的又一
谋略。秦国实行这一谋略，齐、赵两国
都会响应，还没等秦兵攻打魏国，魏国
就自动把首都安邑献给秦国，秦国得到
丰饶的安邑，就会和魏国建立邦交，那
么韩国也一定会向秦国朝贡，秦国会以
魏国献出安邑为借口要赵国割让土地，
这是秦国的又一谋略。秦国实行这项谋
略，更不利于赵国，而阁下也一样得不
到定陶，这是其三。天下诸侯一旦竞相
侍奉秦国，秦国加强与燕、赵两国的邦
交，并联合楚国讨伐齐国，联合韩国进
攻魏国，这是秦国的又一谋略。秦国实
行这项谋略，燕、赵两国将会响应。燕、
赵两国联合讨伐齐国，战争刚一开始，
秦国就可以联合楚国攻打魏国，不出一
两个月，魏国一定会败亡。秦国占领魏
都安邑，再封锁韩国的女戟，切断韩国
的太原，经轵道、南阳去攻取魏国，切
断韩国的后路，包抄东周、西周二国，
如此赵国自然而然地被瓦解了。赵国被
秦国削弱，军队又去进攻齐国，这自然
对赵国不利，而阁下永远得不到定陶，
这是其四。天下诸侯一旦竞相侍奉秦国，
秦国会加强与赵、魏、韩三国的联盟而进
攻齐国，赵国就国破财尽，而军队又分

是以攻齐之已弊，救与秦争战也；君不救也，韩、魏焉免西合？国在谋之中，而君有终身不得阴，五矣。天下争秦，秦按为义，存亡继绝，固危扶弱，定无罪之君，必起中山与胜焉。秦起中山与胜，而赵、宋同命，何暇言阴？六矣。故曰君必无讲，则阴必得矣。'

"奉阳君曰：'善。'乃绝和于秦，而收齐、魏以成取阴。"

散到东边的齐国，秦国乘机出兵攻打魏国，攻占安邑，这又是秦国的一个谋略。秦国实行这项谋略，阁下会用攻打齐国的军队援救魏国，这等于是用已经疲惫的赵军，为了援救魏国而不得不和秦兵作战。如果阁下不去救魏国，那韩、魏两国又怎能避免西去臣事秦国呢？赵国已经掌握在秦国的手中，而阁下仍然永远得不到定陶，这是其五。天下诸侯一旦竞相侍奉秦国，秦国竟以义举自居，认为自己是复兴灭亡的国家，接续绝祀的国家，巩固危亡的国家，扶助衰弱的国家，安抚无罪而被征服的君主，复兴被赵国灭亡的中山国给胜。秦国复兴中山国给胜后，那赵、宋两国将同遭灭亡的命运，到那时阁下还有什么心情来考虑定陶呢？这是其六。所以阁下只要不和秦国讲和，就一定能得到定陶。'

"奉阳君说：'对。'于是停止跟秦国的议和之举，然后跟齐、魏两国建立邦交，以便实现如何来取得定陶的计划。"

第五章 楼缓将使伏事辞行

楼缓将使，伏事，辞行，谓赵王曰："臣虽尽力竭知，死不复见于王矣。"王曰："是何言也？固且为书而厚寄卿。"楼子曰："王不闻公子牟夷之于宋乎？非肉不食。文张善宋，恶公子牟夷，寅然。今臣之于王，非宋之于公子牟夷也，而恶臣者过文张。故臣死不复见于王矣。"王曰："子勉行矣，寡人与子有誓言矣。"楼子遂行。

后以中牟反，入梁。候者来言，而王弗听，曰："昔已与楼子有言矣。"

楼缓将出使别国，其使命保密，他向赵惠文王辞行时说："臣即使竭尽才智，也难免一死，恐怕不能活着见到君王了。"赵惠文王说："这是什么话呢？寡人正准备写一封亲笔信重托贤卿去办事呢。"楼缓说："难道君王没听说过公子牟夷在宋国的事吗？他没有肉就不吃饭。那时文张在宋国受到宠遇，他诽谤公子牟夷，结果宋君摈斥了公子牟夷。现在臣与君王之间的关系，还不如宋王跟公子牟夷的关系，可是诽谤我的人远远超过了文张。所以臣自知已经不能再活着见到君王了。"赵惠文王说："贤卿尽管放心去，寡人与你已立下誓言，绝不听信谗言。"这样楼缓才出使他国。

不久楼缓凭借中牟反叛，并离任逃往魏国。密探向赵惠文王禀报此事时，赵惠文王果然不相信，说："寡人之前和楼缓有过约定。"

第六章 虞卿请赵王

虞卿请赵王曰："人之情，宁朝人乎？宁朝于人也？"赵王曰："人亦宁朝人耳，何故宁朝于人？"虞卿曰："夫魏为从主，而违者范座也。今王能以百里之地，若万户之都，请杀范座于魏。范座死，则从事可移于赵。"赵王曰："善。"乃使人以百里之地，请杀范座于魏。魏王许诺，使司徒执范座，而未杀也。

范座献书魏王曰："臣闻赵王以百里之地，请杀座之身。夫杀无罪座，座薄故也；而得百里之地，大利也。臣窃为大王美之。虽然，而有一焉，百里之地不可得，而死者不可复生也，则主必为天下笑矣！臣

虞卿向赵孝成王求教说："按照常情，人是喜欢受别人朝见呢？还是喜欢朝见别人呢？"赵孝成王说："任何人都喜欢受别人朝见，哪有喜欢朝见别人的呢？"虞卿说："魏国是合纵的盟主，而阻挡赵国当盟主的就是魏相范座。现在大王可以用方圆百里的土地，或者万户的城邑作交换条件，请求魏国杀死范座。因为范座一旦被杀，合纵盟主就会改为赵国了。"赵孝成王说："好的。"于是派人用方圆百里的土地为条件，请求魏国杀死范座。魏安釐王答应了，派司徒逮捕了范座，但是没杀他。

范座上书给魏安釐王说："臣听说赵王用方圆百里的土地为条件，派人来请求置臣于死地。杀死一个无罪的范座，是一件小事；获得方圆百里的土地，却是很大的利益。臣私下里为大王感到高兴。虽然这样，却有一个问题，就是大王根本得不到方圆百里的土地，而死了的范座也不可能复活了，到那时大王必然为天下诸侯所讥笑！所以臣私下认

窃以为与其以死人市，不若以生人市使也。"

又遗其后相信陵君书曰："夫赵、魏，敌战之国也。赵王以咫尺之书来，而魏王轻为之杀无罪之座，座虽不肖，故魏之免相望也。尝以魏之故，得罪于赵。夫国内无用臣，外虽得地，势不能守。然今能守魏者，莫如君矣。王听赵杀座之后，强秦袭赵之欲，倍赵之割，则君将何以止之？此君之累也。"信陵君曰："善。"遽言之王而出之。

为，与其用死人来作这笔交易，倒不如用活人交易更好。"

范座又写信给代替他职位的后任宰相信陵君魏无忌，说："赵、魏两国是处于战争状态的敌国，如今仅凭赵王的一封短信，君王竟然欣然接受条件，准备杀死无辜的范座。我范座虽然不成器，毕竟是魏国原来免去的'宰相'。我曾经因为魏国的缘故，得罪过赵国。将来赵国没有柱石之臣，即使能在外边获得土地，也势必不能镇守。然而现在能够守住魏国的人，没有谁赶得上贤公了。如果大王听信赵王的话杀死我，那强大的秦国就会像赵国那样，以一倍于赵国的割地要求杀死贤公，到那时不知贤公用什么办法来阻止它呢？这是贤公的一大难题。"信陵君说："阁下的话很有道理。"于是马上去晋见魏安釐王，劝他把范座释放了。

第十二章 冯忌请见赵王

冯忌请见赵王，行人见之。冯忌接手免首，欲言而不敢。王问其故，对曰："客有见人于服子者，已而请其罪。服子曰：'公之客独有三罪：望我而笑，是狎也；谈语不称师，是倍也；交浅而言深，是乱也。'客曰：'不然。夫望人而笑，是和也；言而不称师，是庸说也；交浅而言深，是忠也。昔者尧见舜于草茅之中，席陇亩而荫庇桑，阴移而授天下传。伊尹负鼎俎而干汤，姓名未著而受三公。使夫交浅者不可以深谈，则天下不传，而三公不得也。'"赵王曰："甚善。"冯忌曰："今外臣交浅而欲深谈，可乎？"王曰："请奉教。"于是冯忌乃谈。

冯忌请求晋见赵孝成王，左右侍臣准许他晋见。冯忌拱着手，低着头，想要说又不敢说。赵孝成王问他是什么缘由，他回答说："有位宾客介绍一个人去拜见服子，拜见完了就问服子这人有什么过错，服子说：'先生的客人有三个错处：一是对着我发笑，这就表示他轻佻；谈话时不称老师，这就表示他违背了师道的尊严；我们的交往短浅，他却和我深谈，这就表示他说话没有分寸。'宾客说：'话不能这样说。对人发笑，这是一种和蔼的态度；谈话时不称道老师，这是常有的现象；交往不久而深谈，这是热忱的表现。古时尧在荒野的乡下接见舜，两人坐在田地里、桑树下谈话，后来尧把天下禅让给舜。伊尹扛着鼎、俎去谒见商汤，可是姓名还不清楚就被任命为三公。假如交往短浅就不可以深谈的话，那尧又如何能把天下禅让给舜？商汤又如何能任命伊尹为三公呢？'"赵孝成王说："有道理。"冯忌说："现在臣既然是一个别的国家的人，跟君王的交往自然很浅，是否可以深谈呢？"赵孝成王说："欢迎指教！"于是冯忌就开怀畅谈。

第十三章 客见赵王

客见赵王曰:"臣闻王之使人买马也,有之乎?"王曰:"有之。""何故至今不遣?"王曰:"未得相马之工也。"对曰:"王何不遣建信君乎?"王曰:"建信君有国事,又不知相马。"曰:"王何不遣纪姬乎?"王曰:"纪姬妇人也,不知相马。"对曰:"买马而善,何补于国?"王曰:"无补于国。""买马而恶,何危于国?"王曰:"无危于国。"对曰:"然则买马善而若恶,皆无危补于国。然而王之买马也,必将待工。今治天下,举错非也,国家为虚戾,而社稷不血食,然而王不待工,而与建信君,何也?"赵王未

有位宾客晋见赵孝成王,说:"臣听说,大王想派人去买马,不知道有没有这回事?"赵王说:"有这回事。""为什么到现在还没派人去呢?"赵孝成王说:"还没有找到会相马的人。"宾客说:"大王为什么不派建信君去呢?"赵孝成王说:"他要管理国事,也不知道怎么相马。"宾客说:"大王何不派纪姬去呢?"赵孝成王说:"纪姬是个女人,当然不懂得相马了。"宾客说:"请问君王,买到一匹好马,对国家有什么好处呢?"赵孝成王说:"对国家并没什么好处。""如果买到坏马,对国家有什么害处呢?"赵孝成王说:"对国家也没什么害处。"宾客说:"既然买马不论买得好与坏,都对国家没什么利害关系,而大王买马,却一定要找到行家才买。如今大王治理天下,一旦措施有所失当,国家就会变成废墟,而宗庙也将断绝祭祀,然而君王却不找治国的行家,反而把宰相的职位给建信君,这又是什么道理呢?"赵孝成王没有回答。于是宾客又说:"燕郭偃的为政要领,有所谓'桑雍'的说法,

之应也。客曰："燕郭之法，有所谓桑雍者，王知之乎？"王曰："未之闻也。""所谓桑雍者，便辟左右之近者，及夫人优爱孺子也。此皆能乘王之醉昏，而求所欲于王者也。是能得之乎内，则大臣为之枉法于外矣。故日月晖于外，其贼在于内，谨备其所憎，而祸在于所爱。"

请问大王知道吗？"赵孝成王说："没有听说过。""所谓'桑雍'，是指大王身边受宠幸的亲近大臣，以及您的夫人、侍妾、美姬等。这些人都会趁大王酒酣昏醉之时，向大王要他们想要的东西。这些人在宫廷里为所欲为，大臣会在朝廷外违法乱纪。所以太阳和月亮的光芒照亮了世界，可它们内部仍然有黑点，人们虽然小心地防范憎恨的人，可是祸患却来自于所爱的人身上。"

第十四章 秦攻魏取宁邑

秦攻魏，取宁邑，诸侯皆贺。赵王使往贺，三反不得通。赵王忧之，谓左右曰："以秦之强，得宁邑，以制齐、赵。诸侯皆贺，吾往贺而独不得通，此必加兵我，为之奈何？"左右曰："使者三往不得通者，必所使者非其人也。曰谅毅者，辨士也，大王可试使之。"

谅毅亲受命而往。至秦，献书秦王曰："大王广地宁邑，诸侯皆贺，敝邑寡君亦窃嘉之，不敢宁居，使下臣奉其币物三至王廷，而使不得通。使若无罪，愿大王无绝其欢；若使有罪，愿得请之。"秦王使使者报曰："吾所使赵国者，小大皆听吾言，则受书

秦国攻打魏国，占领了宁邑，诸侯都来祝贺。赵孝成王也派使者去祝贺，可是使者往返三次都没能见到秦王。赵孝成王为此感到忧虑，就对左右侍臣说："凭秦国的强盛，占领宁邑后，就会控制齐、赵两国。如今诸侯都来向秦国祝贺，唯独我赵国使者见不到秦王，这就证明秦国要对我国用兵，不知究竟该怎么办？"左右侍臣说："使者去了三次都见不到秦王，一定是派去的人不合适。有一个名叫谅毅的，是能言善辩的人，大王可以派他去试试。"

谅毅奉命前往秦国。到了秦国后，他上书给秦昭王说："大王的版图扩充到宁邑，天下诸侯都来祝贺，敝国君主也在私下里赞许大王，不敢安闲住着，所以特别派使臣拿着贡礼，三次来到大王的宫廷，却始终见不到大王。如果使者没有什么罪过，就请大王不要断绝我们承欢的机会；如果使臣有什么罪过，希望得到大王的明示。"秦昭王派使者回答谅毅说："如果寡人要求赵国的事，不论大小，赵国都能按寡人意思去办，那

币。若不从吾言，则使者归矣。"谅毅对曰："下臣之来，固愿承大国之意也，岂敢有难？大王若有以令之，请奉而西行之，无所敢疑。"

于是秦王乃见使者曰："赵豹、平原君数欺弄寡人，赵能杀此二人，则可。若不能杀，请今率诸侯受命邯郸城下。"谅毅曰："赵豹、平原君，亲寡君之母弟也，犹大王之有叶阳、泾阳君也。大王以孝治闻于天下，衣服使之便于体，膳啖使之嗛于口，未尝不分于叶阳、泾阳君。叶阳君、泾阳君之车马衣服，无非大王之服御者。臣闻之：'有覆巢毁卵，而凤皇不翔；刳胎焚夭，而麒麟不至。'今使臣受大王之令以还报，敝邑之君，畏惧不敢不行，无乃伤叶阳君、泾阳君之心乎？"

秦王曰："诺，勿

寡人就收下国书和贡礼；如果不接受寡人的要求，就请使者回去吧。"谅毅回答说："微臣之所以来秦国祝贺，就是愿意秉承大王的意旨办事，怎么敢有所违逆呢？只要大王诏命下来，请允许臣唯命是从，不敢稍有迟疑。"

于是秦昭王才接见赵国贺使谅毅，并说："赵豹、平原君赵胜屡次欺骗、戏弄寡人，如果赵王能杀死这两人，那一切都没问题。否则，寡人将率领诸侯联军兵临赵都邯郸城下。"谅毅说："赵豹和平原君都是我们君主的同母兄弟，他们之间的关系恰如大王跟叶阳君、泾阳君的关系。大王以孝友之情治理国家，天下闻名，凡是遇到合身的好衣服、合口味的好饭菜，没有不分给叶阳君、泾阳君享用的。叶阳君、泾阳君的车马、衣服，没有不和大王的相同。臣听说：'看到鸟巢倾覆，鸟卵毁坏，吉祥的灵鸟凤凰就不会飞来；看到剖开的兽胎，烧死的小兽，吉祥的灵兽麒麟就不会跑来。'现在使臣按照大王的命令回报敝国，敝国的国君由于恐惧而不敢不执行，这不等于是伤了叶阳君、泾阳君的心吗？"

秦昭王说："也好，那就不许赵豹、

使从政。"谅毅曰："敝
邑之君，有母弟不能教
诲，以恶大国，请黜之，
勿使与政事，以称大国。"
秦王乃喜，受其弊而厚
遇之。

赵胜掌管朝政。"谅毅说："敝国的君主
没有教育好同母的亲弟弟，结果竟得罪
了贵国，臣将恳求敝国的君主把他这两
个弟弟罢黜了，不让他们掌管朝政，以
便满足大王的心愿。"秦昭王听了很高
兴，收下了赵国的国书和贡礼，而且用
优厚的礼节接待谅毅。

第十八章 赵太后新用事

赵太后新用事，秦急攻之。赵氏求救于齐。齐曰："必以长安君为质，兵乃出。"太后不肯，大臣强谏。太后明谓左右："有复言令长安君为质者，老妇必唾其面。"

左师触詟愿见太后。太后盛气而揖之。入而徐趋，至而自谢，曰："老臣病足，曾不能疾走，不得见久矣。窃自恕，而恐太后玉体之有所郤也，故愿望见太后。"太后曰："老妇恃辇而行。"曰："日食饮得无衰乎？"曰："恃粥耳。"曰："老臣今者殊不欲食，乃自强步，日三四里，少益耆食，和于身也。"太后曰："老妇不能。"太后之色少解。

左师公曰："老臣

赵太后刚执政，秦国就急着发兵攻打赵国。赵太后向齐国求援。齐国说："必须让长安君做人质，我们才出兵。"赵太后不肯这样做，大臣们都极力劝谏。赵太后明确地告诉左右侍臣说："有谁再说让长安君到齐国做人质，我一定吐他一脸唾沫。"

左师触詟希望拜见赵太后。赵太后很生气地接见他。左师公吃力地慢慢走进去，在赵太后面前请罪说："臣的脚有毛病，不能快步走路，以致很久没拜见太后了。臣虽然自己原谅自己，但因惦记太后的身体可能欠安，所以早想来拜见太后。"赵太后说："我现在靠车辇走路。"左师公说："每天的饮食有没有减少呢？"赵太后说："每天只是靠喝粥维持而已。"左师公说："老臣近来也不想吃什么东西，就努力散散步，每天走三四里，才慢慢地增加了一点饭量，身体也舒适些了。"赵太后说："我可没办法散步。"赵太后的脸色稍微变得温和了一些。

左师公继续说："老臣有一个儿子名

贱息舒祺，最少，不肖。而臣衰，窃爱怜之，愿令得补黑衣之数，以卫王官，没死以闻。"太后曰："敬诺。年几何矣？"对曰："十五岁矣。虽少，愿及未填沟壑而托之。"太后曰："丈夫亦爱怜其少子乎？"对曰："甚于妇人。"太后笑曰："妇人异甚。"对曰："老臣窃以为媪之爱燕后贤于长安君。"曰："君过矣，不若长安君之甚。"左师公曰："父母之爱子，则为之计深远。媪之送燕后也，持其踵为之泣，念悲其远也，亦哀之矣。已行，非弗思也，祭祀必祝之，祝曰：'必勿使反。'岂非计久长，有子孙相继为王也哉？"太后曰："然。"

左师公曰："今三世以前，至于赵之为赵，赵主之子孙侯者，其继有在者乎？"曰："无

叫舒祺，他的年龄最小，没有什么本事。可是臣已经年老体衰了，私下里很疼爱他，希望他能充当一个卫士，来保卫王宫，所以臣冒死向太后提出这一请求。"赵太后说："好吧。他多大岁数了？"左师公回答说："十五岁了。他虽然年龄还小，但臣希望在未死以前，把他托付给您。"赵太后说："男人也疼爱他的小儿子吗？"左师公回答说："比妇人疼爱得还要厉害。"赵太后笑着说："妇人才爱得厉害呢。"左师公说："老臣私下认为太后爱燕后远超过爱长安君。"赵太后说："你错了，我爱燕后远不如爱长安君。"左师公说："父母既然爱护子女，就要替他们做长远打算。燕后出嫁的时候，您老人家在车下握着她的脚后跟，为她掉泪，想到她就要离家远嫁而悲伤，这该算是很疼爱她的了。等她出嫁了，您并不是不想念她，在祭祀时一定要为她祈祷，说：'她的夫君千万不要让她回来！'这难道不是在为她做长远打算，希望她的子孙能继承王位吗？"赵太后说："是的。"

左师公说："追溯三代以前，一直到赵烈侯时代，赵国每一代国君的子孙，凡受封为侯而其后代继承了爵位的，现在还有吗？"赵太后说："没有了。"左

有。"曰："微独赵，诸侯有在者乎？"曰："老妇不闻也。""此其近者祸及身，远者及其子孙。岂人主之子孙则必不善哉？位尊而无功，奉厚而无劳，而挟重器多也。今媪尊长安君之位，而封之以膏腴之地，多予之重器，而不及今令有功于国。一旦山陵崩，长安君何以自托于赵？老臣以媪为长安君计短也，故以为其爱不若燕后。"太后曰："诺。恣君之所使之。"于是为长安君约车百乘质于齐，齐兵乃出。

子义闻之曰："人主之子也，骨肉之亲也，犹不能恃无功之尊，无劳之奉，而守金玉之重也，而况人臣乎？"

师公说："其实何止是赵国，其他诸侯子孙被封侯的，到今天还有继续存在的吗？"赵太后说："我还没听见过。"左师公说："这就是近灾降临到他们身上，远祸殃及他们的子孙。难道国君的子孙一定都不会有好结果吗？只因他们爵位高而没有为国建功，俸禄厚而没有为国出力，而拥有的财物又太多了。现在您老人家一再提高长安君的爵位，把肥沃的土地都封给他，又给他很多贵重的金玉珍玩，却不让他趁现在为国立功。一旦您老人家去世，那长安君又怎能自己在赵国立足呢？老臣觉得您老人家替长安君的打算得不够长远，所以才认为太后爱长安君远不如爱燕后。"赵太后说："好吧。就听凭你去安排他吧。"于是替长安君准备了一百辆战车，送他到齐国去作人质，齐国这才发兵援救赵国。

子义听到这件事以后说："国君的儿子是骨肉至亲，也不能仰仗没有功勋的尊位、没有劳绩的俸禄而守住财宝，更何况做人臣的呢？"

第十九章　秦使王翦攻赵

秦使王翦攻赵，赵使李牧、司马尚御之。李牧数破走秦军，杀秦将桓齮。王翦恶之，乃多与赵王宠臣郭开等金，使为反间，曰："李牧、司马尚欲与秦反赵，以多取封于秦。"赵王疑之，使赵葱及颜聚代将，斩李牧，废司马尚。后三月，王翦因急击，大破赵，杀赵军，虏赵王迁及其将颜聚，遂灭赵。

秦国派将军王翦攻打赵国，赵幽缪王派将军李牧、司马尚迎战。李牧屡次打败秦军，杀死了秦将桓齮。王翦非常痛恨李牧，就用重金贿赂赵幽缪王宠臣郭开等人，让他们在赵幽缪王面前挑拨离间，说："李牧、司马尚想背叛赵国、投降秦国，以便在秦国多得到一些封赏。"赵幽缪王起了疑心，派赵葱、颜聚代领兵，并把李牧处死，免了司马尚的官。三个月以后，王翦加紧发动攻击，大败赵军，杀死赵葱，俘虏赵王迁、将军颜聚，于是消灭了赵国。

第二十二篇 魏策一

第三章 乐羊为魏将而攻中山

乐羊为魏将而攻中山。其子在中山，中山之君烹其子而遗之羹，乐羊坐于幕下而啜之，尽一盃。文侯谓睹师赞曰："乐羊以我之故，食其子之肉。"赞对曰："其子之肉尚食之，其谁不食！"乐羊既罢中山，文侯赏其功而疑其心。

魏将乐羊攻打中山国。他的儿子就在中山，中山王杀了他的儿子，做成肉羹送给他，他坐在帅帐下端着肉羹喝起来，把一杯肉羹全喝光了。魏文侯对睹师赞说："乐羊为了对寡人效忠，竟吃他儿子的肉。"睹师赞回答说："乐羊连他自己儿子的肉都吃，还有谁的肉不敢吃啊！"乐羊从中山归来，魏文侯虽然奖赏他的战功，却怀疑他的居心。

第四章 西门豹为邺令

西门豹为邺令，而辞乎魏文侯。文侯曰："子往矣，必就子之功，而成子之名。"西门豹曰："敢问就功成名，亦有术乎？"文侯曰："有之。夫乡邑老者而先受坐之士，子入而问其贤良之士而师事之，求其好掩人之美而扬人之丑者而参验之。夫物多相类而非也，幽莠之幼也似禾，骊牛之黄也似虎，白骨疑象，武夫类玉，此皆似之而非者也。"

西门豹出任邺县县令，向魏文侯告辞。魏文侯对他说："你去吧，一定会让你建功扬名的。"西门豹问："请问，立功成名也有方法吗？"魏文侯说："有的。对于那些乡里先于众人而坐的年高德劭的读书人，贤卿应该去访求其中的贤良之士并拜他们为师，还要找到一些隐善扬恶的人作为参照。事物多半都是类似而不相同的，例如狗尾草刚长出时跟禾苗一样，骊牛中比较黄的也很像老虎，白骨头跟象牙混淆不清，一种叫作武夫的石头类似于玉石，这些都是似是而非的东西。"

第五章 文侯与虞人期猎

文侯与虞人期猎。是日，饮酒乐，天雨。文侯将出，左右曰："今日饮酒乐，天又雨，公将焉之？"文侯曰："吾与虞人期猎，虽乐，岂可不一会期哉！"乃往，身自罢之。魏于是乎始强。

魏文侯和守苑囿的小吏相约出去打猎。这一天，魏文侯饮酒作乐，外面正下着大雨。魏文侯刚要出发，左右侍臣说："今天酒喝得高兴，外面又下着大雨，君王要到哪里去？"魏文侯说："我跟守苑囿的小吏约好出去打猎，虽然今天喝得高兴，怎么能失约不去！"于是去打猎了，为此弄得很疲倦。魏国从此逐渐强盛起来。

第六章 魏文侯与田子方饮酒而称乐

魏文侯与田子方饮酒而称乐。文侯曰："钟声不比乎，左高。"田子方笑。文侯曰："奚笑？"子方曰："臣闻之，君明则乐官，不明则乐音。今君审于声，臣恐君之聋于官也。"文侯曰："善，敬闻命。"

魏文侯和田子方一边饮酒一边听奏乐。魏文侯说："钟声有点儿不协调，左边的高一些。"田子方笑了笑。魏文侯说："为什么笑啊？"田子方回答说："臣听说：'如果君主贤明则关心做官之道，如果不贤明则关心音乐。'现在君王既然如此善于欣赏音乐，那么臣就担心君王在管理国事方面会有些糊涂。"魏文侯说："好，敬遵教诲。"

第七章 魏武侯与诸大夫浮于西河

魏武侯与诸大夫浮于西河，称曰："河山之险，岂不亦信固哉！"王钟侍王曰："此晋国之所以强也。若善修之，则霸王之业具矣。"吴起对曰："吾君之言，危国之道也；而子又附之，是危也。"武侯忿然曰："子之言有说乎？"

吴起对曰："河山之险，信不足保也；是伯王之业，不从此也。昔者，三苗之居，左彭蠡之波，右有洞庭之水，文山在其南，而衡山在其北。恃此险也，为政不善，而禹放逐之。夫夏桀之国，左天门之阴，而右天溪之阳，庐、睾在其北，伊、洛出其南。有此险也，然为政不善，而汤伐之。殷纣之国，

魏武侯和诸位大夫坐船在西河上游荡，魏武侯赞叹说："山河如此险要，边防难道不是很坚固吗？"王钟在魏武侯身旁陪坐，说："这就是晋国之所以强盛的原因。如果再能修明政治，那么一定能建立霸王之业了。"吴起回答说："君王的话是危国的言论，而阁下又从旁附和，真是太危险了。"魏武侯很气愤地说："你这话有什么根据吗？"

吴起回答说："光是山河险要，实际上并不足以保护国家，建立霸业并不靠这些。古时三苗所居住的地方，左边有鄱阳湖水，右边有洞庭湖水，岐山居北面，衡山处南面。他们虽然仗恃着这些险要的天然屏障，可是施政处理不好，最终被大禹王赶走了。还有夏桀的国家，左边是天门山的北麓，右边是天溪山的南边，庐、睾二山在北边，伊、洛两水在南边。虽然有这些天险，却因为国家没有治理好，结果被商汤消灭了。再说殷纣王的国家，左边有孟门山，右边有漳、釜二水，前临黄河，后靠高峰。虽然有

左孟门而右漳、釜，前带河，后被山。有此险也，然为政不善，而武王伐之。且君亲从臣而胜降城，城非不高也，人民非不众也，然而可得并者，政恶故也。从是观之，地形险阻，奚足以霸王矣！"

武侯曰："善。吾乃今日闻圣人之言也！西河之政，专委之子矣。"

这些天险，却因为国家没有治理好，最终被周武王消灭了。君王亲自率领臣民战胜降服的城邑，那些城邑的城墙并不算不高，臣民也不算不多，然而之所以被君王征服，是由于他们施行恶政的缘故。由此观之，地形地势的险要，又怎能足以成就霸业啊！"

魏武侯说："有道理。寡人到今天才听到圣人的明教！寡人把西河的政务都托付给贤卿吧。"

第八章 魏公叔痤为魏将

魏公叔痤为魏将，而与韩、赵战浍北，禽乐祚。魏王说，迎郊，以赏田百万禄之。公叔痤反走，再拜辞曰："夫使士卒不崩，直而不倚，挠拣而不辟者，此吴起余教也，臣不能为也。前脉形地之险阻，决利害之备，使三军之士不迷惑者，巴宁、爨襄之力也。悬赏罚于前，使民昭然信之于后者，王之明法也。见敌之可也，鼓之不敢怠倦者，臣也。王特为臣之右手不倦赏臣，何也？若以臣之有功，臣何力之有乎？"王曰："善。"于是索吴起之后，赐之田二十万。巴宁、爨襄田各十万。

王曰："公叔岂非

魏将公叔痤跟韩、赵两国在浍北开战，俘虏了赵将乐祚。魏惠王很高兴，特地到城外迎接公叔痤，赐给他良田百万亩为俸禄。公叔痤转过身来，再拜辞谢说："士卒队伍不溃散，毅然猛进而不畏惧，强敌压己而不退却，都是仰仗吴起留下的教导之功，臣并不能做到这些。事先观察地形的险阻，判断有利有害加以准备，使三军将士不致迷惑，都是巴宁、爨襄的功劳。战前立下赏罚制度，战后使百姓确信不疑而信任，靠的是大王贤明的法典。乘敌人的疏忽而猛打战鼓，丝毫不敢有所怠慢，这才是我做的。大王仅仅认为臣的右手没有倦怠就重赏臣，这是什么道理呢？如果认为臣有功，那臣的功劳在哪里呢？"魏惠王说："好。"于是寻访吴起的后人，赏赐他们良田二十万亩，又赏赐巴宁、爨襄良田各十万亩。

魏惠王说："公叔真是一位高洁之

长者哉！既为寡人胜强敌矣，又不遗贤者之后，不掩能士之迹，公叔何可无益乎？"故又与田四十万，加之百万之上，使百四十万。故《老子》曰："圣人无积，尽以为人，己愈有；既以与人，己愈多。"公叔当之矣。

士啊！既能为寡人战胜强敌，又不忘怀前贤的后裔，不埋没贤能之士的功绩，寡人怎么能不封赏他呢？"所以又加封公叔痤良田四十万亩，加上起初赏赐一百万亩，使他的封土多达一百四十万亩。所以《老子》说："圣人没有积储，越是为别人着想，自己越富有；越是多给予别人，自己获得越多。"把这句话加在公叔痤身上，应该当之无愧。

第九章 魏公叔痤病

魏公叔痤病，惠王往问之："公叔病，即不可讳，将奈社稷何？"公叔痤对曰："痤有御庶子公孙鞅，愿王以国事听之也。为弗能听，勿使出竟。"王弗应，出而谓左右曰："岂不悲哉！以公叔之贤，而谓寡人必以国事听鞅，不亦悖乎！"

公叔痤死，公孙鞅闻之，已葬，西之秦，孝公受而用之。秦果日以强，魏日以削。此非公叔之悖也，惠王之悖也。悖者之患，固以不悖者为悖。

魏相公叔痤病了，魏惠王前去探视，说："公叔的病既然这样重，万一不幸，那国家该怎么办呢？"公叔痤回答说："臣有一个御庶子公孙鞅，希望君王能把国政交给他。如果君王不肯相信臣的话，那千万不要让他离开魏国。"魏惠王没有采纳他的话，离开后对左右侍臣说："难道不可悲吗？像公叔痤这样明智的人，怎么能让寡人把国事交给公孙鞅呢？这真是太没道理了！"

公叔痤死后，公孙鞅听说了这件事，在安葬公叔痤后，立刻西去秦国，秦孝公接纳并重用了他。从此秦国日渐强大，而魏国渐渐衰弱下去。由此观之，这并不是公叔痤的糊涂，而是魏惠王的糊涂。因为糊涂人的最大毛病，就是把不糊涂的人当作糊涂人。

第十一章 张仪为秦连横说魏王

张仪为秦连横，说魏王曰："魏地方不至千里，卒不过三十万人。地四平，诸侯四通，条达辐凑，无有名山大川之阻。从郑至梁，不过百里；从陈至梁，二百余里。马驰人趋，不待倦而至梁。南与楚境，西与韩境，北与赵境，东与齐境，卒戍四方。守亭障者参列。粟粮漕庾，不下十万。魏之地势，故战场也。魏南与楚而不与齐，则齐攻其东；东与齐而不与赵，则赵攻其北；不合于韩，则韩攻其西；不亲于楚，则楚攻其南。此所谓四分五裂之道也。

"且夫诸侯之为从者，以安社稷、尊主、强

张仪为秦国策划连横之盟，去游说魏襄王说："魏国的土地纵横不到一千里，士卒不到三十万。国土地势平坦，与天下诸侯交通便利，犹如车轮辐条都集聚在车轴上一般，境内没有名山大川的阻隔。从韩都新郑到魏国不过一百里，从楚国的宛丘到魏国也只有二百多里。人奔马跑，还没有疲倦就到达魏国了。南边和楚国搭界，西边与韩国接壤，北边和赵国毗连，东边与齐国为邻，戍守边疆的将士散处四方。边境的哨所和城堡星罗棋布。运米的运河和存粮的仓库不少于十万。魏国的地势本来就是一个战场，如果魏国和南方的楚国结盟而不与齐国友好，那齐国就会攻打魏国的东方；如果魏国和东方的齐国结盟而不和赵国友好，那赵国就会攻打魏国的北方；如果魏国不和韩国结盟，那韩国就会攻打魏国的西方；如果魏国不和楚国结盟，那楚国就会攻打魏国的南方。这就是人们所说的四分五裂之地啊。

"再说诸侯参加合纵之盟，都是为了安定社稷、尊重君主、增强兵力、显扬

兵、显名也。合从者，一天下，约为兄弟，刑白马以盟于洹水之上，以相坚也。夫亲昆弟，同父母，尚有争钱财。而欲恃诈伪反覆苏秦之余谋，其不可以成亦明矣。

"大王不事秦，秦下兵攻河外，拔卷、衍、燕、酸枣，劫卫取晋阳，则赵不南；赵不南则魏不北，魏不北，则从道绝。从道绝，则大王之国欲求无危，不可得也。秦挟韩而攻魏，韩劫于秦，不敢不听。秦、韩为一国，魏之亡可立而须也，此臣之所以为大王患也。为大王计，莫如事秦，事秦则楚、韩必不敢动；无楚、韩之患，则大王高枕而卧，国必无忧矣。

"且夫秦之所欲弱莫如楚，而能弱楚者莫若魏。楚虽有富大之名，其实空虚；其卒虽众，多言而轻走，易北，不敢坚战。魏之兵南面而伐，胜楚必

名声。如今参加合纵之盟的诸侯，都抱着统一天下的目标，互相约为兄弟之邦，在洹水上杀白马歃血为盟，借以坚定各合纵国的意志。但是同一个父母生下的亲兄弟，尚且会相互争夺财产，现在想依仗反复无常、权诈无度的苏秦的阴谋，不可能成功是显而易见的。

"大王不侍奉秦国，秦国就会发兵攻打河外，占领卷、衍、南燕、酸枣，威胁卫国，夺取晋阳，那么赵国就不敢南攻。赵国不敢南攻，魏国就不敢北攻，那么合纵的路就断绝了。合纵的路断绝了，大王想让国家没有危险，是办不到的。秦国挟持韩国攻打魏国，韩国在秦兵的恐吓之下，不敢不听从号令。秦、韩两国一旦结成一体，那魏国的灭亡就立等可见了，这是臣为大王感到担忧的地方。如今为大王考虑，没有比臣事秦国更好的了。一旦大王臣事秦国，楚、韩两国就一定不敢轻举妄动；从此魏国就消除了楚、韩两国的边患，大王一定能高枕无忧。

"况且秦国想削弱的是楚国，而能削弱楚国的莫过于魏国。楚国虽然有富强的名声，其实内部国力空虚；楚国的军队虽然很多，但士兵多半在作战时会临阵脱逃，不敢打硬仗、打死仗。所以魏军的军队如果向南讨伐，打败楚国是

矣。夫亏楚而益魏，攻楚而适秦，内嫁祸安国，此善事也。大王不听臣，秦甲出而东，虽欲事秦而不可得也。

　　"且夫从人多奋辞而寡可信，说一诸侯之王，出而乘其车；约一国而反，成而封侯之基。是故天下之游士，莫不日夜搤腕、瞋目、切齿以言从之便，以说人主。人主览其辞，牵其说，恶得无眩哉？臣闻积羽沉舟，群轻折轴，众口铄金，故愿大王之熟计之也。"

　　魏王曰："寡人蠢愚，前计失之。请称东藩，筑帝宫，受冠带，祠春秋，效河外。"

必然的。这样看来，削弱楚国而魏国得到好处，攻打楚国而侍奉秦国，把祸患转嫁给他人，使自己国家安宁，这是最理想的外交策略。如果大王不采纳臣的建议，秦国就会发兵东征，到那时大王即使想侍奉秦国，也办不到了。

　　"再说倡导合纵之辈，多半夸夸其谈，很少有可以信赖的，他们每说服一个诸侯的君主，出来就能够乘坐这个君主赏赐的车子；成功联合一个诸侯后返回故国，就有了封侯的资本。所以天下的游说之士，没有不日夜不停地指手画脚、瞪大眼睛、咬牙切齿地高谈阔论合纵的好处，以博得君主的欢心的。君主们接受他们的巧辩，受他们的言辞左右，又怎么能不头晕目眩呢？臣听说：'羽毛多了可以压沉船只，装很多轻的东西可以压断车轴，众口同声可以熔化黄金。'所以希望大王仔细考虑。"

　　魏襄王说："寡人很愚蠢，以前的计划都错了。寡人愿意作秦国东方的藩臣，为秦国修建行宫，接受秦王赏赐的冠带，春秋两季按时到秦国进贡，并把河外的地方割让给秦国。"

第二十三篇 魏策二

第六章 魏惠王死

魏惠王死，葬有日矣。天大雨雪，至于牛目，坏城郭，且为栈道而葬。群臣多谏太子者，曰："雪甚如此而丧行，民必甚病之。官费又恐不给，请驰期更日。"太子曰："为人子，而以民劳与官费用之故，而不行先生之丧，不义也。子勿复言。"

群臣皆不敢言，而以告犀首。犀首曰："吾未有以言之也，是其唯惠公乎！请告惠公。"

惠公曰："诺。"驾而见太子曰："葬有日矣？"太子曰："然。"惠公曰："昔王季历葬

魏惠王死了，已决定出殡的日子。不料当天突然下起大雪，积雪深得几乎达到牛的眼睛，城墙被压坏，道路不通，太子准备搭栈道送葬。群臣多半谏阻太子，说："雪下得这么大还去送葬，臣民一定会非常困苦，朝廷的费用也恐怕不够，请太子延期出殡吧。"魏太子说："做儿子的，如果因为百姓辛苦、官费不足的缘故，就不如期举行先王的葬礼，那就是不孝之子。请各位不要再多说了。"

群臣都不敢再谏阻，他们把事情告诉了宰相公孙衍，公孙衍竟说："我没办法说服他，只有惠施才能劝阻。请你们把事情告诉惠施吧。"

惠施说："好的。"于是就坐车去见魏太子，问道："已决定出殡的日子了吗？"魏太子说："是的。"惠施说："古时周文王的父亲季历葬在楚山脚下，坟墓被渗漏到地下的水冲坏，棺材前面的

于楚山之尾，欒水啮其墓，见棺之前和。文王曰："嘻！先君必欲一见群臣百姓也夫，故使欒水见之。"于是出而为之张于朝，百姓皆见之，三日而后更葬。此文王之义也。今葬有日矣，而雪甚，及牛目，难以行，太子为及日之故，得毋嫌于欲亟葬乎？愿太子更日。先王必欲少留而扶社稷、安黔首也，故使雪甚。因驰期而更为日，此文王之义也。若此而弗为，意者羞法文王乎？"太子曰："甚善。敬驰期，更择日。"

惠子非徒行其说也，又令魏太子未葬其先王而因又说文王之义。说文王之义以示天下，岂小功也哉！

横木都露出来了。文王说：'唉！先王一定是想见一见群臣和百姓了，所以才让渗漏到地下的大水冲坏坟墓，露出棺材。'于是文王把坟墓挖开，然后把棺材放在帐幕里，让季历接见百姓和朝臣，臣民都参见完毕，三天后才改葬。这就是文王的孝义。现在下葬的日期虽然已经决定，可是天竟下起大雪，积雪深达牛眼睛，送葬的队伍难以行进，太子为了如期安葬就不顾困难，不是显得太急促了吗？希望太子能改期安葬。先王一定是想多待些日子，以便扶持国家、安定百姓，所以才故意让天下这么大的雪。据此更改日期，另择吉日出殡，这很合乎文王的孝义。像这样的情况还不改日安葬，想来大概是把效法文王当作羞耻吧？"太子说："贤卿的话很有道理。那就推迟葬期，另择吉日吧。"

惠施不但能使他的意见被采纳，说服魏太子改期安葬先王，而且乘机介绍文王的孝义。向天下宣扬文王的孝义，这份功劳实在太大了！

第七章 五国伐秦

五国伐秦，无功而还。其后，齐欲伐宋，而秦禁之。齐令宋郭之秦，请合而以伐宋。秦王许之。魏王畏齐、秦之合也，欲讲于秦。

谓魏王曰："秦王谓宋郭曰：'分宋之城，服宋之强者，六国也。乘宋之敝，而与王争得者，楚、魏也。请为王毋禁楚之伐魏也，而王独举宋。王之伐宋也，请刚柔而皆用之。如宋者，欺之不为逆者，杀之不为仇者也。王无与之讲以取地，既已得地矣，又以力攻之，期于啖宋而已矣。'

"臣闻此言，而窃为王悲，秦必且用此于王矣。又必且曰王以求

韩、赵、魏、齐、楚五国攻打秦国，没有获得任何战果就各自回国了。后来齐国想攻打宋国，秦国却从旁制止。于是齐王派使臣宋郭去秦国，旨在跟秦国组成连横之盟，共同讨伐宋国。秦昭王答应了。这时魏昭王很害怕齐、秦两国连横，准备跟秦国讲和。

有人对魏昭王说："秦王对宋郭说：'瓜分宋国的城邑，征服顽强的宋国的，是六国。乘宋国疲惫之机，和大王争夺战利品的，是楚、魏两国。所以请齐王不要禁止楚国攻打魏国，而齐王可以单独去攻打宋国。齐王去攻打宋国时，最好是刚柔并用。像宋这样的国家，欺侮它不算大逆不道，消灭它不算结仇。齐王不必用跟宋国讲和的方式来获得土地，如果已经得到土地了，还可以用武力去攻打，目的只在吞并宋国。'

"臣听到这话后，就在私下为大王感到悲哀，因为秦国一定会用这种办法来对付大王，又一定会向大王索要土地。

地，既已得地，又且以力攻王。又必谓王曰使王轻齐，齐、魏之交已丑，又且收齐以更于索于王。秦尝用此于楚矣，又尝用此于韩矣，愿王之深计之也。秦善魏不可知也已。故为王计，太上伐秦，其次宾秦，其次坚约而详讲，与国无相离也。秦、齐合，国不可为也已。王其听臣也，必无与讲。

"秦权重魏，魏再明孰，是故又为足下伤秦者，不敢显也。天下可令伐秦，则阴劝而弗敢图也。是天下之伤秦也，则先鬻与国而以自解也。天下可令宾秦，则为劫于与国而不得已者。天下不可，则先去，而以秦为上交以自重也。如是人者，鬻王以为资者也，而焉能免国于患？免国于患者，必穷三节，而行其上。上不可，则行其中；中不可，则行

现在既然已经得到土地，又要用武力来攻打大王。又一定会跟大王讲和，并乘机使大王轻视齐国，当齐、魏两国邦交恶化时，再联合齐国勒索大王。秦国曾经用这种办法对付楚国，又曾经用这种办法对付韩国，恳求大王要三思。秦国对魏国表示亲善，其用心叵测。所以大王为今之计，上策是攻打秦国，中策是排斥秦国，下策是坚定合纵之盟，表面上跟秦国假装讲和，实际上跟盟国保持密切关系。秦、齐两国如果成为盟邦，那魏国大概就无计可施了。大王采纳臣的建议，绝对不要跟秦国讲和。

"秦国的重点放在魏国身上，秦相魏冉深谋远虑，所以即使有为大王损伤秦国的，却不敢明显地表露出来。可以让天下诸侯讨伐秦国，不过只能在暗中劝解而不敢图谋。看到天下诸侯伤害秦国，就先出卖盟国而解救自己。也可以让天下诸侯排斥秦国，这是受到盟国的威胁而出于不得已。天下诸侯的力量不够，就会先退出盟约，西去结交秦国来保全自己。搞这种阴谋的人，会出卖大王作为自己的政治资本，怎么能免除国家的忧患呢？能免除国家忧患的，一定深明前面所说的上、中、下三策，而采用其中的上策。如果上策行不通，就用中策；中策行不通，就用下策；下策行不通，

其下；下不可，则明不
与秦。而生以残秦，使
秦皆无百怨百利，唯已
之曾安。令足下鬻之以
合于秦，是免国于患者
之计也。臣何足以当之？
虽然，愿足下之论臣之
计也。

　　"燕，齐仇国也；
秦，兄弟之交也。合仇
国以伐婚姻，臣为之苦
矣。黄帝战于涿鹿之野，
而西戎之兵不至；禹攻
三苗，而东夷之民不起。
以燕伐秦，黄帝之所难
也，而臣以致燕甲而起
齐兵矣。

　　"臣又偏事三晋之
吏，奉阳君、孟尝君、
韩岷、周㝡、韩余为徒，
从而下之，恐其伐秦之
疑也。又身自丑于秦，
扮之请焚天下之秦符者，
臣也；次传焚符之约者，
臣也；欲使五国约闭秦
关者，臣也。奉阳君、
韩余为既和矣，苏修、
朱婴既皆阴在邯郸，臣

就要明确表示和秦国势不两立。打击秦
国，使秦国既无怨恨，也无利益，只求
自己的安宁。让大王出卖盟国来联合秦
国的话，这是免除国难的计策，但臣下
又怎么能担当这些呢？虽说如此，还是
希望大王研究臣的献策。

　　"燕国是齐国的仇敌之国，与秦国
是兄弟之邦，联合仇敌之国去攻打有姻
亲关系的国家，臣认为这是很难办的事。
古时黄帝和蚩尤战于涿鹿之野时，西戎
的军队并没有来支援；大禹攻打三苗时，
东夷的军民也没起来参战。由此可见，
用燕国攻打秦国，就连黄帝都感到为难，
可是臣却能发动燕国军队，并使齐国之
军响应。

　　"臣又遍交韩、赵、魏三国的官员，
如奉阳君、孟尝君、韩岷、周㝡、韩余等
人，在他们的门下做事，唯恐他们攻伐
秦国疑虑不定，又因为他们都遭受秦国
的厌恶，一开始请求烧掉天下诸侯所持
的前往秦国的符节的，是臣；接着通知
焚烧符节的诸侯的，是臣；想让五国断
绝和秦国的来往的，也是臣。奉阳君、
韩余等已采取同一步骤了，而苏修、朱
婴他们都匿居在邯郸，臣又去游说齐王，
以便前往破坏宋郭的盟约。如果天下诸

又说齐王而往败之。天下共讲，因使苏修游天下之语，而以齐为上交，兵请伐魏，臣又争之以死。而果西因苏修重报。臣非不知秦劝之重也，然而所以为之者，为足下也。"

侯都主张合纵，派苏修宣扬天下诸侯的言论，把齐国作为最好的邦交，再请求齐军讨伐魏国，那臣又将以死来谏阻。最后果然从西面由苏修传来齐国不讨伐魏国的重要消息。臣并非不知道秦国权势大，然而臣之所以要这样做，都是为了大王。"

第十一章 齐魏战于马陵

齐、魏战于马陵，齐大胜魏，杀太子申，覆十万之军。魏王召惠施而告之曰："夫齐，寡人之仇也，怨之至死不忘。国虽小，吾常欲悉起兵而攻之，何如？"对曰："不可。臣闻之，王者得度，而霸者知计。今王所以告臣者，疏于度而远于计。王固先属怨于赵，而后与齐战。今战不胜，国无守战之备，王又欲悉起而攻齐，此非臣之所谓也。王若欲报齐乎，则不如因变服折节而朝齐，楚王必怒矣。王游人而合其斗，则楚必伐齐。以休楚而伐罢齐，则必为楚禽矣。是王以楚毁齐也。"魏王曰："善。"乃使人报于齐，愿臣畜而朝。

齐、魏两国在马陵作战，齐军大败魏军，杀死了魏太子申，消灭了魏国十万大军。魏惠王把宰相惠施找来，说："齐国是寡人的仇敌，这种仇恨到死都忘不了。魏国虽然小，但是寡人想动员全国兵力攻打齐国，不知你以为如何？"惠施回答说："不可以。臣听说：'以德治天下的要守法度，以力制天下的常用计谋。'现在大王告诉臣的既不合乎法度，又不合乎计谋。大王本来是先怨恨赵国，然后才派兵攻打齐国。如今战败了，国家没有防御措施，可是大王又想动员全国兵力去讨伐齐国，这就不是臣所说的守法度和用计谋了。大王要报齐国之仇，还不如脱下天子的衣服，换上诸侯的服装，取消天子称号，以诸侯的身份去朝贡齐国，这样楚王一定大怒。大王再派出游说之士挑拨楚、齐两国交战，那楚国一定会攻打齐国。安定的楚国去攻打动乱的齐国，齐国必然会被楚国打败。这就等于大王用楚国征服齐国。"魏惠王说："好计策。"于是派使者前往齐国，表示愿意对齐王称臣朝拜。

田婴许诺。张丑曰："不可。战不胜魏，而得朝礼，与魏和而下楚，此可以大胜也。今战胜魏，覆十万之军，而禽太子申；臣万乘之魏，而卑秦、楚，此其暴于戾定矣。且楚王之为人也，好用兵而甚务名，终为齐患者，必楚也。"田婴不听，遂内魏王，而与之并朝齐侯再三。

赵氏丑之。楚王怒，自将而伐齐，赵应之，大败齐于徐州。

齐相田婴当即答应了。可是张丑说："不行。如果齐国没有战胜魏国，而得到魏国的朝拜之礼，与魏国联合后再联兵攻打楚国，那一定可以获得大胜。现在齐国已经战胜魏国，击溃了十万魏军，擒获了太子申；使拥有万辆兵车的魏国臣服，连秦、楚两国都甘拜下风，两国都认为齐王的暴怒已经停止了。况且楚王为人喜欢用兵而又贪图虚名，所以最终成为齐国祸患的，一定是楚国。"田婴没有采纳张丑的建议，接纳了魏王的要求，一连几次与他一起去朝见齐威王。

赵王感到很愤怒。楚王更是勃然大怒，亲自率兵进攻齐国，赵国也派兵响应，结果在徐州把齐国打得大败。

第十三章 田需贵于魏王

田需贵于魏王，惠子曰："子必善左右。今夫杨，横树之则生，倒树之则生，折而树之又生。然使十人树杨，一人拔之，则无生杨矣。故以十人之众，树易生之物，然而不胜一人者，何也？树之难而去之易也。今子虽自树于王，而欲去子者众，则子必危矣。"

田需很受魏惠王的宠信。惠施对田需说："阁下必须好好对待君王左右的人。杨树横着栽可以活，倒过来栽也可以活，折断了栽还可以活。但是叫十个人种杨树，让一个人来拔，那树就不会活了。可见十个人栽容易活的杨树，却抵不住一个人的破坏，这是什么原因呢？因为栽树比较难，而拔树则比较容易。如今阁下虽然把自己栽在君王的面前，但是想拔掉阁下的人很多，这样的话，阁下就一定会危险了。"

第十七章 庞葱与太子质于邯郸

庞葱与太子质于邯郸，谓魏王曰："今一人言市有虎，王信之乎？"王曰："否。""二人言市有虎，王信之乎？"王曰："寡人疑之矣。""三人言市有虎，王信之乎？"王曰："寡人信之矣。"庞葱曰："夫市之无虎明矣，然而三人言而成虎。今邯郸去大梁也远于市，而议臣者过于三人矣。愿王察之矣。"王曰："寡人自为知。"于是辞行，而谗言先至。后太子罢质，果不得见。

庞葱跟魏太子一起到赵都邯郸做人质，他对魏惠王说："现在如果有一个人说'街市上有老虎'，大王会不会相信呢？"魏惠王说："不相信。""如果有两个人说'街市上有老虎'，大王会不会相信呢？"魏惠王说："那寡人将半信半疑。""如果有三个人说'街市上有老虎'，大王会不会相信呢？"魏惠王说："那寡人就相信了。"庞葱就说："其实街市上显然是没有老虎的，只因三个人说有老虎，大王就信以为真。如今赵都邯郸到魏都大梁要比从王宫到街市远得多，而批评臣的人却超过三人。希望大王明辨啊。"魏惠王说："寡人自然不会轻信谗言。"庞葱于是向魏惠王告辞，前往邯郸，不料谗言很快就出现了。后来魏太子从赵国返回魏国时，庞葱果然没能再回魏国跟惠王见面。

第十八章 梁王魏婴觞诸侯于范台

梁王魏婴觞诸侯于范台。酒酣，请鲁君举觞。鲁君兴，避席择言曰："昔者，帝女令仪狄作酒而美，进之禹，禹饮而甘之，遂疏仪狄，绝旨酒，曰：'后世必有以酒亡其国者。'齐桓公夜半不嗛，易牙乃煎敖燔炙，和调五味而进之，桓公食之而饱，至旦不觉，曰：'后世必有以味亡其国者。'晋文公得南之威，三日不听朝，遂推南之威而远之，曰：'后世必有以色亡其国者。'楚王登强台而望崩山，左江而右湖，以临彷徨，其乐忘死，遂盟强台而弗登，曰：'后世必有以高台陂池亡其国者。'今主君之尊，仪狄之酒也；主君之味，易牙之

梁惠王魏婴在范台宴请诸侯。当大家酒兴正浓时，各诸侯都举杯为鲁共公敬酒。鲁共公赶紧站起来，离开自己的坐席，慎重地说："古时，尧帝的女儿仪狄造酒，味道甘美，于是进献给禹，禹喝了觉得味道芬芳，于是疏远了仪狄，目的是要戒绝美酒，他强调说：'后世一定会有因为喝酒而亡国的人。'齐桓公半夜里感到肚子饿，易牙就起来烹调烧肉，把五味调好之后，端来给齐桓公吃，桓公吃得很饱，直到天亮还不觉得饿，桓公就说：'后世必然有因为贪吃而亡国的人。'晋文公得到美女南之威，一连几天不理朝政，于是把南之威推开，忍痛和她疏远，并强调说：'后世必然有因为好色而亡国的人。'楚王登上强台眺望崩山，看到左边是长江，右边是洞庭湖，他徘徊于台上不忍下去，觉得那种陶醉在优美山河景色里的快乐令人忘记人之将死的哀愁，于是在强台上发誓，从此再也不登临了，并说：'后世必然有因为高台、山坡、美池而亡国的人。'现在大王所喝的酒，就像仪狄酿造的美酒；

调也；左白台而右闾须，
南威之美也；前夹林而
后兰台，强台之乐也。
有一于此，足以亡其国。
今主君兼此四者，可无
戒与！"梁王称善相属。

所吃的肉，就像易牙烹调的烧肉；左边
的白台、右边的闾须，都像南之威一样
美丽；夹林在前面，兰台在后面，都像
登强台那般快乐。只要有其中之一，就
足以亡国。现在大王四者兼而有之，难
道还不提高警觉吗？"梁惠王听后连连
夸赞，不停地赞美是至理名言。

第二十四篇 魏策三

第一章 秦赵约而伐魏

秦、赵约而伐魏，魏王患之。芒卯曰："王勿忧也。臣请发张倚使谓赵王曰，夫邺，寡人固形弗有也。今大王收秦而攻魏，寡人请以邺事大王。"赵王喜，召相国而命之曰："魏王请以邺事寡人，使寡人绝秦。"相国曰："收秦攻魏，利不过邺。今不用兵而得邺，请许魏。"

张倚因谓赵王曰："敝邑之吏效城者，已在邺矣。大王且何以报魏？"赵王因令闭关绝秦。秦、赵大恶。

芒卯应赵使曰："敝邑所以事大王者，为完

秦、赵两国缔结军事同盟要攻打魏国，魏昭王非常担忧。魏将芒卯对魏昭王说："大王不必忧心。臣将派张倚为使者，去对赵王说：'魏国的邺城，寡人依照本来的情形就不该占有它。如今大王联合秦国攻打魏国，寡人愿意把邺城献给大王。'"赵惠文王很高兴，召来相国指示他说："魏王要献邺城给寡人，让寡人跟秦国绝交。"相国说："联合秦国攻打魏国，所得到的好处也不会超过邺城。现在不用兵而能得到邺城，请答应魏王的这项条件吧。"

张倚对赵惠文王说："敝国献城的使节已经在邺城了，不知大王要用什么来报答魏国？"赵惠文王于是下令闭关，和秦国绝交，秦、赵两国的邦交急剧恶化。

这时芒卯对来接收邺城的赵使说："敝国之所以要臣事贵国君主，是为了

邺也。今郊邺者，使者
之罪也，卯不知也。"
赵王恐魏承秦之怒，遽
割五城以合于魏而支秦。

保全邺城的完整。现在献出邺城是使者
的错误，我并不知道。"赵惠文王担心
魏国利用秦国的愤怒而对自己不利，就
赶紧割让五城给魏国，旨在联合魏国防
御秦国。

第四章 秦败魏于华魏王且入朝于秦

秦败魏于华，魏王且入朝于秦。周䜣谓王曰："宋人有学者，三年反而名其母。其母曰：'子学三年，反而名我者，何也？'其子曰：'吾所贤者，无过尧、舜，尧、舜名。吾所大者，无大天地，天地名。今母贤不过尧、舜，母大不过天地，是以名母也。'其母曰：'子之于学者，将尽行之乎？愿子之有以易名母也。子之于学也，将有所不行乎？愿子之且以名母为后也。'今王之事秦，尚有可以易入朝者乎？愿王之有以易之，而以入朝为后。"魏王曰："子患寡人入而不出邪？许绾为我祝曰：'入而不出，请殉寡人以头。'"周䜣对曰：

秦兵在华阳击败魏军，魏安釐王准备入秦朝拜。周䜣对魏安釐王说："宋国有个人出外求学，过了三年回家而直呼他母亲的名字。他母亲责问他：'你在外读书三年应该明理，现在反倒直呼起我的名字来，这是什么道理呢？'儿子回答说：'我所崇拜的圣贤没有超过尧、舜的，然而人们都直呼尧、舜；我认为最伟大的事物莫过于天地，然而人们都直呼天地。现在母亲的贤惠不超过尧、舜，母亲的伟大也不超过天地，所以我才直呼母亲的名字。'他母亲说：'你所学的知识，是否准备全部实行呢？希望你能换一种方式来称呼我，不要再直呼我的名字。你所学的知识，有些地方准备暂不实行吗？那就希望你把直呼母亲名字的事暂缓实行。'现在大王要去侍奉秦王，还有没有其他方式可以替代入秦朝贡呢？如果有其他方法可以替代，那就请大王把入秦朝贡的事暂缓实行。"魏安釐王说："你是担心我到秦国去被扣留吗？许绾曾为寡人向神发誓：'如果大王到秦国一去不复返，那就割下我的脑袋

"如臣之贱也，今人有谓臣曰，入不测之渊而必出，不出，请以一鼠首为女殉者，臣必不为也。今秦不可知之国也，犹不测之渊也；而许绾之首，犹鼠首也。内王于不可知之秦，而殉王以鼠首，臣窃为王不取也。且无梁孰与无河内急？"王曰："梁急。""无梁孰与无身急？"王曰："身急。"曰："以三者，身，上也；河内，其下也。秦未索其下，而王效其上，可乎？"

王尚未听也。支期曰："王视楚王。楚王入秦，王以三乘先之；楚王不入，楚、魏为一，尚足以捍秦。"王乃止，王谓支期曰："吾始已诺于应侯矣，今不行者欺之矣。"支期曰："王勿忧也。臣使长信侯请

为您殉葬。'"周诉说："像臣这样卑贱的人，如果有人对臣说：'你到不可测的深渊去，一定可以活着出来，否则，就用一只老鼠的头替你殉葬。'臣必然不能这样做。现在秦国是一个很难预料的险诈国家，跟不可测量的深渊一样；许绾的头，就如同老鼠的头一样。把君王送进不可预料的秦国，然后用一个老鼠的头替君王殉葬，臣私下认为大王实在不能这样做。大王认为丧失大梁和丧失河内，两者哪个比较重要呢？"魏安釐王说："丧失大梁重要。"周诉说："丧失大梁和丧失君王的性命哪个重要呢？"魏安釐王说："丧失寡人的性命重要。"周诉说："河内、大梁、自身这三方面，自身生命最重要，失去河内是最不重要的。在秦国还没有催讨最不重要的河内时，大王便把最要紧的自身性命送给秦国，可以吗？"

魏安釐王没有采纳周诉的建议。支期又来说："大王可以注意楚王的动静。如果楚王入秦朝拜，那大王就率领三辆战车抢先入秦；如果楚王不入秦朝拜，楚、魏两国联合为一，还足以抗拒秦军。"于是魏安釐王打消了入秦朝拜的念头，并对支期说："我当初已经答应范雎了，现在不去秦国，就等于是欺骗了他。"支期说："请大王不要担心。臣可以让长

无内王，王待臣也。"

支期说于长信侯曰："王命召相国。"长信侯曰："王何以臣为？"支期曰："臣不知也，王急召君。"长信侯曰："吾内王于秦者，宁以为秦邪？吾以为魏也。"支期曰："君无为魏计，君其自为计。且安死乎？安生乎？安穷乎？安贵乎？君其先自为计，后为魏计。"长信侯曰："楼公将入矣，臣今从。"支期曰："王急召君，君不行，血溅君襟矣。"

长信侯行，支期随其后。且见王，支期先入谓王曰："伪病者乎而见之，臣已恐之矣。"长信侯入见王，王曰："病甚奈何！吾始已诺于应侯矣，意虽道死，行乎？"长信侯曰："王毋行矣！臣能得之于应侯，愿王无忧。"

信侯请求范雎，让他不要求大王入秦朝拜，请大王等候我的消息吧。"

支期去游说长信侯道："大王派我来请相国。"长信侯说："大王叫我去干什么？"支期回答说："我不知道，大王请相国赶快去。"长信侯说："我主张送大王去秦国，哪里是为了秦国呢？是为了我魏国啊。"支期说："你不要替魏国打算，你要先替你自己打算。你是想死，还是想活呢？你是想贫贱，还是想富贵呢？请你先为自己考虑一下，然后再替魏国考虑。"长信侯说："楼缓要晋见大王，那我就跟他一起去吧。"支期说："大王急着让你去晋见，你现在竟然拖延不去，恐怕鲜血就要溅在你的衣服上了。"

长信侯终于去晋见魏安釐王了，支期跟在他后面。将要见到魏安釐王时，支期就先进去对魏安釐王说："请大王假装生病接见长信侯，臣已经恐吓过他了。"长信侯进来拜见魏安釐王，魏安釐王说："寡人病得很厉害！寡人已经答应范雎入秦朝拜，所以寡人即使死在路上也要到秦国去，贤卿你看怎么办？"长信侯说："君王不必入秦朝拜了！臣可以让范雎免召大王去秦国，请大王不必担忧。"

第五章 华军之战

华军之战，魏不胜秦。明年，将使段干崇割地而讲。

孙臣谓魏王曰："魏不以败之上割，可谓善用不胜矣；而秦不以胜之上割，可谓不能用胜矣。今处期年乃欲割，是群臣之私而王不知也。且夫欲玺者，段干子也，王因使之割地；欲地者，秦也，而王因使之受玺。夫欲玺者制地，而欲地者制玺，其势必无魏矣！且夫奸臣固皆欲以地事秦。以地事秦，譬犹抱薪而救火也，薪不尽，则火不止。今王之地有尽，而秦之求无穷，是薪火之说也。"魏王曰："善。虽然，吾已许秦矣，不可以革也。"对曰："王独不见夫博者之用

华阳之战，魏军败给了秦军。第二年，魏安釐王要派段干崇去割地，跟秦国讲和。

孙臣对魏安釐王说："魏国不在战败的当时就割地给秦国，可以说是善于应付战败的局面；秦国不在战胜的当时就要求魏国割地，可以说不会利用取胜的时机。现在事情已经过去一年了，秦国反倒要求魏国割地，这里包藏着群臣的私心，而大王并不知道这些。再说想得到秦国官印的是段干崇，然而大王竟然派他去割地给秦国；要求魏国割地的是秦国，大王却让他们接受官印。想得到官印的掌握土地，想获得土地的掌握官印，在这种情势下，魏国一定无法生存下去了！何况那些奸臣们，本来都想用土地去讨好秦国。用土地去讨好秦国，就如同抱着干柴去救火，干草不烧完，火是不会灭的。如今大王的土地是有限的，而秦国的欲望是无穷的，这和抱柴救火的道理一样。"魏安釐王说："贤卿的话很好。可是即使这样，我已经答应秦国了，总不能失约吧。"孙臣回答说：

枭邪？欲食则食，欲握则握。今君劫于群臣而许秦，因曰不可革，何用智之不若枭也！"魏王曰："善。"乃案其行。

"大王难道没有看见过赌博的人如何使用枭子吗？想吃子就吃子，想握在手里就握在手里。现在大王在群臣的胁迫下答应割地给秦国，就说不可以对秦国失约，那大王的智慧还不如下棋的人呢。"魏安釐王说："好。"这才取消了段干崇的秦国之行。

第六章 齐欲伐魏

齐欲伐魏，魏使人谓淳于髡曰："齐欲伐魏，能解魏患，唯先生也。敝邑有宝璧二双，文马二驷，请致之先生。"淳于髡曰："诺。"入说齐王曰："楚，齐之仇敌也；魏，齐之与国也。夫伐与国，使仇敌制其余敝，名丑而实危，为王弗取也。"齐王曰："善。"乃不伐魏。

客谓齐王曰："淳于髡言不伐魏者，受魏之璧、马也。"王以谓淳于髡曰："闻先生受魏之璧、马，有诸？"曰："有之。""然则先生之为寡人计之何如？"淳于髡曰；"伐魏之事不便，魏虽刺髡，于王何益？若诚不便，魏虽封髡，于王何损？且夫

齐国想攻打魏国，魏国派人对淳于髡说："齐国想攻打魏国，能够解除魏国外患的，只有先生了。敝国有两对宝璧，两辆四马拉的绘彩马车，愿意奉献给先生。"淳于髡说："好。"于是淳于髡进入宫中对齐威王说："楚国是齐国的仇敌，魏国是齐国的盟邦。现在大王竟然要发兵攻打盟邦，让楚国乘齐国疲惫时入侵，这样不但在名誉上有损失，事实上也很危险，我认为大王不该这样做。"齐威王说："好。"于是停止发兵攻打魏国。

这时有人对齐威王说："淳于髡之所以主张不攻打魏国，是因为他接受了魏国的璧玉和宝马。"于是齐威王对淳于髡说："听说先生接受了魏国的璧玉和宝马，有没有这回事呢？"淳于髡说："有这回事。""既然是这样，那么先生为寡人策划的计谋又怎么说呢？"淳于髡说："如果臣说讨伐魏国有利于齐国，那魏国即便把臣刺死，对大王又有什么好处呢？如果我说讨伐魏国真的不利于齐国，魏国即使封赏了我，对大王又有什么损害呢？况且不攻打魏国，大王就不

王无伐与国之诽，魏无见亡之危，百姓无被兵之患，髡有璧、马之宝，于王何伤乎？"

会受到攻打同盟国的非议，魏国也不会有被灭亡的危险，百姓更不会遭受兵灾之患，那么臣得到璧玉和宝马，对于大王又有什么损害呢？"

第七章　秦将伐魏

秦将伐魏。魏王闻之，夜见孟尝君，告之曰："秦且攻魏，子为寡人谋，奈何？"孟尝君曰："有诸侯之救，则国可存也。"王曰："寡人愿子之行也。"重为之约车百乘。

孟尝君之赵，谓赵王曰："文愿借兵以救魏。"赵王曰："寡人不能。"孟尝君曰："夫敢借兵者，以忠王也。"王曰："可得闻乎？"孟尝君曰："夫赵之兵，非能强于魏之兵；魏之兵，非能弱于赵也。然而赵之地不岁危，而民不岁死；而魏之地岁危，而民岁死者，何也？以其西为赵蔽也。今赵不救魏，魏歃盟于秦，是赵与强秦为界也，地亦且岁危，民亦且岁死矣。

秦国要攻打魏国。魏昭王得知此事后，在夜里接见宰相孟尝君田文，告诉他说："秦国就要攻打魏国了，你替寡人谋划一下，该怎么办呢？"孟尝君说："如果有诸侯来救援，那魏国就可以保住了。"魏昭王说："寡人希望你跑一趟。"于是给孟尝君准备了一百辆战车。

孟尝君到了赵国，对赵惠文王说："我希望借贵国的军队援救魏国。"赵惠文王说："我不能借。"孟尝君说："凡是敢来向大王借兵的，都是忠于大王的人。"赵惠文王说："可以解释一下吗？"孟尝君说："赵国的军队并不比魏国的军队强，而魏国的军队也并非弱于赵国的军队。然而赵国年年太平无事，百姓年年生活安定；魏国却年年战乱不停，百姓年年死亡牺牲。这是什么道理呢？这是由于魏国在赵国的西方而成为赵国屏障的缘故。现在如果赵国不救魏国，那么魏国就会跟秦国歃血结盟。这样赵国和强大的秦国为邻，土地将年年受到威胁，百姓也将年年会有死亡。这就是我所说的为大王尽忠的原因。"赵惠文

此文之所以忠于大王也。"赵王许诺，为赵兵十万，车三百乘。

又北见燕王曰："先日公子常约两王之交矣。今秦且攻魏，愿大王之救之。"燕王曰："吾岁不熟二年矣，今又行数千里而以助魏，且奈何？"田文曰："夫行数千里而救人者，此国之利也。今魏王出国门而望见军，虽欲行数千里而助人，可得乎？"燕王尚未许也。田文曰："臣效便计于王，王不用臣之忠计，文请行矣。恐天下将有大变也。"王曰："大变可得闻乎？"曰："秦攻魏未能克之也，而台已燔，游已夺矣。而燕不救魏，魏王折节割地，以国之半与秦，秦必去矣。秦已去魏，魏王悉韩、魏之兵，又西借秦兵，以因赵之众，以四国攻燕，王且何利？利行数千里

王听后答应借兵，动员步兵十万、战车三百辆援救魏国。

孟尝君又北去游说燕昭王道："以前我父亲常常为让燕、魏两王结为盟友。现在秦国就要攻打魏国了，请大王发兵救魏国。"燕昭王说："燕国已经一连两年没有好收成了，现在如果再跋涉几千里去救魏国，该怎么办呢？"孟尝君说："跋涉几千里去拯救别人，这是国家的大利。现在魏王一出国门就能看见秦国的军队，即使打算跋涉几千里去拯救别人，做得到吗？"燕昭王还是没有答应。孟尝君又说："我已经把最合实际的策略献给大王了，如果大王不采用我忠诚的献策，那我就请求离开。不过我担心从此以后，天下可能会发生重大变化。"燕昭王说："可不可以说说会发生什么大变化呢？"孟尝君说："秦国攻打魏国还没有获胜，可是游观台已经被焚毁了，国君的游乐之处已经被占领了。如果燕国不救魏国，魏王就会屈膝割地求和，把魏国的一半土地割让给秦国，这样秦军必定会撤退。秦军离开魏国后，魏王可以率领韩、魏两国之师，再往西去向秦国借兵，同时联合赵国的军队，用四国的兵力去攻打燕国，到那时大王会得到什么好处呢？由此看来，是跋涉几千

而助人乎？利出燕南门而望见军乎？则道里近而输又易矣，王何利？"燕王曰："子行矣，寡人听子。"乃为之起兵八万，车二百乘，以从田文。

　　魏王大说，曰："君得燕、赵之兵甚众且亟矣。"秦王大恐，割地请讲于魏。因归燕、赵之兵，而封田文。

里去拯救别人，还是走出燕都南门就看见敌军好呢？四国军队与乡里道路既近，补给的运输又容易，大王还能得到什么好处呢？"燕昭王说："你可以走了，我愿意采纳你的计策。"于是发兵八万、派出战车二百辆，交给孟尝君率领，前往援救魏国。

　　魏昭王非常高兴，说："你所借得的燕、赵两国的军队又多又快。"秦昭王知道后十分害怕，赶紧主动割地和魏国讲和。于是魏昭王归还了燕、赵两国的军队，厚赏了孟尝君。

第八章 魏将与秦攻韩

魏将与秦攻韩，朱己谓魏王曰："秦与戎、翟同俗，有虎狼之心，贪戾好利而无信，不识礼义德行。苟有利焉，不顾亲戚兄弟，若禽兽耳。此天下之所同知也，非所施厚积德也。故太后母也，而以忧死；穰侯舅也，功莫大焉，而竟逐之；两弟无罪，而再夺之国。此于其亲戚兄弟若此，而又况于仇雠之敌国也！

"今大王与秦伐韩而益近秦，臣甚或之，而王弗识也，则不明矣。群臣知之，而莫以此谏，则不忠矣。今夫韩氏以一女子承一弱主，内有大乱，外安能支强秦、魏之兵，王以为不破乎？韩亡，秦尽有郑地，与

魏国打算联合秦国攻打韩国，朱己对魏安釐王说："秦国与戎、翟的风俗相同，具有虎狼一般的凶残野心，贪得无厌，暴戾恣睢，从来不讲信义，也不懂得仁义道德。凡事只要有利可图，就不顾亲戚兄弟的关系，完全跟禽兽一样。这是天下人所共知的，根本不是施恩惠、积德行的国家。所以秦太后虽然是秦昭王的母亲，也因为忧愤而死；穰侯魏冉是秦昭王的舅父，对秦国的功劳没有谁比他大，反而被放逐了；秦王的两个弟弟高陵君、泾阳君并没有罪过，却两次剥夺他们的封地。秦王对自己的骨肉至亲尚且如此，更何况对于结仇的国家呢！

"如今大王准备联合秦国攻打韩国，就等于更加接近秦国，这使臣感到疑惑不解，如果大王还不能明白这个道理，那就不明智了。群臣虽然知道实情，竟没有人加以谏诤，可见他们都不是忠臣。如今韩国仅凭一个弱女子辅佐一个幼主，国内出现了大的混乱，对外又怎么能抗拒强大的秦、魏联军，大王还以为韩国不会被攻破吗？韩国一旦灭亡，秦

大梁邻，王以为安乎？王欲得故地，而今负强秦之祸也，王以为利乎？

"秦非无事之国也，韩亡之后，必且便事；便事，必就易与利；就易与利，必不伐楚与赵矣。是何也？夫越山逾河，绝韩之上党而攻强赵，则是复阏与之事也，秦必不为也。若道河内，倍邺、朝歌，绝漳、滏之水，而以与赵兵决胜于邯郸之郊，是受智伯之祸也，秦又不敢。伐楚，道涉谷行三十里，而攻危隘之塞，所行者甚远，而所攻者甚难，秦又弗为也。若道汉河外，背大梁，而右上蔡、召陵，以与楚兵决于陈郊，秦又不敢也。故曰，秦必不伐楚与赵矣，又不攻卫与齐矣。韩亡之后，兵出之日，非魏无攻矣。

"秦故有怀地、刑

国就要全部占有原来属于郑国的地方，而和魏都大梁为邻，大王以为这样会安全吗？大王本来想收回以前被韩国占领的旧地，如今竟甘心背负强秦的祸患，大王以为这样做有利吗？

"秦国并不是一个不爱滋事的国家，韩国灭亡后，秦国一定会再挑起新的战祸；挑起新的战祸，一定会占领容易获得而且有利可图的土地；想占领容易获得而且有利可图的土地，就一定不会攻打楚国和赵国。这是什么原因呢？如果秦军爬过山、渡过河，横穿韩国的上党去攻打强大的赵国，那么就会重复阏与的败战，秦国一定不会这样做。如果经过河内，背向着邺城、朝歌，横渡漳水、滏水，跟赵军在邯郸之郊一决胜负，就要遭受智伯的灾祸，恐怕秦也不敢这样做。如果攻打楚国，要经过涉谷三十里路，攻打危隘的边塞，所走的路很远，所攻打的目标又很艰难，恐怕秦国更不可能这样做。取道河外，背对大梁，右边靠上蔡、召陵，和楚兵在陈地郊外决战，恐怕秦国还是不敢这样做。所以说，秦国一定不会攻打楚、赵两国，也不会攻打燕、齐两国。韩国灭亡后，当秦国再出兵时，除了魏国就没有可以进攻的了。

"秦国本身有怀地、刑丘，再在垝津

丘、城垝津，而以临河内，河内之共、汲莫不危矣。秦有郑地，得垣雍，决荥泽，而水大梁，大梁必亡矣。王之使者大过矣，乃恶安陵氏于秦，秦之欲许之久矣。然而秦之叶阳、昆阳与舞阳、高陵邻，听使者之恶也，随安陵氏而欲亡之。秦绕舞阳之北，以东临许，则南国必危矣。南国虽无危，则魏国岂得安哉？且夫憎韩不爱安陵氏可也，夫不患秦之不爱南国非也。

"异日者，秦乃在河西，晋国之去梁也，千里有余，河山以兰之，有周、韩而间之。从林军以至于今，秦十攻魏，五入国中，边城尽拔。文台堕，垂都焚，林木伐，麋鹿尽，而国继以困。又长驱梁北，东至陶、卫之郊，北至平阚，所亡乎秦者，山北、河外、河内，大县数百，

筑城，进取河内，河内的共、汲等地没有不陷于危险的。秦国得到郑地和垣雍，然后决开荥泽之水淹大梁，那大梁必然会被攻陷。大王的使者犯了一个大错，竟向秦国中伤安陵氏，而秦国从很早就想得到许地了。然而秦国的叶阳、昆阳和魏国的舞阳、高陵为邻，秦王听了使者中伤之言，随后就要灭掉安陵氏了。秦兵绕过舞阳的北面，往东逼近许地，那么魏国南方就危险了。即使南方不危险，魏国难道能得到安宁吗？况且憎恨韩国、不爱惜安陵氏还可以，但不怕秦国占领南方土地就不对了。

"从前秦国还在河西之外，旧都安邑距离大梁有千里之遥，有河山的遮挡，又有周、韩两国在中间隔开。自从林乡之战一直到现在，秦兵十次攻打魏国，五次攻进魏国境内，边境的城邑都被攻陷。文台被毁坏，垂都被焚烧，林木被砍伐，麋鹿被杀尽，接着国都又被围困。秦军长驱直入，一直攻到魏国的北部，东面打到陶、卫的郊外，北面打到平阚，被秦国占领的地方有华山以北和河外、河内之地，光是大县就有几百个，著名的大都市也有几十个。秦国在河西之外，

名都数十。秦乃在河西，晋国之去大梁也尚千里，而祸若是矣。又况于使秦无韩而有郑地，无河山以兰之，无周、韩以间之，去大梁百里，祸必百此矣。异日者，从之不成矣，楚、魏疑而韩不可得而约也。今韩受兵三年矣，秦挠之以讲，韩知亡，犹弗听，投质于赵，而请为天下雁行顿刃。以臣之观之，则楚、赵必与之攻矣。此何也？则皆知秦之无穷也，非尽亡天下之兵，而臣海内之民，必不休矣。是故臣愿以从事乎王，王速受楚、赵之约，而挟韩、魏之质，以存韩为务，因求故地于韩，韩必效之。如此则士民不劳而故地得，其功多于与秦共伐韩，然而无与强秦邻之祸。

"夫存韩安魏而利天下，此亦王之大时已。通韩之上党于共、莫，

旧都安邑距大梁还有一千里，灾祸便有这么大。更何况让秦国没有韩国在中间阻隔而拥有郑地，没有山河的阻挡，也没有周、韩两国在中间，只距大梁一百里，祸患一定还要大一百倍。到那时，即使想要合纵也不成了，因为楚、魏两国相互猜疑，韩国又不可能来结盟。现在韩国已经被攻打了三年，秦国想让韩国屈服，强迫韩国割地求和，韩国知道要灭亡了，还是不肯听从，于是送人质到赵国，请求天下诸侯挺起刀刃，如雁阵前行。据臣的观察，楚、赵两国必然会同韩国联合攻秦，这是什么道理呢？因为都知道秦国的贪欲是无穷的，不消灭全天下的军队，不征服全天下的百姓，一定不肯罢休。所以臣愿意用合纵的政策服务于大王，大王要赶紧接受楚、赵两国的盟约，然后挟持韩、魏两国的人质，以保全韩国为当务之急，凭这些向韩国去讨回故土，韩国一定会奉命归还。这样，士兵、百姓没有战争之苦，而故国河山却能够收复，这个功绩比联合秦国攻打韩国的利益还要大，而且能免去和强秦为邻的祸患。

"再则保全韩国、安定魏国，使全天下诸侯都得到好处，这也是大王施展抱负的大好时机。如果能让韩国失去的上

使道已通，因而关之，出入者赋之，是魏重质韩以其上党也。共有其赋，足以富国，韩必德魏、爱魏、重魏、畏魏，韩必不敢反魏。韩是魏之县也。魏得韩以为县，则卫、大梁、河外必安矣。今不存韩，则二周必危，安陵必易。楚、赵楚大破，卫、齐甚畏。天下之西乡而驰秦，入朝为臣之日不久。"

党与共、莫二地沟通，使道路可以通行，随之设立关卡，出入的人都交纳赋税，这是因为魏国拿韩国的上党作为重要的抵押。魏国和韩国共同征税，自然可以使国家富强起来。这样，韩国一定会感激魏国、爱戴魏国、倚重魏国、敬畏魏国，也不敢再反对魏国。韩国就成了魏国的一个郡县。魏国得到韩国做郡县，那么卫地、大梁、河外必然都会安宁。现在不保全韩国，东周、西周二国必然发生危险，安陵也一定会被秦国夺走。秦国大破楚、赵两国，燕、齐两国会更加卑服。那样，天下诸侯争着西去奔向秦国，朝见秦王做臣子的日子就不远了。"

第十一章 魏太子在楚

魏太子在楚。谓楼子于鄢陵曰："公必且待齐、楚之合也，以救皮氏。今齐、楚之理，必不合矣。彼翟子之所恶于国者，无公矣。其人皆欲合齐、秦外楚以轻公，公必谓齐王曰:'魏之受兵，非秦宾首伐之也，楚恶魏之事王也，故劝秦攻魏。'齐王故欲伐楚，而又怒其不己善也，必令魏以地听秦而为和。以张子之强，有秦、韩之重，齐王恶之，而魏王不敢据也。今以齐、秦之重，外楚以轻公，臣为公患之。钧之出地，以为和于秦也，岂若有楚乎？秦疾攻楚，楚还兵，魏王必惧，公因寄汾北以予秦而为和，合亲以孤齐，秦、楚重

魏太子在楚国做人质。派人到鄢陵对楼廪说:"您一定要等待齐、楚两国结盟，以便营救皮氏。不过齐、楚两国的想法一定不一致。魏臣翟强在魏国所厌恶的人，没有超过您的了。翟强的人都想跟齐、秦两国结交，排斥楚国来轻视您，所以您一定要对齐王说:'魏国遭受攻击，实在不是秦国自己的意思，而是楚国讨厌魏国臣服大王，所以才劝秦国攻打魏国。'齐王本来想讨伐楚国，又恨楚国对自己不友善，所以一定会让魏国向秦国割地求和。凭张仪的权势，有秦、韩两国的雄厚实力做后盾，齐王讨厌他，而魏王也不敢依赖他。现在翟强等人凭齐、秦两国的势力，排斥楚国来轻视您，臣为您感到不安。齐、楚两国割地跟秦国讲和，难道是依赖楚国吗？秦国急攻楚国，如果楚兵撤退，魏王一定会害怕，趁这个时机，您把汾水以北之地送给秦国，跟秦国讲和，秦、楚两国结盟以孤立齐国，秦、楚两国一旦重视您，您一定能成为魏国宰相。据臣观察，秦王与秦将樗里疾两人都希望如此，

公，公必为相矣。臣意秦王与樗里疾之欲之也，臣请为公说之。"

乃请樗里子曰："攻皮氏，此王之首事也，而不能拔，天下且以此轻秦。且有皮氏，于以攻韩、魏，利也。"樗里子曰："吾已合魏矣，无所用之。"对曰："臣愿以鄙心意公，公无以为罪。有皮氏，国之大利也，而以与魏，公终自以为不能守也，故以与魏。今公之力有余守之，何故而弗有也？"樗里子曰："奈何？"曰："魏王之所恃者，齐、楚也；所用者，楼鼻、翟强也。今齐王谓魏王曰：'欲讲攻于齐王兵之辞也，是弗救也。'楚王怒于魏之不用楼子，而使翟强为和也，怨颜已绝之矣。魏王之惧也见亡，翟强欲合齐、秦外楚，以轻楼鼻；楼鼻欲合秦、楚外齐，以轻

臣愿意为您去游说。"

于是这个人对樗里疾说："攻打皮氏，这是秦王要做的第一要事，如果攻不下，天下诸侯就会以此而轻视秦国。如果能占领皮氏，对于攻打韩、魏两国也很有利。"樗里疾说："我已经和魏国联络好了，再说也没有什么用。"这个人回答道："臣愿意用自己的愚见来猜度阁下，希望您不要怪罪。占领皮氏，就国家而言是一大利益，如果攻不下皮氏，而把皮氏给魏国，您到最后会认为不能守住它，所以才把它给魏国。然而如今您的力量是可以守住皮氏的，那为什么不去占领皮氏呢？"樗里疾说："那要怎么办呢？"这个人说："魏王所仗恃的国家是齐、楚两国，魏王所重用的臣子是楼鼻、翟强。现在齐王对魏王说：'是和是战想在这里决定，这是主宰战争盟主的借口，是无济于事的。'楚王气愤魏国不重用楼鼻，而派翟强跟秦国讲和，怨恨魏国而与其绝交，已经看得出来了。魏王害怕魏国被灭亡，翟强想联合齐、秦两国排斥楚国，以轻视楼鼻的作用；楼鼻想联合秦、楚两国排斥齐国，以便轻视翟强的作用。所以您不如控制与魏国讲和的主动权，派人对楼鼻说：'您

翟强。公不如按魏之和，使人谓楼子曰：'子能以汾北与我乎？请合与楚外齐，以重公也，此吾事也。'楼子与楚王必疾矣。又谓翟子：'子能以汾北与我乎？必为合于齐外于楚，以重公也。'翟强与齐王必疾矣。是公外得齐、楚以为用，内得楼廞、翟强以为佐，何故不能有地于河东乎？"

能把汾水以北给我吗？请联合楚国排斥齐国，以便使他们重视您，这就是我要做的事。'楼廞和楚王一定会急于行事。您再派人对翟强说：'阁下能把汾水以北给我吗？如果能，我一定联合齐国排斥楚国，以便让他们重视您。'如此翟强和齐王必定会迅速作出反应。这样，您在外获得齐、楚两国可以利用，在里获得楼廞、翟强可以辅佐，为什么不能在河东保有土地呢？"

第二十五篇 魏策四

第一章 献书秦王

（阙文）献书秦王曰："昔窃闻大王之谋出事于梁，谋恐不出于计矣，愿大王之熟计之也。梁者，山东之要也。有虵于此，击其尾，其首救；击其首，其尾救；击其中身，首尾皆救。今梁王，天下之中身也。秦攻梁者，是示天下要断山东之脊也，是山东首尾皆救中身之时也。山东见亡必恐，恐必大合，山东尚强，臣见秦之必大忧可立而待也。臣窃为大王计，不如南出。事于南方，其兵弱，天下必能救，地可广大，国可富，兵可强，主可

（遗漏文字）有人献书给秦王说："过去我听说大王谋划出兵攻打魏国，这个计谋恐怕不妥当，希望大王能慎重地加以考虑。魏国是山东六国的腰部。如果有条蛇在这里，打它的尾巴，它的头就会来救；打它的头，它的尾就会来救；打它的身子，它的头尾都会来救。今天的魏国恰好是天下诸侯的腰身。秦国攻打魏国，那就等于向天下诸侯表示要斩断山东六国的脊梁，这样山东六国的头尾势必都要来救自己的腰身。山东六国一看要灭亡必然害怕，一旦害怕必然要联合起来，而且山东诸侯的力量还很强大，所以臣认为秦国一定很快就要遭受极大的忧患了。臣私下为大王考虑，实在不如发兵南征。矛头对准楚国，楚国的兵力薄弱，天下诸侯必定不能救援，于是秦国的疆土就可以扩大，国家的财富就可以增多，军队的兵力就可以增强，

尊。王不闻汤之伐桀乎？试之弱密须氏以为武教，得密须氏而汤之服桀矣。今秦国与山东为仇，不先以弱为武教，兵必大挫，国必大忧。"秦果南攻蓝田、鄢、郢。

大王也可以受到天下人的尊崇。难道君王没有听说过商汤讨伐夏桀的事吗？首先拿弱小的密须氏来试一下，并以此训练和整顿军队，打败密须氏以后，商汤就知道可以征服夏桀了。现在秦国想和山东六国为敌，如果不先用弱小的国家来试验兵力，那以后作战可能要遭受挫折，国家也会招来大灾难。"秦兵果然南攻蓝田、鄢、郢。

第三章 魏王问张旄

魏王问张旄曰："吾欲与秦攻韩，何如？"张旄对曰："韩且坐而胥亡乎？且割而从天下乎？"王曰："韩且割而从天下。"张旄曰："韩怨魏乎？怨秦乎？"王曰："怨魏。"张旄曰："韩强秦乎？强魏乎？"王曰："强秦。"张旄曰："韩且割而从其所强，与所不怨乎？且割而从其所不强，与其所怨乎？"王曰："韩将割而从其所强，与其所不怨。"张旄曰："攻韩之事，王自知矣。"

魏安釐王问张旄说："我想联合秦国攻打韩国，不知你认为如何？"张旄回答说："韩国会坐着等待被消灭，还是要割让土地、联合天下诸侯反攻魏国呢？"魏厘釐王说："韩国将要割让土地、联合天下诸侯反攻。"张旄说："韩国怨恨魏国，还是怨恨秦国呢？"魏厘釐王说："韩国怨恨魏国。"张旄说："韩国认为秦国强大，还是魏国强大呢？"魏厘釐王说："韩国认为秦国强大。"张旄说："那么韩国是愿意割地给自己所认为的强国和自己所不怨恨的国家，还是愿意割地给自己所认为的非强国和自己所怨恨的国家呢？"魏安釐王说："韩国将割地给自己认为的强国和自己所不怨恨的国家。"张旄说："那么关于攻打韩国一事，大王自己就应该明白了。"

第十八章 魏王欲攻邯郸

魏王欲攻邯郸，季梁闻之，中道而反，衣焦不申，头尘不去，往见王曰："今者臣来，见人于大行。方北面而持其驾，告臣曰：'我欲之楚。'臣曰：'君之楚，将奚为北面？'曰："吾马良。'臣曰：'马虽良，此非楚之路也。'曰：'吾用多。'臣曰：'用虽多，此非楚之路也。'曰：'吾御者善。''此数者愈善，而离楚愈远耳！'今王动欲成霸王，举欲信于天下。恃王国之大，兵之精锐，而攻邯郸，以广地尊名，王之动愈数，而离王愈远耳。犹至楚而北行也。"

魏安釐王想攻打邯郸，季梁听说后，走到半路上又返回来，衣服折皱不平，头上沾满尘土，就匆匆忙忙去见魏安釐王说："方才臣来的时候，在大街上遇到一个人，他正在朝着北方驾车，对臣说：'我要到楚国去。'臣说：'既然想去楚国，为什么把车朝北方赶呢？'对方回答说：'我的马跑得快。'臣说：'你的马虽然跑得快，可是这并非去楚国的路啊！'对方说：'我有很多路费。'臣说：'你的路费虽然多，但这并不是去楚国的路啊！'对方说：'我的车夫擅长驾车。"我最后说：'这些东西越好，你离楚国也就越远！'如今大王的每一个行动都是想建立霸业，都是想取得天下诸侯的信任。然而又仗恃土地广大、军队精良而去攻打邯郸、扩大领土、建立权威，大王这样的行动越多，离霸王之业也就越远。这就像想到楚国去，却赶着车朝北方走一样。"

第二十三章 信陵君杀晋鄙

信陵君杀晋鄙，救邯郸，破秦人，存赵国，赵王自郊迎。唐且谓信陵君曰："臣闻之曰，事有不可知者，有不可不知者；有不可忘者，有不可不忘者。"信陵君曰："何谓也？"对曰："人之憎我也，不可不知也；吾憎人也，不可得而知也。人之有德于我也，不可忘也；吾有德于人也，不可不忘也。今君杀晋鄙，救邯郸，破秦人，存赵国，此大德也。今赵王自郊迎，卒然见赵王，臣愿君之忘之也。"信陵君曰："无忌谨受教。"

信陵君魏无忌杀死魏将晋鄙，拯救了邯郸，击破秦兵，保全了赵国，赵王准备亲自到郊外去迎接他。唐且对信陵君说："臣听说：'事情有不能知道的，有不能不知道的；有不能忘记的，有不能不忘记的。'"信陵君说："这话是什么意思呢？"唐且回答说："别人厌恨我，不可不知道；我憎恨别人，不可让别人知道。别人对我有恩德，不可忘记；我对别人有恩德，不可不忘记。如今阁下杀了晋鄙，救了邯郸，破了秦兵，保住了赵国，这对赵国是很大的恩德。现在赵王要亲自到郊外迎接阁下，见到赵王时，臣希望阁下能忘掉对赵国的恩惠。"信陵君说："我魏无忌敬遵先生的教诲。"

第二十四章 魏攻管而不下

魏攻管而不下。安陵人缩高，其子为管守。信陵君使人谓安陵君曰："君其遣缩高，吾将仕之以五大夫，使为持节尉。"安陵君曰："安陵，小国也，不能必使其民。使者自往，请使道使者至缩高之所，复信陵君之命。"缩高曰："君之幸高也，将使高攻管也。夫以父攻子守，人大笑也。是臣而下，是倍主也。父教子倍，亦非君之所喜也。敢再拜辞。"

使者以报信陵君，信陵君大怒，遣大使之安陵曰："安陵之地，亦犹魏也。今吾攻管而不下，则秦兵及我，社稷必危矣。愿君之生束缩高而致之。若君弗致

魏军攻打韩国的管地，始终没有攻下。当时管地的首领，是安陵人缩高的儿子。信陵君派人对安陵君说："请阁下派缩高去管地，我将任命缩高为五大夫，让他做持节尉。"安陵君说："安陵是一个小国，无法随意驱使自己的百姓。使者可以自己去，我只能派向导领使者去缩高的住处，以便传达信陵君的命令。"缩高说："阁下之所以看重我，是想让我去攻打管地。父亲去攻打儿子所守卫的城邑，将会被人耻笑。如果我能攻下管地的话，那就等于是儿子背叛了韩王。而父亲教儿子做不忠于君主的事，想必也不是阁下所喜欢的。请容许我不受令。"

使者向信陵君汇报后，信陵君大怒，派特使去安陵对安陵君说："安陵的土地就像是魏国的土地，现在我如果攻不下管地，那秦兵就会攻打我魏国，到那时国家必将陷入危险。希望阁下能生擒缩高，把他交给我。如果阁下不把缩高交来，那我将发十万大军到安陵攻城。"

也，无忌将发十万之师，以造安陵之城。"安陵君曰："吾先君成侯，受诏襄王以守此地也，手受大府之宪。宪之上篇曰：'子弑父，臣弑君，有常不赦。国虽大赦，降城亡子不得与焉。'今缩高谨解大位，以全父子之义，而君曰'必生致之'，是使我负襄王诏而废大府之宪也，虽死，终不敢行。"

缩高闻之曰："信陵君为人，悍而自用也。此辞反，必为国祸。吾已全己，无为人臣之义矣，岂可使吾君有魏患也。"乃之使者之舍，刎颈而死。

信陵君闻缩高死，素服缟素辟舍，使使者谢安陵君曰："无忌，小人也，困于思虑，失言于君，敢再拜释罪。"

安陵君说："臣的先君成侯受赵襄子的诏令镇守此地，当时臣亲手接受了来自王宫的诏令。诏令的上篇说：'儿子杀其父，臣子弑其君，依法不当赦免。即使国家实行大赦，以城投降和弃城逃亡的臣子都不能享受特赦的恩典。'现在缩高郑重地辞去重要官职，目的是保持父子之间的伦常关系，而阁下却说'必须生擒押来'，这就等于是让我违背赵襄子的遗命，并且废除发自王宫的诏令，我即使死了，也不敢做这种事。"

缩高听了这话后说："信陵君为人强悍，刚愎自用。这话如果被信陵君听到，必然对国家造成灾祸。我虽然保全了自己，却丧失了人臣之义，又怎能使我的君主遭受魏国的侵略呢？"说完，缩高就到使者的住处，在使者面前刎颈而死。

信陵君听说缩高自杀后，穿上丧服、离开正舍，恭恭敬敬地吊祭，然后派使者向安陵君谢罪说："我魏无忌是个小人，为思虑政事而困扰，以致在阁下面前失言，冒昧地向阁下再拜请罪。"

第二十五章 魏王与龙阳君共船而钓

　　魏王与龙阳君共船而钓，龙阳君得十余鱼而涕下。王曰："有所不安乎？如是，何不相告也？"对曰："臣无敢不安也。"王曰："然则何为涕出？"曰："臣为王之所得鱼也。"王曰："何谓也？"对曰："臣之始得鱼也，臣甚喜，后得又益大，今臣直欲弃臣前之所得矣。今以臣凶恶，而得为王拂枕席。今臣爵至人君，走人于庭，辟人于途。四海之内，美人亦甚多矣，闻臣之得幸于王也，必褰裳而趋王。臣亦犹曩臣之前所得鱼也，臣亦将弃矣，臣安能无涕出乎？"魏王曰："误！有是心也，何不相告也？"于是布令于四境

　　魏王和龙阳君坐在一只船上钓鱼，龙阳君钓了十多条鱼，不料却哭了。魏王问："你有什么忧心的事吗？如果有，为什么不告诉寡人呢？"龙阳君回答说："臣并没有什么忧心的事。"魏王说："那么你为什么哭呢？"龙阳君说："因为臣就是君王所钓到的鱼。"魏王说："你这话是什么意思呢？"龙阳君说："臣刚开始钓到鱼的时候很高兴，后来臣钓到的鱼更大了，就想把最初钓到的小鱼丢掉。现在凭臣的丑陋面孔，而能有机会侍奉在大王的左右。现在臣的爵位已经被封为'君'，在朝廷上所有大朝臣见了我要趋步而行，在大街上百姓见了我都要回避。天下的美人多得很，当她们听到臣在君王面前得到宠爱，一定会穿上漂亮的衣服奔向大王争宠。到那时臣就变成最初钓到的小鱼了，臣可能很快就被君王丢掉，又怎能不伤心落泪呢？"魏王说："贤卿错了！你既然有这种忧虑，为什么不早告诉寡人呢？"于是通令全国说："臣民有敢献美人给寡人的，将一律处以灭门之刑。"

之内曰："有敢言美人者族。"

由是观之，近习之人，其挚谄也固矣，其自纂繁也完矣。今由千里之外，欲进美人，所效者庸必得幸乎？假之得幸，庸必为我用乎？而近习之人相与怨，我见有祸，未见有福；见有怨，未见有德，非用知之术也。

由此看来，君主身边所宠爱的人所说的谄媚之言在君王那里很牢固，而且他们掩饰自己的过错、蒙蔽君王的手法也极高明。现在如果有人想从千里之外来献上美女，那所献的美女也未必能获得君王的宠幸；即使能够得到君王的宠幸，又怎么一定会被我利用呢？然而君王身边所宠幸的臣子会相互怨恨，我只看见过带来灾祸，还没看见过带来福气；只看见过招致怨恨，还没看见过蒙受恩惠，这并不是运用智慧的办法。

第二十七章 秦王使人谓安陵君

秦王使人谓安陵君曰："寡人欲以五百里之地易安陵，安陵君其许寡人？"安陵君曰："大王加惠，以大易小，甚善。虽然，受地于先生，愿终守之，弗敢易。"秦王不说。安陵君因使唐且使于秦。秦王谓唐且曰："寡人以五百里之地易安陵，安陵君不听寡人，何也？且秦灭韩亡魏，而君以五十里之地存者，以君为长者，故不错意也。今吾以十倍之地请广于君，而君逆寡人者，轻寡人与？"唐且对曰："否，非若是也。安陵君受地于先生而守之，虽千里不敢易也，岂直五百里哉？"秦王怫然怒，谓唐且曰："公亦尝闻天子之

秦王派人对安陵君说："寡人要用五百里的土地来换安陵，安陵君或许会答应寡人吧？"安陵君说："大王施恩于臣，用大块土地换小块土地，这当然是太好了。虽然这样说，但我从先王那里接受了土地，愿意终身死守，而不敢轻易与人交换。"秦王听了很不高兴。因而安陵君派唐且出使秦国。秦王对唐且说："寡人用五百里土地来换安陵，可安陵君不听从我，这是为什么呢？再说秦国已经消灭了韩、魏两国，而安陵君凭五十里地盘生存下来，那是因为我认为他是忠厚长者，所以对他不太介意。现在寡人用十倍的土地请求扩大他的地盘，可他竟违逆寡人的旨意，这是轻视寡人吗？"唐且回答说："不，不是这样的。因为安陵君这块封土是从他父王手中继承的，所以要守住它，即使用一千里的土地来跟他交换，他也不敢交换，何况只有五百里土地呢？"秦王勃然大怒，对唐且说："你听说过天子发怒吗？"唐且回答说："臣还没听说过。"秦王说："天子一旦发怒，则天下遗尸百万，血

怒乎？"唐且对曰："臣未尝闻也。"秦王曰："天子之怒，伏尸百万，流血千里。"唐且曰："大王尝闻布衣之怒乎？"秦王曰："布衣之怒，亦免冠徒跣，以头抢地尔。"唐且曰："此庸夫之怒也，非士之怒也。夫专诸之刺王僚也，彗星袭月；聂政之刺韩傀也，白虹贯日；要离之刺庆忌也，仓鹰击于殿上。此三子者，皆布衣之士也，怀怒未发，休祲降于天，与臣而将四矣。若士必怒，伏尸二人，流血五步，天下缟素，今日是也。"挺剑而起。秦王色挠，长跪而谢之曰："先生坐，何至于此！寡人谕矣。夫韩、魏灭亡，而安陵以五十里之地存者，徒以有先生也。"

流千里。"唐且说："大王听说过平民百姓发怒吗？"秦王说："平民百姓发怒，最多不过是脱下帽子，光着脚，拿脑袋撞地罢了。"唐且说："那是懦夫在发怒，并不是勇士发怒。当年专诸刺杀吴王僚的时候，扫帚星光遮住了月亮；聂政刺杀韩傀的时候，白色长虹横穿了太阳；要离刺杀庆忌的时候，苍鹰撞击宫殿。这三个人，都是平民百姓中的勇士，由于他们满怀怒气不能发泄，以致使上天降下一股精气，如今再加上站在大王面前的这个人，勇士就变成了四个。如果勇士发怒，就将倒下两具尸体，五步之内鲜血四溅，天下臣民都要穿上白色孝服，现在这个时机已经到了。"说完立刻拔剑站了起来。秦王吓得脸色惨白，直起腰来道歉说："请先生坐下，何必如此发怒呢！寡人现在明白了。韩、魏两个庞大的国家相继灭亡，而安陵能靠五十里地盘生存下来，那是因为有像先生这样的人。"

第二十六篇 韩策一

第一章 三晋已破智氏

三晋已破智氏，将分其地。段规谓韩王曰："分地必取成皋。"韩王曰："成皋，石溜之地也，寡人无所用之。"段规曰："不然。臣闻一里之厚，而动千里之权者，地利也。万人之众，而破三军者，不意也。王用臣言，则韩必取郑矣。"王曰："善。"果取成皋。至韩之取郑也，果从成皋始。

韩、赵、魏三国已经打败智伯，并且准备瓜分智伯的土地了。韩相段规对韩康子说："分地时一定要成皋。"韩康子说："成皋是不存水的石板地，对寡人没什么用处。"段规说："并非如此。我听说一里大小的地方能左右一千里地的政权，是因为有地利的缘故；万人之众能击败三军，是因为乘敌人不备的缘故。如果大王能采用臣的意见，那韩国一定能夺取郑地。"韩康子说："有道理。"韩国最终要了成皋。到韩国夺取郑地时，果然是从成皋开始扩展起来的。

第三章 魏之围邯郸

魏之围邯郸也，申不害始合于韩王，然未知王之所欲也，恐言而未必中于王也。王问申子曰："吾谁与而可？"对曰："此安危之要，国家之大事也。臣请深惟而苦思之。"乃微谓赵卓、韩晁曰："子皆国之辩士也，夫为人臣者，言可必用，尽忠而已矣。"二人各进议于王以事。申子微视王之所说以言于王，王大说之。

当魏国围攻赵都邯郸时，申不害开始想让一方与韩王联合，但不知道韩王的意图所在，担心说话不合韩王的心意。韩王问申不害："寡人跟哪一方联合好呢？"申不害回答说："这是关乎社稷安危的关键，是国家的军政大事。请允许臣深入地冥思苦想一下。"于是悄悄地对赵卓、韩晁说："你们都是国家的辩才，做人臣的，说对了的话大王一定采用，要对国家尽忠。"于是赵卓、韩晁分别把对待魏、赵之战的态度进谏给韩王。而申不害却在暗中看准了韩王所喜欢的意见，再把这种意见向韩王陈述，因而韩王非常喜欢申不害的主张。

第四章 申子请任其从兄官

申子请任其从兄官，昭侯不许也。申子有怨色。昭侯曰："非所谓学于子者也。听子之谒，而废子之道乎？又亡其行子之术，而废子之谒乎？子尝教寡人循功劳，视次第。今有所求，此我将奚听乎？"申子乃辟舍请罪，曰："君真其人也！"

韩相申不害请求任命他的堂兄为官，但韩昭侯没有批准。申不害面露怨色。昭侯说："这不就是从你那里学到的治国之策吗？你是让我听从你的请求，而抛弃你的学说呢？还是推行你的法术，而拒绝你的请求呢？你曾建议我任官时要按照功劳大小来安排官职等级。如今你又有所请求，这让我听从哪一种意见好呢？"申不害一听昭侯的话，就赶紧走出宰相官邸向昭侯请罪，说："君王真是论功授官的人啊！"

第五章 苏秦为楚合从说韩王

苏秦为楚（当作"赵"）合从，说韩王曰："韩北有巩、洛、成皋之固，西有宜阳、常阪之塞，东有宛、穰、洧水，南有陉山，地方千里，带甲数十万。天下之强弓劲弩，皆自韩出。溪子、少府、时力、距来，皆射六百步之外。韩卒超足百射，百发不暇止，远者达胸，近者掩心。韩卒之剑戟，皆出于冥山、棠溪、墨阳、合伯膊。邓师、宛冯、龙渊、大阿，皆陆断马牛，水击鹄雁，当敌即斩坚。甲、盾、鞮、鍪、铁幕、革抉、吷芮，无不毕具。以韩卒之勇，被坚甲，跖劲弩，带利剑，一人当百，不足言也。夫以韩之劲，与大王之贤，乃欲西面事秦，称

苏秦为赵国合纵之事劝说韩昭侯："韩国北面有巩、洛、成皋那样坚固的边城，西面有宜阳、常阪那样险要的关塞，东面有宛、穰、洧水等，南面有陉山，地纵横千里，精兵几十万。天下的精锐武器也都出在韩国，像溪子、少府、时力和距来等良弓，都能射六百步以外。韩国士兵如果拉足了弓，可以说个个百发百中，远的能射中胸膛，近的能射中心脏。韩国士兵的剑和戟，都是冥山、棠溪、墨阳、合伯等地出产的。而邓师、宛冯、龙渊、太阿等宝剑，都能在陆地上砍断牛马、在水上击中天鹅和大雁，面对敌人可以击溃强敌。至于说铁衣、盾牌、皮靴、铁盔、铁护臂、皮护膀、系盾绳，韩国无不具备。凭韩国士兵的勇敢，穿上坚固的铠甲，踩踏强劲的弓弩，佩戴锋利的刀剑，作战时一人抵挡上百人，那是不在话下的。凭韩军的坚强有力和大王的贤能，竟然想向西去侍奉秦国，自称秦国东方的藩臣，替秦王修筑行宫，接受秦国冠带的封赏，春秋两季向秦国供奉祭品，自缚臂膀去臣服秦国，使国家蒙

东藩，筑帝宫，受冠带，祠春秋，交臂而服焉，夫羞社稷而为天下笑，无过此者矣。是故愿大王之熟计之也。大王事秦，秦必求宜阳、成皋。今兹效之，明年又益求割地。与之，即无地以给之；不与，则弃前功而后更受其祸。且夫大王之地有尽，而秦之求无已。夫以有尽之地，而逆无已之求，此所谓市怨而买祸者也，不战而地已削矣。臣闻鄙语曰：'宁为鸡口，无为牛后。'今大王西面交臂而臣事秦，何以异于牛后乎？夫以大王之贤，挟强韩之兵，而有牛后之名，臣窃为大王羞之。"

韩王忿然作色，攘臂按剑，仰天太息曰："寡人虽死，必不能事秦。今主君以楚王（当作"赵王"）之教诏之，敬奉社稷以从。"

受羞辱而招致天下诸侯的耻笑，没有比这更过分的了。所以希望大王深思熟虑。如果大王要去侍奉秦国，秦王一定会要求得到宜阳和成皋。如果现在奉献给它，第二年秦王会越发要求割让土地。如果继续割让土地，就将无地可给；如果不割让，就将前功尽弃，而且往后更要遭受秦国的侵害。况且大王的土地有割尽的时候，秦国的索取却没有止境。用有尽的土地去应付无穷的贪求，这就是所谓的购买怨恨和灾祸啊，连一仗都没打，国土就丧失了。臣知道有句俗语说：'宁肯当鸡嘴，也不做牛腚。'现在大王竟然拱手西去臣事秦国，这和做牛腚有什么区别呢？凭大王的贤能，又拥有强大的韩国精兵，却蒙上'做牛腚'的丑名，臣私下里真为大王感到羞愧。"

韩昭侯听了这话，气得脸色大变，挥起胳膊，按住手中的宝剑，面对上天高声叹息说："寡人即使死了，也绝对不去臣事秦国！如今先生把赵王的教诲告诉我，那么请允许我让全国上下听从吩咐。"

第六章 张仪为秦连横说韩王

张仪为秦连横说韩王曰："韩地险恶，山居，五谷所生，非麦而豆；民之所食，大抵豆饭藿羹；一岁不收，民不厌糟糠；地方不满九百里，无二岁之所食。料大王之卒，悉之不过三十万，而厮徒负养在其中矣，为除守徼亭鄣塞，见卒不过二十万而已矣。秦带甲百余万，车千乘，骑万匹，虎挚之士，跿跔科头，贯颐奋戟者，王不可胜计也。秦马之良，戎兵之众，探前趹后，蹄间三寻者，不可称数也。山东之卒，被甲冒胄以会战，秦人捐甲徒裼以趋敌，左挈人头，右挟生虏。夫秦卒之与山东之卒也，犹孟贲之与怯夫也；以重

张仪为了替秦国组织连横盟约，游说韩王说："韩国地势险恶，百姓多半住在山野，五谷之中，只生产麦子和豆子；所以百姓所吃的东西，大多是豆饭或豆叶羹；只要一年没有收成，百姓连酒糟和谷皮都吃不饱；土地方圆还不到九百里，存粮不够两年之用。估计大王的军队，总共也不过三十万人，杂兵和苦力也包括在内了，戍守要塞堡垒的士兵，更不会超过二十万人。而秦国精锐部队就有一百多万人，兵车有一千多辆，战马有一万多匹，勇猛的士卒奔腾跳跃，高擎战戟，甚至不戴铠甲冲入敌阵的都不可胜数。秦国战马优良，士兵众多，战马探起前蹄、蹬起后腿，四蹄一跃可达二十四尺，这样的战马也不可胜数。崤山以东的诸侯军队披甲戴盔前来会战，秦兵即使扔掉甲胄赤身裸体，也可以击败敌人，左手提着人头，右臂挟着俘虏。秦兵和山东诸侯之兵相比，就好像是勇士孟贲与懦夫相比一般；秦兵再以重兵相压，就好像用大力士乌获对付婴儿一般。用孟贲、乌获这样的勇士

力相压，犹乌获之与婴儿也。夫战孟贲、乌获之士，以攻不服之弱国，无以异于堕千钧之重，集于鸟卵之上，必无幸矣。诸侯不料兵之弱，食之寡，而听从人之甘言好辞，比周以相饰也，皆言曰：'听吾计则可以强霸天下。'夫不顾社稷之长利，而听须臾之说，诖误人主者，无过于此者矣。大王不事秦，秦下甲据宜阳，断绝韩之上地；东取成皋、宜阳，则鸿台之宫，桑林之苑，非王之有已。夫塞成皋，绝上地，则王之国分矣。先事秦则安矣，不事秦则危矣。夫造祸而求福，计浅而怨深。逆秦而顺楚，虽欲无亡，不可得也。故为大王计，莫如事秦。秦之所欲，莫如弱楚，而能弱楚者莫如韩。非以韩能强于楚也，其地势然也。今王西面而事

去攻打不服的弱小国家，等于把千钧重的力量压在鸟蛋上，自然没有不粉碎的道理。天下诸侯不能估计自己兵力的软弱、粮食的缺乏，而一味听信主张合纵之人的甜言蜜语，他们结党营私，互相欺骗，都说什么：'只要采纳我的献策，就可以称霸天下。'并不顾及国家的长久利益，只听一时的无稽之谈，欺骗君主，再也没有比这更厉害的了。如果大王不臣事秦国，秦国就会出兵占据宜阳，切断韩国上党的交通；东面占领成皋和宜阳，那鸿台宫、桑林御苑就不再为大王所有了。假如成皋被封锁，上党被截断，那么大王的国家就被分割了。如果大王肯臣服于秦国，大王的韩国就会安然无恙；如果大王不臣事秦国，那大王的韩国就危险了。到灾祸中去寻求幸福，计谋短浅而灾祸太深。如果违背秦国而顺从楚国，那大王的韩国即使不想灭亡也办不到。所以臣替大王考虑，不如西去臣服于秦国。秦王的最大愿望就是削弱楚国，而能削弱楚国的莫过于韩国了。这并不是说韩国比楚国强大，而是说韩国的地势使它具有优势。现在如果大王能西去臣事秦国，为敝国攻打楚国，那秦王一定会非常高兴。攻打楚国而占领楚地，不但可以转祸为福，而且可以取悦秦王，没有任何计策比这更好的了。

秦以攻楚，为敝邑，秦王必喜。夫攻楚而私其地，转祸而说秦，计无便于此者也。是故秦王使使臣献书大王御史，顺以决事。"

韩王曰："客幸而教之，请比郡县，筑帝宫，祠春秋，称东藩，效宜阳。"

所以秦王派我张仪为使臣，献书给大王的御史，但愿大王有明智的裁决。"

韩王说："感谢客卿的指教，寡人愿意把韩国作为秦国的一个郡县，为秦王修筑行宫，春秋助祭，做东面的藩臣，并且把宜阳献给秦国。"

第二十七篇 韩策二

第一章 楚围雍氏五月

楚围雍氏五月。韩令使者求救于秦，冠盖相望也，秦师不下殽。韩又令尚靳使秦，谓秦王曰："韩之于秦也，居为隐蔽，出为雁行。今韩已病矣，秦师不下殽。臣闻之，唇揭者其齿寒，愿大王之熟计之。"宣太后曰："使者来者众矣，独尚子之言是。"召尚子入。宣太后谓尚子曰："妾事先王也，先王以其髀加妾之身，妾困不支也；尽置其身妾之上，而妾弗重也，何也？以其少有利焉。今佐韩，兵不众，粮不多，则不足以救韩。夫救韩

楚国包围韩国的雍氏长达五个月。韩国派使者前往秦国求救，使者的车辆络绎不绝、相望于道，可是秦国的援兵就是不肯开出殽山。韩国又派尚靳为特使去对秦王说："就秦国而言，韩国平时是秦国的屏障，在战时就充当秦国的先锋。如今韩国已经疲惫不堪，秦国的援兵却不肯出殽山。臣很明白'唇亡齿寒'的道理，希望大王能仔细考虑一下。"秦宣太后说："韩国求援的使者虽然这么多，但是只有尚靳的话说得对。"于是太后召见尚靳，对他说："我服侍先王时，先王把腿放在我身上，我动转不自如，觉得疲惫不能支撑；先王把他的全身都放在我身上时，我却不觉得重，这是什么道理呢？这是因为后者对我有利。现在我秦国援救韩国，如果士兵不多，粮食不够，根本就不能援救韩国。而且要解救韩国的危难，每天要耗费数以千计

之危，日费千金，独不可使妾少有利焉。”

尚靳归书报韩王，韩王遣张翠。张翠称病，日行一县。张翠至，甘茂曰：“韩急矣，先生病而来。”张翠曰：“韩未急也，且急矣。”甘茂曰：“秦重国知王也，韩之急缓莫不知。今先生言不急，可乎？”张翠曰：“韩急则折而入与楚矣，臣安敢来？”甘茂曰：“先生毋复言也。”

甘茂入言秦王曰：“公仲柄得秦师，故敢捍楚。今雍氏围，而秦师不下殽，是无韩也。公仲且抑首而不朝，公叔且以国南合于楚。楚、韩为一，魏氏不敢不听，是楚以一国谋秦也。如此，则伐秦之形成矣。不识坐而待伐，孰与伐人之利？”秦王曰：“善。”

的银两，难道不能让我得到一点好处吗？”

尚靳听完这番话，赶紧写奏章回报韩王，韩王就派张翠前往秦国。碰巧当时张翠生病，每天只能走一个县的路程。张翠到达秦国后，甘茂对他说：“想必韩国已经危急到极点了，因为先生是抱病而来的。”张翠回答说：“韩国还没有到危急的时刻，只是快要危急而已。”甘茂说：“秦国是一个受天下诸侯所重视的大国，而且有贤明的君主掌理朝政，对于韩国的缓急之事了如指掌。现在先生怎么能说韩国还不危急呢？”张翠说：“如果韩国危急到不能支持，全国军民就会归顺楚国了，那我又怎么敢来秦国求援呢？”甘茂说：“请先生不必再多说了！”

甘茂赶紧入朝晋见秦王说：“韩相公仲以为能够得到秦国的援助，所以才敢抵御楚国。现在雍氏正被楚军围困，而秦国的救兵却不肯东出崤山，这等于放弃了韩国。到那时公仲将缩回头而不到秦国来朝贡，公叔就会率领全国军民向南去跟楚国讲和。楚、韩两国结为一体后，魏国就不敢不听楚、韩两国的号令，如此楚国就要用这三国的力量图谋秦国。这样一来，以楚国为盟主讨伐秦国的局面就形成了。不知道坐在这里等着

果下师于殽以救韩。

敌人进攻有利，还是主动出击攻打敌人有利？"秦王说："好。"立刻发兵东出殽山，前往解救韩国。

第二章 楚围雍氏韩令冷向借救于秦

楚围雍氏，韩令冷向借救于秦，秦为发使公孙昧入韩。公仲曰："子以秦为将救韩乎？其不乎？"对曰："秦王之言曰，请道于南郑、蓝田以入攻楚，出兵于三川以待公，殆不合军于南郑矣。"公仲曰："奈何？"对曰："秦王必祖张仪之故谋。楚威王攻梁，张仪谓秦王曰：'与楚攻梁，魏折而入于楚。韩固其与国也，是秦孤也。故不如出兵以劲魏。'于是攻皮氏。魏氏劲，威王怒，楚与魏大战，秦取西河之外以归。今也其将扬言救韩，而阴善楚，公恃秦而劲，必经与楚战。楚阴得秦之不用也，必易于公相支也。公战胜楚，

楚国围攻雍氏，韩王派冷向前往秦国求救兵，秦国为此派使者公孙昧到韩国。韩相公仲对他说："你以为秦国将发兵解救韩国，还是不来解救韩国呢？"公孙昧回答说："秦王的话是这样说的，请借道南郑、蓝田去进攻楚国，然后出兵韩国的三川等待阁下。这样恐怕韩、秦两军永远不可能会合了。"公仲说："那怎么办呢？"公孙昧回答说："秦王一定会采行以前张仪的计谋。楚威王攻打魏国时，张仪对秦王说：'和楚国共同出兵攻打魏国，魏国一定会兵败而投降楚国。韩国原来就是魏国的同盟国，这样秦国就孤立了。所以不如假装出兵救援魏国，使魏国态度强硬起来。'于是楚国出兵攻打皮氏。魏国的态度强硬，使楚威王很生气，结果楚、魏两国展开大战，秦国就趁势占领魏国西河以外的土地。现在秦国声称要救援韩国，暗地里却与楚国亲善，如果阁下仗恃秦国而态度强硬的话，那么一定会轻易和楚国交战。楚国暗中得知秦国不会帮助韩国，一定轻率地和阁下开战。如果阁下能战胜楚国，

遂与公乘楚，易三川而归。公战不胜楚，塞三川而守之，公不能救也。臣甚恶其事。司马康三反之郢矣，甘茂与昭献遇于境，其言曰收玺，其实犹有约也。"公仲恐曰："然则奈何？"对曰："公必先韩而后秦，先身而后张仪。以公不如亟以国合于齐、楚，秦必委国于公以解伐。是公之所以外者仪而已，其实犹之不失秦也。"

秦国就会趁势攻占楚国土地，夺取三川而归；如果阁下不能战胜楚国，那秦国就会封锁三川之地，全力据守，到那时阁下也无法派兵救援了。臣很为这件事担忧。司马康已经三次往返楚国的郢都，甘茂和昭献又在边境上与他会过面，司马康说什么：'我去阻止楚国攻打韩国，所以取回虎符！'其实秦、楚两国背后还有盟约。"公仲惶恐地问："那可怎么办呢？"公孙昧回答说："阁下必须先为韩国谋划，然后再为秦国设想；先为自己谋划，然后再为张仪设想。所以阁下实在不如赶紧联合齐、楚两国，如果能这样，秦王就一定会把政务全都交给阁下，而且一定能制止楚国的进攻。这样阁下所疏远的不过是张仪而已，其实仍然没有失去秦国的邦交。"

第三章 公仲为韩魏易地

公仲为韩、魏易地，公叔争之而不听，且亡。史惕谓公叔曰："公亡，则易必可成矣。公无辞以后反，且示天下轻公，公不若顺之。夫韩地易于上，则害于赵；魏地易于下，则害于楚。公不如告楚、赵，楚、赵恶之。赵闻之，起兵临羊肠，楚闻之，发兵临方城，而易必败矣。"

公仲为韩、魏两国交换土地，公叔坚决反对，公仲不听，于是公叔准备出走。史惕对公叔说："如果阁下出走，那交换土地的事就成定局了。而且阁下以后再也没有借口回国，并且反被天下诸侯轻视，所以阁下不如顺水推舟。韩国的土地交换给魏国，赵国就要受到危害；魏地交换给韩国，楚国就要受到危害。所以阁下不如把这件事告诉给楚、赵两国，楚国和赵国一定会为此担忧。赵国听说后，一定会发兵到羊肠；楚国听说后，一定会发兵到方城，这样公仲换地的事一定成不了。"

第八章 谓公叔曰乘舟

谓公叔曰："乘舟，舟漏而弗塞，则舟沉矣。塞漏舟，而轻阳侯之波，则舟覆矣。今公自以辩于薛公而轻秦，是塞漏舟而轻阳侯之波也，愿公之察也！"

有人对公叔说："坐船的时候，如果船漏水而不堵塞，就会沉没；如果只堵塞漏船，却轻视阳侯鬼魂化作的大波，船就会翻。如今阁下自认为得到薛公的信任而轻视秦国，这就是只塞漏船，却看轻了阳侯之波，希望阁下能明察此事！"

第九章 齐令周最使郑

齐令周最使郑，立韩扰而废公叔。周最患之，曰："公叔之与周君交也，令我使郑，立韩扰而废公叔。语曰：'怒于室者色于市。'今公叔怨齐，无奈何也，必周君而深怨我矣。"史舍曰："公行矣，请令公叔必重公。"

周最行至郑，公叔大怒。史舍人见曰："周最故不欲来使，臣窃强之。周最不欲来，以为公也；臣之强之也，亦以为公也。"公叔曰："请闻其说。"对曰："齐大夫诸子有犬，犬猛不可叱，叱之必噬人。客有请叱之者，疾视而徐叱之，犬不动；复叱之，犬遂无噬人之心。今周最固得事足下，而

齐国派周最出使新郑，胁迫韩国任命韩扰为宰相，罢免公叔。周最很担心这件事，说："公叔跟我周朝的君主很要好，如今派我出使新郑，让韩国任命韩扰为相而罢免公叔。俗话说：'在家里生气打架的人，到外面也会怒形于色。'如今公叔怨恨齐国，可是齐国却对他无可奈何，他一定会和周王绝交而深深怨恨我。"韩臣史舍说："阁下可以去了，我会让公叔重视阁下。"

周最到了新郑，公叔果然大怒。史舍进见说："周最原本不愿意出使韩国，是我私下里强迫他来的。周最之所以不愿意来，是为了阁下好；我强迫他来，也是为了阁下好。"公叔说："请说说您的理由。"史舍回答道："齐大夫诸子养了一条狗，非常凶猛，不能呵斥，如果呵斥它就会咬人。有个客人想呵斥这只狗，他首先用眼睛瞪着狗，之后慢慢呵斥它，狗竟然没有动；他又继续呵斥它，狗竟然没有了咬人的意思。现在周最虽然有机会为阁下做事，却是在不得已的情况下出使新郑，所以他将按照礼仪发

以不得已之故来使，彼
将礼陈其辞而缓其言，
郑王必以齐王为不急，
必不许也。今周最不来，
他人必来。来使者无交
于公，而欲德于韩扰，
其使之必疾，言之必急，
则郑王必许之矣。"公
叔曰："善。"遂重周最。
王果不许韩扰。

言，慢条斯理地陈述齐国的要求，这样
韩王一定认为齐王并不急于这样做，因
此也就一定不会答应这个要求。如今周
最如果不来，也一定会有别人来。如果
来使不与阁下打交道，而先准备讨好韩
扰，那他办事一定会很快，说话一定会
很急，那样韩王就一定会答应他。"公
叔说："好。"于是很敬视周最。韩王果
然没任命韩扰为宰相。

第二十二章 韩傀相韩

韩傀相韩，严遂重于君，二人相害也。严遂政议直指，举韩傀之过。韩傀以之叱之于朝。严遂拔剑趋之，以救解。于是严遂惧诛，亡去游，求人可以报韩傀者。

韩傀在韩国做相国时，严遂也受到韩王的器重，因此两人互相忌恨。严遂议事正直，经常直言不讳地指责韩傀的过失。韩傀因此常在朝中申斥严遂。有一次严遂拔剑要刺杀韩傀，幸亏有人相救才得以排解。此后严遂深恐为此而遭受诛戮，就逃亡国外，四处寻找可以向韩傀报仇的人。

至齐，齐人或言："轵深井里聂政，勇敢士也，避仇隐于屠者之间。"严遂阴交于聂政，以意厚之。聂政问曰："子欲安用我乎？"严遂曰："吾得为役之日浅，事今薄，奚敢有请？"于是严遂乃具酒，觞聂政母前。仲子奉黄金百镒，前为聂政母寿。聂政惊，愈怪其厚，固谢严仲子。仲子固进，而聂政谢曰："臣有老母，家贫，客游以为狗屠，可旦夕得

当他走到齐国时，齐人告诉他说："轵地深井里的聂政是位勇敢的侠士，为了躲避仇人，隐居在这里当屠夫。"严遂于是暗中结交聂政，特别殷勤周到地对待他。聂政问严遂："你有事要我效劳吗？"严遂回答说："我替您效劳的日子很短，而现在事情又这样急迫，哪里还敢有什么要求？"于是预备酒筵，请聂政的母亲饮酒。他又拿出黄金一百镒，献给聂政的母亲作为寿礼。聂政大吃一惊，越发觉得严遂的盛意奇怪，就坚决地辞谢严遂的赠金。可是严遂一定要送，聂政辞谢说："我家有老母，一向很贫穷，臣如今客居在外，以杀狗为业，可是早晚还能得到甘美可口的食物奉养

甘脆以养亲。亲供养备，义不敢当仲子之赐。"严仲子辟人，因为聂政语曰："臣有仇，而行游诸侯众矣。然至齐，闻足下义甚高，故直进百金者，特以为夫人粗粝之费，以交足下之欢，岂敢以有求邪？"聂政曰："臣所以降志辱身，居市井者，徒幸而养老母。老母在，政身未敢以许人也。"严仲子固让，聂政竟不肯受。然仲子卒备宾主之礼而去。

久之，聂政母死，既葬，除服。聂政曰："嗟乎！政乃市井之人，鼓刀以屠，而严仲子乃诸侯卿相也，不远千里，枉车骑而交臣，臣之所以待之至浅鲜矣，未有大功可以称者，而严仲子举百金为亲寿，我虽不受，然是深知政也。夫贤者以感忿睚眦之意，而亲信穷僻之人，而政

老母。奉养母亲的饮食既然都有了，按理绝对不能再接受您的赏赐。"严遂避开周围的人，悄悄对聂政说："我有个仇人，我曾游访过很多诸侯国，却始终找不到一个能替我报仇的人。如今我来到齐国，听说足下是一位很讲义气的侠士，所以才为令堂奉上黄金一百镒作为寿礼，这不过是请足下为令堂买粗茶淡饭的费用，但愿能和足下做知己好友，哪里还敢有什么要求呢？"聂政回答说："我之所以贬低志气，辱没身份，隐居在市井之间，只是为了奉养老母。所以只要我老母在世，我的身体就不能托付给别人。"严遂一定要送这笔黄金为寿礼，聂政却始终不肯接受。然而严遂还是在完成宾主之礼以后才离开。

过了很久，聂政的母亲去世了，办完葬礼，除去丧礼之服后，聂政感慨地自言自语："唉！我聂政只不过是一个市井平民，每天拿着刀，靠杀狗卖肉为生，而严遂却是诸侯的卿相，竟不远千里，屈尊与我结交做朋友，我待他太薄情了，也没有什么大功可以和他待我的厚意相称，而他竟用一百金送我母亲做寿礼，我虽然没有收下，但这表明他非常赏识我。贤德的人因为遭受使人感情愤激、目眦尽裂的羞辱而来亲近穷乡僻壤的平凡人，我聂政又怎么可以如此沉默不动

独安可嘿然而止乎？且前日要政，政徒以老母。老母今以天年终，政将为知己者用。"

遂西至濮阳，见严仲子曰："前所以不许仲子者，徒以亲在。今亲不幸，仲子所欲报仇者为谁？"严仲子具告曰："臣之仇韩相傀。傀又韩君之季父也，宗族盛，兵卫设，臣使人刺之，终莫能就。今足下幸而不弃，请益具车骑壮士，以为羽翼。"政曰："韩与卫，中间不远，今杀人之相，相又国君之亲，此其势不可以多人。多人不能无生得失，生得失则语泄，语泄则韩举国而与仲子为雠也，岂不殆哉！"遂谢车骑人徒，辞，独行仗剑至韩。

韩适有东孟之会，韩王及相皆在焉，持兵戟而卫者甚众。聂政直入，上阶刺傀。韩傀走

呢？那天他来邀请我替他报仇，当时我因为老母在世，只好谢绝。现在老母既然已经享尽天年，我决定要为知己好友去效力了。"

聂政于是西去濮阳，见到严遂，说："以前我之所以没有答应您，只是因为那时我有老母在堂。现在我母亲不幸去世了，请问你想报仇的人是谁？"严遂就把全部情况都告诉聂政："我的仇人是韩国相国韩傀。韩傀是韩王的叔父，在宗族里势力很大，警卫守备森严，我派人去刺杀他，始终没能达到目的。现在足下幸而没有放弃我，那就让我多准备一些车马和壮士来帮助你。"聂政说："韩、卫两国相距不远，现在要刺杀韩国的相国，而这位相国又是韩王的至亲，这样看来不能多带人去。如果人多了，就无法避免出现差错；如果出现差错，事情就会泄露；事情一旦泄露，韩国全国百姓都会与您为敌，到那时岂不是太危险了！"于是辞退了车马和随从，只身一人拿着剑前往韩国。

正好那时韩国在东孟举行盛会，韩哀侯和宰相都在那里，手持武器的护卫人员很多。聂政却单刀直入，冲上台阶去刺杀韩傀。韩傀边逃边抱住韩哀侯，

而抱哀侯，聂政刺之，兼中哀侯，左右大乱。聂政大呼，所杀者数十人。因自皮面抉眼，自屠出肠，遂以死。韩取聂政尸于市，县购之千金。久之莫知谁子。

政姊闻之，曰："弟至贤，不可爱妾之躯，灭吾弟之名，非弟意也。"乃之韩。视之曰："勇哉！气矜之隆。是其轶贲（bēn）、育而高成荆矣。今死而无名，父母既殁矣，兄弟无有，此为我故也。夫爱身不扬弟之名，吾不忍也。"乃抱尸而哭之曰："此吾弟轵深井里聂政也。"亦自杀于尸下。

晋、楚、齐、卫闻之曰："非独政之能，乃其姊者，亦列女也。"聂政之所以名施于后世者，其姊不避菹醢（zú hǎi）之诛，以扬其名也。

聂政再次刺杀韩傀，同时也刺中了韩哀侯，左右侍卫大乱。聂政怒吼一声冲了上去，一连杀死了几十个人。随后他把自己的脸面刺破，把自己的眼睛挖出来，又割开自己的肚子让肠子流出来，不一会儿就气绝身亡了。韩国把聂政的尸体摆在大街上，悬赏一千金征求认识他的人。可是过了很久，没有人知道他是谁。

聂政的姐姐听说这件事，说："我弟弟非常贤能，我不可以因为吝惜自己的性命，便埋没了弟弟的英名，这也不是弟弟的本意。"于是她毅然前往韩国，看着聂政的遗体说："真是旷古勇士！浩气壮烈！气魄的雄伟超过孟贲、夏育，胜过成荆。现在你死了却没有留下名字，父母都已去世，而你又没有其他兄弟，你这样做都是为了不牵连我啊。因为爱惜生命而不显扬弟弟的名声，我不忍心这样做。"于是抱着尸体痛哭说："这就是我弟弟，魏国轵地深井里的聂政。"说完就在聂政的尸体旁自杀而死。

三晋、楚、齐、卫等国的人听说这件事，都不断赞叹道："不但聂政是一位勇士，他的姐姐也是位烈女！"聂政之所以能名传后世，是因为他的姐姐不怕被剁成肉酱，以显扬他的名声。

第二十八篇 韩策三

第一章 或谓韩公仲

或谓韩公仲曰："夫孪子之相似者，唯其母知之而已；利害之相似者，唯智者知之而已。今公国，其利害之相似，正如孪子之相似也。得以其道为之，则主尊而身安；不得其道，则主卑而身危。今秦、魏之和成，而非公适束之，则韩必谋矣。若韩随魏以善秦，是为魏从也，则韩轻矣，主卑矣。秦已善韩，必将欲置其所爱信者，令用事于韩以完之，是公危矣。今公与安成君为秦、魏之和，成固为福，不成亦为福。秦、魏之和成，而公适

有人对韩国公仲说："双胞胎长得几乎完全相同，只有他们的母亲才能分辨出来；利与害很相似，只有明智的人才能分辨出来。现在阁下国家的利与害也很相似，正像孪生子长得相似一样。如果能依照正确的途径治理国家，君主就可以享受尊荣，身心安宁；如果不依照正确的途径治理国家，君主就会被人轻视，陷于危险。现在秦、魏两国的和约就要达成了，如果没有阁下去交涉，那么韩国一定会跟魏国去讲和；如果韩国跟随魏国去讨好秦国，韩国就会成为魏国的附庸，必将受到轻视，君主地位也降低了。如果秦国跟韩国修好，秦王一定想派他所宠幸的人来韩国掌政，以便使其势力在韩国扎根，到那时阁下的处境就危险了。现在阁下和安成君去主持秦、魏两国的和约，成功了固然是阁下的福气，不成功也是阁下的福气。因为

束之，是韩为秦、魏之门户也，是韩重而主尊矣。安成君东重于魏，而西贵于秦，操右契而为公责德于秦、魏之主，裂地而为诸侯，公之事也。若夫安韩、魏而终身相，公之下服，此主尊而身安矣。秦、魏不终相听者也。齐怒于不得魏，必欲善韩以塞魏；魏不听秦，必务善韩以备秦，是公择布而割也。秦、魏和，则两国德公；不和，则两国争事公。所谓成为福，不成亦为福者也。愿公之无疑也。"

秦、魏两国的和约如果成功，阁下就可以向秦、魏双方施行约束，到那时韩国就成了秦、魏两国往来的通道，韩国地位既然变得如此重要，那君王就会受到天下诸侯的尊重。安成君在东面受到魏国的重视，在西面得到秦国的尊重，手持着和约替阁下向魏、秦两国的君主索要报酬，割地封阁下为诸侯，这是阁下的头等功业。如果真能使韩、魏两国安定，终身做韩国的宰相，这是阁下的次等功业，这能使君王不但受到诸侯尊重，而且自身安宁。然而秦、魏两国不会始终听信的。齐国因为得不到魏国援助而怨恨，一定会跟韩国修好来遏制魏国；魏国不听秦国号令，也一定会有意跟韩国修好以防备秦国，这样阁下就可以像选择布匹随意剪裁那样轻松地应付。如果秦、魏两国讲和，那两国都会感激阁下；如果不讲和，那两国都会争着讨好阁下。这就是我所说的'成功是福，不成功也是福'的道理，希望您不要再犹豫了。"

第三章 韩人攻宋

韩人攻宋，秦王大怒曰："吾爱宋，与新城、阳晋同也。韩珉与我交，而攻我甚所爱，何也？"苏秦为韩说秦王曰："韩珉之攻宋，所以为王也。以韩之强，辅之以宋，楚、魏必恐。恐，必西面事秦。王不折一兵，不杀一人，无事而割安邑，此韩珉之所以祷于秦也。"秦王曰："吾固患韩之难知，一从一横，此其说何也？"对曰："天下固令韩可知也。韩故已攻宋矣，其西面事秦，以万乘自辅；不西事秦，则宋地不安矣。中国白头游敖之士，皆积智欲离秦、韩之交。伏轼结靷西驰者，未有一人言善韩者也；伏轼结靷东驰者，未有一人言善秦

韩将韩珉率军进攻宋国，秦王大怒说："我爱宋国，和爱新城、阳晋是相同的。韩珉和我交往，却攻打我很爱的地方，这是为什么呢？"苏秦为韩国去劝说秦王说："韩珉攻打宋国，说起来也是为了大王。因为凭韩国的强盛，再加上宋国的协助，楚、魏两国一定会感到惊恐。楚、魏两国一旦感到惊恐，就一定会西去臣事秦国。大王没有损失一兵一卒，没有杀死一个人，就平白无故地得到魏国的安邑，这就是韩珉为秦国所祈求的事情。"秦王说："我本来担心韩国难以预料，然而一纵一横的说法又是什么呢？"苏秦回答说："天下诸侯本来使韩国变得可以理解了。韩国原来已经攻打宋国，如果他们能到西边来臣事秦国，就可以用拥有一万辆兵车的秦国来帮助自己；如果他们不到西边来臣事秦国，那宋国就不会安宁。中原一带的白发游说之士，都绞尽脑汁要离间秦、韩两国的连横阵线。伏在车上赶马西奔的说客，没有一个人说是亲韩的；伏在车上驱马东奔的说客，没有一个人说是亲秦的。

者也。皆不欲韩、秦之合者何也？则晋、楚智而韩、秦愚也。晋、楚合，必伺韩、秦；韩、秦合，必图晋、楚。请以决事。"秦王曰："善"。

大家都不愿意韩、秦两国结合，这是什么道理呢？这是因为魏、楚两国太聪明而韩、秦两国太愚蠢。如果魏、楚两国建立邦交，一定会窥视韩、秦两国的情况；如果韩、秦两国建立邦交，一定会图谋魏、楚两国。但愿大王能根据以上情形来裁决一切。"秦昭王说："好吧。"

第四章 或谓韩王

或谓韩王曰："秦王欲出事于梁，而欲攻绛、安邑，韩计将安出矣？秦之欲伐韩，以东窥周室，唯寐忘之。今韩不察，因欲与秦，必为山东大祸矣。秦之欲攻梁也，欲得梁以临韩，恐梁之不听也，故欲病之以固交也。王不察，因欲中立，梁必怒于韩之不与己，必折为秦用，韩必举矣。愿王熟虑之也。不如急发重使之赵、梁，约复为兄弟，使山东皆以锐师戍韩、梁之西边，非为此也，山东无以救亡，此万世之计也。秦之欲并天下而王之也，不与古同。事之虽如子之事父，犹将亡之也。行虽如伯夷，犹将亡之也。行虽如桀、纣，

有人对韩王说："秦王想征讨魏国，并且想攻打绛、安邑等城，不知韩国准备采取什么对策？秦国之所以想攻打韩国，主要是为了图谋东方的周室，这是他梦寐以求的。如今韩国不明察事实，就贸然想和秦国结为盟邦，这样一定会给山东诸侯带来灾祸。秦国之所以想攻打魏国，主要是为了经由魏国兵临韩国城下，唯恐魏国不听号令，所以才决定给魏国以沉重打击，借以巩固秦、魏两国之间的关系。可是大王没有明察事实的真相，竟然妄想保持中立，魏国一定会愤恨韩国不救魏国，便会在不得已的情况下顺从秦国的驱使，到那时韩国必将一败涂地。希望大王认真考虑这件事。所以大王还不如派人前往赵、魏两国，和它们结为同舟共济的兄弟，使山东诸侯都派精兵镇守韩、魏两国的西边；如果不采取这种紧急措施，那山东诸侯将无法救亡图存，这是万代不朽的君国大计。秦国妄想吞并天下诸国，进而以天子的姿态君临天下，其气概和古时迥然不同。即使像儿子侍奉父亲一样

犹将亡之也。虽善事之，无益也。不可以为存，适足以自令亟亡也。然则山东非能从亲，合而相坚如一者，必皆王矣。"

侍奉秦国，父亲最后还是会把儿子消灭掉。行为虽然像手足兄弟的伯夷让位于叔齐，但是最后两兄弟都饿死在首阳山下；行为虽然像夏桀王、殷纣王，但是最终仍然被商汤王、周武王灭亡。由此可见，无论怎样侍奉秦国，都没有什么好处。不但不能维护国运，反而会因此加速国家的灭亡。换句话说，山东诸侯如果不结成合纵阵线，使各国诸侯团结一致，到最后一定会被秦国一一消灭。"

第五章 谓郑王

谓郑王曰："昭釐侯，一世之明君也；申不害，一世之贤士也。韩与魏敌侔之国也，申不害与昭釐侯执珪而见梁君，非好卑而恶尊也，非虑过而议失也。申不害之计事，曰：'我执珪于魏，魏君必得志于韩，必外靡于天下矣，是魏弊矣。诸侯恶魏必事韩，是我免于一人之下，而信于万人之上也。夫弱魏之兵，而重韩之权，莫如朝魏。'昭釐侯听而行之，明君也；申不害虑事而言之，忠臣也。今之韩弱于始之韩，而今之秦强于始之秦。今秦有梁君之心矣，而王与诸臣不事为尊秦以定韩者，臣窃以为王之明为不如昭釐侯，而王之诸臣忠

有人对郑王说："昭釐侯是一代明君，而申不害是一代贤人。韩、魏两国本来是敌对的国家，而申不害和昭釐侯拿着珪玉去见魏王，他们并不是喜欢卑贱而厌恶尊贵，也不是考虑失当而计议不周。申不害考虑此事时说：'我拿着珪玉去见魏王，魏王一定会对韩国志得意满，对外更会轻视天下诸侯，如此魏国就会更加困顿。既然诸侯都讨厌魏国，就一定会去臣事韩国，这就是我们屈居一人之下而高居万人之上的办法。所以削弱魏国的兵力，以便增强韩国的权势，没有比朝贡魏国更好的了。'昭釐侯采纳这项意见并加以推行，就是一个明君；申不害为国家谋划而直言，就是一个忠臣。现在的韩国比当年的韩国衰弱，而现在的秦国却比当年的秦国强盛。如今秦王对魏王有了野心，大王和诸侯却不想用尊奉秦国的方式来安定韩国，臣认为大王远不如昭釐侯明智，而大王群臣的忠贞也远不如申不害。

莫如申不害也。

"昔者，穆公一胜于韩原而霸西州，晋文公一胜于城濮而定天下，此以一胜立尊令，成功名于天下。今秦数世强矣，大胜以千数，小胜以百数，大之不王，小之不霸，名尊无所立，制令无所行，然而春秋用兵者，非以求主尊成名于天下也。昔先王之攻，有为名者，有为实者。为名者攻其心，为实者攻其形。昔者，吴与越战，越人大败，保于会稽之上。吴人入越而户抚之。越王使大夫种行成于吴，请男为臣，女为妾，身执禽而随诸御。吴人果听其辞，与成而不盟，此攻其心者也。其后越与吴战，吴人大败，亦请男为臣，女为妾，反以越事吴之礼事越。越人不听也，遂残吴国而禽夫差，此攻其形者也。今将攻其心乎，宜使如

"古时候，秦穆公在韩原打了一次胜仗就使秦国称霸西部，晋文公在城濮的一次大捷就确定了称霸天下的局面，都是仰仗一次胜利而建立威权，使霸者的尊名响遍天下。如今秦国已经强盛了几代，大捷有几十次之多，小胜更是数以百计；大捷没有天下称王，小胜也没有得意称霸；尊贵的名分没有建立，制度法令也不能实行。然而春秋时代的用兵者，并不全是为了求得君主的尊荣或成名于天下。从前先王征战，有的是为获得名分，有的是为争夺实利。为名分而争就要攻心，为实利而争就要攻城。以前吴、越两国交战，越军大败，最后退守在会稽山上。吴军攻进越国后，安抚越国军民。越王勾践派大夫文种向吴国求和，条件是越国男人都做吴国人的奴仆，越国女子都做吴国人的婢妾，而越王勾践更是亲自拿着禽鸟跟随管事人服侍吴王。吴国人果然接受了这项条件，跟越国讲和而不明订誓约，这就是对敌人发动的攻心战术。后来越国和吴国作战，吴军大败，也请求吴国男人作越人的奴仆，女人作越人的婢妾，也就是用以前越降吴的条件投降越国。可是越王勾践根本不接受，消灭了吴国，俘虏吴王夫差，这就是对敌人所发动的攻城战

吴；攻其形乎，宜使如越。夫攻形不如越，而攻心不如吴，而君臣、上下、少长、贵贱，毕呼霸王，臣窃以为犹之井中而谓曰：'我将为尔求火也。'

"东孟之会，聂政、阳坚刺相兼君。许异蹴哀侯而殪之，立以为郑君。韩氏之众无不听令者，则许异为之先也。是故哀侯为君，而许异终身相焉。而韩氏之尊许异也，犹其尊哀侯也。今日郑君不可得而为也，虽终身相之焉，然而吾弗为云者，岂不为过谋哉？昔齐桓公九合诸侯，未尝不以周襄王之命。然则虽尊襄王，桓公亦定霸矣。九合之尊桓公也，犹其尊襄王也。今日天子不可得而为也，虽为桓公吾弗为云者，岂不为过谋而不知尊哉！韩氏之士数十万，

术。现在如果对敌人发动攻心战术，就应该使敌人像吴国那样；如果对敌人发动攻城战术，就应该使敌人像越国那样。攻城战术莫过于越国，而攻心战术莫过于吴国。君臣、上下、少长、贵贱都高喊霸王事业已经成功，臣认为这就像落到井里却说：'我将为你寻找火。'

"东孟集会时，聂政、阳坚等人谋划刺杀韩国相国韩傀及韩哀侯。许异故意用脚踢韩哀侯，让他装死，后来哀侯立他为郑地君主。韩国民众之所以都听哀侯的命令，就是因为有许异。所以哀侯当韩王，许异就终身做他的辅弼。而韩国人尊重许异，和尊重哀侯是一样的。现在郑君虽然不能做到像哀侯那样，却仍然可以终身做韩王的辅弼，然而如果我们不去做，岂不是谋划错误吗？以前齐桓公九次会合诸侯，总是尊奉周襄王的命令。然而虽然尊奉周襄王为天子，齐桓公仍然能建立起霸业。九次会合的诸侯尊重齐桓公，就像尊重周襄王一样。现在虽然不能成为天子，还可以成为齐桓公，如果我们不去做，这不是谋划错误而不知尊贵吗？韩国士民有几十万，都拥护哀侯为国君，只有许异得到相国之位，这没有别的缘故；各诸侯国的君主，都在周王朝有一个职位，唯独齐桓公取得霸主地位，这也没有别的

皆戴哀侯以为君，而许异独取相焉者，无他；诸侯之君，无不任事于周室也，而桓公独取霸者，亦无他也。今强国将有帝王之衅，而以国先者，此桓公、许异之类也。岂可不谓善谋哉？夫先与强国之利，强国能王，则我必为之霸；强国不能王，则可以辟其兵，使之无伐我。然则强国事成，则我立帝而霸；强国之事不成，犹之厚德我也。今与强国，强国之事成则有福，不成则无患，然则先与强国者，圣人之计也。"

缘故。现在强大的秦国将有帝王的威势，而用国家做它的先导，这就跟齐桓公、许异的事相同，怎么能说他们不善于谋划呢？先给强国一定的利益，如果强国能够建立帝业，那我韩国也一定能建立霸业；如果强国不能建立帝业，最起码也能避免国家的兵祸，使强国不至于攻打我韩国。然而如果强国的帝业成功了，那我韩国就可以拥它为帝而称霸；如果强国的帝业不成功，强国依然会深深地感激我们。如今如果与强国结交，强国的帝业成功了，那么我韩国会有后福；如果强国的帝业不成功，我韩国也可以免去灾祸。然而能首先结交强国的，就是圣人的明智计谋。"

第七章 秦大国

秦，大国也。韩，小国也。韩甚疏秦。然而见亲秦，计之，非金无以也，故卖美人。美人之贾贵，诸侯不能买，故秦买之三千金。韩因以其金事秦，秦反得其金与韩之美人。韩之美人因言于秦曰："韩甚疏秦。"从是观之，韩亡美人与金，其疏秦乃始益明。故客有说韩者曰："不如止淫用，以是为金以事秦，是金必行，而韩之疏秦不明。美人知内行者也，故善为计者，不见内行。"

秦国是一个大国，韩国是一个小国。韩国对秦国很疏远，然而表面上不得不跟秦国友好。考虑到非用钱财不可，所以韩国不得已出售美人。美人的价钱昂贵，诸侯都买不起，秦王用三千金来买。韩国就把这三千金献给秦国，这样秦国既收回了三千金，又得到了韩国的美人。韩国的美人因而对秦王说："韩国对秦国很疏远。"由此可见，韩国不但丧失了美人和钱财，而且使疏远秦国的态度更加暴露。所以有位宾客游说韩国说："不如停止一切奢侈生活，然后积存黄金去侍奉秦国，只要有黄金，就一定能奏效，而韩国疏远秦国的事也就不会露骨。美人是知道韩国隐事的，所以善于计谋的都是不暴露内情的人。"

第二十三章 段干越人谓新城君

段干越人谓新城君曰："王良之弟子驾，云取千里马，遇造父之弟子。造父之弟子曰：'马不千里。'王良弟子曰：'马，千里之马也；服，千里之服也。而不能取千里，何也？'曰：'子繘牵长。故繘牵于事，万分之一也，而难千里之行。'今臣虽不肖，于秦亦万分之一也，而相国见臣不释塞者，是繘牵长也。"

段干越人对新城君说："王良的弟子驾车，说是要取得一日千里的成绩，遇见了造父的弟子。造父的弟子说：'你的马根本不可能一天走一千里。'王良弟子说：'我的马是千里马，我的车是千里车。说我不能日走千里，为什么呢？'造父的弟子说：'你的缰绳拉得太长了。缰绳的长短对于车速来说，其作用不过万分之一，却妨碍千里之行。'现在臣虽然无才，但是对于秦国仍然有万分之一的力量，而相国见到臣却不打开阻塞的门路，这也是由于缰绳拉得太长的缘故吧。"

第二十九篇 燕策一

第一章 苏秦将为从北说燕文侯

苏秦将为从，北说燕文侯曰："燕东有朝鲜、辽东，北有林胡、楼烦，西有云中、九原，南有呼沱、易水。地方二千余里，带甲数十万，车七百乘，骑六千匹，粟支十年。南有碣石、雁门之饶，北有枣粟之利，民虽不由田作，枣粟之实，足食于民矣。此所谓天府也。夫安乐无事，不见覆军杀将之忧，无过燕矣。大王知其所以然乎？夫燕之所以不犯寇被兵者，以赵之为蔽于南也。秦、赵五战，秦再胜而赵三胜。秦、赵相蔽，而王以全燕制

苏秦准备组织合纵之盟，因而往北去游说燕文侯道："燕国东面有朝鲜、辽东，北面有林胡、楼烦，西面有云中、九原，南面有呼沱、易水。土地方圆二千多里，精兵几十万，战车七百辆，战马六千匹，粮食也足够十年支用。南面有碣石、雁门的丰饶物产，北面有枣粟的获利收成，农民即使不耕作，也可以靠枣粟的果实为生，这就是所谓上天赐给的物产丰饶的宝库。国家平日安乐无事，没有军队被消灭、将帅被杀戮的忧患，哪个国家也不敢跟燕国相比。但是大王知道这是什么原因吗？燕国之所以没遭受外敌的侵略，是因为南面有赵国作屏障。秦、赵两国五次交战，结果是秦国两胜而赵国三胜。秦、赵两国互相消耗，而大王保全燕国，控制住这个大后方，这就是燕国没遭受外敌侵略的原因。而且秦国想攻打燕国时，要越过云中、九

其后，此燕之所以不犯难也。且夫秦之攻燕也，逾云中、九原，过代、上谷，弥地踵道数千里，虽得燕城，秦计固不能守也。秦之不能害燕亦明矣。今赵之攻燕也，发兴号令，不至十日，而数十万之众，军于东垣矣。度呼沱，涉易水，不至四五日，距国都矣。故曰，秦之攻燕也，战于千里之外；赵之攻燕也，战于百里之内。夫不忧百里之患，而重千里之外，计无过于此者。是故愿大王与赵从亲，天下为一，则国必无患矣。"

燕王曰："寡人国小，西迫强秦，南近齐、赵。齐、赵，强国也，今主君幸教诏之，合从以安燕，敬以国从。"

于是赍苏秦车马金帛以至赵。

原、代郡、上谷，长途跋涉几千里，即使能攻下燕国的城邑，仍旧不能按照计划镇守住它们，所以秦国不能侵略燕国的理由非常明显。如今如果赵国想攻打燕国，从发号施令起，不到十天，赵国的几十万大军就可以开到东垣一带。再渡过呼沱和易水，不用四五天，就可以逼近燕国的首都蓟丘了。所以说秦国攻打燕国，只有到千里之外去作战；而赵国攻打燕国，是在百里之内作战。不担忧百里之内的外患，却重视千里以外的敌人，再也没有比这更失策的了。所以希望大王能跟赵国结盟，与天下诸侯团结一致，成立合纵之盟，那燕国就绝对没有忧患可言了。"

燕文侯说："寡人的燕国很小，西面受到强秦的压迫，南面又接近齐、赵两国，而齐、赵两国都是强国。如今幸亏有先生的指教，组织合纵之盟来安定燕国，所以寡人愿意率领全国民众参加。"

于是燕文侯赠送苏秦很多车马金帛，让他去赵国进行合纵。

第四章　燕文公时

燕文公时，秦惠王以其女为燕太子妇。文公卒，易王立。齐宣王因燕丧攻之，取十城。

武安君苏秦为燕说齐王，再拜而贺，因仰而吊。齐王按戈而却曰："此一何庆吊相随之速也？"

对曰："人之饥所以不食乌喙者，以为虽偷充腹，而与死同患也。今燕虽弱小，强秦之少婿也。王利其十城，而深与强秦为仇。今使弱燕为雁行，而强秦制其后，以招天下之精兵，此食乌喙之类也。"

齐王曰："然则奈何？"

对曰："圣人之制事也。转祸而为福，因

燕文公时期，秦惠王把他的女儿嫁给燕太子为妃子。燕文公死后，太子即位，就是后来的燕易王。齐宣王看到燕国有国丧，就乘机发兵攻打燕国，占领了十座城邑。

武安君苏秦为燕国的利益去游说齐宣王，他首先向齐宣王拜了两拜表示祝贺，接着又仰天吊唁。齐宣王手按着戈向后退了几步，责备道："你这庆贺和吊唁为什么接得这么快呢？"

苏秦回答说："人到饥饿的时候之所以不会吃乌喙，是因为即使这能暂时解除饥饿，但最后会和饿死一样痛苦。如今燕国虽然衰弱，却与强大的秦国是翁婿之邦。大王获得了燕国十个城邑的利益，却和强大的秦国结下了深仇。现在如果弱小的燕国做先锋，强大的秦国做后盾，号召天下精兵攻击您，就等于是齐国吃了乌喙。"

齐宣王说："那可怎么办呢？"

苏秦回答说："圣人做事，能把灾祸转变成福气，能把失败转变为成功。所

败而为功。故桓公负妇人而名益尊，韩献开罪而交愈固，此皆转祸而为福，因败而为功者也。王能听臣，莫如归燕之十城，卑辞以谢秦。秦知王以己之故归燕城也，秦必德王。燕无故而得十城，燕亦德王。是弃强仇而立厚交也。且夫燕、秦之俱事齐，则大王号令天下皆从。是王以虚辞附秦，而以十城取天下也。此霸王之业矣。所谓转祸为福，因败成功者也。"

齐王大说，乃归燕城。以金千斤谢其后，顿首途中，愿为兄弟而请罪于秦。

以齐桓公虽然辜负了蔡姬，但他的威名却愈发显赫；韩献子虽然因战败而获罪，但他的地位却愈发稳固。这些都是转祸为福、因败建功的事例。大王如果能采纳臣的献策，最好是归还燕国的十座城邑，然后用恭谨的言辞向秦国表示道歉。秦王如果知道大王因为他的原因而归还燕国的十座城邑，一定会感激大王。燕国没付出代价就平白无故地收回十座城邑，当然也会感激大王，这就等于避开强大的仇敌而结交要好的盟邦。况且燕、秦两国都会一同臣事大王，那么天下诸侯才都会服从大王号令。换句话说，大王用表面的外交辞令归顺秦国，又用十座城邑取得天下诸侯的支持，这就等于建立了霸王的基业。这也是所谓的转祸为福、转败为功啊。"

齐宣王听了非常高兴，立刻把十座城邑归还给燕国。随后又送给燕国黄金一千斤，并在一路上用很谦虚的态度叩头谢罪，表示愿意以兄弟之礼向秦国道歉。

第五章 人有恶苏秦于燕王者

人有恶苏秦于燕王者，曰："武安君，天下不信人也。王以万乘下之，尊之于廷，示天下与小人群也。"

武安君从齐来，而燕王不馆也。谓燕王曰："臣东周之鄙人也，见足下身无咫尺之功，而足下迎臣于郊，显臣于廷。今臣为足下使，利得十城，功存危燕，足下不听臣者，人必有言臣不信，伤臣于王者。臣之不信，是足下之福也。使臣信如尾生，廉如伯夷，孝如曾参，三者天下之高行，而以事足下，不可乎？"燕王曰："可。"曰："有此，臣亦不事足下矣。"

苏秦曰："且夫孝如曾参，义不离亲一夕

有人在燕易王面前诋毁苏秦，说："武安君是天下最不可信赖的人。大王以万乘之尊去俯就他，在朝廷上推崇他，这是向天下诸侯表示自己和小人为伍啊。"

苏秦从齐国回到燕国，燕易王竟不准备馆舍招待他。苏秦对燕易王说："臣本是东周的乡野小民，当初晋见大王时没有半点儿功劳，大王却亲自到郊外来迎接，使臣在朝廷上地位显赫。现在臣为大王出使齐国，获得了收复十座城邑的利益，有挽救弱小的燕国危亡命运的功劳，大王反而不再相信臣，一定是有人说臣不讲信用，在大王面前诽谤臣。其实，臣不守信义，那倒是大王的福气。如果臣像尾生那样守信，像伯夷那样高洁，像曾参那样孝顺，用这天下公认的三个人的高尚操行来侍奉君王，是不是可以呢？"燕易王说："当然可以。"苏秦说："如果臣是有这三种美德的人，那就不会来服侍君王了。"

苏秦说："臣如果像曾参一样孝顺，连一夜都不肯离开父母而到外面歇息，

宿于外，足下安得使之之齐？廉如伯夷，不取素餐，污武王之义而不臣焉，辞孤竹之君，饿而死于首阳之山。廉如此者，何肯步行数千里，而事弱燕之危主乎？信如尾生，期而不来，抱梁柱而死。信至如此，何肯杨燕、秦之威于齐而取大功哉？且夫信行者，所以自为也，非所以为人也。皆自覆之术，非进取之道也。且夫三王代兴，五霸迭盛，皆不自覆也。君以自覆为可乎？则齐不益于营丘，足下不逾楚境，不窥于边城之外。且臣有老母于周，离老母而事足下，去自覆之术，而谋进取之道。臣之趣固不与足下合者。足下皆自覆之君也，仆者进取之臣也，所谓以忠信得罪于君者也。"

燕王曰："夫忠信，又何罪之有也？"

那大王还能派臣出使齐国吗？如果臣像伯夷那样高洁，不肯吃白食，认为周武王不义而不做他的臣子，又拒不接受孤竹国的君位，宁肯活活饿死在首阳山，孤高自赏到这个地步的义士，又怎么肯步行几千里，为弱小燕国的垂危君主服务呢？如果臣像尾生一样守信义，和女人在桥下约会，那女人没来，他竟抱着桥柱不走，被洪水淹死了。守信义到这种程度的人，又怎么肯到齐国去宣扬燕、秦两国的威势，并建立大功呢？再说守信用讲道德的人，都是为了完善自己，并不是为了帮助别人。所以他们使用的都是庇护自己的方法，根本不是谋求进取的策略。况且三王交替兴起，五霸相继强盛，都不仅仅是为了庇护自己。大王以为庇护自己是应该的吗？那齐国就不能进兵营丘，而大王您也不能越过楚国的边界，更不能向边城之外窥探。况且臣有老母在周地，臣离开老母来侍奉大王，放弃庇护自己的观念，寻求进取的策略。看来臣的目的本来跟大王是不相合的。大王是庇护自己的君主，而臣是力求进取的臣子，这就是所说的'因为忠信却得罪君王啊'。"

燕易王说："忠信又有什么可责怪的呢？"

对曰："足下不知也。臣邻家有远为吏者，其妻私人。其夫且归，其私之者忧之。其妻曰：'公勿忧也，吾已为药酒以待之矣。'后二日，夫至。妻使妾奉卮酒进之。妾知其药酒也，进之则杀主父，言之则逐主母。乃佯僵弃酒。主父大怒而笞之。故妾一僵而弃酒，上以活主父，下以存主母也。忠至如此，然不免于笞，此以忠信得罪者也。臣之事，适不幸而有类妾之弃酒也。且臣之事足下，亢义益国，今乃得罪，臣恐天下后事足下者，莫敢自必也。且臣之说齐，曾不欺之也。使之说齐者，莫如臣之言也，虽尧、舜之智，不敢取也。"

苏秦回答说："大王可能不明白其中的道理。臣有一个邻居到远方去做官，他留在家里的妻子和别人通奸。当丈夫要回家时，她的奸夫感到很忧虑。奸妇就对奸夫说：'你不必担心，我已经准备好毒酒等他回来了。'过两天，她丈夫回来了。妻子叫侍妾端毒酒给他喝，侍妾知道这是一杯毒酒，男主人喝了就会被毒死，可是说出实情女主人就会被赶走。于是侍妾就假装跌倒，泼掉了毒酒。不料男主人竟然大怒，鞭打侍妾。侍妾假装跌倒，把毒酒弄翻，对上救了男主人一命，对下保全了女主人。侍妾忠贞到这种程度，却逃不过男主人的鞭打，这就叫作'以忠信而获罪。'臣今天的所作所为，恰好不幸有些类似于这个侍妾假装把酒弄翻的行为。况且臣侍奉大王，是为了提高燕国的地位，希望对燕国能有所帮助，不料臣竟因此而获罪，臣担心以后来侍奉大王的士子，都不敢自信能够做到这样。再说臣前往齐国游说，确实没有用欺骗的手段。只不过到齐国游说的其他国家的使者，没有谁像我说的那么婉转，即使他们像尧、舜那样明智，齐王也不肯相信他们的话。"

第八章 苏秦死其弟苏代欲继之

苏秦死,其弟苏代欲继之,乃北见燕王哙曰:"臣东周之鄙人也,窃闻王义甚高甚顺,鄙人不敏,窃释锄耨而干大王。至于邯郸,所闻于邯郸者,又高于所闻东周。臣窃负其志,乃至燕廷,观王之群臣下吏,大王天下之明主也。"

王曰:"子之所谓天下之明主者,何如者也?"

对曰:"臣闻之,明主者务闻其过,不欲闻其善。臣请谒王之过。夫齐、赵者,王之仇雠也;楚、魏者,王之援国也。今王奉仇雠以伐援国,非所以利燕也。王自虑此则计过。无以谏者,非忠臣也。"

苏秦死了,他弟弟苏代决定继承他的事业,于是北去游说燕昭王道:"臣是东周的乡野小民,私下听说大王具有崇高的德义,而且为人通情达理,臣愚昧无知,想放下锄、耨这些农具,接受大王的驱使。于是臣来到赵都邯郸,臣在邯郸所听到的评价,又比在东周所听到的更好。所以臣暗自坚持自己的意愿,兴冲冲地来到燕国的朝廷,拜会了大王的百官群臣后,才知道大王的确是天下的明君。"

燕昭王说:"先生所说的天下明君,是什么样的人呢?"

苏代回答说:"据我所知:'一个明君要非常喜欢听自己的缺点,而不喜欢听自己的优点。'现在就由臣来讲一讲大王的过错。原来齐、赵两国是大王的仇敌,而楚、魏两国是大王的盟邦;如今大王竟联合仇敌去进攻盟邦,这对于燕国没有任何好处。大王只要自己检讨一下,就知道这是一项错误的外交政策。如果明知是错误而不劝谏,那就不算是

王曰："寡人之于齐、赵也，非所敢欲伐也。"曰："夫无谋人之心，而令人疑之，殆；有谋人之心，而令人知之，拙；谋未发而闻于外，则危。今臣闻王居处不安，食饮不甘，思念报齐，身自削甲扎，曰有大数矣，妻自组甲绊，曰有大数矣，有之乎？"

王曰："子闻之，寡人不敢隐也。我有深怨积怒于齐，而欲报之，二年矣。齐者，我雠国也，故寡人之所欲伐也。直患国弊，力不足矣。子能以燕敌齐，则寡人奉国而委之于子矣。"

对曰："凡天下之战国七，而燕处弱焉。独战则不能，有所附则无不重。南附楚则楚重，西附秦则秦重，中附韩、魏则韩、魏重。且苟所

忠臣。"

燕昭王说："寡人虽然明知齐、赵两国是仇敌，但是他们太强大，故而不敢攻打。"苏代说："没有谋算人的野心，竟让人怀疑自己，这是很危险的事；有谋算人的野心，竟被人知道了，这是很愚笨的事；还没有等计谋付诸实现，就泄露到外面去了，更是危险万分。现在臣听说大王终日坐卧不安，饮食都不知道香味，一心想要报齐国之仇，亲自动手缝缀铠甲上的甲片，并且说：'有大计了！'连王后也亲自动手搓制穿甲片的绳索，并且说：'有大计了！'有这样的事吗？"

燕昭王说："先生既然已经知道，那寡人也不敢隐瞒了。寡人跟齐国有血海深仇，早在两年前就想报这个大仇。寡人既然跟齐国有深仇大恨，所以很想攻打齐国，只是担心国家疲惫，力量不够。如果先生能率领燕国抵抗齐国，那寡人愿意把全燕国都托付给先生。"

苏代回答说："现在天下相互争雄的国家有七个，而燕国是其中最弱的一个。单独作战不行，依附别的国家又无不受到重视。往南依附楚国，楚国就变得强大；往西依附秦国，秦国就变得强大；中间依附韩、魏两国，韩、魏两国就变得

附之国重，此必使王重矣。今夫齐王，长主也，而自用也。南攻楚五年，蓄积散。西困秦三年，民憔悴，士罢弊。北与燕战，覆三军，获二将。而又以其余兵南面而举五千乘之劲宋，而包十二诸侯。此其君之欲得也，其民力竭也，安犹取哉？且臣闻之，数战则民劳，久师则兵弊。"

王曰："吾闻齐有清济、浊河，可以为固；有长城、钜防，足以为塞。诚有之乎？"

对曰："天时不与，虽有清济、浊河，何足以为固？民力穷弊，虽有长城、钜防，何足以为塞？且异日也，济西不役，所以备赵也；河北不师，所以备燕也。今济西、河北，尽以役矣，封内敝矣。夫骄主必不好计，而亡国之臣贪于财。王诚能毋爱宠子、

强大。而且如果所依附的国家变得强大，一定也能使大王跟着强大。现在齐王是一位年长的君主，刚愎自用，四处征伐。往南攻打楚国连续五年，以致把积蓄耗尽；往西困扰秦国三年之久，以致百姓因饥饿而憔悴，士兵因作战而疲惫；向北和燕国作战，全军覆没，损失两员大将；又仰仗余威南征，制服拥有五千辆战车的强劲宋国，吞并了十二个小诸侯国。这是为了满足君主的欲望，而把民力消耗殆尽，齐国还有什么可攻打的呢？而且臣又听说：'连年作战，百姓就会困顿；长期用兵，将士就会疲惫。'"

燕昭王说："寡人听说：'齐国有澄清的济水、浑浊的黄河可以作为天然防线，有长城、钜防足以作为边防要塞。'真有这回事吗？"

苏代回答说："如果上天不给齐国时机，齐国即使有济水、黄河，又怎么能作为国防天堑呢？如果齐国民力疲惫，即使有长城、钜防，又怎么能作为边防要塞呢？况且以前齐国不在济西征兵，就是为了养兵防御赵国；齐国不在河北整军，就是为了养兵防御燕国。如今济西、河北都已经征兵，可见齐国国内确实疲惫不堪了。一个骄傲的君主一定不喜欢听别人的计谋，而亡国的臣子一定都贪图财货。大王如果舍得把宠爱的儿

母弟以为质，宝珠玉帛以事其左右，彼且德燕而轻亡宋，则齐可亡已。"

王曰："吾终以子受命于天矣！"

曰："内寇不与，外敌不可距。王自治其外，臣自报其内，此乃亡之之势也。"

子、同母的胞弟送到国外当人质，再用珠宝、玉帛贿赂齐王的近臣，那齐王就会感激燕国，而且认为灭掉宋国是很容易的事，这样就可以消灭了。"

燕昭王说："寡人还是按照上天之命接受先生的教诲吧。"

苏代说："如果不能控制内乱，外患就无法抗拒。大王亲自领兵从外面进攻齐国，而臣下在齐国做内应，这就是灭亡齐国的形势。"

第十一章 燕昭王收破燕后即位

燕昭王收破燕后即位，卑身厚币，以招贤者，欲将以报仇。故往见郭隗（wěi）先生曰："齐因孤国之乱，而袭破燕。孤极知燕小力少，不足以报。然得贤士与共国，以雪先王之耻，孤之愿也。敢问以国报仇者奈何？"

郭隗先生对曰："帝者与师处，王者与友处，霸者与臣处，亡国与役处。诎指而事之，北面而受学，则百己者至。先趋而后息，先问而后嘿，则什己者至。人趋己趋，则若己者至。冯几据杖，眄视指使，则厮役之人至。若恣睢奋击，呴籍叱咄，则徒隶之人至矣。此古服道致士之法也。王诚博选国

燕昭王收复残破的燕国之后即位为王，他谦卑恭敬，以优厚的聘礼来招贤纳士，准备依靠他们报齐国破燕杀父之仇。为此他去见郭隗先生，说："齐国乘我燕国的内乱，发兵击败我燕国。寡人深知燕国势单力薄，不足以报复齐国。然而如果寡人能得到贤者，和他们共理国政，去洗雪先王的耻辱，这就完成了寡人的心愿。请问先生，要如何替国家报仇呢？"

郭隗先生回答说："成就帝业的君主以贤者为师，成就王业的君主以贤者为友，成就霸业的君主以贤者为臣，国家将灭亡的君主以贤者为奴仆。如果能卑躬屈膝地侍奉贤人，面向北方屈尊接受教导，那么比自己的才能强一百倍的人就会光临；如果做事跑在别人前面，休息落在别人后面，先去虚心求教别人，过后再默思细想，那么比自己的才能强十倍的人就会到来；如果别人往前跑，自己也跟着往前跑，那么才能和自己相当的人就会来；如果靠着几案、拄着手杖，斜着眼睛指挥别人，那么奴仆一类

中之贤者，而朝其门下，天下闻王朝其贤臣，天下之士必趋于燕矣。"

昭王曰："寡人将谁朝而可？"郭隗先生曰："臣闻古之君人，有以千金求千里马者，三年不能得。涓人言于君曰：'请求之。'君遣之。三月得千里马，马已死，买其首五百金，反以报君。君大怒曰：'所求者生马，安事死马而捐五百金？'涓人对曰：'死马且买之五百金，况生马乎？天下必以王为能市马，马今至矣。'于是不能期年，千里之马至者三。今王诚欲致士，先从隗始；隗且见事，况贤于隗者乎？岂远千里哉？"

于是昭王为隗筑宫

的人就会来；如果怒目而视，动手打人，脚踩跳跃，吼叫申斥，那么卑鄙低下的犯人就会来。这都是自古以来服侍君子、网罗人才的人应注意的方法啊。大王如果真想广泛招选国内的贤人，就应该亲自登门拜访他们，天下人听说大王如此重视贤才，那天下的贤士一定都会到燕国来。"

燕昭王说："寡人应当先去拜访谁好呢？"郭隗先生说："臣听说古时候的君主，有用千金征求千里马的，可是经过三年也没能得到。宫中有个近侍对君主说：'请让臣去寻找千里马。'国君就派他去了。过于三个月，他终于找到了千里马，可惜马已经死了，但他用五百金买下马头，回来向君主复命。君主大发雷霆，说：'寡人所要的是活马，死马有什么用，而且为什么要白白扔掉五百金呢？'这个近侍回答说：'死马都要用五百金来买，何况活马呢？天下一定都认为大王您擅长买马，所以现在千里马就要来到了。'于是不到一年，很多千里马就到手了。现在大王如果有诚意招贤纳士，那就先从我郭隗开始吧；连我郭隗都能被君王重用，何况那些比我郭隗更贤能的人呢？难道他们还怕路途远而不来吗？"

于是燕昭王就为郭隗修建了一座宫

而师之。乐毅自魏往，邹衍自齐往，剧辛自赵往，士争凑燕。燕王吊死问生，与百姓同甘共苦。二十八年，燕国殷富，士卒乐佚轻战。于是遂以乐毅为上将军，与秦、楚、三晋合谋以伐齐，齐兵败，闵王出走于外。燕兵独追北，入至临淄，尽取齐宝，烧其宫室宗庙。齐城之不下者，唯独莒、即墨。

室，并拜他为师。果然，不久乐毅从魏国赶来，邹衍从齐国赶来，剧辛从赵国赶来，天下的贤士都争相投奔燕国。燕昭王在国内吊唁死者，安抚他们的家属，与百姓同甘共苦。二十八年后，燕国殷实富足，国力强盛，军人都愿意为国作战。于是燕昭王任命乐毅为上将军，和秦、楚、韩、赵、魏五国共同出兵讨伐齐国，齐军大败，齐闵王逃亡国外。六国联军中的燕军又单独追逐败北的齐军，一直追进齐国的首都临淄，把齐国的珍宝抢夺一空，并且烧毁了齐国的宫室和宗庙。当时齐国没被攻陷的，只剩下莒、即墨两座城邑。

第十三章 苏代谓燕昭王

苏代谓燕昭王曰："今有人于此，孝如曾参、孝己，信如尾生高，廉如鲍焦、史鳅，兼此三行以事王，奚如？"王曰："如是足矣。"对曰："足下以为足，则臣不事足下矣。臣且处无为之事，归耕乎周之上地，耕而食之，织而衣之。"王曰："何故也？"对曰："孝如曾参、孝己，则不过养其亲耳。信如尾生高，则不过不欺人耳。廉如鲍焦、史鳅，则不过不窃人之财耳。今臣为进取者也。臣以为廉不与身俱达，义不与生俱立。仁义者，自完之道也，非进取之术也。"

王曰："自忧不足乎？"对曰："以臣忧为足，则秦不出殽塞，

苏代对燕昭王说："现在这里有一个人，他的孝顺像曾参、孝己那样，他的诚实像尾生高那样，他的廉洁像鲍焦、史鳅那样，兼有这三种高尚品行来侍奉大王，大王以为如何？"燕昭王说："能这样就足够了。"苏代回答说："大王认为足够，臣却不会再侍奉大王了。因为臣会无所作为，回到周朝的土地上，躬耕而食，织布穿服。"燕昭王说："这是为什么呢？"苏代回答说："像曾参、孝己那样孝顺，只不过是奉养双亲而已；像尾生高那样诚实，只不过不欺骗别人而已；像鲍焦、史鳅那样廉洁，也只不过是不偷取别人的财物而已。现在臣是一个努力进取的人。臣认为廉洁不能和自身一道显达，信义不能和生命一起并存。而仁义，不过是自我完善之道，不是进取的做法。"

燕昭王说："那自求完美还不够吗？"苏代回答说："如果认为自求完美就够了，那秦国的军队就不会开出殽塞，

齐不出营丘，楚不出疏章。三王代位，五伯改政，皆以不臣忧故也。若自忧而足，则臣亦之周负笼耳，何为烦大王之廷耶？昔者楚取章武，诸侯北面而朝。秦取西山，诸侯西面而朝。曩者使燕毋去周室之上，则诸侯不为别马而朝矣。臣闻之，善为事者，先量其国之大小，而揆其兵之强弱，故功可成，而名可立也。不能为事者，不先量其国之大小，不揆其兵之强弱，故功不可成而名不可立也。今王有东向伐齐之心，而愚臣知之。"

王曰："子何以知之？"对曰："矜戟砥剑，登丘东向而叹，是以愚臣知之。今夫乌获举千钧之重，行年八十，而求扶持。故齐虽强国也，西劳于宋，南罢于楚，则齐军可败，而河间可取。"

齐国的军队就不会开出营丘，楚国的军队也不会开出疏章。三王交替而立，五霸轮流执政，都不是因为自求完美。如果因为自求完美而满足的话，那臣也可以回到周地的家乡去做苦工，为什么还要到大王的朝廷来费口舌呢？以前楚国攻取章武，诸侯们都去朝贡；秦国攻取西山，诸侯们都面向西去朝贡。当初如果燕国不丧失周室的土地，那诸侯们就不必调转马头去朝贡秦、楚两国了。臣听说：'善于治国的人，先估量一下自己国家的大小，再考虑一下自己兵力的强弱，这才可以功成名就；不会治国的人，不先计算自己国家的大小，也不估量自己兵力的强弱，所以既不能成功，也不能成名。'现在大王有东攻齐国的想法，所以臣才会知道。"

燕昭王说："你怎么知道的？"苏代回答说："因为您把戟头装在戟杆上，磨砺宝剑，登上山丘朝东叹息，所以臣才会知道。力士乌获能举起千钧重物，但已经八十高龄，也需要别人的搀扶。所以齐国虽然是一个强国，在西边由于灭宋而疲劳，在南边由于伐楚而困顿，那么齐军是可以被击败的，而河间之地也就可以占领了。"

燕王曰："善。吾请拜子为上卿，奉子车百乘，子以此为寡人东游于齐，何如？"对曰："足下以爱之故与，则何不与爱子与诸舅、叔父、负床之孙，不得，而乃以与无能之臣，何也？王之论臣，何如人哉？今臣之所以事足下者，忠信也。恐以忠信之故，见罪于左右。"

王曰："安有为人臣尽其力，竭其能，而得罪者乎？"对曰："臣请为王譬。昔周之上地尝有之。其丈夫宦三年不归，其妻爱人。其所爱者曰：'子之丈夫来，则且奈何乎？'其妻曰：'勿忧也，吾已为药酒而待其来矣。'已而其丈夫果来，于是因令其妾酌药酒而进之。其妾知之，半道而立。虑曰：'吾以此饮吾主父，则杀吾主父；以此事告吾

燕昭王说："好。请允许寡人任命先生为上卿，拨给先生战车一百辆，先生按照这种说法为寡人到东面的齐国去游说，先生以为如何？"苏代回答说："大王因为偏爱臣的缘故才赐给臣战车百辆，那为什么不把战车赐给您宠爱的王子，以及各位舅父、叔父等公卿贵族和靠床而立、不会走路的年幼孙辈呢？他们得不到这些，大王反倒把这些赐给无能的臣下，这是为什么？以大王的观察，认为臣是怎样的人呢？如今臣之所以侍奉大王的，只有忠、信二字。臣担心因为臣的尽忠守信，会得罪大王左右的近臣。"

燕昭王说："哪有为人臣的竭尽自己的力量和才能，反而获罪的呢？"苏代回答说："请准许臣为大王打个比方。古时周朝的上地发生过这样一件事：做丈夫的在外做官，一连几年没有回家，他的妻子竟跟人通奸。和她私通的奸夫说：'你丈夫马上就要回来了，你看怎么办呢？'他的妻子说：'不必担心，我已经准备好毒酒，正在等着他回来呢。'不久丈夫果然回来了，他的妻子就叫侍妾斟上毒酒端给丈夫喝。他的侍妾知道这件事，走到半路站住了，心里想：'我如果把这毒酒给男主人喝，一定会杀死男主人；我如果把这件事告诉男主人，男主人一定会把女主人赶走。与其杀死我

主父，则逐吾主母。与杀吾父、逐吾主母者，宁佯踬而覆之。'于是因佯僵而仆之。其妻曰：'为子之远行来之，故为美酒，今妾奉而仆之。'其丈夫不知，缚其妾而笞之。故妾所以笞者，忠信也。今臣为足下使于齐，恐忠信不谕于左右也。臣闻之曰："万乘之主，不制于人臣。十乘之家，不制于众人。匹夫徒步之士，不制于妻妾。而又况于当世之贤主乎？臣请行矣，愿足下之无制于群臣也。"

的男主人，或者把我的女主人赶走，倒不如假装跌倒把毒酒弄翻。'于是侍妾故意跌倒，把毒酒倒光。这时女主人气愤地说：'丈夫远道回家，所以我才准备美酒慰劳，现在你竟然把酒弄翻了！'男主人不知道内情，就把侍妾绑起来鞭打。可见侍妾之所以被鞭打，是由忠贞所招致的。现在臣为大王出使到齐国，恐怕臣的忠贞不能得到大王左右近臣的谅解。臣听说：'拥有万辆兵车的君王不受臣子控制，有十辆马车的大夫不受众人控制，无车可乘的士人不受妻妾控制。'更何况是一位当今的贤明君主呢？现在臣请求出使齐国，但愿大王不要受群臣的控制。"

第十四章 燕王谓苏代

燕王谓苏代曰："寡人甚不喜讹者言也。'苏代对曰："周地贱媒，为其两誉也。之男家曰'女美'，之女家曰'男富'。然而周之俗，不自为取妻。且夫处女无媒，老且不嫁；舍媒而自衒，弊而不售。顺而无败，售而不弊者，唯媒而已矣。且事非权不立，非势不成。夫使人坐受成事者，唯讹者耳。"王曰："善矣。"

燕昭王对苏代说："寡人最不喜欢听骗子的谎言。"苏代回答说："在我的故乡周地，受人轻视的是媒婆，因为她两边都要说好话。她到男家说：'女的长得如花似玉。'然后又到女家说：'男的家里富有钱财。'然而按照周地的风俗习惯，男人是不能自己娶妻的。而且处女如果没有经过媒人的撮合，一直到老也不能出嫁；如果不用媒人而自我炫耀，也是劳而无功，嫁不出去的。顺应风俗使男女如期婚嫁，不会遭遇任何挫折的，那就只有依赖媒人了。事情如果离开权术就不能成立，离开权势就不能成功。所以要使人坐享成功，就只有靠欺骗人的人。"燕昭王说："有道理。"

第三十篇 燕策二

第一章 秦召燕王

秦召燕王，燕王欲往。苏代约燕王曰："楚得枳而国亡，齐得宋而国亡，齐、楚不得以有枳、宋事秦者，何也？是则有功者，秦之深仇也。秦取天下，非行义也，暴也。

"秦之行暴于天下，正告楚曰：'蜀地之甲，轻舟浮于汶，乘夏水而下江，五日而至郢。汉中之甲，乘舟出于巴，乘夏水而下汉，四日而至五渚。寡人积甲宛，东下随，知者不及谋，勇者不及怒，寡人如射隼矣。王乃待天下之攻函谷，不亦远乎？'楚王为是之故，

秦国邀请燕昭王，燕昭王准备前往。苏代劝阻燕昭王说："楚国因为得到枳地而亡国，齐国因为得到宋地而亡国，齐、楚两国都不能由于有枳地、宋地而获得秦国的谅解，这是为什么呢？因为有势力的国家，都是秦国最仇视的。秦国夺取天下，依靠的并不是仁义，而是强暴。

"秦王在天下实行暴政，曾直言不讳地对楚国说：'蜀地的军队在岷江乘轻舟，趁夏季涨水进入长江，五天就可以到达楚国的郢都。汉中的精兵坐船出巴水，趁夏季涨水进入汉水，四天就可到达五渚。寡人集结精锐部队，从楚国的宛地向东到达随地，智者还来不及谋划，勇者还来不及发愤，寡人就像射鹰一般，轻而易举地达到目的了。然而大王却要等待天下诸侯攻打函谷关，这不是离实际情况太远了吗？'楚王因为这个缘故，十七年来一直臣事秦国。

十七年事秦。

"秦正告韩曰：'我起乎少曲，一日而断太行。我起乎宜阳而触平阳，二日而莫不尽繇。我离两周而触郑，五日而国举。'韩氏以为然，故事秦。

"秦正告魏曰："我举安邑，塞女戟，韩氏、太原卷。我下枳，道南阳、封、冀，包两周，乘夏水，浮轻舟，强弩在前，铦戈在后。决荥口，魏无大梁；决白马之口，魏无济阳；决宿胥之口，魏无虚、顿丘。陆攻则击河内，水攻则灭大梁。'魏氏以为然，故事秦。

"秦欲攻安邑，恐齐救之，则以宋委于齐，曰：'宋王无道，为木人以写寡人，射其面。寡人地绝兵远，不能攻也。王苟能破宋有之，寡人如自得之。'已得

"秦国正式警告韩国说：'我秦军从少曲出兵，一天之内就可以切断太行要道；我秦军从宜阳出兵进逼平阳，平阳以东之地两天以内没有不感到动摇的；我秦军经过两周进逼韩都新郑，只要五天就可以攻占整个韩国。'韩国认为这是事实，所以就去臣事秦国。

"秦国正式警告魏国说：'我秦军攻占魏国的安邑，阻塞韩国女戟的要道，就可以席卷韩国、太行。我秦军从枳道出兵，取道南阳、封陵、冀亭，包围东周、西周两国，趁着夏季盛涨的大水，坐上轻舟，强劲的弓弩在前面开道，锋利的长戈在后面随行。如果决开荥泽口，魏国就会丧失首都大梁；如果决开白马口，魏国就会丧失济阳；如果决开宿胥口，魏国就会丧失虚地、顿丘。如果从陆路进攻，就可以击破河内；如果从水路进攻，就可以灭掉大梁。'魏国认为是这样的，所以就去臣事秦国。

"秦王想攻打安邑，又担心齐国来救援，于是就把宋国抛给了齐国。秦王说：'宋王暴虐无道，雕刻一个木头人，上面写着寡人的名字，然后用箭射木头人的脸。寡人的国土离宋国太远，没办法直接发兵攻打。如果大王能击败宋国而加以占领，那和由寡人消灭宋国而加

安邑，塞女戟，因以破宋为齐罪。

"秦欲攻齐，恐天下救之，则以齐委于天下曰：'齐王四与寡人约，四欺寡人，必率天下以攻寡人者三。有齐无秦，无齐有秦，必伐之，必亡之！'已得宜阳、少曲，致蔺、石，因以破齐为天下罪。

"秦欲攻魏，重楚，则以南阳委于楚曰：'寡人固与韩且绝矣！残均陵，塞鄳隘，苟利于楚，寡人如自有之。'魏弃与国而合于秦，因以塞鄳隘为楚罪。

"兵困于林中，重燕、赵，以胶东委于燕，以济西委于赵。赵得讲于魏，至公子延，因犀首属行而攻赵。兵伤于离石，遇败于马陵，而重魏，则以叶、蔡委于魏。已得讲于赵，则劫魏，魏不为割。困则

以占领是一样的。'现在秦国已经得到魏国的安邑，阻塞韩国女戟的要道，于是又把消灭宋国算作齐国的罪过。

"秦王想攻打齐国，可是担心天下诸侯发兵救援，于是就把齐国抛给天下诸侯，说：'齐王四次跟寡人订立盟约，可是四次欺骗了寡人，三次率领天下诸侯攻打寡人。所以有齐国就没有秦国，没有齐国才有秦国，秦国一定要讨伐齐国，而且一定要把齐国灭掉！'如今秦国已经得到宜阳、少曲，又把蔺、石两地弄到手，于是又把攻破齐国的事归罪于天下诸侯。

"秦国想攻打魏国，又担心楚国救援，就把南阳抛给楚国说：'寡人本来要跟韩国绝交了，所以破坏均陵，封锁鄳塞，能对楚国有利，就如同寡人自己得到好处一样。'魏国背弃盟邦而跟秦国联合，于是秦国又把封锁鄳塞的事归罪于楚国。

"秦军在林中被围困，才想到尊重燕、赵两国，把胶东送交给燕国，把济西送交给赵国。赵国既然和魏国讲和，并且要魏公子延为人质，魏国却派公孙衍不断进兵攻打赵国。秦军在离石遭受打击，又在马陵败北，就更加尊重魏国，把叶、蔡两地送交给魏国。和赵国订立合约后，又开始胁迫魏国，魏国不肯割

使太后、穰侯为和，赢则兼欺舅与母。适燕者曰：'以胶东。'适赵者曰：'以济西。'适魏者曰：'以叶、蔡。'适楚者曰：'以塞郇隘。'适齐者曰：'以宋。'此必令其言如循环，用兵如刺蜚绣，母不能制，舅不能约。龙贾之战，岸门之战，封陆之战，高商之战，赵庄之战，秦之所杀三晋之民数百万。今其生者，皆死秦之孤也。西河之外、上雒之地、三川，晋国之祸，三晋之半。秦祸如此其大，而燕、赵之秦者，皆以争事秦说其主，此臣之所大患。"

燕昭王不行，苏代复重于燕。燕乃约诸侯从亲，如苏秦时，或从或不，而天下由此宗苏氏之从约。代、厉皆以寿死，名显诸侯。

让土地。秦国陷入困境时，就让太后、穰侯去讲和；秦国打胜了，就欺骗舅父和母亲。秦王以占领胶东的事谴责燕国，以占领济西的事谴责赵国，以占领叶、蔡两地的事谴责魏国，以封锁郇隘的事谴责楚国，以占领宋地的事谴责齐国，这一定会使秦王的话像连环那样圆滑，用兵像刺绣一样旋转无穷，母亲不能制止他，舅父不能约束他。龙贾之战、岸门之战、封陵之战、高商之战、赵庄之战，秦国所杀的三晋之民有数百万。现在活着的人都是死在秦王手里的三晋百姓的遗孤。而在西河之外、上雒之地、三川等地的争夺中，晋地所遭受的秦祸，几乎失去了三晋土地的一半。秦祸已如此严重，燕、赵两国的亲秦派却都争相游说自己的君主臣事秦王，这是臣所认为的最大忧患。"

于是燕昭王决定不去秦国了，苏代又重新受到燕国的重视。不久燕国就联合天下诸侯成立合纵盟约，一切都和苏秦时代相同，虽然诸侯有的参加合纵，有的不肯参加，但是天下诸侯却从此推崇苏氏兄弟的合纵之约。苏代、苏厉都享尽天年而终，名声显耀于诸侯。

第二章 苏代为奉阳君说燕于赵以伐齐

苏代为奉阳君说燕于赵以伐齐，奉阳君不听。乃入齐恶赵，令齐绝于赵。齐已绝于赵，因之燕，谓昭王曰："韩为谓臣曰：'人告奉阳曰：使齐不信赵者，苏子也；今齐王召蜀子使不伐宋，苏子也；与齐王谋道取秦以谋赵者，苏子也；令齐守赵之质子以甲者，又苏子也。请告子以请齐，果以守赵之质子以甲，吾必守子以甲。'其言恶矣。虽然，王勿患也。臣故知入齐之有赵累也。出为之以成所欲，臣死而齐大恶于赵，臣犹生也。令齐、赵绝，可大纷已。特臣非张孟谈也，使臣也如张孟谈也，齐、赵必有为智伯者矣。

苏代忠愿赵臣奉阳君就燕国怨恨齐国的事游说赵王，以使燕、赵两国共同出兵讨伐齐国，可是奉阳君没有听从。于是苏代到齐国去诬蔑赵国，让齐、赵两国绝交。齐国和赵国绝交后，苏代又前往燕国，对燕昭王说："韩为对臣说：'有人告诉奉阳君说：让齐国不相信赵国的，是苏代；让齐王召还蜀子，使他不攻打宋国的，是苏代；和齐王共谋联合秦国、图谋赵国的，也是苏代；让齐国派兵监视赵国人质的，还是苏代。我忠告您，请齐国不要这样做，如果齐国真的让士兵监视赵国人质，那么我也一定要用兵监视您。'可见他的话很恶毒。虽然如此，大王也不必担心。臣本来就知道进入齐国后要受赵国的迫害。臣离开赵国前往齐国是为了实现您的愿望，即使臣死在赵国，如果能让齐国万分憎恨赵国，臣也跟活着一样。让齐、赵两国绝交，就可以使天下大乱。只是臣不是张孟谈，如果臣也像张孟谈那样受人信任，那齐、赵两国一定会有一个像智伯那样的人。"

"奉阳君告朱谨与赵足曰：'齐王使公玉曰命说曰，必不反韩珉，今召之矣。必不任苏子以事，今封而相之。令不合燕，今以燕为上交。吾所恃者顺也，今其言变有甚于其父，顺始与苏子为仇。见之知无厉，今贤之两之，已矣，吾无齐矣！'

"奉阳君之怒甚矣。如齐王之不信赵，而小人奉阳君也，因是而倍之。不以今时大纷之，解而复合，则后不可奈何也。故齐、赵之合苟可循也，死不足以为臣患；逃不足以为臣耻；为诸侯，不足以臣荣；被发自漆为厉，不足以为臣辱。然而臣有患也，臣死而齐、赵不循，恶交分于臣也，而后相效，是臣之患也。若臣死而必相攻也，臣必勉之而求死焉。尧、舜之贤而死，禹、汤之知而死，孟贲

"奉阳君告诉朱谨、赵足说：'齐王派公玉曰传令李兑：绝对不准韩珉来齐国，现在却把他召来了；绝对不许把国事交给苏代，现在却封他为卿，并任命他为宰相；绝对不得和燕国结盟，现在却和燕国有最紧密的邦交。我所依靠的人是齐公子顺子，但他现在言论的矛盾比他父亲还厉害，顺子当初和苏代有仇，他答应即使会见苏代也无妨，现在却把苏代当作贤士，给他乘车的待遇。一切都完了，我失去齐国了！'

"奉阳君非常恼怒。就像齐王不信任赵国一样，如果以奉阳君为小人，那他可能会因此背叛齐国。不趁现在这个大乱的时机使齐、赵两国之间关系大乱，如果它们的矛盾解开，又重新联合起来，那以后对它们就无计可施了。所以齐、赵两国的结合如果能顺应燕国，即使臣死了，也不足以成为臣的遗憾；即使逃亡，也不足以构成臣的耻辱；即使被封为诸侯，也不足以构成臣的荣誉；即使披发漆身变成癫病患者，也不足以构成臣的耻辱。然而臣仍有忧患的事，就是臣死了，而齐、赵两国不顺应燕国，它们邦交的恶化以臣为分界，以致后世模仿他们的权诈外交，这才是臣的最大忧患。如果臣死了，齐、赵两国会互相攻伐，那臣必然努力要求一死。尧、舜那样贤

之勇而死，乌获之力而死，生之物固有不死者乎？在必然之物以成所欲，王何疑焉？

"臣以为不若逃而去之。臣以韩、魏循自齐，而为之取秦，深结赵以劲之。如是则近于相攻。臣虽为之累燕，奉阳君告朱谨曰：'苏子怒于燕王之以吾故，弗予相，又不予卿也，殆无燕矣。'其疑至于此，故臣虽为之不累燕，又不欲王。伊尹再逃汤而之桀，再逃桀而之汤，果与鸣条之战，而以汤为天子，伍子胥逃楚而之吴，果与伯举之战，而报其父之雠。今臣逃而纷齐、赵，始可著于春秋。且举大事者，孰不逃？桓公之难，管仲逃于鲁；阳虎之难，孔子逃于卫；张仪逃于楚；白珪逃于秦；望诸相中山也使赵，赵劫之求地，望诸攻关

能都死了，禹、汤那样智慧都死了，孟贲那样勇猛都死了，乌获那样有力也死了，有生命的东西难道有不死的吗？以必死的生命来完成您的愿望，难道大王还怀疑我的忠诚吗？

"臣认为不如逃离燕国，然后再从韩、魏两国顺路逃到齐国，以便为它联络秦国，又努力结交赵国来加强它的势力。如此就接近齐、赵两国互相攻打的局面了。臣虽然没有为他们连累燕国，但奉阳君告诉朱谨说：'由于苏代恼恨燕王因为我的缘故，既没有任命他做宰相，又没有给他上卿的地位，大概不会同燕国有什么联系了。'奉阳君怀疑臣竟然到这种程度，所以臣这样做极力不连累燕国，又不愿大王参战。伊尹曾两次逃离成汤而投奔夏桀，又两次逃离夏桀而归顺商汤，最后参加鸣条之战，拥戴商汤做了天子。伍子胥逃离楚国投奔吴国，后来通过伯举之战，报了自己的杀父之仇。如今臣逃离燕国，扰乱齐、赵两国的关系，唯独如此才能使臣载入史册。况且那些干大事的人，有谁没有经历过逃亡之苦呢？齐桓公遭难时，管仲逃亡到鲁国；阳虎之乱时，孔子逃亡到卫国；张仪逃亡到楚国，白珪逃亡到秦国；望诸君出任中山国的宰相时出使赵国，赵国挟持他索要土地，他就打下关卡逃出

而出逃；外孙之难，薛公释戴逃出于关，三晋称以为士。故举大事，逃不足以为辱矣。"

卒绝齐于赵，赵合于燕以攻齐，败之。

赵国。外孙之难时，薛公田文丢下车上的东西逃出关卡，三晋却赞美他是明智之士。由此看来，对一个图谋大事的人而言，逃亡并不算是耻辱。"

最后，苏代终于使齐国与赵国绝交，然后让赵国跟燕国结盟，共同攻打齐国，大败齐军。

第三章 苏代为燕说齐

苏代为燕说齐，未见齐王，先说淳于髡曰："人有卖骏马者，比三旦立于市，人莫知之。往见伯乐曰：'臣有骏马，欲卖之，比三旦立于市，人莫与言，愿子还而视之。去而顾之，臣请献一朝之贾。'伯乐乃还而视之，去而顾之，一旦而马价十倍。今臣欲以骏马见于王，莫为臣先后者，足下有意为臣伯乐乎？臣请献白璧一双，黄金千镒，以为马食。"淳于髡曰："谨闻命矣。"入言之王而见之，齐王大说苏子。

苏代为燕国去游说齐国，还没有见到齐威王，先游说淳于髡说："有一个想卖骏马的人，一连三天牵着马站在市场上，没有人知道这匹马是骏马。于是他去拜访伯乐，说：'我有一匹骏马，想把它卖掉，可是我牵着马在市场上站了三天，也没有人问价，请你绕着我的马细看一下，离开后再回头看一眼我的马，我可以送你一天应得的收入。'伯乐于是在这匹骏马周围详细看了一番，离开后又回过头来再看，结果一日之内这匹马的价格就涨了十倍。现在我想送一匹'骏马'给大王，可是没有人帮我介绍，阁下愿意做我的伯乐吗？请让我赠送你白璧一双、黄金一千镒，作为马的草料费。"淳于髡说："愿意听从您的吩咐。"于是进宫向齐威王引荐，齐威王果然接见了苏代，而且非常器重他。

第九章 昌国君乐毅为燕昭王合五国之兵而攻齐

昌国君乐毅为燕昭王合五国之兵而攻齐，下七十余城，尽郡县之以属燕。三城未下，而燕昭王死。惠王即位，用齐人反间，疑乐毅，而使骑劫代之将。乐毅奔赵，赵封以为望诸君。齐田单欺诈骑劫，卒败燕军，复收七十城以复齐。燕王悔，惧赵用乐毅乘燕之弊以伐燕。

燕王乃使人让乐毅，且谢之曰："先王举国而委将军，将军为燕破齐，报先王之仇，天下莫不振动，寡人岂敢一日而忘将军之功哉！会先王弃群臣，寡人新即位，左右误寡人。寡人之使骑劫代将军者，为将军久暴露于外，故召将军且休

昌国君乐毅为燕昭王率领五国联军讨伐齐国，一连攻陷齐国七十多座城邑，而且把这些地方全部作为郡县划归燕国。只剩下聊、即墨、莒三座城邑没被攻下，燕昭王就去世了。燕惠王即位，齐人使用反间计，使燕惠王怀疑乐毅，而另派燕将骑劫接替乐毅的将军职务。乐毅心生恐惧，逃往赵国，赵王封他为望诸君。这时齐国大将田单用计欺骗骑劫，最终大败燕军，夺回被燕国占领的七十多座城邑，拯救了齐国。燕惠王懊悔不已，担心赵国重用乐毅趁疲惫时来攻打燕国。

于是燕惠王派人责备乐毅，并且向乐毅道歉说："先王把整个燕国都委托给将军，将军率军为燕国大败齐国，报了我列祖列宗的血海深仇，天下诸侯无不为之震惊，寡人怎么敢有一日而忘掉将军的丰功呢？适逢先王不幸丢下群臣而去，寡人又刚刚即位，结果竟被左右侍臣蒙蔽了。寡人之所以让骑劫接替将军的职位，是因为将军长期在外奔波于战场，所以才想召回将军暂且休息，并与

计事。将军过听，以与寡人有郄，遂捐燕而归赵。将军自为计则可矣，而亦何以报先王之所以遇将军之意乎？"

望诸君乃使人献书报燕王曰："臣不佞，不能奉承先王之教，以顺左右之心，恐抵斧质之罪，以伤先王之明，而又害于足下之义，故遁逃奔赵。自负以不肖之罪，故不敢为辞说。今王使使者数之罪，臣恐侍御者之不察先王之所以畜幸臣之理，而又不白于臣之所以事先王之心，故敢以书对。

"臣闻贤圣之君，不以禄私其亲，功多者授之；不以官随其爱，能当之者处之。故察能而授官者，成功之君也；论行而结交者，立名之士也。臣以所学者观之，先王之举错，有高世之心，故假节于魏王，而以身得察于燕。先王过

你共商国家大计。然而将军竟误会了寡人的用心，认为寡人对将军有成见，于是背弃燕国，投奔赵国。如果将军完全为自己打算那是可以的，可您又怎能报答先王恩待将军的厚意呢？"

于是望诸君乐毅派人上书给燕惠王说："臣庸碌无能，不能秉承先王的遗教，来顺应左右重臣的心意，又深恐为此触犯刀斧诛戮的罪刑，这样不但伤害了先王用人的英明，也伤害了大王的仁义美德，所以臣只好逃往赵国。臣自知身负不忠的重罪，所以也不敢为自己辩护。现在大王既然派使者来列举臣的罪状，臣担心大王的左右重臣不理解先王任用爱护臣的道理，同时也不能表白臣之所以侍奉先王的一颗赤诚之心，所以才敢拿出勇气上书来回答大王。

"臣听说圣贤的君主不会私自将禄位给自己亲近的人，而是授予对国家功劳多的人；不会把官爵随便赏赐给自己所爱的人，而是谁能胜任这项工作就任命谁。所以考察才干再任命官吏的，就是能建功立业的君王；衡量品行再结交朋友的，就是能显身扬名的士人。我用所学的知识观察，先王处置国事，其胸襟远超当代诸侯，所以臣才借为魏国出使的机会来到燕国，得到先王的明察赏

举，擢之乎宾客之中，而立之乎群臣之上，不谋于父兄，而使臣为亚卿。臣自以为奉令承教，可以幸无罪矣，故受命而不辞。

"先王命之曰：'我有积怨深怒于齐，不量轻弱，而欲以齐为事。'臣对曰：'夫齐霸国之余教也，而骤胜之遗事也，闲于兵甲，习于战攻。王若欲攻之，则必举天下而图之。举天下而图之，莫径于结赵矣。且又淮北、宋地，楚、魏之所同愿也。赵若许，约楚、魏、宋尽力，四国攻之，齐可大破也。'先王曰：'善。'臣乃口受令，具符节，南使臣于赵。顾反命，起兵随而攻齐。以天之道，先王之灵，河北之地，随先王举而有之于济上。济上之军，奉令击齐，大胜之。轻卒锐兵，长驱至国。齐王逃遁走莒，

识。先王过分地器重臣，从众多宾客中把臣提拔起来，使臣位居群臣之上，凡事都不和父兄商量，而让臣做亚卿。臣自以为从此奉公守法，秉承教导去做事，总可以有幸不受处罚，所以才接受任命而不加推辞。

"当年先王对臣说：'寡人跟齐国有几代的深仇，所以不顾及国家的弱小，也要图谋复仇齐国。'臣回答说：'齐国有春秋五霸的遗风，又有屡战屡胜的经验，精于用兵，熟习攻守。大王如果想攻打齐国，那必须联合天下诸侯共同进兵。联合天下诸侯共同攻打齐国，最便捷的途径就是和赵国联合。况且齐国占有的淮北、宋地都是楚、魏两国极想得到的。如果赵国答应出兵攻打齐国，再联合楚、魏两国和被齐国占领的宋国之师共同出兵，四国攻打齐国，就一定可以大败齐国。'先王说：'好。'臣于是亲口传授先王的命令，准备好符节，出使到南边的赵国。待我回国复命后，各国随即出兵攻打齐国。仰仗天道的保佑和先王的神威，我国黄河以北之地因先王的举措而扩大到济水之滨。济水一带的军队奉命攻打齐国，获得全胜。轻装的精锐联军长驱直入齐都临淄，齐闵王仓皇逃往莒城，才勉强保住一命。齐都的所有珠玉财宝、车马铠甲、珍贵器物都被收

仅以身免。珠玉财宝，车甲珍器，尽收入燕，大吕陈于元英，故鼎反于历室，齐器设于宁台。蓟（jì）丘之植，植于汶篁。自五伯以来，功未有及先王者也。先王以为慊其志，以臣为不顿命，故裂地而封之，使之得比乎小国诸侯。臣不佞，自以为奉命承教，可以幸无罪矣，故受命而弗辞。

"臣闻贤明之君，功立而不废，故著于春秋；蚤知之士，名成而不毁，故称于后世。若先王之报怨雪耻，夷万乘之强国，收八百岁之畜积，及至弃群臣之日，余令诏后嗣之遗义，执政任事之臣，所以能循法令，顺庶孽者，施及于萌隶，皆可以教于后世。

"臣闻善作者，不必善成；善始者，不必善终。昔者五子胥说听乎阖闾，故吴王远迹至

入燕国的府库。齐国制定乐律的大钟被陈放在元英殿，燕国的大鼎又回到了历室宫，齐国的各种宝器摆设在宁台里，燕都蓟丘的旗帜插在汶水边的竹林内。春秋五霸以来，没有一个人的功业像先王这样大。先王觉得心愿满足了，认为臣没有辜负使命，所以才封赏给臣一块土地，使臣的地位能和小国的诸侯相比。臣愚鲁无能，自以为只要奉公守法、秉承教诲，就可以侥幸无罪，所以才接受先王的封赏而不敢推辞。

"臣听说：'贤能圣明的君主，建立功业后就不能半途而废，才能留名青史；有先见之明的士人，获得名誉后就不会毁弃，所以才能为后代所称颂。'像先王这样报仇雪耻，消灭拥有万辆兵车的强国，收取敌人八百多年的积蓄，等到遗弃群臣驾崩之时，先王仍不忘发布旨令，向后世宣示遗嘱，执掌政事的贤臣凭着先王的旨意，遵循法令，把妃妾所生的儿子安排好，施恩给身份卑贱的人，这些都可以成为后世的典范。

"臣又听说：'善于开拓的人，未必有好的收获；善于创始的人，未必有好的结果。'以前伍子胥的计谋被吴王阖闾采纳，所以吴王的足迹能远踏楚都郢

于郢。夫差弗是也，赐之鸱夷而浮之江。故吴王夫差不悟先论之可以立功，故沉子胥而不悔。子胥不蚤见主之不同量，故入江而不改。夫免身全功，以明先王之迹者，臣之上计也。离毁辱之非，堕先王之名者，臣之所大恐也。临不测之罪，以幸为利者，义之所不敢出也。

"臣闻古之君子，交绝不出恶声；忠臣之去也，不洁其名。臣虽不佞，数奉教于君子矣。恐侍御者之亲左右之说，而不察疏远之行也。故敢以书报，唯君之留意焉。"

然而吴王夫差却不信任伍子胥，把他杀死后装在皮囊里，投进长江。可见吴王夫差始终不明白贤人的主张可以建立功业，所以他才把伍子胥杀死丢在江里也不后悔。伍子胥没能及早预见自己和君主的度量不同，所以即使被投进大江也不能改变诚挚的初衷。这说明既能免遭杀戮、保全功名，又能彰显先王业绩，这是臣所采纳的上策。自身遭受毁谤侮辱，而又毁坏先王英名，这是臣最恐惧的事。面临不可预测的大罪，还误认为侥幸有利，是崇尚节义的人不愿意做的。

"臣更听说：'古代的君子绝交时，不说对方坏话；忠臣离开本国时，不洗刷自己的名声。'臣虽然没有什么才干，却时常接受有德之人的教诲。臣唯恐大王只相信左右的话，而不体察被疏远的臣子的言行。所以臣才斗胆冒昧上书回答大王，请大王三思。"

第十章 或献书燕王

或献书燕王："王而不能自恃，不恶卑名以事强，事强可以令国安长久，万世之善计。以事强而不可以为万世，则不如合弱。将奈何合弱不能如一，此臣之所为山东苦也。

"比目之鱼，不相得则不能行，故古之人称之，以其合两而如一也。今山东合弱而不能如一，是山东之智不如鱼也。又譬如车士之引车也，三人不能行，索二人，五人而车因行矣。今山东三国弱而不能敌秦，索二国，因能胜秦矣。然而山东不知相索，智固不如车士矣。胡与越人，言语不相知，志意不相通，同舟而凌波，至其相救助如一也。今山东之

有人送信给燕昭王，说："如果大王不能依靠自己的力量保存国家，不如不在乎名声，卑躬屈膝地投靠强国。如果投靠强国可以让自己的国家长治久安，那这确实是泽被万世的良策。如果投靠强国而不能奠定使万代子孙安宁的基业，那还不如和弱国结为盟邦。只是联合弱国而不能团结一致，这是臣为山东诸侯感到遗憾的。

"比目鱼，两只眼睛不在一侧配合，就不能在水中游动，所以古人这样称呼它，是因为它能合二如一。现在山东弱国已然联合，而又不能团结一致，可见山东六国人的才智还不如比目鱼。又譬如车夫拉车，三个人若拉不动车，再增加两个人，五个人一起拉，车就能动了。现在山东的韩、赵、魏三国力量薄弱，不能对抗秦国，如果再联合两个国家，就能战胜秦国了。然而山东诸侯却不知道争取这两个国家，可见他们的智慧还不如车夫。胡人和越人言语不相通，思想观念也不同，但他们能同舟共济，彼此互助，有如一人。现在山东诸侯互相帮

相与也，如同舟而济，秦之兵至，不能相救助如一，智又不如胡、越之人矣。三物者，人之所能为也，山东之主遂不悟，此臣之所为山东苦也。愿大王之熟虑之也。

"山东相合，之主者不卑名，之国者可长存，之卒者出士以戍韩、梁之西边，此燕之上计也。不急为此，国必危矣，主必大忧。今韩、梁、赵三国以合矣，秦见三晋之坚也，必南伐楚。赵见秦之伐楚也，必北攻燕。物固有势异而患同者。秦久伐韩，故中山亡；今久伐楚，燕必亡。臣窃为王计，不如以兵南合三晋，约戍韩、梁之西边。山东不能坚为此，此必皆亡。"

燕果以兵南合三晋也。

助，就应该同舟共济，可是当秦兵来攻打时，他们却互不救援，可见他们的智慧还不如胡人、越人。其实这三件事是任何人都能做到的，可是山东诸侯的君主始终不能领悟，这是臣为山东诸侯感到遗憾的，希望大王认真考虑一下。

"山东诸侯联合起来，他们国君的名声并不卑下，参与国也可以长久保存下去，盟国将士出兵把守韩、魏两国的西疆，这是燕国的上策。如果不赶快这样做，那国家一定会很危险，君王一定会有大忧患。现在韩、魏、赵三国已经联合，秦国看到三国如此坚定如一，一定会往南攻打楚国。赵国看到秦兵攻打楚国，一定会向北发兵攻打燕国。事情本来就有形势不同而祸患相同的。譬如秦国长期攻打韩国，所以中山国灭亡了；如今又一直攻打楚国，那燕国一定会灭亡。所以臣在私下为大王策划，大王实在不如把军队同南面的韩、赵、魏三国军队联合，三国相约共同把守韩、魏两国的西疆。如果山东各国不能如此精诚团结，到最后一定都会被秦国一一灭亡。"

燕昭王果然跟韩、赵、魏三国缔结了军事同盟。

第十二章 赵且伐燕

赵且伐燕，苏代为燕谓惠王曰："今者臣来，过易水，蚌方出曝，而鹬（yù）啄其肉，蚌合而拑其喙。鹬曰：'今日不雨，明日不雨，即有死蚌。'蚌亦谓鹬曰：'今日不出，明日不出，即有死鹬。'两者不肯相舍，渔者得而并禽之。今赵且伐燕，燕、赵久相支，以弊大众，臣恐强秦之为渔父也。故愿王之熟计之也。"惠王曰："善。"乃止。

赵国要发兵攻打燕国，苏代为燕国去对赵惠文王说："臣今天来的时候路过易水，看到一只河蚌正张开壳、露出肉晒太阳，可巧有一只鹬鸟飞过去叼住它的肉，河蚌闭起壳夹住了鹬鸟的嘴。鹬鸟说：'我今天不让你下水，明天也不让你下水，就会把你干死。'河蚌也对鹬鸟说：'我今天不让你飞开，明天也不让你飞开，就会把你饿死。'它们谁也不肯放开，这时打渔人走过来，把它们都抓住了。现在赵国要去攻打燕国，如果燕、赵两国长时间相持不下，两国的人力疲惫了，臣恐怕强大的秦国就要做打渔人了。所以希望大王认真考虑考虑。"赵惠文王说："有道理。"于是停止了攻打燕国的计划。

第三十一篇 燕策三

第三章 燕王喜使栗腹以百金为赵孝成王寿

燕王喜使栗腹以百金为赵孝成王寿，酒三日，反报曰："赵民其壮者皆死于长平，其孤未壮，可伐也。"王乃召昌国君乐间而问曰："何如？"对曰："赵，四达之国也，其民皆习于兵，不可与战。"王曰："吾以倍攻之，可乎？"曰："不可。"曰："以三，可乎？"曰："不可。"王大怒。左右皆以为赵可伐，遽起六十万以攻赵。令栗腹以四十万攻鄗，使庆秦以二十万攻代。赵使廉颇以八万遇栗腹于鄗，使乐乘以五万遇庆秦于

燕王喜派宰相栗腹送一百金给赵孝成王祝寿，饮酒三天后，栗腹回来汇报说："赵国百姓中的壮年人都死于长平之战，他们的遗孤还没有长大，我国可以乘机发兵攻打。"燕王喜于是召见昌国君乐间，问道："你认为怎样？"乐间回答说："赵国是一个交通便利的国家，他们的百姓都英勇善战，所以不能攻打。"燕王喜说："寡人准备用一倍的兵力去攻打，可以吗？"乐间说："不可以。"燕王喜说："用三倍的兵力去攻打，可以吗？"乐间回答说："不可以。"燕王喜勃然大怒。左右朝臣都认为可以攻打赵国，所以很快就发动六十万大军攻打赵国。派栗腹率四十万大军攻打鄗邑，派庆秦率二十万大军攻打代邑。赵国派廉颇率八万人在鄗邑迎战栗腹，派乐乘率五万人在代邑迎战庆秦。结果燕军大败，乐间乘机逃亡到赵国。

代。燕人大败。乐间入赵。

燕王以书且谢焉，曰："寡人不佞，不能奉顺君意，故君捐国而去，则寡人之不肖明矣。敢端其愿，而君不肯听，故使使者陈愚意，君试论之。语曰：'仁不轻绝，智不轻怨。'君之于先王也，世之所明知也。寡人望有非则君掩盖之，不虞君之明罪之也；望有过则君教诲之，不虞君之明罪之也。且寡人之罪，国人莫不知，天下莫不闻，君微出明怨以弃寡人，寡人必有罪矣。虽然，恐君之未尽厚也。谚曰：'厚者不毁人以自益也，仁者不危人以要名。'以故掩人之邪者，厚人之行也；救人之过者，仁者之道也。世有掩寡人之邪，救寡人之过，非君心所望之？今君厚受位于先王以成尊，轻弃寡人以快心，则掩邪以救

燕王喜写信给乐间，并且向他道歉说："寡人无能，没有听从贤卿的话，所以贤卿才弃国而逃，寡人的不贤明再清楚不过了。希望贤卿继续回来效命，然而贤卿却不肯接受，所以寡人才派使者向您说明一下寡人的心意，请贤卿三思而行。俗谚说：'仁者不轻易绝交，智者不轻易发怒。'贤卿对于先王的忠心，是举世周知的。寡人希望在自己有什么过错时，贤卿能多多掩饰和指教，没想到贤卿竟公开直率地指出寡人的过错；寡人希望在自己有什么罪过时，贤卿能给予教导，没想到贤卿竟张扬寡人的罪过。况且寡人的罪过，燕国臣民没有不知道的，天下诸侯也没有不听说的，贤卿暗地里跑出燕国表明您的怨恨，抛弃寡人，寡人一定是有罪的了。尽管如此，恐怕贤卿还没有尽到忠诚的责任。俗谚说：'心地淳厚的人不毁谤他人来自夸其德，心地仁慈的人不危害他人来建立名声。'所以掩饰他人缺点的人，就是心地淳厚之人；挽救他人过错的人，就是心地仁慈的人。世间有掩饰寡人邪恶、补救寡人过失的，难道不也是贤卿内心所希望的吗？现在贤卿由于先王优厚的封赏才享受尊名，不料竟轻易地背弃寡人来满足贤卿的心头之快，那更难以指

过，难得于君矣。且世有薄于故厚施，行有失而故惠用。今使寡人任不肖之罪，而君有失厚之累，于为君择之也，无所取之。国之有封疆，犹家之有垣墙，所以合好掩恶也。室不能相和，出语邻家，未为通计也。怨恶未见而明弃之，未尽厚也。寡人虽不肖乎，未如殷纣之乱也；君虽不得意乎，未如商容、箕子之累也。然则不内盖寡人，而明怨于外，恐其适足伤于高而薄于行也，非然也。苟可以明君之义，成君之高，虽任恶名，不难受也。本欲以为明寡人之薄，而君不得厚；扬寡人之辱，而君不得荣。此一举而两失也。义者不亏人以自益也，况伤人以自损乎！愿君无以寡人不肖，累往事之美。昔者，柳下惠吏于鲁，三黜而不去。或谓之曰：'可

望贤卿能为寡人掩饰邪恶、挽救过失了。世上有人对寡人薄情，但是寡人反而向他厚施恩德；有的人行为产生过失，寡人反而特别给予恩惠、加以任用。现在即使寡人有任用不贤之人的罪名，而贤卿也有违背寡人厚恩的牵累，因此寡人认为您选择的做法，没有可取之处。国家有疆界，就像家庭有院墙一样，是用来敦睦感情、掩饰丑恶的。一家人不能和睦相处，却跑到外面对邻居乱说，这不是一个明理的人应有的行为。在怨恨、憎恶还没有形成的时候，就公然背弃，这不算尽了忠厚者的本分。寡人虽然无才，但还没有像商纣王那样昏聩；贤卿虽然不得志，也没有像商容、箕子那样凄惨。然而贤卿在内不为寡人掩饰过错，反而公然到外面表明怨恨，恐怕这样做反倒足以损害贤卿的高尚，让人轻视贤卿的行为，不是这样吗？如果可以表明贤卿的仁义品德，保全贤卿的高尚人格，即使让寡人身负丑名，也不难接受。贤卿本来想表明寡人的不忠厚，而自己也得不到忠厚之名；本来想张扬寡人的耻辱，而自己也得不到荣耀。这样做就是一举两失啊。有正义感的人绝不靠损害别人来满足自己，又怎么会伤害他人来毁灭自己啊！但愿贤卿不要因为寡人无能，破坏了以往君臣之间的良好

以去。'柳下惠曰：'苟
与人之异，恶往而不黜
乎？犹且黜乎，宁于故
国尔。'柳下惠不以三
黜自累，故前业不忘；
不以去为心，故远近无
议。今寡人之罪，国人
未知，而议寡人者遍天
下。语曰：'论不修心，
议不累物，仁不轻绝，
智不简功。'弃大功者，
辍也；轻绝厚利者，怨
也。辍而弃之，怨而累
之，宜在远者，不望之
乎君也。今以寡人无罪，
君岂怨之乎？愿君捐怨，
追惟先王，复以教寡人！
意君曰，余且匿心以成
而过，不顾先王以明而
恶。'使寡人进不得修功，
退不得改过，君之所揣
也。唯君图之！此寡人
之愚意也。敬以书谒之。"

感情。以前柳下惠在鲁国做官，被罢免三次都不肯离开鲁国。有人对他说：'该离开了。'柳下惠说：'如果跟别人合不来，到哪里去都是被人罢黜。既然同样是被罢黜，宁可在自己的祖国被罢黜。'柳下惠并不把三次被罢黜当作自己的牵累，所以他仍然不忘怀以前的功绩；他不把离开国家作为自己的信念，所以朝野上下都没有人非议他。现在寡人的罪过，我燕国人虽然不知道，但议论寡人的人却遍布天下。俗谚说：'论者在议论人时，不涉及内心的动机；议者在议论物时，不会使物本身遭到破坏。仁者不轻率和人绝交，智者不急于轻视功劳。'放弃大功的人，等于停止了努力；轻弃重利的人，等于产生了怨恨。既停止又放弃，既怨恨而又破坏，那是一些被疏远的臣子的言行，不希望出现在贤卿的身上。何况寡人现在并没有罪过，贤卿又怎么能够怨恨寡人呢？但愿贤卿捐弃前怨，追念先王恩德，再回国重新指教寡人！贤卿也许会说：'我现在毫不宽容地说出你的过错，而且不顾先王的恩德来揭示你的丑恶。'这样就使寡人进不能建立功业，退不能改正过错，这是贤卿心里所揣度的。希望贤卿三思而后行！这是寡人的区区心意，恭敬地写在信上向贤卿说明。"

乐间、乐乘怨不用其计，二人卒留赵，不报。

乐间、乐乘怨恨燕王喜没有采纳自己的献策，最终还是继续留在赵国，也没给燕王喜回信。

第五章 燕太子丹质于秦亡归

燕太子丹质于秦，亡归。见秦且灭六国，兵以临易水，恐其祸至。太子丹患之，谓其太傅鞫武曰："燕、秦不两立，愿太傅幸而图之。"武对曰："秦地遍天下，威胁韩、魏、赵氏，则易水以北，未有所定也。奈何以见陵之怨，欲排其逆鳞哉？"太子曰："然则何由？"太傅曰："请入，图之。"

居之有间，樊将军亡秦之燕，太子容之。太傅鞫武谏曰："不可。夫秦王之暴，而积怨于燕，足为寒心，又况闻樊将军之在乎！是以委肉当饿虎之蹊，祸必不振矣！虽有管、晏，不能为谋。愿太子急遣樊将军入匈奴以灭口。请

燕太子丹在秦国做人质，逃回燕国。他看到秦国就要吞并六国，秦兵已经逼近易水，唯恐亡国惨祸降临燕国。他忧心如焚，于是对自己的太傅鞫武说："燕、秦两国势不两立，希望太傅能为国家谋划。"鞫武回答说："秦国土地遍布天下，如果兵临韩、赵、魏三国，那么易水以北的燕地命运难卜。何必因为在秦国做人质时所遭受的一点点怨恨，就去激怒秦王政呢？"燕太子丹说："那怎么办呢？"鞫武说："请太子进内室，让臣来为太子策划。"

过了一段时间，将军樊於期从秦国逃到燕国，太子丹收留了他。太傅鞫武进谏说："不可以收留樊将军啊。秦王政暴虐无道，而且一直对燕国怀恨在心，简直令人胆颤心惊，更何况听说樊将军在这里！这就好比把肉放在饿虎出没的路上，燕国的大祸无法挽救了！即使管仲、晏婴再世也一筹莫展啊。请太子赶紧让樊将军投奔匈奴，以便消除秦国发兵攻打燕国的借口。请让我到西边去跟

西约三晋，南连齐、楚，北讲于单于，然后乃可图也。"太子丹曰："太傅之计，旷日弥久，心惛然，恐不能须臾。且非独于此也。夫樊将军困穷于天下，归身于丹，丹终不迫于强秦，而弃所哀怜之交置之匈奴，是丹命固卒之时也。愿太傅更虑之。"鞠武曰："燕有田光先生者，其智深，其勇沉，可与之谋也。"太子曰："愿因太傅交于田先生，可乎？"鞠武曰："敬诺。"出见田光，道太子曰："愿图国事于先生。"田光曰："敬奉教。"乃造焉。

太子跪而逢迎，却行为道，跪地拂席。田先生坐定，左右无人，太子避席而请曰："燕、秦不两立，愿先生留意也。"田光曰："臣闻骐骥盛壮之时，一日而驰千里。至其衰也，驽马先之。今太子闻光壮

赵、魏、韩三国结盟，到南边去跟齐、楚两国订约，到北边去跟匈奴讲和，然后也许可以抗拒秦兵。"燕太子丹说："太傅的计划需要很长时间才能实现，现在我内心忧愁纷乱至极，恐怕一刻都不能再等了。况且问题还不是只有这些。樊将军走投无路才来投靠我，我绝对不能因为强秦的胁迫，就把我可怜的朋友打发到匈奴去，如果这样做是我结束自己生命的时候了。希望太傅再另想办法。"鞠武说："燕国有一位田光先生，此人智谋深远，沉勇刚毅，太子可以和他商议。"燕太子丹说："希望太傅代我介绍，让我和田光先生见面，好吗？"鞠武说："没问题。"于是就去拜访田光，并且介绍太子丹的事说："太子想跟先生密商国事。"田光说："一切愿意遵命效力。"于是鞠武陪着田光去见太子丹。

太子丹跪着迎接田光，倒退着为他引路，又跪下来替他拂净坐席。等田光坐稳，左右人都退下后，太子丹离开坐席，毕恭毕敬地向田光请教道："燕、秦两国势不两立，希望先生想办法来解决这件事。"田光说："臣听说骏马在壮盛时，一天能飞奔千里。等到它衰老了，连劣马也能跑到它前面。今天太子所听到的是壮年时的田光，却不知臣已经衰老无用了。尽管如此，臣仍然不敢忽略

盛之时，不知吾精已消亡矣。虽然，光不敢以乏国事也。所善荆轲，可使也。"太子曰："愿因先生得愿交于荆轲，可乎？"田光曰："敬诺。"即起，趋出。太子送之至门，曰："丹所报，先生所言者，国大事也，愿先生勿泄也。"田光俯而笑曰："诺。"

偻行见荆轲，曰："光与子相善，燕国莫不知。今太子闻光壮盛之时，不知吾形已不逮也，幸而教之曰：'燕、秦不两立，愿先生留意也。'光窃不自外，言足下于太子，愿足下过太子于宫。"荆轲曰："谨奉教。"田光曰："光闻长者之行，不使人疑之，今太子约光曰：'所言者，国之大事也，愿先生勿泄也。'是太子疑光也。夫为行使人疑之，非节侠士也。"欲自杀以激荆轲，曰："愿足下急过太子，言光已

国事而辜负太子的重托。臣有一位名叫荆轲的好友，可以担当这个使命。"太子丹说："请先生让我跟荆轲结识，可以吗？"田光先生说："遵命。"说完就起身走了出去。太子丹一直把他送到门口，说："我今天所报告给先生的，以及先生刚才为我所策划的，都是国家的最高机密，请千万不要泄露出去。"田光低着头笑了笑，说："遵命。"

田光弯腰屈背，谨敬地去见荆轲，对他说："我田光和你荆轲是好朋友，燕国没有人不知道。现在太子只听说我壮年时的威名，却不知道我的身体如今已经大不如当年了，但幸而太子向我请教说：'燕、秦两国势不两立，希望先生尽力想想办法。'我从来不把你当外人，所以我已经把你举荐给太子，希望你前往宫中拜见太子。"荆轲说："一切遵命照办。"田光又说："我听说年长者所作所为，不使人产生怀疑，现在太子却叮嘱我：'我们所说的都是国家的机密大事，请先生千万不要泄露出去。'这是太子在怀疑我啊。一个人做事让人怀疑，就不是高风亮节的侠义之士。"于是准备自杀来激励荆轲，说："请你马上去拜见太子，就说我田光已经死了，表明我

死，明不言也。"遂自刭而死。

轲见太子，言田光已死，明不言也。太子再拜而跪，膝下行流涕，有顷而后言曰："丹所请田先生无言者，欲以成大事之谋，今田先生以死明不泄言，岂丹之心哉？"荆轲坐定，太子避席顿首曰："田先生不知丹不肖，使得至前，愿有所道，此天所以哀燕不弃其孤也。今秦有贪饕之心，而欲不可足也，非尽天下之地，臣海内之王者，其意不餍。今秦已虏韩王，尽纳其地，又举兵南伐楚，北临赵。王翦（jiǎn）将数十万之众临漳、邺，而李信出太原、云中。赵不能支秦，必入臣。入臣，则祸至燕。燕小弱，数困于兵，今计举国不足以当秦。诸侯服秦，莫敢合从。丹之私计，愚以为诚得天下之勇士，

绝对没有泄漏国家的机密大事。"说完就自刎而死。

荆轲去见太子丹，说田光已经自杀，表明他没有泄露国家的机密大事。太子丹跪地拜了两拜，双腿跪行，泪流满面，过了好一会儿才说："我所叮嘱的是不让田先生泄露机密，以便为国家完成一件大事，如今田先生竟以死来证明他没有泄露秘密，这哪里是我的本意呢？"荆轲坐定后，太子丹离开席位，给荆轲叩头说："田先生不知道我无能，才介绍我拜见先生，接受先生的指教，这是上天可怜燕国而不遗弃他的后人啊。现在秦王有虎狼之心，贪得无厌，除非占领全天下的土地、征服全天下的诸侯，否则是绝对不会满足的。如今秦国已经俘虏韩王，吞并了韩国全部土地；又发兵往南攻打楚国，往北进逼赵国。秦将王翦率领几十万秦军列阵于漳水、邺城，而李信又出兵赵国的太原、云中等地。赵国哪里能抵抗秦国的攻势，一定会向秦国投降。赵国一旦向秦国称臣，那大祸就会降临到燕国。燕国国小力弱，多次遭受战争困扰，现在即使动员全国兵力，也不足以抵抗秦军。何况天下诸侯都已经屈服在秦国的兵威之下，没有谁再敢出面组织合纵之盟。因此我私下有一个计划，认为如果能得到天下的一位勇士，

使于秦，窥以重利，秦
王贪其贽，必得所愿矣。
诚得劫秦王，使悉反诸
侯之侵地，若曹沫之与
齐桓公，则大善矣；则
不可，因而刺杀之。彼
大将擅兵于外，而内有
大乱，则君臣相疑。以
其间诸侯，诸侯得合从，
其偿破秦必矣。此丹之
上愿，而不知所以委命，
惟荆卿留意焉。"久之，
荆轲曰："此国之大事，
臣驽下，恐不足任使。"
太子前顿首，固请无让。
然后许诺。于是尊荆轲
为上卿，舍上舍，太子
日日造问，供太牢异物，
间进车骑美女，恣荆轲
所欲，以顺适其意。

久之，荆轲未有行
意。秦将王翦破赵，虏
赵王，尽收其地，进兵
北略地，至燕南界。太
子丹恐惧，乃请荆卿曰：
"秦兵旦暮渡易水，则

假称派他出使秦国，以重利来诱惑秦王，
秦王贪图重利，就一定能够实现我的愿
望了。如果能劫持秦王，让他归还侵占
的全部诸侯的土地，就像当年曹沫劫持
齐桓公那样，那就最好了；如果不能这
样，就当场把秦王杀死。秦国的大将在
国外征战，如果国内大乱，那么君臣就
会互相猜疑。我燕国就可以趁这个机会
联合天下诸侯，团结一致完成合纵之盟，
势必能够击破秦国。这是我最大的愿望，
可不知把这个使命托付给谁才好，希望
贤卿想个办法。"荆轲听完这番话，过
了很久才说："这是国家的大事，臣庸碌
无能，恐怕不能够负起这项重任。"太
子丹一听这话，就走向前去磕头，恳请
荆轲不要推辞。这样，荆轲才答应下来。
于是太子丹拜荆轲为上卿，让他住在最
上等的馆舍里。太子丹每天都来问安，
供给最好的猪牛羊肉和上等珍宝，又奉
上很多车马和美女，尽量满足荆轲的一
切欲望，以便让他称心如意。

过了很久，荆轲还没有要出发的意
思。秦将王翦已经征服赵国，俘虏赵王，
占领了赵国的全部领地，又继续进兵北
侵，一直打到燕国的南疆。太子丹非常
恐惧，就向荆轲请求说："秦兵在旦夕之
间就要渡过易水，我虽然很想长期侍奉
贤卿，然而在目前的情况下又怎么可能

虽欲长侍足下，岂可得哉？"荆卿曰："微太子言，臣愿得谒之。今行而无信，则秦未可亲也。夫今樊将军，秦王购之金千斤，邑万家。诚能得樊将军首，与燕督亢（dū kàng）之地图献秦王，秦王必说见臣，臣乃得有以报太子。"太子曰："樊将军以穷困来归丹，丹不忍以己之私，而伤长者之意，愿足下更虑之。"

荆轲知太子不忍，乃遂私见樊于期曰："秦之遇将军，可谓深矣。父母宗族，皆为戮没。今闻购将军之首，金千斤，邑万家，将奈何？"樊将军仰天太息流涕曰："吾每念，常痛于骨髓，顾计不知所出耳。"轲曰："今有一言，可以解燕国之患而报将军之仇者，何如？"樊于期乃前曰："为之奈何？"荆轲曰："愿得将军之首以献秦，

呢？"荆轲说："即使太子不来请求，臣也要西去谒见秦王了。不过现在去如果没有贵重的礼物，那就无法接近秦王。现在秦王正悬赏千两黄金和万户封邑，缉拿樊将军。所以只要能得到樊将军的头和燕国督亢的地图，明言把这两件重礼献给秦王，秦王一定会欣然接见臣，这样臣才能完成太子的重托。"太子丹说："樊将军因为走投无路才投奔我，我不忍心为了实现自己的私人计划，做出这种伤害忠厚长者的不义之事，还望贤卿另想其他办法。"

荆轲知道太子丹不忍心要樊将军的头，就私下去见樊将军说："秦王对待将军可以说积恨很深了。将军的父母和同族的人都被秦王杀害了，现在又听说秦王悬赏千两黄金和万户封邑来购买将军的头，将军打算怎么办呢？"樊将军仰天长叹，泪流满面地说："每当我想到这些事，就恨入骨髓，考虑再三，只是想不出好办法来解决。"荆轲说："现在有一个好办法，既可以解除燕国的亡国之祸，又可以报将军的血海深仇，将军认为如何？"樊将军走上前问："是什么好办法呢？"荆轲说："希望得到将军的头献给秦王，秦王一定很高兴，就会接见我。到那时我就可以左手抓住他的袖子，

秦王必喜而善见臣，臣左手把其袖，而右手揕抗其胸，然则将军之仇报，而燕国见陵之耻除矣。将军岂有意乎？"樊于期偏袒扼腕而进曰："此臣日夜切齿拊心也，乃今得闻教。"遂自刎。太子闻之，驰往，伏尸而哭，极哀。既已，无可奈何，乃遂收盛樊于期之首，函封之。

于是，太子预求天下之利匕首，得赵人徐夫人之匕首，取之百金，使工以药淬之，以试人，血濡缕，人无不立死者。乃为装遣荆轲。燕国有勇士秦武阳，年十二，杀人，人不敢与忤视。乃令秦武阳为副。荆轲有所待，欲与俱，其人居远未来，而为留待。顷之未发。太子迟之，疑其有改悔，乃复请之曰："日以尽矣，荆卿岂无意哉？丹请先遣秦武阳。"荆轲怒，叱太

右手用匕首刺进他的胸膛。这样不仅报了将军的血海深仇，也洗雪了燕国的奇耻大辱。将军可有这番心意？"樊将军听完，挽起袖子，露出胳膊，握住手腕，走近一步说："这是我日夜咬牙切齿、痛彻心胸的事，到如今才算听到阁下的指教。"说完就自杀了。太子丹听说后，赶紧驾车奔去，抚尸痛哭，十分哀伤。但樊将军已经自杀，太子丹也无可奈何，就只好割下他的头，装在一个木匣子里密封起来。

这时，太子丹已经预先征求到天下最锋利的匕首，得到了赵人徐夫人的匕首，是出价一百金买来的。太子丹让工匠用毒药来淬染刀刃，拿它在人身上试验，只要流出一点血，被刺的人就会立刻死去。于是太子丹为荆轲准备行装，派他出使秦国。燕国有个勇士叫秦武阳，十二岁时杀过人，人们都不敢正眼看他，太子丹就派他做荆轲的副手。但荆轲还要等一个人，想跟这个人一起去，这个人住的地方太远，还没有赶到，荆轲为他滞留等待。为此过了很久，还没有出发。太子丹嫌他行动缓慢，甚至怀疑他有反悔之意，于是又去请求他说："时间已经不多了，贤卿难道不愿意去吗？那就让我先派秦武阳去吧。"荆轲听了很生气，申斥太子丹说："如果我今天去了

子曰："今日往而不反者，竖子也！今提一匕首入不测之强秦，仆所以留者，待吾客与俱。今太子迟之，请辞决矣。"遂发。

太子及宾客知其事者，皆白衣冠以送之。至易水上，既祖，取道。高渐离击筑，荆轲和而歌，为变徵之声，士皆瞋泪涕泣。又前而为歌曰："风萧萧兮易水寒，壮士一去兮不复还！"复为慷慨羽声，士皆瞋目，发尽上指冠。于是荆轲遂就车而去，终已不顾。

既至秦，持千金之资币物，厚遗秦王宠臣中庶子蒙嘉。嘉为先言于秦王曰："燕王诚振畏慕大王之威，不敢兴兵以拒大王，愿举国为内臣，比诸侯之列，给贡职如郡县，而得奉守先王之宗庙。恐惧不敢自陈，谨斩樊于期头，

不回来，岂不是因为秦武阳这小子！如今我只凭一把匕首，深入吉凶难测的虎狼秦国，我之所以还不动身，是要等待我的朋友一起去。现在太子既然嫌我行动迟缓，那我就决定辞行了。"说完就出发了。

太子丹和知道这件事的宾客们，都身穿白衣、头戴白帽为荆轲送行。到了易水河边，祭拜完路神，荆轲就要踏上征途了。这时，高渐离击起了筑，荆轲和着曲调高歌一曲，歌声凄厉悲怆，在场的人听了都泪流满面。荆轲又上前唱道："风萧萧兮易水寒，壮士一去兮不复还！"接着乐音又变作慷慨激昂的羽声悲歌，送行的人听得虎目圆睁，怒发冲冠。于是荆轲乘车飞驰而去，始终连头都没再回过一次。

荆轲一行到秦都咸阳后，先用价值千金的重礼贿赂秦王宠臣中庶子蒙嘉。蒙嘉事先替荆轲向秦王政美言道："燕王实在太畏惧大王的威势，所以不敢起兵抗拒大王，情愿率领全民臣事大王，和各方诸侯同列，编成秦国的郡县，每年按时给秦国进贡，只求能够奉守先王的宗庙。但是燕王由于恐惧过度，不敢亲自来向大王陈情，才特别砍下樊於期的头，并且献出燕国督亢的地图，这两种

及献燕之督亢之地图，函封，燕王拜送于庭，使使以闻大王。唯大王命之。"

秦王闻之，大喜。乃朝服，设九宾，见燕使者咸阳宫。荆轲奉樊于期头函，而秦武阳奉地图匣，以次进。至陛下。秦武阳色变振恐，群臣怪之，荆轲顾笑武阳，前为谢曰："北蛮夷之鄙人，未尝见天子，故振慑，愿大王少假借之，使毕使于前。"秦王谓轲曰："起，取武阳所持图。"轲既取图奉之，发图，图穷而匕首见。因左手把秦王之袖，而右手持匕首揕之。未至身，秦王惊，自引而起，绝袖。拔剑，剑长，掺其室。时惶急，剑坚，故不可立拔。荆轲逐秦王，秦王还柱而走。群臣惊愕，卒起不意，尽失其度。而秦法，群臣侍殿上者，不得持尺兵。

献礼都封装在木匣子里，由燕王亲手在朝廷交给使者，然后派使者来禀告大王。如今他们正等待大王的指示。"

秦王政听了这番话非常高兴，就穿上朝服，特设九宾之礼，在咸阳宫接见燕国使者。荆轲捧着装有樊於期头颅的木匣，秦武阳捧着装有督亢地图的木匣，由荆轲领先向前走。走到宫殿前的台阶下，秦武阳脸色陡变，浑身发抖，惊恐不已，秦国大臣们看了觉得很奇怪，荆轲赶紧回头对秦武阳笑了笑，向前替秦武阳辩解说："他是北方荒野之地的粗人，没见过天子宫殿的雄伟场面，所以显得紧张恐惧，恳请大王稍加谅解，以便让他在大王面前完成使命。"秦王政对荆轲说："你起来，把秦武阳拿的地图给寡人。"荆轲就拿过地图献上去，打开卷轴观看，地图完全展开时露出了匕首。他立刻左手拉住秦王政的衣袖，右手抓过匕首就猛刺秦王政，可惜没能刺中。秦王政大惊失色，自己抽身跳开，拉断了衣袖。秦王赶紧伸手拔剑，可是剑身太长，卡在剑鞘里。当时他既恐惧又紧张，剑鞘又很紧，所以不能立刻拔出来。荆轲追杀秦王政，秦王政只好绕着柱子逃跑。群臣都吓得惊慌失措，因为事情的发生太突然，出人意料，以致

诸郎中执兵，皆陈殿下，非有诏不得上。方急时，不及召下兵，以故荆轲逐秦王，而卒惶急无以击轲，而乃以手共搏之。是时侍医夏无且，以其所奉药囊提轲。秦王之方还柱走，卒惶急不知所为，左右乃曰："王负剑！王负剑！"遂拔以击荆轲，断其左股。荆轲废，乃引其匕首提秦王，不中，中柱。秦王复击轲，被八创。轲自知事不就，倚柱而笑，箕踞以骂曰："事所以不成者，乃欲以生劫之，必得约契以报太子也。"左右既前斩荆轲，秦王目眩良久。而论功赏群臣及当坐者，各有差。而赐夏无且黄金二百镒，曰："无且爱我，乃以药囊提轲也。"

大家都失去了常态。再加上按照秦国法律规定，群臣在殿上侍奉君王时，不得佩带任何兵器，而负责守卫宫禁的郎中虽然带着武器，又都站立在宫殿的台阶下，没有秦王的亲口诏令，绝对不能携带武器上殿。在万分紧急的时刻，秦王政也忘了下令救驾，如此荆轲才能尽情追杀秦王。秦王政在慌恐万分的情况下也找不到适当的武器反击荆轲，只好徒手和荆轲搏斗。御医夏无且用他身上带着的药囊投击荆轲。秦王政绕着柱子跑，仓皇失措，无计可施，这时左右侍臣才高喊："请大王把剑背过去！请大王把剑背过去！"秦王政这才拔出佩剑来反击荆轲，一剑砍断了他的左腿。荆轲负伤后倒地，于是举起匕首向秦王投刺过去，可惜没有击中，扎在了柱子上。秦王政再次用剑砍荆轲，荆轲受了八处伤。荆轲自知事情已经失败，就把身子靠在柱子上大笑起来，然后叉开两腿高声骂道："事情之所以没有成功，是因为我要生擒你，一定要拿到你归还所有燕国土地的凭证，借以报答燕太子丹。"这时左右侍臣赶过来杀死了荆轲，秦王政吓得头昏眼花，很久才回过神来。后来秦王政对群臣论功行赏，对应该加以处罚的也各有差别。他赏赐夏无且黄金二百镒，并夸奖说："夏无且由衷爱戴寡人，才用

于是，秦大怒燕，益发兵诣赵，调王翦军以伐燕。十月而拔燕蓟城。燕王喜、太子丹等，皆率其精兵东保于辽东。秦将李信追击燕王，王急，用代王嘉计，杀太子丹，欲献之秦。秦复进兵攻之。五岁而卒灭燕国，而虏燕王喜，秦兼天下。

其后荆轲客高渐离以击筑见秦皇帝，而以筑击秦皇帝，为燕报仇，不中而死。

药囊投击荆轲啊。"

于是秦王政更加愤恨燕国，立刻增派军队开到赵国旧地，下令王翦率军攻打燕国。同年十月攻陷燕都蓟城。燕王喜、太子丹等率领精兵逃到东边，退守辽东。秦将李信率军追击燕王喜，燕王喜在兵败情急之下，只好采纳代王嘉的计策，杀死太子丹，准备献给秦王。可是秦兵还是继续攻打燕国。五年之后终于灭掉燕国，燕王喜被秦兵俘虏，秦国终于统一了天下。

此后荆轲的朋友高渐离利用击筑的机会晋见秦始皇，并用筑攻击秦始皇，想替燕国报仇，可惜没有打中，反而被秦始皇杀害了。

第三十二篇 宋卫策

第二章 公输般为楚设机

公输般为楚设机，将以攻宋。墨子闻之，百舍重茧，往见公输般，谓之曰："吾自宋闻子。吾欲藉子杀王。"公输般曰："吾义固不杀王。"墨子曰："闻公为云梯，将以攻宋。宋何罪之有？义不杀王而攻国，是不杀少而杀众，敢问攻宋何义也？"公输般服焉，请见之王。

墨子见楚王曰："今有人于此，舍其文轩，邻有弊舆而欲窃之；舍其锦绣，邻有短褐而欲窃之；舍其梁肉，邻有糟糠而欲窃之。此为何

公输般为楚国制造机械兵器，准备用来攻打宋国。墨子听说后，步行万里去见公输般，以致脚底都磨出了层层老茧。他对公输般说："我在宋国就听说了阁下的大名。我想借助阁下的力量来杀人。"公输般说："我是讲道义的，决不杀人。"墨子说："听说你正在制造攻城的云梯，准备用来攻打宋国。请问宋国有什么罪呢？你口口声声说讲道义不杀人，如今却要攻打宋国，这分明是不杀少数人而杀多数人啊，请问你攻打宋国是出于什么道义呢？"公输般被墨子的话说服了，墨子请他向楚王引见自己。

墨子对楚惠王说："假设这里有一个人，放着自己华丽的车子不坐，邻居一辆破车，他反而想去偷；放着自己锦绣织成的衣服不穿，邻居有一件粗布短袄，他反而想去偷；放着自己的米肉不吃，邻居有一些酒糟和糠皮，他反而想去偷。

若人也？"王曰："必为有窃疾矣。"

墨子曰："荆之地方五千里，宋方五百里，此犹文轩之与弊舆也。荆有云梦，犀兕麋鹿盈之，江、汉鱼鳖鼋鼍，为天下饶，宋所谓无雉兔鲋鱼者也，此犹粱肉之与糟糠也。荆有长松、文梓、楩、枏、豫樟，宋无长木，此犹锦绣之与短褐也。恶以王吏之攻宋，为与此同类也。"王曰："善哉！请无攻宋。"

墨子接着说："楚国的土地纵横五千里，而宋国只有五百里，这就如同彩车和破车一样。楚国有云、梦，犀牛、野牛、麋鹿充盈其间，长江、汉水所出产的鱼、鳖、鼋、鼍，更是天下最多的。而宋国是一个连野鸡、兔子和鲫鱼都不产的贫瘠地方，这就如同米肉和糟粕一样。楚国有长松、文梓、楩、枏、豫章等名贵树种，而宋国连棵比较好的大树都找不到，这就如同锦绣衣服和粗布短袄一样。因此我认为大王派出攻打宋国的人，跟臣所说的有偷窃病的人很相似。"楚惠王说："阁下的话很合情理！寡人不攻打宋国了。"

第八章 宋康王之时有雀生鹯

宋康王之时，有雀生鹯于城之陬。使史占之，曰："小而生巨，必霸天下。"康王大喜。于是灭滕代薛，取淮北之地。乃愈自信，欲霸之亟成，故射天笞地，斩社稷而焚灭之。曰："威服天下鬼神。"骂国老谏曰，为无颜之冠以示勇。剖伛之背，锲朝涉之胫，而国人大骇。齐闻而伐之，民散，城不守。王乃逃倪侯之馆，遂得而死。见祥而不为祥，反为祸。

宋康王时，有只小鸟在城墙的角上生出只鹯鸟。宋康王要太史占卜，太史说："小鸟生出了大鸟，一定能称霸天下。"宋康王听了很高兴。于是出兵灭了滕国，占领薛邑，并夺得淮北之地。从此更加自信，希望立即建立号令天下的霸业，所以狂妄到用箭射天、用鞭笞地，并且摧毁土神、谷神的神位而加以焚烧，说："我要用威力去降服天下的一切鬼神。"他辱骂那些敢于劝谏的元老重臣，戴着一顶盖住脸的王冠来表示自己勇战绝伦。他用刀剖开驼子的背，砍断早晨过河人的腿，以致宋国人都大为惊恐。齐王听说宋康王这些暴虐无道的行为后，就立刻发兵攻打宋国，百姓四散奔逃，城邑没有军队镇守。宋康王逃到倪侯的官邸，很快被齐军俘虏、杀死。由此可见，即使天降吉祥，如果不行善政，吉祥也会变成灾祸。

第十二章 卫使客事魏

卫使客事魏，三年不得见。卫客患之，乃见梧下先生，许之以百金。梧下先生曰："诺。"乃见魏王曰："臣闻秦出兵，未知其所之。秦、魏交而不修之日久矣。愿王博事秦，无有佗计。"魏王曰："诺。"

客趋出，至郎门而反曰："臣恐王事秦之晚。"王曰："何也？"先生曰："夫人于事己者过急，于事人者过缓。今王缓于事己者，安能急于事人。""奚以知之？""卫客曰：事王三年不得见。臣以是知王缓也。"魏王趋见卫客。

卫国派了一位客卿去侍奉魏王，可过了三年还没见到魏王。卫国的客卿非常忧虑，就去拜请梧下先生帮忙，答应要酬谢一百金。梧下先生说："遵命。"于是就去见魏王，说："我听说秦国已经出兵，但不知道开往何方。秦、魏两国虽然缔结了邦交，但已经不修旧交很久了。恳求大王专心去侍奉秦国，万不可有其他想法。"魏王说："好。"

梧下先生快步离开，走到宫门口又回头说："臣担心大王臣事秦国已经晚了。"魏王问："何以见得？"梧下先生说："人们对自己被别人服侍都很积极，对服侍他人的事就会消极。现在大王连对自己被别人服侍的事都不积极，又怎么能够急着去做服侍别人的事呢？"魏王说："先生怎么会知道？"梧下先生说："卫国客卿对臣说，他来到魏国三年，一直都没有受到大王召见。所以臣才知道大王是慢性子的人。"于是魏王赶紧去接见卫国客卿。

第十四章 卫嗣君时胥靡逃之魏

卫嗣君时，胥靡逃之魏，卫赎之百金，不与。乃请以左氏。群臣谏曰："以百金之地，赎一胥靡，无乃不可乎？"君曰："治无小，乱无大。教化喻于民，三百之城，足以为治；民无廉耻，虽有十左氏，将何以用之？"

卫嗣君执政时，有个罪犯逃到魏国，卫国想用一百金把他从魏国赎回来，可是魏国不肯答应。卫嗣君就准备用左氏之地换回罪犯。群臣劝谏卫嗣君说："用价值不菲之地来引渡一个罪犯，恐怕不合适吧？"卫嗣君却说："治理不在国小，混乱不因国大。只要用教化来引导百姓，三百家的城邑也足以治理得很好；反之，如果百姓不讲廉耻礼仪，即使有十个左氏之地，那又有什么用呢？"

第十五章 卫人迎新妇

卫人迎新妇，妇上车，问："骖马，谁马也？"御曰："借之。"新妇谓仆曰："拊骖，无笞服。"车至门，扶，教送母："灭灶，将失火。"入室见曰，曰："徙之牖（yǒu）下，妨往来者。"主人笑之。此三言者，皆要言也，然而不免为笑者，蚤晚之时失也。

有个卫国人去迎娶新娘，新娘上车后问："两边的马是谁家的？"车夫说："是借的。"于是新娘就对车夫说："你只能打两边的马，不能打中间驾辕的马。"车子到了夫家门口，新娘由人扶下车时，对送亲的老女仆说："快去把炉灶的火弄灭，否则会失火的。"新娘走进房间看到地上有块石臼，又说："请把这块石头搬到窗户底下，因为会妨碍人来回走路。"主人觉得很可笑。其实这三句话，说得都很中肯，但之所以被人嘲笑，是新娘说这些话的时候不太恰当。

第三十三篇 中山策

第二章 犀首立五王

犀首立五王，而中山后持。齐谓赵、魏曰："寡人羞与中山并为主，愿与大国伐之，以废其王。"中山闻之，大恐。召张登而告之曰："寡人且王，齐谓赵、魏曰，羞与寡人并为王，而欲伐寡人。恐亡其国，不在索王。非子莫能吾救。"登对曰："君为臣多车重币，臣请见田婴。"中山之君遣之齐。见婴子曰："臣闻君欲废中山之王，将与赵、魏伐之，过矣。以中山之小，而三国伐之，中山虽益废王，犹且听也。且中山恐，必为赵、魏废其

魏将犀首公孙衍倡议魏、韩、赵、燕、中山五国互相称王，中山国最后称王。齐王对赵、魏两国的国王说："寡人以与中山国并立称王而感到羞耻，希望和各大国共同讨伐中山，废掉它的王号。"中山王听说此事后非常害怕，于是召见大臣张登，告诉他说："寡人已经称王，可是齐王对赵、魏两国说羞与寡人并肩为王，准备共同出兵攻打寡人。寡人只是害怕国家被灭亡，不在乎王号。除了贤卿，谁也没办法救寡人。"张登回答说："请大王为臣多准备些车马和丰厚的礼物，让臣亲自去见齐相田婴。"于是中山王就派张登前往齐国。张登拜见田婴说："臣听说您要废除中山王的王号，准备联合赵、魏两国攻打中山国，这是大错特错的事。像中山这样的小国，发动三个大国的军队去攻打，中山国即使遭到比废除王号还大的祸患，还是会听令

王而务附焉。是君为赵、
魏驱羊也，非齐之利也。
岂若中山废其王而事齐
哉？"

田婴曰："奈何？"
张登曰："今君召中山，
与之遇而许之王，中山
必喜而绝赵、魏。赵、
魏怒而攻中山，中山急
而为君难其王，则中山
必恐，为君废王事齐。
彼患亡其国，是君废其
王而亡其国，贤于为赵、
魏驱羊也。"田婴曰：
"诺。"张丑曰："不
可。臣闻之，同欲者相
憎，同忧者相亲。今五
国相与王也，负海不与
焉。此是欲皆在为王，
而忧在负海。今召中山，
与之遇而许之王，是夺
五国而益负海也。致中
山而塞四国，四国寒心。
必先与之王而故亲之，
是君临中山而失四国也。
且张登之为人也，善以

于三国的。何况中山王很害怕，一定会
自动为赵、魏两国把王号废掉，然后竭
力依附赵、魏两国。您这样做，是为赵、
魏两国赶羊，对齐国来说并没有好处，
哪里比得上让中山王自己废弃王号来侍
奉齐国呢？"

田婴说："那怎么办呢？"张登说："现
在阁下可以召请中山王来，跟他见面，
并准许他称王，中山王一定会很高兴，
这样就会跟赵、魏两国绝交。赵、魏两国
在愤怒之下攻打中山国，中山国形势危
急，就会知道齐王羞于跟中山王并肩为
王，这样中山王一定会很害怕，就会自
己废除王号来臣事齐国。中山王原本就
担心国家灭亡，您废除了他的王号而得
以控制中山，总比替赵、魏两国赶羊好
多了。"田婴说："遵命。"张丑说："不行。
我听说：'欲望相同的人互相怨恨，忧患
相同的人互相亲近。'现在五国相互称
王，只有齐国不允许中山为王。由此看
来，各国的共同欲望都是称王，而共同
的忧患却是深怕齐国干涉。现在如果召
请中山王来，会见他，并允许他称王，
这就等于侵夺了五国的权利而使齐国获
得好处。得到中山国的邦交却隔绝四国
的联系，会使四国觉得心寒。阁下一定
要先让齐国和中山国称王，并且故意和
中山国亲近，这样阁下虽然接近了中山

微计荐中山之君久矣，难信以为利。"

田婴不听。果召中山君而许之王。张登因谓赵、魏曰："齐欲伐河东。何以知之？齐羞与中山之为王甚矣，今召中山，与之遇而许之王，是欲用其兵也。岂若令大国先与之王，以止其遇哉？"赵、魏许诺，果与中山王而亲之。中山果绝齐而从赵、魏。

国，却失去了四国。而且张登把一些小计谋献给中山王已经很久了，他的话很难令人相信，不可能给我们带来好处。"

可是田婴不采纳张丑的话，真的请中山王来，并准许他称王。张登就对赵、魏两国说："齐国想攻打魏国的河东。我怎么知道的呢？因为齐王很不愿意跟中山国并肩为王，如今竟请中山王来，同他会面并准许他称王，这是想利用中山的军队。哪比得上贵国和中山国先称王，来阻止齐王和中山王的会晤呢？"于是赵、魏两国接受了这项建议，愿意同中山国一起称王，并建立邦交。中山国也真的跟齐国绝交而服从赵、魏两国。

第三章 中山与燕赵为王

中山与燕、赵为王，齐闭关不通中山之使，其言曰："我万乘之国也，中山千乘之国也，何偋名于我？"欲割平邑以赂燕、赵，出兵以攻中山。

兰诸君患之。张登谓兰诸君曰："公何患于齐？"兰诸君曰："齐强，万乘之国，耻与中山偋名，不惮割地以赂燕、赵，出兵以攻中山。燕、赵好位而贪地，吾恐其不吾据也。大者危国，次者废王，奈何吾弗患也？"张登曰："请令燕、赵固辅中山而成其王，事遂定。公欲之乎？"兰诸君曰："此所欲也。"曰："请以公为齐王而登试说公。可，乃行之。"兰诸君曰：

中山和燕、赵两国互相称王，齐国封锁关隘，不让中山使者通行，并且对外宣称："我齐国是拥有万辆兵车的国家，中山只不过是拥有千辆兵车的小国，哪有资格和齐国并肩称王呢？"齐王想割让平邑去贿赂燕、赵两国，以便共同出兵攻打中山国。

兰诸君听到消息后很担忧。张登对他说："阁下为什么恐惧齐国呢？"兰诸君说："齐国很强大，是一个是拥有万辆兵车的国家，耻于与中山王同为王，如今竟不惜割地贿赂燕、赵两国，以联合他们共同出兵攻打中山国。燕、赵两国喜好名位而又贪求土地，我担心他们不会帮助中山国。往大说会危及国家命运，往小说也会废除王号，又怎么能不令我担忧呢？"张登说："请让燕、赵两国协助中山君称王，一直到王国基础稳固为止。阁下愿意这样做吗？"兰诸君说："这正是我所希望的。"张登说："现在请阁下扮作齐王，由我来进行游说。如果游说成功，就这样做。"兰诸君说："很想听听先生是怎么说的。"

"愿闻其说。"

登曰："王之所以不惮割地以赂燕、赵，出兵以攻中山者，其实欲废中山之王也。王曰：'然'。然则王之为费且危。夫割地以赂燕、赵，是强敌也；出兵以攻中山，首难也。王行二者，所求中山未必得。王如用臣之道，地不亏而兵不用，中山可废也。王必曰：'子之道奈何？'"兰诸君曰："然则子之道奈何？"张登曰："王发重使，使告中山君曰：'寡人所以闭关不通使者，为中山之独与燕、赵为王，而寡人不与闻焉，是以隘之。王苟举趾以见寡人，请亦佐君。'中山恐燕、赵之不己据也，今齐之辞云'即佐王'，中山必遁燕、赵，与王相见。燕、赵闻之，怒绝之，王亦绝之，是中山孤，孤何得无废。以此说齐王，齐王听

张登说："大王之所以不惜割地贿赂燕、赵两国，以便共同出兵攻打中山国，其实是想废掉中山王的王号吧？大王说：'是的。'既然这样，那么大王不但会破费钱财，而且会遇到危险。割地贿赂燕、赵两国，这是壮大了敌人的力量；出兵攻打中山国，这是挑起战祸。大王冒这两种危险，在中山国寻求的东西却未必能够得到。如果大王能采用臣的策略，便能既不必割地，也不必用兵，轻而易举地把中山王的王号废掉。这时大王一定会问：'先生的策略又是什么呢？'"兰诸君插嘴说："那么先生的策略究竟是什么呢？"张登说："大王派遣重要的使臣，让他告诉中山王：'寡人之所以封锁关隘禁止使臣经过，为的是让中山国能够独自和燕、赵两国称王，寡人不曾听你们说过这件事，所以才派兵把守关卡，禁止使者通行。大王如果愿意抬脚前来见寡人，请让寡人也来帮助您。'中山王唯恐燕、赵两国不支持自己，现在齐国竟说'马上协助中山君称王'，那中山王一定会暗中回避燕、赵两国，和大王见面。燕、赵两国知道后，气愤之下会跟中山国断绝邦交，到那时大王也趁机跟中山国断绝邦交，这样中山国就陷于孤立状态，既然孤立无援，王号

乎？"兰诸君曰："是则必听矣，此所以废之，何在其所存之矣。"张登曰："此王所以存者也。齐以是辞来，因言告燕、赵而无往，以积厚于燕、赵。燕、赵必曰：'齐之欲割平邑以赂我者，非欲废中山之王也；徒欲以离我于中山，而已亲之也。'虽百平邑，燕、赵必不受也。"兰诸君曰："善。"

遣张登往，果以是辞来。中山因告燕、赵而不往，燕、赵果俱辅中山而使其王。事遂定。

又怎么能不被废掉呢？用这些话游说齐王，阁下认为齐王会听吗？"兰诸君说："如果这样对齐王说，他一定会听，这是废弃中山王号的方法，怎么能说是保全中山王号呢？"张登说："这仍然算是保全中山王号的办法。因为齐国如果像前面那样提出要求，中山国就可以告诉燕、赵两国不前往齐国，以便加深与燕、赵两国的交情。燕、赵两国一定会说：'齐国想割让平邑贿赂我们，目的并不在于废掉中山王号，只想离间我们和中山国的关系，然后自己去跟中山国建立友好邦交。'可见即使割让一百个平邑，燕、赵两国也一定不会接受。"兰诸君说："太好了。"

于是派张登前往齐国，张登果然用这番话来游说。于是中山国就告诉燕、赵两国，不同齐国来往，燕、赵两国也果然共同帮助中山国，让中山君称王，一直到王国基础稳定为止。

第六章 阴姬与江姬争为后

阴姬与江姬争为后。司马憙谓阴姬公曰："事成，则有土子民；不成，则恐无身。欲成之，何不见臣乎？"阴姬公稽首曰："诚如君言，事何可豫道者。"司马憙即奏书中山王曰："臣闻弱赵强中山。"中山王悦而见之曰："愿闻弱赵强中山之说。"司马憙曰："臣愿之赵，观其地形险阻，人民贫富，君臣贤不肖，商敌为资，未可豫陈也。"中山王遣之。

见赵王曰："臣闻赵，天下善为音，佳丽人之所出也。今者，臣来至境，入都邑，观人民谣俗，容貌颜色，殊无佳丽好美者。以臣所行多矣，

阴姬和江姬争夺中山国王后的地位。宰相司马憙对阴姬的父亲说："如果阴姬立为王后，那么您就能拥有土地，管理百姓；如果阴姬不能立为王后，恐怕您连性命也保不住。如果贤公想办成这件事，为什么不让阴姬来见我呢？"阴姬的父亲跪拜叩头说："如果真像阁下所说的那样，我会重重报答您的。"于是司马憙上书中山王说："臣已经知道使赵国衰弱、中山国强大的方法了。"中山王看了很高兴，召见司马憙说："寡人很想听听是什么方法。"司马憙说："我想先到赵国访问，观察一下赵国的山川险阻、百姓贫富的情况，以及君臣的优劣，考察之后作为凭据，眼下还不能先说出来。"于是中山王就派司马憙前往赵国。

司马憙拜见赵武灵王，说："臣听说，赵国是天下擅长音乐、出产美女的地方。这次臣来到赵国，走进首都邯郸，观察百姓的歌谣风俗，看见女子的容貌姿色，根本没有发现天姿国色的美女。臣到过的地方很多，周游各国，无所不去，但从来没见过像中山国的阴姬那样漂亮的

周流无所不通，未尝见人如中山阴姬者也。不知者，特以为神，力言不能及也。其容貌颜色，固已过绝人矣。若乃其眉目准頞（è）权衡，犀角偃月，彼乃帝王之后，非诸侯之姬也。"赵王意移，大悦曰："吾愿请之，何如？"司马憙曰："臣窃见其佳丽，口不能无道尔。即欲请之，是非臣所敢议，愿王无泄也。"

司马憙辞去，归报中山王曰："赵王非贤王也。不好道德，而好声色；不好仁义，而好勇力。臣闻其乃欲请所谓阴姬者。"中山王作色不悦。司马憙曰："赵强国也，其请之必矣。王如不与，即社稷危矣；与之，即为诸侯笑。"中山王曰："为将奈何？"司马憙曰："王立为后，以绝赵王之意。世无请后者。虽欲得请之，邻

女子。不知道的人还以为是仙女下凡，她的美绝不是言语所能形容的。看她的容貌姿色，堪称为绝代佳人。至于说她的眉眼、鼻子、面颊、额角之美，那真是应该当帝王之后，绝对不应该只当诸侯的姬妾。"赵武灵王听了这话很有些动心，非常高兴地说："我希望把这个美人要来，你以为如何？"司马憙说："臣只是私下看她很美，所以谈起来就不能不称道了。如果大王希望得到她，这就不是臣所敢议论的了，希望大王不要让别人知道。"

司马憙告别赵武灵王后，回来报告中山王说："赵王不是一个贤明的君主。因为他不喜欢道德，却追求淫声美色；不喜欢仁义，却追求勇武暴力。臣听说赵王想来得到君王的阴姬。"中山王听后，立刻变了脸色，很不高兴。司马憙接着说："赵国强大，一定会来要阴姬的。如果君王不给，国家就会危险；如果君王给，就会被天下诸侯耻笑。"中山王说："那可怎么办呢？"司马憙说："大王可以马上立阴姬为王后，这样就可以斩断赵王的邪念。因为世间没有向人要王后的道理。即使想非礼提出要求，邻国也不会答应。"于是

国不与也。"中山王遂
立以为后，赵王亦无请
言也。

中山王就册立阴姬为王后，赵武灵王
也没有再提出要阴姬的事了。

第七章 主父欲伐中山

主父欲伐中山，使李疵观之。李疵曰："可伐也！君弗攻，恐后天下。"主父曰："何以？"对曰："中山之君，所倾盖与车而朝穷闾隘巷之士者，七十家。"主父出："是贤君也，安可伐？"李疵曰："不然。举士，则民务名不存本；朝贤，则耕者惰而战士懦。若此不亡者，未之有也。"

赵武灵王想攻打中山国，派李疵前往观察情况。李疵回来奏报说："可以进攻了！大王如果不发兵攻打，恐怕就落在天下诸侯之后了。"主父说："那是什么道理呢？"李疵回答说："中山国的国君去掉车盖，坐车去访问住在贫穷狭窄巷子里的贤士，有七十多家。"主父说："这是一位贤明君主，怎么可以发兵攻打呢？"李疵说："大王的话不对。君王举用士子，百姓就会只重虚名，不会把心思放在农业这个根本上；君主访问贤人，农夫就会懒于耕作，战士就会懦弱。像这样而不亡国的，自古以来还没听说过。"

第八章 中山君飨都士

中山君飨都士大夫，司马子期在焉。羊羹不遍，司马子期怒而走于楚，说楚王伐中山，中山君亡。有二人挈戈而随其后者，中山君顾谓二人："子奚为者也？"二人对曰："臣有父，尝饿且死，君下壶飧饵之。臣父且死，曰：'中山有事，汝必死之。'故来死君也。"中山君喟然而仰叹曰："与不期众少，其于当厄；怨不期深浅，其于伤心。吾以一杯羊羹亡国，以一壶飧得士二人。"

中山王设宴款待都城里的士大夫，司马子期也在邀请之列。可是席间他没有吃到羊肉汤，于是大发脾气，跑到楚国去了，还游说楚昭王发兵攻打中山国。中山国陷落后，中山王逃跑了。有两名战士提着武器跟随在中山王后面，中山王回头对这两个人说："你们俩想干什么？"两人回答说："臣的父亲有一次快要被饿死了，大王赏给臣父一壶食物吃。臣父临死时说：'中山一旦遭遇困难，你们一定要以死相报。'所以现在臣来跟大王共赴国难。"中山王听了这话后不由得仰天叹息说："给东西不在多少，在于别人困难之时；仇怨不论深浅，在于伤了别人的心。寡人因为一杯羊肉汤而亡国，却又因为一壶饭而得到两位义士。"

第十章 昭王既息民缮兵

昭王既息民缮兵，复欲伐赵。武安君曰："不可。"王曰："前年国虚民饥，君不量百姓之力，求益军粮以灭赵。今寡人息民以养士，蓄积粮食，三军之俸有倍于前，而曰'不可'，其说何也？"

武安君曰："长平之事，秦军大克，赵军大破；秦人欢喜，赵人畏惧。秦民之死者厚葬，伤者厚养，劳者相飨，饮食餔馈，以靡其财；赵人之死者不得收，伤者不得疗，涕泣相哀，勠力同忧，耕田疾作，以生其财。今王发军，虽倍其前，臣料赵国守备，亦以十倍矣。赵自长平已来，君臣忧惧，早朝晏退，卑辞重币，

秦昭王已经使秦国百姓得到充分的休养生息，修缮了武器，准备再度兴兵讨伐赵国。武安君白起说："不行。"秦昭王说："去年国库空虚，百姓受饿，贤卿不顾百姓的能力，要求征调兵粮消灭赵国。如今寡人休养百姓，供养士兵，蓄积粮食，三军将士的俸禄也比以前好一倍，贤卿反倒说'不能攻打赵国'，这是为什么呢？"

白起说："长平之战时，秦军大胜，赵军大败；秦国人欢腾，赵国人恐惧。所以秦国士兵战死的都获得厚葬，受伤的都获得很好的照顾，劳累的都获得酒食招待，吃饱喝足并得到馈饷，消费掉国家的资财；反之赵人战死的人都得不到收殓安葬，受伤的人都得不到治疗，全国上下悲泣哀号，每个人都尽力共同分担忧患，努力耕作，以便多生资财。现在大王能够派出的军队虽然超过以前一倍，但臣私下料想赵国的守备军民也会超出原来的十倍。赵国自从长平之战以来，君臣忧虑恐惧，早晨上朝早，晚上退朝晚，并用卑下的言辞和贵重的礼

四面出嫁，结亲燕、魏，连好齐、楚，积虑并心，备秦为务。其国内实，其交外成。当今之时，赵未可伐也。"

王曰："寡人既以兴师矣。"乃使五校大夫王陵将而伐赵。陵战失利，亡五校。王欲使武安君，武安君称疾不行。王乃使应侯往见武安君，责之曰："楚，地方五千里，持戟百万。君前率数万之众入楚，拔鄢、郢，焚其庙，东至竟陵，楚人震恐，东徙而不敢西向。韩、魏相率，兴兵甚众，君所将之不能半之，而与战之于伊阙，大破二国之军，流血漂橹，斩首二十四万。韩、魏以故至今称东藩。此君之功，天下莫不闻。今赵卒之死于长平者已十七八，其国虚弱，是以寡人大发军，人数倍于赵国之

物向四方派出使节，结交盟邦，跟燕、魏两国通婚，又跟齐、楚两国建立良好邦交，处心积虑，卧薪尝胆，一切都以防御秦国为当务之急。现在赵国国力充实，外交成功。因此臣认为，目前是不可以兴兵讨伐赵国的。"

秦昭王说："可是寡人已经派兵了。"于是派五大夫王陵为主将，大举进攻赵国。结果王陵战败，损失了四千余人。这时秦昭王想派白起率军出战，但白起以生病为由而不奉召。秦昭王又派宰相应侯范雎去见白起，责难他说："楚国土地方圆五千里，持戟的士卒上百万。以前将军只率领几万人攻进楚国，占领鄢、郢两地，焚烧楚王的宗庙，东面直抵竟陵，使楚国人大为震惊恐慌，只好往东迁都到陈，不敢往西继续抵抗。韩、魏两国相继发兵，动用大批军队，而将军所率领的秦兵在人数上还不及韩、魏两国军队的一半，您却同它们在伊阙大战，大破韩、魏两国之军，死者的血能漂起作战的大盾，斩下敌人二十四万首级。所以一直到今天，韩、魏两国还对秦国自称东面藩国。这都是将军的汗马丰功，天下尽人皆知。现在赵军战死在长平的士卒已有十之七八，赵国的虚弱可想而知。所以寡人大举发兵，人数超过赵国军队的几倍，希望将军能率军出战，一

众，愿使君将，必欲灭
之矣。君当以寡击众，
取胜如神，况以强击弱，
以众击寡乎？"

武安君曰："是时
楚王恃其国大，不恤其
政，而群臣相妒以功，
谄谀用事，良臣斥疏，
百姓心离，城池不修，
既无良臣，又无守备。
故起所以得引兵深入，
多倍城邑，发梁焚舟以
专民，以掠于郊野，以
足军食。当此之时，秦
中士卒，以军中为家，
将帅为父母，不约而亲，
不谋而信，一心同功，
死不旋踵。楚人自战其
地，咸顾其家，各有散心，
莫有斗志。是以能有功
也。伊阙之战，韩孤顾魏，
不欲先用其众。魏恃韩
之锐，欲推以为锋。二
军争便之力不同，是以
臣得设疑兵，以待韩阵，
专军并锐，触魏之不意。
魏军既败，韩军自溃，
乘胜逐北，以是之故能

定要一举消灭赵国。将军以前屡次以寡
胜众，用兵如神，何况现在是以强击弱，
以众击寡呢？"

白起说："当时楚王依仗国土广大，
不体察国政，以致群臣为争功而相互嫉
妒，阿谀逢迎者当政，贤臣遭受排斥，
百姓离心离德，城墙和护城河不加修治，
内无良臣执掌朝政，外无常备不懈的守
军。所以臣才能率军深入楚国，攻取很
多城邑，拆断桥梁、焚毁舟船使士卒专
心前进而不后退，并在城邑的郊外大肆
掠夺粮食以补足军粮。那个时候，我秦
兵将士都以军队为家，以将帅为父母，
不必相交自然就亲近，不必商议自然就
信任，一心想着同获战功，死不退避而
奋勇向前。反之楚国人是在自己国家的
土地上作战，人人都只顾念自己的家室，
所以各自有不同的想法，根本没有为国
牺牲的斗志。这样才使臣建立了丰伟战
功。至于伊阙之战，当时韩国势孤力单，
魏国又有后顾之忧，都不愿意先用自己
的军队作战。魏国依仗韩国的精锐雄师，
想推举韩军打先锋。因为韩、魏两军互
相利用的角度不同，所以才使臣有机会
设下疑兵，与韩军对阵，又集中精锐兵
士组成一支劲旅，乘魏军不备而下令冲
击。结果魏军首先败北，韩军不战自

立功。皆计利形势，自然之理，何神之有哉！今秦破赵军于长平，不遂以时乘其振惧而灭之，畏而释之，使得耕稼以益蓄积，养孤长幼，以益其众，缮治兵甲以益其强，增城浚池以益其固。主折节以下其臣，臣推礼以下死士。至于平原君之属，皆令妻妾补缝于行伍之间。臣人一心，上下同力，犹勾践困于会稽之时也。以合伐之，赵必固守，挑其军战，必不肯出。围其国都，必不可克。攻其列城，必未可拔。掠其郊野，必无所得。兵出无功，诸侯生心，外救必至。臣见其害，未睹其利。又病，未能行。"

应侯惭而退，以言于王。王曰："微白起，

溃，我军乘胜追击败退之军，臣因为这样的缘故才能建立战功。这都有赖于天时地利，顺理成章，哪是什么用兵如神啊！后来秦兵在长平击败赵军时，没能抓紧时机，趁着赵国恐惧万分时给它毁灭性的打击，竟然因为赵国已经畏惧屈服而就放弃追击，使赵国能够抓紧耕种以增加储备，抚养遗孤以扩充军队，制造盔甲武器以增强战斗力，修筑城池、疏浚护城河以使城邑更加坚固。赵王委屈自己的王者之尊去安抚臣子，臣子不惜牺牲自己去安抚为国捐躯的士兵。至于平原君赵胜那样的人，都让自己的妻妾到军队中为士兵们缝补衣服。君民同心，上下共同努力，就像越王勾践会稽之耻后的卧薪尝胆。现在如果去攻打赵国，赵国一定会死守阵地；诱使赵军作战，他们一定不肯出城；围困赵都邯郸，一定没有攻陷的可能；攻打赵国的其他城池，一定不能攻下；掠夺赵国的乡野，也一定没有什么收获。如果出师不能获得战功，天下诸侯就会生异心，这样赵国一定会得到外援。所以臣只知道讨伐赵国的害处，却看不到讨伐赵国的好处。再加上臣病魔缠身，所以无法奉命率军出征。"

范雎很惭愧地回去，把白起的话奏报给秦昭王。秦昭王说："没有白起，我

吾不能灭赵乎？"复益
发军，更使王龁代王陵
伐赵。围邯郸八九月，
死伤者众，而弗下。赵
王出轻锐以寇其后，秦
数不利。武安君曰："不
听臣计，今果如何？"
王闻之怒，因见武安君，
强起之，曰："君虽病，
强为寡人卧而将之。有
功，寡人之愿，将加重
于君。如君不行，寡人
恨君。"武安君顿首曰：
"臣知行虽无功，得免
于罪。虽不行无罪，不
免于诛。然惟愿大王览
臣愚计，释赵养民，以
诸侯之变。抚其恐惧，
伐其骄慢，诛灭无道，
以令诸侯，天下可定，
何必以赵为先乎？此所
谓为一臣屈而胜天下也。
大王若不察臣愚计，必
欲快心于赵，以致臣罪，
此亦所谓胜一臣而为天
下屈者也。夫胜一臣之
严焉，孰若胜天下之威
大耶？臣闻明主爱其国，

就不能消灭赵国了吗？"于是增派军队，
并让王龁接替王陵进攻赵国。秦军围困
赵都邯郸八九个月，死伤的人很多，却
没有攻下邯郸。赵孝成王派出一支轻
装劲旅，迂回攻打秦军后路，以致秦军
出战屡次失利。这时白起竟对秦昭王
说："大王不听臣的劝谏，如今战况怎样
呢？"秦昭王听了非常生气，亲自去见
白起，逼着他起床，说："贤卿虽然有病，
也要勉强为寡人抱病指挥作战。如果贤
卿能建立战功，完成寡人的愿望，那寡
人将重用贤卿；如果贤卿不肯奉命出战，
那寡人就会非常怨恨贤卿。"白起赶紧
跪地叩头说："臣明知虽然奉召出战不会
建立战功，却可以免于触犯军刑；如果
不奉令出战，表面上臣也许无罪，却无
法避免遭受诛杀。然而臣只是希望大王
能够看一看臣的不高明的计策，中止讨
伐赵国，给秦国百姓休养生息的机会，
借以等待诸侯之间局势的转变。安抚恐
惧的，征服骄傲的，诛灭无道的，如此
号令诸侯，天下就可以平定，何必一定
要从讨伐赵国开始呢？这就是所谓'屈
服于一个臣子，就可以战胜天下诸侯'
的做法。大王如果不明察臣的愚策，一
定要先消灭赵国才感到心满意足，甚至
降罪于臣，这就是所谓'战胜一个臣子，
而被全天下诸侯所屈服'的做法。究竟

忠臣爱其名。破国不可复完，死卒不可复生。臣宁伏受重诛而死，不忍为辱军之将。愿大王察之。"王不答而去。

是屈服一个臣子威严大，还是战胜天下诸侯威严大呢？臣听说：'明君爱他的国家，忠臣爱他的名誉。'败亡的国家不能复兴，死去的将士不能复活。臣宁肯接受罪状伏诛而死，也不忍心做受辱军队的将领。但愿大王明鉴。"秦昭王没说什么就悻悻回去了。